A ANATOMIA
DO FASCISMO

Robert O. Paxton

A ANATOMIA DO FASCISMO

Tradução
Patrícia Zimbres e Paula Zimbres

3ª edição

Paz & Terra
Rio de Janeiro
2025

© Robert O. Paxton

Design de capa: Maikon Nery

Título original: *The Anatomy of Fascism*

Direitos de tradução da obra em língua portuguesa no Brasil adquiridos pela EDITORA PAZ E TERRA. Todos os direitos reservados. Nenhuma parte desta obra pode ser apropriada e estocada em sistema de bancos de dados ou processo similar, em qualquer forma ou meio, seja eletrônico, de fotocópia, gravação etc., sem permissão do detentor do copyright.

EDITORA PAZ & TERRA LTDA.
Rua Argentina, 171 – São Cristovão
20921-380 – Rio de Janeiro, RJ
Tel.: (21) 2585-2000.

Seja um leitor preferencial Record.
Cadastre-se no site www.record.com.br
e receba informações sobre nossos lançamentos
e nossas promoções.

Atendimento e venda direta ao leitor:
sac@record.com.br

Texto revisado segundo o Acordo Ortográfico da Língua Portuguesa de 1990.

CIP-BRASIL. CATALOGAÇÃO NA PUBLICAÇÃO
SINDICATO NACIONAL DOS EDITORES DE LIVROS, RJ

P366a
    Paxton, Robert O.
        A anatomia do fascismo / Robert O. Paxton ; tradução Patrícia Zimbres, Paula Zimbres. - 3. ed. - Rio de Janeiro : Paz e Terra, 2025.

        Tradução de: The anatomy of fascism
        ISBN 978-65-5548-084-9

        1. Fascismo. 2. Política e governo - Europa. I. Zimbres, Patrícia. II. Zimbres, Paula. III. Título.

23-84468
        CDD: 335.6
        CDU: 330.84

Gabriela Faray Ferreira Lopes – Bibliotecária – CRB-7/6643

Impresso no Brasil
2025

Para Sarah

SUMÁRIO

Prefácio — Máquina do tempo: passado, presente e futuro do fascismo, por Carla Rodrigues   11
Prefácio à primeira edição   15

1. **Introdução**   17
   A invenção do fascismo   17
   As imagens do fascismo   25
   Estratégias   33
   Para onde vamos a partir daqui?   41

2. **A criação dos movimentos fascistas**   57
   O contexto imediato   63
   Raízes intelectuais, culturais e emocionais   68
   As precondições de longo prazo   81
   Precursores   85
   Recrutamento   91
   Entendendo o fascismo por meio de suas origens   95

3. **O enraizamento**   111
   Os fascismos que deram certo   111
   (1) O vale do Pó, Itália, 1920-1922   116
   (2) Schleswig-Holstein, Alemanha, 1928-1933   124

Um fascismo malogrado: França, 1924–1940 129
Outros fascismos fracassados 136
Comparações e conclusões 139

4. **A chegada ao poder** 163

Mussolini e a Marcha sobre Roma 163
Hitler e a "conspiração pela escada dos fundos" 168
O que não aconteceu: eleição, golpe de Estado e triunfo solo 175
A formação de alianças 179
O que os fascistas tinham a oferecer ao establishment 184
A crise pré-fascista 187
Revoluções após a ascensão ao poder: Alemanha e Itália 189
Comparações e alternativas 195

5. **O exercício do poder** 213

A natureza do governo fascista: o "Estado dual" e a informidade dinâmica 213
A queda de braço entre os fascistas e os conservadores 225
A queda de braço entre o líder e o partido 229
A queda de braço entre o partido e o Estado 232
Acomodação, entusiasmo e terror 235
A "revolução" fascista 243

6. **O longo prazo: radicalização ou entropia?** 265

Qual é o motor da radicalização? 272
Uma tentativa de explicar o Holocausto 279
A radicalização italiana: ordem interna, Etiópia e Salò 287
Reflexões finais 294

7. **Outras épocas, outros lugares** 305

O fascismo ainda é possível? 305
A Europa Ocidental desde 1945 310

O Leste Europeu pós-soviético 327
O fascismo fora da Europa 332

8. O que é o fascismo? 361
Interpretações conflitantes 362
Fronteiras 374
O que é o fascismo? 378

Ensaio bibliográfico 391
Posfácio — Compreender para resistir, por Rubens R. R. Casara 441
Índice onomástico 453

PREFÁCIO

MÁQUINA DO TEMPO: PASSADO, PRESENTE E FUTURO DO FASCISMO

*Carla Rodrigues**

A nova edição de *A anatomia do fascismo*, de Robert O. Paxton, merece ser comemorada em toda a sua relevância. Radiografia histórica do modo de funcionamento dos regimes fascistas europeus do século xx, o livro traz desde o seu início aquilo que o título anuncia: uma anatomia, no sentido mesmo de apresentar o corpo social e político sob a égide do fascismo. No espaço de tempo de dezesseis anos que separa as duas edições publicadas pela Editora Paz & Terra – a primeira, em 2007, a segunda, em 2023 –, testemunhamos o crescimento de uma versão do fascismo à brasileira, cujos primeiros sinais começavam a ser percebidos há exatos dez anos, em junho de 2013, com consequências políticas, eleitorais e destruidoras desde então.

É assim, tomados por uma versão muito específica do fascismo, que o reencontro com Paxton nos é de imensa ajuda na compreensão não apenas histórica do que houve na Europa do início do século xx, mas

---

* Carla Rodrigues (Rio de Janeiro, 1961) é filósofa, escritora e tradutora. É professora de Ética no Departamento de Filosofia da UFRJ, pesquisadora nos Programa de Pós-Graduação em Filosofia na UFRJ e na UFF, bolsista de produtividade do CNPq e da Faperj.

também, ou principalmente, no entendimento do que está acontecendo no Brasil do início do século XXI.

Quando o autor afirma que os regimes fascistas nunca foram estáticos, nos expõe uma das muitas características de outrora com as quais estamos lidando hoje: a multiplicidade de formas e faces do fascismo à brasileira. Complexidade promovida por forças díspares que vão dos militares aos evangélicos, dos garimpeiros aos grandes empresários, exemplificando em nosso contexto outra das constatações do autor. Nos regimes fascistas, explica ele, não é só o Estado que opera modos de gestão totalitários. Bem ao contrário, existem elementos externos à estrutura estatal que participam da queda de braço pelo poder. A anatomia de Paxton tanto serve para descrever as situações específicas sobre as quais aqui se debruça quanto para enquadrar os fenômenos brasileiros mais recentes.

Ao nos alertar que "jamais houve um regime fascista ideologicamente puro", Paxton convoca uma geração de estudiosos do fascismo a observar que "esses regimes se baseavam em algum tipo de pacto ou aliança entre o partido fascista e as poderosas forças conservadoras" (p. 214). Ora, depois de junho de 2013, diversas forças conservadoras foram se aglutinando, primeiro para o golpe que derrubou a presidente Dilma Rousseff do poder, em 2016, em seguida para a eleição do presidente Jair Bolsonaro, em 2018, quando em torno dele se uniram conservadores de autoritarismo mais tradicional e cauteloso. Para repetir as palavras de Paxton, uma "ditadura populista, dinâmica e niveladora, pronta a subordinar todos os interesses privados aos imperativos do engrandecimento e da purificação nacionais" (p. 215).

Forma-se assim o quadro em que os grupos de direita – as elites tradicionais – buscam se manter em cargos estratégicos, enquanto estruturas paralelas – como o gabinete do ódio ou a família Bolsonaro – operam a fim de contornar as bases desse poder conservador. Tudo isso pôde ser observado nos quatro anos do fenômeno que diversos analistas políticos têm nomeado por "bolsonarismo". Termo que recuso, mas ressalvo que reconheço o pioneirismo das pesquisas da antropóloga Isabela Kalil e o uso específico do termo bolsonarismo em sua produção como sendo indicação da clivagem entre a figura do ex-presidente e a persistência de um ideário fascista enraizado na sociedade brasileira.

Minha recusa tem outras razões, e argumento pelo menos dois problemas. Primeiro, acredito que, na sua forma mais comum, o termo promove uma supervalorização da figura de Bolsonaro, que, depois de décadas como parlamentar do baixo clero, ascendeu à presidência muito mais por dinâmicas como as descritas por Paxton do que por méritos pessoais. A segunda razão é mais atual: findo o seu mandato, acredito na necessidade de acentuar a articulação internacional da ultradireita que forneceu as condições para a emergência do fascismo à brasileira, conexão que tende a desaparecer no termo "bolsonarismo". Essa articulação, além de internacional, é sobretudo histórica, como tão bem demonstra Paxton.

Ao trazer riqueza de elementos do passado, Paxton oferece também a oportunidade de uma análise acurada do presente, em todas as suas contradições e complexidades. Na percepção de que o fascismo emerge da aliança entre o poder conservador e uma força política que se apresenta como "novidade", o autor contribui para a compreensão da dinâmica eleitoral brasileira de 2018, quando grupos conservadores apoiaram a candidatura de Jair Bolsonaro tendo como premissa o pavor de uma derrota para o candidato do Partido dos Trabalhadores e a convicção de que o capitão seria tutelável por essas mesmas forças. Na prática, não foi o que se viu. Como tão bem explica Paxton, há uma tensão permanente entre os conservadores e o líder fascista popular, e é por causa dessa tensão que os conservadores temem descartar o líder, acreditando que assim abririam espaço para a retomada do poder por parte da esquerda ou dos liberais.

Esse diagnóstico torna o livro de Paxton muito útil ao contexto brasileiro pós-eleições de 2022, em que uma aliança liberal recuperou o apoio de parte das forças conservadoras a fim de recolocar o país nos trilhos, outro modo de dizer que o líder fascista havia ido longe demais. Por tudo isso, *A anatomia do fascismo* é uma leitura fascinante. Leitores e leitoras brasileiros irão encontrar oportunidades de refletir a respeito do nosso passado recente e dos desafios que o presente ainda nos oferece. A mera retirada de um líder fascista do poder não é suficiente para extirpar o ideário fascista que se espalhou pela vida social, perceptível seja no imenso crescimento de células fascistas organizadas, seja na forte aceitação popular da chamada "pauta dos costumes" e seu rastro de misoginia, homofobia, transfobia e racismo.

As páginas de *A anatomia do fascismo* operam como as máquinas do tempo do cinema, aquelas capazes de nos fazer transitar entre presente, passado e futuro, produzindo necessariamente espanto nesses deslocamentos temporais. É um livro que funciona como uma lanterna: iluminar o passado, a fim de nos permitir trabalhar no presente para que o fascismo não nos assombre de novo e mais uma vez no futuro.

PREFÁCIO À PRIMEIRA EDIÇÃO

Durante muitos anos, ministrei cursos universitários sobre o fascismo, às vezes como seminário de pós-graduação, outras, de graduação. Quanto mais lia e discutia o tema com os alunos, mais perplexo eu ficava. Embora um grande número de monografias brilhantes tratasse de forma esclarecedora aspectos específicos da Itália de Mussolini, da Alemanha de Hitler e de outros casos semelhantes, as obras sobre o fascismo como fenômeno genérico, comparativamente, me pareciam abstratas, estereotipadas e anêmicas.

O presente livro representa uma tentativa de trazer a literatura monográfica para mais perto das discussões sobre o fascismo em geral e de apresentá-lo de uma forma que leve em conta suas variações e sua complexidade. Busco descobrir como o fascismo funcionava. E é por essa razão que o estudo se centra mais nas ações dos fascistas que em suas palavras, ao contrário da prática comum. Além disso, um espaço maior que o normal é dedicado a seus aliados e cúmplices, e às maneiras pelas quais os regimes fascistas interagiam com as sociedades que eles pretendiam transformar.

Esta obra é um ensaio, não uma enciclopédia. Muitos leitores, provavelmente, verão seus temas favoritos serem tratados aqui com maior brevidade do que gostariam. Espero que o que escrevi os induza a outras leituras. Esse é o propósito das notas e do amplo ensaio bibliográfico-crítico.

Tendo trabalhado nesse tema em diversas ocasiões, ao longo de muitos anos, minhas dívidas intelectuais e pessoais são mais numerosas que o normal. A Fundação Rockefeller me permitiu redigir o rascunho dos capítulos na Villa Serbelloni, às margens do lago Como, onde os *partisans* mataram Mussolini, em abril de 1945. A École des Hautes Études en Sciences Sociales de Paris, o Istituto Universitario Europeo de Florença e algumas universidades estadunidenses permitiram-me testar algumas dessas ideias em suas salas de aula e auditórios. Toda uma geração de alunos da Columbia University questionou minhas interpretações.

Philippe Burrin, Paul Corner, Patrizia Dogliani e Henry Ashby Turner Jr. generosamente comentaram uma versão anterior deste trabalho. Carol Gluck, Herbert S. Klein e Ken Ruoff leram partes do manuscrito. Todos me salvaram de erros embaraçosos, e aceitei a maior parte de suas sugestões. Caso eu tivesse acolhido todas, este livro provavelmente seria melhor. Agradeço também a ajuda de diversos tipos prestada por Drue Heinz, Stuart J. Woolf, Stuart Proffitt, Bruce Lawder, Carlo Moos, Fred Wakeman, Jeffrey Bale, Joel Colton, Stanley Hoffmann, Juan Linz e às equipes de referência das bibliotecas da Columbia University. Os erros que permaneceram são de minha exclusiva responsabilidade.

E, sobretudo, Sarah Plimpton firme em seu estímulo, sábia e criteriosa em sua leitura crítica.

Robert. O. Paxton
Nova York, fevereiro de 2003

1

INTRODUÇÃO

A INVENÇÃO DO FASCISMO

O fascismo foi a grande inovação política do século XX, e também a origem de boa parte de seus sofrimentos. As demais grandes correntes da cultura política do Ocidente moderno – o conservadorismo, o liberalismo e o socialismo – atingiram o amadurecimento entre fins do século XVIII e meados do século XIX. Na década de 1890, contudo, o fascismo não havia ainda sido imaginado. Friedrich Engels, no prefácio de 1895 para a nova edição de *As lutas de classes na França*, de Karl Marx, deixa claro que acreditava que a ampliação do eleitorado fatalmente traria mais votos para a esquerda. Segundo a firme crença de Engels, tanto o tempo quanto os números estavam do lado dos socialistas. "Se [a crescente votação socialista] continuar assim, ao final deste século [o século XIX], nós [os socialistas] teremos conquistado a maior parte dos estratos médios da sociedade, os pequeno-burgueses e os camponeses, transformando-nos na força decisiva do país." "Os conservadores", escreveu Engels, "já haviam percebido que a legalidade trabalhava contra eles." Ao contrário, "nós [os socialistas], sob essa legalidade, adquirimos músculos rijos, faces rosadas, e a aparência de vida eterna. A eles [os conservadores] nada resta a fazer senão encontrar, eles também, brechas nessa legalidade."¹ Embora Engels previsse que os inimigos da esquerda acabariam por lançar um contra-ataque, ele, em 1895, não poderia esperar que esse ataque viria a conquistar o apoio das massas. Uma ditadura antiesquerdista cercada de entusiasmo popular – essa foi a combinação inesperada que os fascistas conseguiriam criar no curto espaço de uma geração.

Os vislumbres premonitórios foram poucos. Um deles partiu de um jovem aristocrata francês de índole investigativa, Alexis de Tocqueville. Embora Tocqueville tenha encontrado muito o que admirar em sua visita aos Estados Unidos, em 1831, preocupou-se com o fato de que, na ausência de uma elite social independente, a maioria detinha o poder de impor conformidade pela pressão social numa democracia.

> O tipo de opressão com o qual são ameaçados os povos democráticos não se parecerá com nada antes visto no mundo; nossos contemporâneos não encontrariam em sua memória imagem que a ele se assemelhasse. Eu mesmo busco em vão uma expressão que reproduza com exatidão a ideia que formo dele e que o contenha. As velhas palavras despotismo e tirania não são adequadas. A coisa é nova e, portanto, tenho que tentar defini-la, já que não sou capaz de nomeá-la.²

Uma outra premonição veio de última hora e partiu de um engenheiro francês transformado em comentador social, Georges Sorel. Em 1908, Sorel criticou Marx por não ter percebido que "uma revolução alcançada em tempos de decadência" poderia "tomar como ideal uma volta ao passado, ou até mesmo a conservação social".³

A palavra *fascismo* tem origem no *fascio* italiano, literalmente, um feixe ou maço. Em termos mais remotos, a palavra remetia aos fasces latinos, um conjunto de feixes de varas que formavam um machado e eram levados diante dos magistrados, nas procissões públicas romanas, para significar a autoridade e a unidade do Estado. Antes de 1914, de modo geral, foi a esquerda que se apropriou do simbolismo dos fasces romanos. Marianne, o símbolo da República francesa, foi muitas vezes retratada, no século XIX, portando os fasces, para representar a força da solidariedade republicana contra seus inimigos aristocratas e clericais.⁴ Fasces figuram com proeminência no Sheldonian Theater da Oxford University, projetado por Christopher Wren, e também no Lincoln Memorial de Washington (1922), bem como na moeda estadunidense de 25 centavos cunhada em 1932.⁵

Os revolucionários italianos usaram o termo *fascio* em fins do século XIX para evocar a solidariedade e o compromisso dos militantes. Os camponeses que se insurgiram contra os senhores de terra na Sicília, em 1893-1894, denominavam a si mesmos de os Fasci Siciliani. Quando, em fins de 1914, um grupo de nacionalistas de esquerda, aos quais logo veio a se juntar o pária socialista Benito Mussolini,⁶ tentou levar a Itália a participar da Primeira Guerra Mundial do lado dos Aliados, eles escolheram um nome cujo fim era comunicar tanto o fervor quanto a solidariedade de sua campanha: Fascio Rivoluzionario d'Azione Interventista.⁷ Ao fim da Primeira Guerra Mundial, Mussolini cunhou o termo *fascismo* para descrever o estado de ânimo do pequeno bando de ex-soldados nacionalistas e de revolucionários sindicalistas pró-guerra⁸ que reunia a seu redor. Mesmo então, ele não possuía o monopólio da palavra *fascio*, que continuou sendo de uso geral entre grupos ativistas de diversos matizes políticos.⁹

Oficialmente, o fascismo nasceu em Milão, em um domingo, 23 de março de 1919. Naquela manhã, pouco mais de cem pessoas,¹⁰ entre elas, veteranos de guerra, sindicalistas que haviam apoiado a guerra e intelectuais futuristas,¹¹ além de alguns repórteres e um certo número de meros curiosos, encontraram-se na sala de reuniões da Aliança Industrial e Comercial de Milão, cujas janelas se abriam para a Piazza San Sepolcro, para "declarar guerra ao socialismo [...] em razão de este ter-se oposto ao nacionalismo".¹² Nessa ocasião, Mussolini chamou seu movimento de Fasci di Combattimento, o que significa, em tradução aproximada, "fraternidades de combate".

O programa fascista, divulgado meses mais tarde, era uma curiosa mistura de patriotismo de veteranos e de experimento social radical, uma espécie de "nacional-socialismo". Do lado nacionalista, ele conclamava pela consecução dos objetivos expansionistas italianos nos Bálcãs e ao redor do Mediterrâneo, objetivos esses que haviam sido frustrados meses antes, na Conferência de Paz de Paris. Do lado radical, propunha o sufrágio feminino e o voto aos 18 anos de idade, a abolição da Câmara Alta, a convocação de uma assembleia constituinte para redigir a proposta de uma nova constituição para a Itália (presumivelmente sem a monarquia), a jornada de trabalho de oito horas, a participação dos trabalhadores na "administração técnica das fábricas" e a "expropriação parcial de todos os tipos de riqueza", por meio de uma tributação pesada e progressiva do capital, o confisco de certos bens da Igreja e de 85% dos lucros de guerra.[13]

O movimento de Mussolini não se restringia ao nacionalismo e aos ataques à propriedade, mas fervilhava também de prontidão para atos violentos, de anti-intelectualismo, de rejeição a soluções de compromisso e de desprezo pela sociedade estabelecida, características essas comuns aos três grupos que constituíam a massa de seus primeiros seguidores: veteranos de guerra desmobilizados, sindicalistas pró--guerra e intelectuais futuristas.

Mussolini – ele mesmo um ex-soldado que se gabava de seus quarenta ferimentos[14] – esperava voltar à política como líder dos veteranos. Um sólido núcleo central de seus seguidores provinha dos Arditi: unidades de combatentes de elite, calejados pela experiência na linha de frente e que se sentiam no direito de governar o país que eles haviam salvado.

Os sindicalistas pró-guerra foram os companheiros mais próximos de Mussolini durante a luta para levar a Itália à guerra, em maio de 1915. Na Europa anterior à Primeira Guerra Mundial, o sindicalismo era o principal rival da classe trabalhadora do socialismo parlamentar. Embora, por volta de 1914, a maioria dos sindicalistas estivesse organizada em partidos eleitorais que competiam por cadeiras no Parlamento, estes ainda mantinham suas raízes sindicais. Os socialistas parlamentares trabalhavam por reformas pontuais, enquanto esperavam pelos desdobramentos históricos que tornariam o capitalismo obsoleto, tal como profetizado pelos marxistas. Ao passo que os sindicalistas, desdenhando as concessões exigidas pela ação parlamentar, e também pelo fato de a maioria dos socialistas estar comprometida com a evolução gradual, acreditavam que poderiam derrubar o capitalismo com a força de sua vontade. Concentrando-se na meta revolucionária final mais que nas reivindicações corriqueiras de cada setor da classe trabalhadora, eles seriam capazes de formar "um grande sindicato" e provocar a queda do capitalismo de um só golpe, numa greve geral de proporções monumentais. Após a derrocada do capitalismo, os trabalhadores organizados internamente em seus próprios sindicatos permaneceriam como as únicas unidades funcionais do sistema produtivo e do sistema de trocas, numa sociedade livre e coletivista.[15] Em maio de 1915, quando a totalidade dos socialistas parlamentares e a maioria dos sindicalistas italianos opunham-se veementemente à entrada da Itália na Primeira Grande Guerra, uns poucos espíritos ardorosos, reunidos em torno de Mussolini, concluíram que a guerra levaria a Itália para mais perto da revolução social, o que não aconteceria se o país permanecesse neutro. Eles haviam se tornado os "sindicalistas nacionais".[16]

O terceiro grupo ligado aos primeiros fascistas de Mussolini era composto de jovens intelectuais e estetas antiburgueses, como os futuristas. Os futuristas formavam uma associação livre de artistas e escritores que apoiavam os manifestos futuristas de Filippo Tomaso Marinetti, o primeiro dos quais fora publicado em Paris, em 1909. Os seguidores de Marinetti repudiavam o legado cultural do passado reunido nos museus e nas bibliotecas e exaltavam as qualidades libertárias e vitalizantes da velocidade e da violência. "Um carro de corrida é mais belo que a Vitória de Samotrácia."[17] Em 1914, eles haviam ansiado pela aventura da guerra e continuaram a seguir Mussolini em 1919.

Outra corrente intelectual que fornecia recrutas a Mussolini era formada por aqueles que criticavam as vergonhosas concessões feitas pelo parlamentarismo italiano e que sonhavam com um "segundo

Risorgimento".¹⁸ O primeiro *Risorgimento*, a seu ver, deixara a Itália nas mãos de uma oligarquia estreita, cujos insensíveis jogos políticos não condiziam com o prestígio cultural da Itália, nem com suas ambições de grande potência. Era hora de concluir a "revolução nacional" e de dar à Itália um "novo Estado", capaz de convocar líderes enérgicos, cidadãos motivados e a comunidade nacional unida que a Itália merecia. Muitos desses defensores de um "segundo *Risorgimento*" escreviam para a revista cultural florentina *La Voce*, da qual o jovem Mussolini era assinante, e com cujo editor, Giuseppe Prezzolini, ele se correspondia. Após a guerra, a aprovação deles conferiu respeitabilidade ao movimento fascista nascente e difundiu entre os nacionalistas de classe média a aceitação de uma "revolução nacional" radical.¹⁹

Em 5 de abril de 1919, pouco depois da reunião inaugural do fascismo, realizada na Piazza San Sepolcro, um grupo de amigos de Mussolini, incluindo Marinetti e o chefe dos Arditi, Ferruccio Vecchi, invadiu o escritório do jornal socialista *Avanti*, em Milão, do qual o próprio Mussolini havia sido editor entre 1912 e 1914. Eles destruíram todo o equipamento. Quatro pessoas foram mortas, inclusive um soldado, e 39 ficaram feridas.²⁰ O fascismo italiano, desse modo, irrompeu na história por meio de um ato de violência contra o socialismo e a legalidade burguesa, em nome de um pretenso bem nacional maior.

O fascismo recebeu seu nome e deu seus primeiros passos na Itália. Mussolini, entretanto, não era um aventureiro solitário. Movimentos semelhantes vinham surgindo na Europa do pós-guerra, independentes do fascismo de Mussolini, mas expressando a mesma mistura de nacionalismo, anticapitalismo, voluntarismo e violência ativa contra seus inimigos, tanto burgueses quanto socialistas. (Tratarei de maneira mais completa, no Capítulo 2, da longa lista dos primeiros fascismos.)

Pouco mais de três anos após a reunião da Piazza San Sepolcro, o Partido Fascista de Mussolini ocupava o poder na Itália. Onze anos mais tarde, outro partido fascista tomou o poder na Alemanha.²¹ Não demorou muito para que a Europa e até mesmo outras regiões do mundo fervilhassem com aspirantes a ditador e marchas de esquadrões que acreditavam estar trilhando o mesmo caminho para o poder que Mussolini e Hitler. Seis anos se passaram e Hitler jogou a Europa numa guerra que acabaria por tragar grande parte do mundo. Antes de ela chegar ao fim, a humanidade sofreu não apenas as barbaridades costumeiras das guerras, desta vez alçadas a uma escala sem precedentes pela tecnologia e pela paixão, mas sofreu também a tentativa de extinguir, por meio de um massacre em escala industrial, todo um povo, sua cultura e sua própria memória.

Ao ver Mussolini – ex-professor de ensino fundamental, boêmio, escritor menor e, em épocas anteriores, orador e editor socialista – e Hitler – ex-cabo do exército e estudante de arte fracassado –, cercados por seus rufiões encamisados, governar grandes potências europeias, muitas pessoas educadas e sensíveis supuseram, simplesmente, que "uma horda de bárbaros [...] armou suas tendas no interior da nação".[22] O romancista Thomas Mann, em 27 de março de 1933 – dois meses após Hitler ter se tornado chanceler da Alemanha –, anotou em seu diário que ele havia testemunhado uma revolução jamais antes vista, uma revolução "sem ideias que a embasassem, contrária às ideias, contrária a tudo o que há de mais nobre, de melhor, de mais decente, contrária à liberdade, à verdade e à justiça". A "ralé vulgar" havia tomado o poder, "cercada de grande júbilo por parte das massas".[23]

Em seu exílio interno em Nápoles, o eminente filósofo-historiador e liberal italiano Benedetto Croce observou desdenhosamente que Mussolini havia acrescentado um quarto tipo de mau governo, a "onagrocracia", um governo de asnos zurradores, aos três famosos tipos descritos por Aristóteles: a tirania, a oligarquia e a democracia.[24] Croce, mais tarde, concluiu que o fascismo fora apenas um "parêntese" na história italiana, o resultado temporário de um declínio moral agravado pelos deslocamentos da Primeira Grande Guerra. Friedrich Meinecke – historiador alemão de tendência liberal – pensou de forma semelhante, após Hitler ter levado a Alemanha à catástrofe, que o nazismo havia surgido de uma degeneração moral na qual técnicos ignorantes e superficiais, os *Machtmenschen*, apoiados por uma sociedade de massas sedenta por excitação, haviam triunfado sobre os humanistas equilibrados e racionais, os *Kulturmenschen*.²⁵ A solução, na opinião de ambos os autores, era restaurar uma sociedade na qual o governo estivesse nas mãos dos "melhores".

Outros observadores desde o início perceberam que a questão era mais profunda que a ascensão fortuita de meliantes e mais precisa que a decadência da antiga ordem moral. Os marxistas, as primeiras vítimas do nazismo, estavam acostumados a pensar a história como o desdobramento grandioso de processos profundos, por meio do entrechoque de sistemas econômicos. Mesmo antes de Mussolini ter consolidado por completo seu poder, os marxistas já tinham pronta sua definição para o fascismo, "o instrumento da grande burguesia em sua luta contra o proletariado, sempre que os meios legais disponíveis ao Estado mostram-se insuficientes para contê-lo".²⁶ No tempo de Stalin, essa definição se enrijeceu numa fórmula férrea, que se transformou na ortodoxia comunista vigente por meio século: "O fascismo é a ditadura explícita e terrorista dos elementos mais reacionários, mais chauvinistas e mais imperialistas do capital financeiro."²⁷

Ao longo dos anos, muitas outras interpretações e definições viriam a ser propostas, mas, até hoje, mais de oitenta anos após a reunião de San Sepolcro, nenhuma delas alcançou consenso universal como uma explicação totalmente satisfatória para um fenômeno que aparentemente surgiu do nada, tomou múltiplas e variadas formas, exaltou o ódio e a violência em nome da superioridade nacional e, entretanto, conseguiu atrair estadistas, empresários, profissionais, artistas e intelectuais de prestígio e cultura. No Capítulo 8, após termos alcançado maior compreensão de nosso tema, vou reexaminar essas muitas interpretações.

Os movimentos fascistas variaram de forma tão evidente de um contexto nacional para outro que há quem chegue a duvidar de que o termo *fascismo* de fato signifique algo além de um rótulo pejorativo. Esse epíteto é usado de forma tão vaga que praticamente qualquer pessoa que detenha ou alegue autoridade já foi tachada de fascista por alguém. Talvez, como fazem os céticos, fosse melhor simplesmente descartar o termo.[28]

É objetivo deste livro propor uma nova maneira de encarar o fascismo, de modo a resgatar o conceito para usos significativos e explicar melhor seu fascínio, sua complexa trajetória histórica e seu horror fundamental.

AS IMAGENS DO FASCISMO

Todos têm certeza de que sabem o que é o fascismo. Na mais explicitamente visual de todas as formas políticas, o fascismo se apresenta a nós por vívidas imagens primárias: um demagogo chauvinista discursando bombasticamente para uma multidão em êxtase; fileiras disciplinadas de jovens desfilando em paradas; militantes vestindo camisas coloridas e espancando membros de alguma minoria demonizada; invasões-surpresa ao nascer do sol e soldados de impecável forma física marchando por uma cidade capturada.

Se examinadas mais de perto, entretanto, algumas dessas imagens familiares podem induzir a erros irrefletidos. A imagem do ditador todo-poderoso personaliza o fascismo, criando a falsa impressão de que podemos compreendê-lo em sua totalidade examinando o líder, isoladamente. Essa imagem, cujo poder perdura até hoje, representa o derradeiro triunfo dos propagandistas do fascismo. Ela oferece um álibi às nações que aprovaram ou toleraram os líderes fascistas, desviando a atenção das pessoas, dos grupos e das instituições que lhes prestaram auxílio. Necessitamos de um modelo mais sutil do fascismo, que examine as interações entre o líder e a nação, e entre o partido e a sociedade civil.

As imagens das multidões cantando hinos alimenta a suposição de que alguns povos europeus eram, por natureza, predispostos ao fascismo, e responderam a ele com entusiasmo devido a seu caráter nacional. O corolário dessa imagem é uma crença condescendente de que o fascismo foi gerado pelas mazelas da história de determinadas nações,[29] crença essa que se converte num álibi para os países espectadores: isso jamais aconteceria aqui. Para além dessas imagens familiares, num exame mais cuidadoso, a realidade fascista se torna ainda mais complexa. Por exemplo, o regime que inventou a palavra *fascismo* – a Itália de Mussolini – mostrou poucos sinais de antissemitismo até completar 16 anos no poder. Na verdade, Mussolini contava com o apoio de industriais e proprietários de terra judeus, que, nos primeiros tempos, lhe forneceram ajuda financeira.[30] Alguns de seus amigos mais próximos eram judeus, como o militante do Partido Fascista Aldo Finzi, e ele teve uma amante judia, a escritora Margherita Sarfatti, autora de sua primeira biografia autorizada.[31] Cerca de duzentos judeus participaram da Marcha sobre Roma.[32] Por outro lado, o governo colaboracionista francês de Vichy (1940-1944), encabeçado pelo marechal Pétain, era agressivamente antissemita, embora, sob outros aspectos, preste-se mais à classificação de autoritário[33] que de fascista, como veremos no Capítulo 8. Desse modo, é problemático considerar o antissemitismo exacerbado como a essência do fascismo.[34]

Uma outra característica supostamente essencial do fascismo é sua motivação anticapitalista e antiburguesa. Os primeiros movimentos fascistas ostentavam seu desprezo pelos valores burgueses e por aqueles que queriam apenas "ganhar dinheiro, dinheiro, imundo dinheiro".[35] Atacavam o "capitalismo financeiro internacional" com quase a mesma veemência com que atacavam os socialistas. Chegaram a prometer expropriar os donos de lojas de departamentos em favor de artesãos patrióticos, e fazer o mesmo com os grandes proprietários de terras em favor dos camponeses.[36]

Quando os partidos fascistas chegaram ao poder, entretanto, eles nada fizeram para cumprir essas ameaças anticapitalistas. Puseram em prática com extrema e meticulosa violência suas ameaças contra o socialismo. Brigas de rua em que os fascistas disputavam território com jovens comunistas constavam entre suas mais poderosas imagens de propaganda.[37] Ao tomar o poder, proibiram as greves, dissolveram os sindicatos independentes, reduziram o poder de compra dos salários dos trabalhadores e despejaram dinheiro nas indústrias armamentistas, para a imensa satisfação dos patrões. Diante desses conflitos entre palavras e atos no que se referia ao capitalismo, os estudiosos chegaram a conclusões opostas. Alguns, tomando literalmente as palavras, consideram o fascismo uma forma radical de anticapitalismo.[38] Outros, e não apenas os marxistas, adotam a posição diametralmente oposta, de que os fascistas vieram em socorro do capitalismo em apuros, dando sustentação, por meio de medidas emergenciais, ao sistema vigente de distribuição da propriedade e de hierarquia social.

Este livro adota a posição de que o que os fascistas *fizeram* é, no mínimo, tão informativo quanto o que *disseram*. O que disseram não pode ser ignorado, é claro, pois nos ajuda a entender o fascínio exercido por eles. Mesmo em sua forma mais radical, contudo, a retórica anticapitalista do fascismo era seletiva. Ao mesmo tempo que denunciaram as finanças especulativas internacionais (juntamente com todas as outras formas de internacionalismo, cosmopolitismo ou de globalização), respeitaram as propriedades dos produtores nacionais, que deveriam vir a ser a base social de uma nação revigorada.[39] Suas denúncias contra a burguesia, contudo, referiam-se a ser débil e individualista demais para fortalecer a nação, e não a roubar a classe trabalhadora do valor agregado por seu trabalho. O que o fascismo criticava no capitalismo não era sua exploração, mas seu materialismo, sua indiferença para com a nação e sua incapacidade de incitar as almas.[40] Em um nível mais profundo, eles rejeitavam a ideia de que as forças econômicas são o motor básico da história. Para os fascistas, o capitalismo falho do período entreguerras não necessitava ser reordenado em seus fundamentos. Suas mazelas poderiam ser curadas pela simples aplicação de vontade política para a criação de pleno emprego e produtividade.[41] Uma vez no poder, os regimes fascistas confiscaram propriedade apenas de seus opositores políticos, dos estrangeiros e dos judeus. Nenhum deles alterou a hierarquia social, exceto para catapultar alguns aventureiros a posições de destaque. No máximo, eles substituíram as forças de mercado pela administração econômica estatal, mas, em meio às dificuldades da Grande Depressão, a maior parte dos empresários, de início, apoiou essa medida. Se o fascismo era "revolucionário", ele o era num sentido especial, bem distante da acepção que se costumava dar a essa palavra entre 1789 e 1917, de uma profunda subversão da ordem social e da redistribuição do poder social, político e econômico.

No entanto, o fascismo no poder de fato instaurou algumas mudanças profundas o suficiente para serem chamadas de "revolucionárias", se nos dispusermos a dar a esse termo um outro significado. Em seu desenvolvimento máximo, redesenhou as fronteiras entre o privado e o público, reduzindo drasticamente aquilo que antes era intocavelmente privado. Transformou a prática da cidadania e do gozo dos direitos e deveres constitucionais na participação em cerimônias de massa de afirmação e conformidade. Reformulou as relações entre o indivíduo e a coletividade, de forma que um indivíduo não tivesse qualquer direito externo ao interesse comunitário. Ampliou os poderes do Executivo – do partido e do Estado – na busca pelo controle total. Por fim, desencadeou emoções agressivas que até então a Europa só havia testemunhado em situações de guerra ou de revolução social. Essas transformações muitas vezes causaram conflito entre os fascistas e os conservadores radicados nas famílias, nas igrejas, na hierarquia social e na propriedade. Veremos adiante,[42] ao examinarmos mais a fundo a complexa relação de cumplicidade, acomodação e ocasional oposição que ligava os capitalistas aos fascistas no poder, que o fascismo não é apenas uma forma mais truculenta de conservadorismo, apesar de ter preservado o regime vigente de propriedade e de hierarquia social.

É difícil situar o fascismo no tão familiar mapa político de direita-esquerda. Será que mesmo os líderes dos primeiros tempos saberiam fazê-lo? Quando Mussolini reuniu seus amigos na Piazza San Sepolcro, em março de 1919, ainda não estava bem claro se pretendia competir com seus antigos companheiros do Partito Socialista Italiano (PSI), à esquerda, ou atacá-los frontalmente a partir da direita. Em que ponto do espectro político italiano se encaixaria aquilo que ele, às vezes, ainda chamava de "nacional-sindicalismo"?[43] Na verdade, o fascismo sempre manteve essa ambiguidade.

Sobre uma coisa, entretanto, os fascistas tinham clareza: não se situavam no centro. Tinham um desprezo absoluto pela suavidade, pela complacência e pelas soluções conciliadoras do centro (apesar de os partidos fascistas, na sua luta pelo poder, terem precisado se aliar às elites centristas contra o inimigo comum representado pela esquerda). Seu desdém pelo parlamentarismo liberal e pelo displicente individualismo burguês, assim como o tom radical dos remédios preconizados por eles para a fraqueza e a desunião nacionais sempre se chocavam com a facilidade com que estabeleciam alianças pragmáticas com os conservadores nacionais contra a esquerda internacional. O ápice da reação fascista ao mapa político definido em relação à esquerda e direita foi alegar que eles o haviam tornado obsoleto, não sendo "nem de esquerda, nem de direita", transcendendo essas divisões arcaicas e unindo a nação.

Outra contradição entre a retórica e a prática fascista diz respeito à modernização: a passagem do rural ao urbano, do artesanato à indústria, a divisão do trabalho, as sociedades seculares e a racionalização tecnológica. Os fascistas muitas vezes vituperavam contra as cidades sem rosto e contra o secularismo materialista, exaltando uma utopia agrária livre do desenraizamento, dos conflitos e da imoralidade da vida urbana.[44]

E, no entanto, os líderes adoravam seus carros[45] e aviões velozes[46] e difundiam sua mensagem usando técnicas de propaganda e de cenografia fulgurantemente modernas. Ao chegarem ao poder, eles aceleraram o ritmo industrial a fim de rearmar o país. Por essa razão, é difícil postular que a essência do fascismo se reduza a uma reação antimodernista[47] ou a uma ditadura da modernização.[48]

A melhor solução não é estabelecer opostos binários, mas sim acompanhar a relação entre a modernidade e o fascismo ao longo de sua complexa trajetória histórica. Essa relação apresentou variações expressivas em seus diferentes estágios. Os primeiros movimentos fascistas exploraram os protestos das vítimas da industrialização rápida e da globalização – os perdedores da modernização – usando, sem dúvida alguma, os estilos e as técnicas de propaganda mais modernos.[49] Ao mesmo tempo, um número surpreendente de intelectuais "modernistas" via como estética e emocionalmente agradáveis a combinação fascista de uma aparência *high-tech* com ataques à sociedade moderna, bem como o desprezo pelo gosto burguês convencional.[50] Mais tarde, ao chegar ao poder, os regimes fascistas optaram decididamente pelo caminho da concentração e da produtividade industrial, pelas vias expressas[51] e pelos armamentos. A pressa em se rearmar e em se lançar em guerras expansionistas rapidamente fez que fosse deixado de lado o sonho de um paraíso para os tão sofridos artesãos e camponeses que haviam formado a base de massas do fascismo nos primeiros tempos do movimento. Sobraram apenas alguns albergues da juventude de telhados de colmo, as calças *Lederhosen* que Hitler usava nos fins de semana e as fotografias de Mussolini, de peito nu, trabalhando na colheita de grãos, como símbolos da nostalgia rural dos primeiros tempos.[52]

Apenas acompanhando o itinerário fascista como um todo poderemos chegar a uma conclusão sobre sua ambígua relação com a modernidade, que tanto perturba aqueles que buscam uma essência única para o fascismo. Algumas pessoas percorreram esse itinerário em suas próprias carreiras individuais. Albert Speer se filiou ao partido em janeiro de 1931, como discípulo de Heinrich Tessenow, do Technische Universität Berlin, que "não era moderno, embora, em certo sentido, fosse mais moderno que os demais", em razão de sua crença numa arquitetura orgânica e simples.[53] Speer, em 1933, passou a projetar paisagens urbanas monumentais para Hitler e acabou, entre 1942 e 1945, no comando do poderio econômico alemão, como ministro dos Armamentos. Mas o que esses regimes buscavam era uma modernidade alternativa: uma sociedade tecnicamente avançada, na qual as tensões e as cisões da modernidade houvessem sido sufocadas pelos poderes fascistas de integração e controle.[54]

Muitos viram no ato máximo da radicalização dos tempos de guerra – o extermínio de judeus – a negação da racionalidade moderna e um retorno à barbárie.[55] Mas é plausível perceber esse ato como expressão enlouquecida da modernidade alternativa fascista. A "limpeza étnica" nazista tomou como base os impulsos purificadores da medicina e da saúde pública do século XX, a ânsia dos eugenistas em erradicar os defeituosos e os impuros,[56] a estética do corpo perfeito e uma racionalidade científica que rejeitava os critérios morais.[57] Já foi sugerido que os antiquados *pogroms* teriam levado duzentos anos para completar o que a tecnologia avançada atingiu em três anos de Holocausto.[58]

A complexa relação entre o fascismo e a modernidade não pode ser resolvida de uma só vez, nem com um simples sim ou não. Ela tem que ser desenvolvida no desenrolar da história da conquista e do exercício do poder pelos fascistas.[59] O trabalho mais satisfatório sobre o assunto mostra como os ressentimentos antimodernistas foram canalizados e neutralizados, passo a passo, em legislações específicas, por forças pragmáticas e intelectuais mais poderosas trabalhando a serviço de uma modernidade alternativa.[60] Temos que estudar a totalidade do itinerário fascista – de que forma exerceu sua prática – antes que possamos compreendê-lo com clareza.

Outro problema das imagens convencionais do fascismo é que elas enfocam os momentos mais dramáticos do seu itinerário – a Marcha sobre Roma, o incêndio do Reichstag, a *Kristallnacht* [Noite dos Cristais] – e omitem a textura sólida da experiência cotidiana, e também a cumplicidade das pessoas comuns no estabelecimento e no funcionamento dos regimes fascistas. Eles jamais teriam crescido sem a ajuda das pessoas comuns, mesmo daquelas convencionalmente boas. Jamais teriam chegado ao poder sem a aquiescência, ou mesmo a concordância ativa das elites tradicionais – chefes de Estado, líderes partidários, altos funcionários do governo – muitos dos quais sentiam uma aversão enfastiada pela crueza dos militantes fascistas. Os excessos do fascismo no poder exigiam também uma ampla cumplicidade entre os membros do establishment: magistrados, policiais, oficiais do exército, homens de negócios. Para entender plenamente como funcionavam esses regimes, temos que descer ao nível das pessoas comuns e examinar as escolhas corriqueiras feitas por elas em sua rotina diária. Fazer essas escolhas significava aceitar o que parecia ser um mal menor, ou desviar o olhar de alguns excessos que, a curto prazo, não pareciam tão nocivos, e que, isoladamente, podiam ser vistos até mesmo como aceitáveis, mas que, cumulativamente, acabaram por se somar em monstruosos resultados finais.

Por exemplo, consideremos as reações dos alemães comuns aos acontecimentos da *Kristallnacht*. Na noite de 9 de novembro de 1938, incitados por um discurso incendiário do ministro da Propaganda nazista, Joseph Goebbels, dirigido aos líderes partidários, e reagindo ao assassinato de um diplomata alemão, em Paris, por um jovem judeu polonês enraivecido por seus pais imigrantes terem sido, pouco antes, expulsos da Alemanha, militantes do Partido Nazista promoveram um grande quebra-quebra nas comunidades judaicas da Alemanha. Incendiaram centenas de sinagogas, destruíram mais de 7 mil lojas de propriedade de judeus, deportaram cerca de 20 mil para campos de concentração e mataram 91 no ato. Uma multa de 1 bilhão de marcos foi imposta coletivamente aos judeus da Alemanha, e seus reembolsos de seguros foram confiscados pelo Estado alemão, a título de compensação por danos incidentais causados a propriedades de não judeus. Hoje está claro que muitos alemães comuns ficaram indignados com as brutalidades cometidas sob suas janelas.[61] No entanto, esse desagrado generalizado foi passageiro, não provocando efeitos de longo prazo. Por que não houve ações judiciais ou inquéritos administrativos, por exemplo? Se pudermos entender por que razão o sistema judicial, as autoridades religiosas e civis e a oposição civil não agiram de modo a pôr freio a Hitler em novembro de 1938, começaremos a entender os círculos mais amplos de aquiescência individual e institucional, em meio aos quais uma minoria militante foi capaz de se ver suficientemente livre de restrições de qualquer natureza, a ponto de se tornar capaz de praticar genocídio em um país até então sofisticado e civilizado.

Essas são perguntas difíceis de responder e nos levam para bem longe das imagens simplistas de líderes solitários e de multidões gritando "vivas".

Revelam também algumas das dificuldades surgidas na busca por uma essência única, o famoso "mínimo fascista", que, supostamente, nos permitiria formular uma definição clara e geral do fascismo.

As definições são inerentemente limitantes. Delineiam um quadro estático de algo que é mais bem percebido em movimento, e mostram como "estátuas inertes"[62] algo que é mais bem entendido se examinado como um processo. Com muita frequência, sucumbem à tentação intelectual de tomar como constitutivo o que não passa de declarações programáticas, e de identificar o fascismo mais com o que ele disse do que com o que ele fez. A procura pela definição perfeita, reduzindo o fascismo a uma sentença cada vez mais precisa, parece calar as perguntas sobre sua origem e trajetória de desenvolvimento mais que abrir espaço para elas. É um pouco como observar as figuras de cera do Museu Madame Tussaud em vez de pessoas vivas, ou pássaros emoldurados em vidro em vez de pássaros soltos em seu hábitat.

É claro que o fascismo não deve ser discutido sem que, em algum ponto do debate, se chegue a um conceito sobre o que ele vem a ser. Este livro pretende chegar a tal conceito ao final de sua jornada, e não partir de uma concepção já pronta. Proponho deixar de lado, por agora, o imperativo de se chegar a uma definição, e examinar em ação um conjunto central de movimentos e regimes que, de modo geral, são considerados fascistas (com a Itália e a Alemanha como elementos predominantes de nossa amostra). Vou examinar sua trajetória histórica como uma série de processos que se desenrolam ao longo do tempo, e não como expressões de uma essência fixa.[63] Partiremos de uma estratégia, e não de uma definição.

ESTRATÉGIAS

Os desacordos quanto a como interpretar o fascismo partem de estratégias intelectuais profundamente diversas. Quais partes do elefante devemos examinar? Onde, na experiência moderna europeia e americana, devemos procurar para encontrar as sementes do fascismo e vê-las germinar? Em que circunstâncias ele cresceu com mais vigor? E quais aspectos da experiência fascista, exatamente, expõem de maneira mais clara a natureza desse complexo fenômeno: suas origens? Seu crescimento? Seu comportamento após chegar ao poder?

Pessoas questionadas sobre o que vem a ser o fascismo em sua maioria diriam, sem hesitar: "É uma ideologia."[64] Os próprios líderes nunca deixaram de afirmar que eram profetas de uma ideia, ao contrário dos materialistas liberais e socialistas. Hitler falava sem cessar de *Weltanschauung*, ou visão de mundo, uma palavra inadequada que ele conseguiu trazer à atenção de todo o mundo. Mussolini jactava-se do poder do credo fascista.[65] Segundo esse enfoque, um fascista é aquele que abraça a ideologia fascista – uma ideologia que é mais que simples ideias, mas todo um sistema de pensamento subordinado a um projeto de transformação do mundo.[66] Já se tornou quase automático que livros a esse respeito concentrem seu foco sobre os pensadores, as atitudes e os padrões de pensamento que hoje chamamos de fascistas.

Aparentemente faria sentido que "começássemos por examinar os programas, as doutrinas e a propaganda de alguns dos principais movimentos fascistas, passando então às políticas e ao desempenho na prática dos dois únicos regimes fascistas dignos de nota".[67] Dar precedência aos programas significa partir do pressuposto implícito de que o fascismo era um "ismo", como os demais grandes sistemas políticos do mundo moderno: conservadorismo, liberalismo, socialismo. Geralmente aceito sem questionamento, esse pressuposto merece exame.

Os outros "ismos" foram criados numa época em que a política era um acordo entre cavalheiros, conduzido por longos e eruditos debates parlamentares entre homens cultos, que apelavam não apenas à razão de seus interlocutores, mas também a seus sentimentos. Os "ismos" clássicos eram fundamentados em sistemas filosóficos coerentes, formulados no trabalho de pensadores sistemáticos. Parece natural que, ao tentar explicá-los, parta-se do exame de seus programas e da filosofia que os embasava.

O fascismo, ao contrário, era algo novo, criado a partir do zero para a era da política de massas. Ele tentava apelar sobretudo às emoções, pelo uso de rituais, de cerimônias cuidadosamente encenadas e de retórica intensamente carregada. Uma inspeção mais minuciosa mostra que o papel nele desempenhado pelos programas e doutrinas é fundamentalmente diferente desse mesmo papel no conservadorismo, no liberalismo e no socialismo. O fascismo não se baseia de forma explícita num sistema filosófico complexo, e sim no sentimento popular sobre as raças superiores, a injustiça de suas condições atuais e seu direito a predominar sobre os povos inferiores. Esse regime não recebeu embasamento intelectual de um fundador de sistemas como Marx, ou de alguma grande inteligência crítica, como Mill, Burke ou Tocqueville.[68]

De forma oposta aos "ismos" clássicos, a verdade do fascismo não dependia da correção de nenhuma das proposições apresentadas em seu nome. Ele é "verdadeiro" à medida que ajuda a realizar o destino de uma raça, ou povo, ou sangue eleito, engalfinhado numa luta darwiniana com outros povos, e não à luz de algum tipo de razão abstrata e universal. Os primeiros fascistas eram totalmente francos a esse respeito.

> Nós [fascistas] não pensamos que a ideologia seja um problema a ser resolvido de forma a entronizar a verdade. Mas, nesse caso, será que lutar por uma ideologia significa lutar por uma mera aparência? Sem dúvida, a não ser que a consideremos segundo seu singular e eficaz valor histórico-psicológico. A verdade de uma ideologia reside em seu poder de mobilizar nossa capacidade para os ideais e para a ação. Sua verdade é absoluta na medida em que, ao viver dentro de nós, ela seja suficiente para exaurir essas capacidades.[69]

A verdade era tudo aquilo que permitisse ao novo homem (e à nova mulher) fascista dominar os demais e tudo o que levasse o povo eleito ao triunfo.

O fascismo não repousava na verdade de sua doutrina, mas na união mística do líder com o destino histórico de seu povo, noção essa relacionada às ideias românticas de florescimento histórico nacional e de gênio individual artístico ou espiritual, embora, em outros aspectos, negasse a exaltação romântica da criatividade pessoal desimpedida.[70] O líder queria levar seu povo a um campo mais elevado da política, campo esse que podia ser experimentado de forma sensual: o calor de pertencer a uma raça agora plenamente consciente de sua identidade, de seu destino histórico e poder; o entusiasmo de participar de uma vasta empreitada coletiva; a gratificação de se deixar submergir numa onda de sentimentos coletivos e de sacrificar as próprias preocupações mesquinhas em favor do interesse grupal; e a emoção do domínio. O crítico cultural e exilado alemão Walter Benjamin foi o primeiro a observar que o fato de o fascismo ter deliberadamente substituído o debate ponderado pela experiência sensorial imediata transformou a política em estética. E o ápice da experiência estética fascista, advertiu Benjamin em 1936, seria a guerra.[71]

Os líderes fascistas não faziam segredo sobre não terem um programa. Mussolini exaltava essa ausência. "Os Fasci di Combattimento", escreveu ele nos "Postulados do Programa Fascista" de maio de 1920, "não se sentem presos a qualquer tipo particular de forma doutrinária".[72] Poucos meses antes de se tornar primeiro-ministro da Itália, respondeu de forma truculenta a um crítico que exigia saber qual era seu programa: "Os democratas do *Il Mondo* querem saber qual é o nosso programa? Nosso programa é quebrar os ossos dos democratas do *Il Mondo*. E quanto antes, melhor."[73] "O punho é a síntese de nossa teoria",[74] afirmou um militante da década de 1920. Mussolini gostava de declarar que ele próprio era a definição do fascismo. A vontade e a liderança de um Duce era o que um povo moderno necessitava, não uma doutrina. Foi só em 1932, após dez anos no poder, e quando quis "normalizar" seu regime, que Mussolini formulou a doutrina fascista, num artigo (parcialmente redigido pelo filósofo Giovanni Gentile) para a *Enciclopedia Italiana*.[75] O poder vinha em primeiro lugar, a doutrina, depois. Hannah Arendt observou que Mussolini "foi provavelmente o primeiro líder a conscientemente rejeitar um programa formal, substituindo-o unicamente por liderança inspirada e ação".[76]

Hitler apresentou um programa ("Os 25 Pontos de Fevereiro de 1920") e o proclamou imutável, a despeito de ter passado por cima de muitos de seus dispositivos. Embora os aniversários do programa fossem celebrados, ele era menos um guia para a ação do que um sinal de que o debate havia sido encerrado dentro do partido. Em sua primeira fala pública como chanceler, Hitler ridicularizou aqueles que diziam: "Mostrem-nos os detalhes de seu programa. Sempre me recusei a aparecer diante deste *Volk* [nação] e fazer promessas baratas."[77]

A relação especial do fascismo com a doutrina teve diversas consequências. O que contava era o zelo incondicional dos fiéis mais que sua concordância intelectual.[78] Os programas eram informais e fluidos. A relação entre os intelectuais e um movimento que desprezava o raciocínio era ainda mais desconfortável que a sabidamente espinhosa relação entre o comunismo e seus companheiros de viagens intelectuais. Muitos dos pensadores associados aos primeiros tempos do fascismo afastaram-se ou passaram para a oposição, após os movimentos fascistas, vendo-se bem-sucedidos, terem feito as concessões necessárias para conquistar aliados e subir ao poder, ou quando revelaram seu brutal anti-intelectualismo. À medida que formos prosseguindo, encontraremos alguns desses intelectuais renegados.

A radical instrumentalização da verdade adotada pelos fascistas explica por que razão eles nunca se deram ao trabalho de escrever obras casuísticas nas ocasiões em que alteravam seu programa, o que acontecia com frequência e sem o menor escrúpulo. Stalin gastou muito tempo escrevendo para provar que as políticas ditadas por ele, de algum modo, estavam em conformidade com os princípios de Marx e de Lênin. Hitler e Mussolini jamais se preocuparam com justificações teóricas dessa natureza. *Das Blut* [o sangue] ou *la razza* [a raça] determinaria quem tinha razão. Isso não significa, contudo, que as raízes ideológicas dos primórdios dos movimentos fascistas não sejam importantes. Temos que determinar exatamente em que a história intelectual e cultural de seus fundadores pôde contribuir para nossa compreensão do fascismo, e em que ela não pôde.

Os intelectuais dos primeiros tempos exerceram influências importantes e de diversos tipos. Em primeiro lugar, ajudaram a abrir espaço para os movimentos fascistas, enfraquecendo o apego das elites aos valores do Iluminismo, até então amplamente aceitos e aplicados de forma concreta no governo constitucional e na sociedade liberal. Os intelectuais tornaram possível imaginar o fascismo. O que Roger Chartier tinha a dizer sobre a preparação cultural como a "causa" da Revolução Francesa está extremamente correto também no caso do fascismo: "Atribuir 'origens culturais' à Revolução Francesa de modo algum determina as causas da Revolução, mas assinala algumas das condições que a tornaram possível, posto que concebível."[79] Por fim, os intelectuais ajudaram a pôr em marcha uma transformação emocional de dimensões sísmicas, na qual a esquerda deixava de ser o único recurso para os ofendidos e para aqueles inebriados por sonhos de mudança.

As bases ideológicas do fascismo reassumem importância central em seus estágios finais, como acompanhamento e guia para a radicalização dos tempos de guerra. Uma vez que, no campo de batalha e nos territórios inimigos ocupados, o núcleo central dos fascistas radicais havia se tornado independente de seus aliados conservadores, seu ódio racial e seu desprezo pelos valores liberais e humanistas se reafirmaram nos extermínios ocorridas na Líbia, na Etiópia, na Polônia e na União Soviética.[80]

Embora o estudo da ideologia fascista auxilie na elucidação de seu princípio e fim, ele é bem menos útil quando se trata de entender as fases médias do ciclo fascista. Com vistas a se tornarem atores políticos importantes, conquistarem o poder e exercê-lo, os líderes fascistas se lançaram à construção de alianças e a soluções de compromisso político, pondo de lado, assim, partes de seu programa e aceitando a defecção ou a marginalização de alguns de seus militantes de primeira hora. Examinarei mais de perto essas experiências nos Capítulos 3 e 4.

Nenhuma estratégia correta para o estudo do fascismo pode deixar de lado a totalidade do contexto no qual ele se formou e cresceu. Alguns enfoques partem da crise para a qual ele era uma resposta, correndo o risco de transformar essa crise numa causa. Uma crise do capitalismo, segundo os marxistas, deu origem ao fascismo. Incapazes de assegurar a contínua expansão dos mercados, o acesso cada vez mais amplo às matérias-primas e à mão de obra sempre barata e obediente, por meio da operação normal dos regimes constitucionais e do livre mercado, os capitalistas se viram obrigados, segundo os marxistas, a encontrar novas maneiras de alcançar esses objetivos pela força.

Outros veem a crise fundadora como causada pela incapacidade do Estado e da sociedade liberal (na acepção de liberalismo como *laissez-faire*, corrente àquela época) de lidar com os desafios do mundo pós-1914. Guerras e revoluções haviam gerado problemas que o parlamento e o mercado – as principais soluções liberais –, ao que parece, não sabiam como resolver: as distorções das economias de comando central dos tempos de guerra e o desemprego em massa decorrente da desmobilização; a inflação fora de controle; o agravamento das tensões sociais e uma corrida à revolução social; a extensão do direito de voto à massa de cidadãos incultos, sem qualquer experiência de responsabilidade cívica; o acirramento das paixões pela propaganda de guerra; e as distorções do comércio e das trocas internacionais provocadas pelas dívidas de guerra e pela flutuação das moedas. O fascismo propôs novas soluções para esses desafios. Examinarei essa questão crucial mais adiante, no Capítulo 3.

Os fascistas odiavam os liberais tanto quanto odiavam os socialistas, mas por razões diferentes. Para eles, a esquerda socialista e internacionalista era o inimigo, e os liberais eram os cúmplices do inimigo. Com seu governo não intervencionista, sua crença no debate aberto, seu pouco controle sobre a opinião das massas e sua relutância a recorrer ao uso da força, os liberais, aos olhos dos fascistas, eram guardiões da nação culposamente incompetentes no combate à luta de classes desencadeada pelos socialistas. Os próprios liberais de classe média, temerosos da ascensão da esquerda, ignorando o segredo do apelo às massas e tendo que enfrentar as impalatáveis escolhas a eles apresentadas pelo século XX, com frequência estiveram tão dispostos quanto os conservadores a cooperar com os fascistas.

Todas as estratégias para entender o fascismo têm a ver com a grande diversidade de casos nacionais. A principal questão, aqui, é se os fascismos são mais díspares que os demais "ismos".

Este livro toma a posição de que eles o são, porque rejeitam qualquer valor universal que não o êxito dos povos eleitos em sua luta darwiniana por primazia. Nos seus valores, a comunidade vem antes da humanidade, e o respeito aos direitos humanos e aos procedimentos legais foi suplantado pelo serviço ao destino do *Volk* ou da *razza*.[81] Cada movimento nacional fascista, portanto, dá expressão plena a seu próprio particularismo cultural. Diferentemente dos outros "ismos", não é um produto de exportação: cada movimento guarda de maneira ciumenta sua receita de renascimento nacional, e os líderes fascistas parecem sentir pouco ou nenhum parentesco com seus primos estrangeiros. Fazer funcionar uma "internacional" fascista mostrou ser uma tarefa impossível.[82]

Em vez de levantarmos as mãos para o alto em desespero diante das disparidades radicais do fascismo, é melhor fazer essa circunstância negativa trabalhar a nosso favor, pois a variedade convida a comparação. As diferenças que separavam Hitler de Mussolini, e ambos, por exemplo, do messianismo religioso da Legião do Arcanjo Miguel, de Corneliu Codreanu, na Romênia, são precisamente o que torna interessante essa comparação. As comparações, como nos lembrava Marc Bloch, são extremamente úteis para trazer à tona as diferenças.[83] É para isso que eu as uso. Não terei muito interesse em encontrar semelhanças a fim de determinar se um regime específico se enquadra na definição de algum tipo de essência fascista. Esse tipo de taxonomia, de uso tão geral na literatura sobre o fascismo, não nos leva muito longe. Buscarei, da forma mais precisa possível, as razões para os diferentes resultados. Os movimentos que deliberadamente se denominavam fascistas, ou usavam Mussolini como modelo, existiram em todos os países ocidentais após a Primeira Grande Guerra e, em alguns casos, também fora do mundo ocidental. Por que razão movimentos de inspiração semelhante chegaram a resultados tão diferentes em diferentes sociedades? As comparações, usadas dessa maneira, serão uma das estratégias centrais deste trabalho.

PARA ONDE VAMOS A PARTIR DAQUI?

Perante a grande variedade de fascismos e a dificuldade de definir o "mínimo fascista", três tipos de reação tenderam a ocorrer. Como vimos já de partida, alguns acadêmicos, exasperados com o desleixo com que o termo costumava ser usado, negam que ele tenha qualquer significado. Eles chegaram, com toda a seriedade, a propor limitá-lo ao caso particular[84] de Mussolini. Se seguíssemos seu conselho, chamaríamos o regime de Hitler de nazismo, o de Mussolini de fascismo, e cada um dos demais movimentos assemelhados por seu próprio nome. Trataríamos cada um deles como um fenômeno separado.

Este livro rejeita tal nominalismo. O termo *fascismo* deve ser resgatado do uso malfeito que vem tendo, e não jogado fora em razão desse uso. Ele continua sendo indispensável. Precisamos de um termo genérico para o que é um fenômeno geral; na verdade, a novidade política mais importante do século XX: um movimento popular contra a esquerda e contra o individualismo liberal. Ao contemplar o fascismo, vemos como o século XX contrastou com o século XIX, e o que o século XXI tem que evitar.

A grande diversidade de fascismos que já observamos não é razão para abandonarmos o termo. Não duvidamos da utilidade de *comunismo* como termo genérico em razão da profunda diferença verificada entre suas diversas manifestações, como, por exemplo, na Rússia, na Itália e no Camboja. Nem descartamos o termo *liberalismo* devido à política liberal ter assumido formas díspares na Inglaterra Vitoriana, com seu livre-comércio e suas leituras da Bíblia; na França da Terceira República, com seu protecionismo e seu anticlericalismo; ou no agressivamente unido Reich alemão de Bismark. Na verdade, o *liberalismo* seria um candidato à abolição ainda melhor que o *fascismo*, agora que os estadunidenses consideram a extrema esquerda "liberal", enquanto a Europa chama de "liberais" os defensores do livre mercado e do *laissez-faire*, tais como Margaret Thatcher, Ronald Reagan e George W. Bush. Nem o termo *fascismo* chega a confundir tanto.

Uma segunda reação foi a de aceitar a variedade do fascismo e compilar uma lista enciclopédica de suas muitas formas.[85] As descrições enciclopédicas fornecem detalhes informativos e fascinantes, mas nos deixam com algo semelhante a um bestiário medieval, com uma xilogravura de cada criatura, classificada por sua aparência externa, contra um fundo estilizado de ramos ou pedras.

Um terceiro enfoque trata essa variedade usando uma estratégia evasiva, construindo um "tipo ideal" que não corresponde a qualquer caso exato, mas que nos permite postular uma espécie de "essência" composta. A definição concisa do fascismo como "tipo ideal" que, em tempos recentes, obteve a aprovação mais generalizada é de autoria do acadêmico britânico Roger Griffin: "O fascismo é um gênero de ideologia política cujo cerne mítico, em suas várias permutações, é uma forma palingenética de ultranacionalismo populista."[86]

Pretendo deixar de lado, pelo menos por um momento, tanto o bestiário quanto a essência. Ambos nos condenam a uma visão estática e a uma perspectiva que convida a encarar o fascismo de forma isolada. Em vez disso, vamos examiná-lo em ação, desde seus primórdios até o cataclismo final, no interior da complexa teia de interações com a sociedade por ele formada. Os cidadãos comuns e os detentores do poder político, social, cultural e econômico que ajudaram ou não opuseram resistência ao fascismo fazem parte dessa história. Ao chegarmos ao final, seremos mais capazes de dar uma definição correta.

Necessitaremos de uma compreensão clara dos dois principais parceiros de coalizão dos fascistas, os liberais e os conservadores. Uso aqui o termo *liberalismo* em seu sentido original, tal como usado na época em que o fascismo se insurgiu contra ele, e não na acepção estadunidense atual do termo, já mencionada anteriormente. Os liberais europeus do início do século XX se aferravam ao que fora progressista um século antes, quando a poeira da Revolução Francesa ainda não havia baixado de todo. Ao contrário dos conservadores, eles aceitavam as metas revolucionárias de liberdade, igualdade e fraternidade, embora aplicassem-nas de modos mais adequados a uma classe média educada. Os liberais clássicos interpretavam a liberdade como a liberdade individual pessoal, preferindo um governo constitucional limitado e o *laissez-faire* econômico a qualquer tipo de intervenção estatal, quer mercantilista, como em princípios do século XIX, quer socialista, como em épocas posteriores. Por igualdade, eles entendiam as oportunidades que se tornaram acessíveis aos talentosos por meio da educação; aceitavam a desigualdade de desempenho e, portanto, de poder e riqueza. A fraternidade era vista por eles como a condição normal dos homens livres (e tendiam a encarar os assuntos públicos como negócios de homens), não necessitando, portanto, de reforço artificial, uma vez que os interesses econômicos eram naturalmente harmônicos e a verdade viria à tona num livre mercado de ideias. É nessa acepção que, neste livro, uso o termo *liberal*, nunca na acepção estadunidense de *esquerda radical*. Os conservadores queriam ordem, tranquilidade e as hierarquias herdadas do berço e da riqueza. Eles repudiavam tanto o entusiasmo de massas do fascismo quanto o poder total a que estes aspiravam. Queriam obediência e deferência, não perigosas manifestações populares, e pretendiam limitar o Estado às funções de "guarda-noturno", encarregado da manutenção da ordem, enquanto as elites tradicionais governavam por meio da propriedade, das igrejas, dos exércitos e da influência social herdada.[87]

De modo geral, os conservadores europeus, em 1930, ainda rejeitavam os princípios da Revolução Francesa, preferindo a autoridade à liberdade, a hierarquia à igualdade e a deferência à fraternidade. Embora muitos deles tenham visto os fascistas como úteis, ou mesmo essenciais, em sua luta pela sobrevivência contra os liberais dominantes e uma esquerda em ascensão, alguns tinham aguda consciência de que seus aliados fascistas seguiam uma agenda diferente e sentiam uma aversão desdenhosa por esses forasteiros rudes.[88] Quando o simples autoritarismo era o bastante, os conservadores o preferiam. Alguns deles mantiveram sua postura antifascista até o fim. A maioria dos conservadores, entretanto, estava convicta de que o comunismo era pior. Se dispunham a trabalhar com os fascistas caso a esquerda mostrasse ter possibilidade de triunfar. Fizeram causa comum com os fascistas no espírito de Tancredi, o recalcitrante jovem aristocrata, personagem do grande romance de Giuseppe di Lampedusa sobre a decadência de uma família nobre da Sicília, *O leopardo:* "Se quisermos que tudo continue como está, é preciso que tudo mude."[89]

Os fascismos que conhecemos chegaram ao poder com o auxílio de ex-liberais amedrontados, tecnocratas oportunistas e ex-conservadores, e governaram conjuntamente com eles, num alinhamento mais ou menos desconfortável. Acompanhar essas coalizões verticalmente, ao longo do tempo, como movimentos que se transformaram em regimes; e horizontalmente, no espaço, à medida que elas se adaptavam às peculiaridades dos ambientes nacionais e às oportunidades de momento, exige algo mais elaborado que a tradicional dicotomia movimento/regimes. Proponho examinar o fascismo em um ciclo de cinco estágios: (1) a criação dos movimentos; (2) seu enraizamento no sistema político; (3) a tomada do poder; (4) o exercício do poder; (5) e, por fim, o longo período de tempo durante o qual o regime faz a opção pela radicalização ou pela entropia. Embora cada um desses estágios seja um pré-requisito do estágio seguinte, nada exige que um movimento fascista venha a passar por todos eles, ou mesmo que se mova numa única direção. A maioria dos fascismos sofreu interrupção, alguns recuaram e, às vezes, características de diversos estágios permaneceram inoperantes por longo tempo. Embora a maioria das sociedades modernas tenha gerado movimentos fascistas durante o século XX, poucas delas chegaram a ter regimes fascistas. Apenas na Alemanha nazista o regime fascista se aproximou do horizonte extremo da radicalização.

Separar os cinco estágios oferece uma série de vantagens, permitindo uma comparação plausível entre movimentos e regimes de graus de desenvolvimento equivalentes e ajudando-nos a ver que o fascismo, longe de ser estático, era uma sucessão de processos e de escolhas: a busca de seguidores, a formação de alianças, a disputa pelo poder e seu exercício. É por essa razão que as ferramentas conceituais que iluminam um estágio podem não funcionar tão bem para os demais. É chegada a hora de examinar cada um desses estágios, um por um.

NOTAS

1. Friedrich Engels, 1895, prefácio a Karl Marx, "The Class Struggles in France (1848-1850)", em *The Marx-Engels Reader*, Robert C. Tucker (org.), 2. ed., Nova York: W. W. Norton, 1978, p. 571.
2. Alexis de Tocqueville, *Democracy in America*. Trad., org. e intro. de Harvey C. Mansfield e Delba Winthrop. Chicago: University of Chicago Press, 2000, p. 662, v. II, parte 4, cap. 6.
3. Georges Sorel, *Reflections on Violence*. Cambridge: Cambridge University Press, 1999, p. 79-80.
4. Ver Maurice Agulhon, *Marianne au combat: L'imagerie et la symbolique républicaine de 1789 à 1880*. Paris: Flammarion, 1979, p. 28-9, 108-9, e *Marianne au pouvoir*. Paris: Seuil, 1989, p. 77, 83.
5. Simonetta Falasca-Zamponi, *Fascist Spectacle: The Aesthetics of Power in Mussolini's Italy*. Berkeley: University of California Press, 1997, p. 95-9.
6. Mussolini havia sido figura de destaque na ala revolucionária do Partido Socialista Italiano, hostil ao reformismo e desconfiada das concessões feitas pela ala parlamentar do partido. Em 1912, com apenas 29 anos, ele se tornou editor do jornal do partido, *Avanti*. Foi expulso da legenda no outono de 1914, por sua maioria pacifista, por defender a entrada da Itália na Primeira Guerra Mundial.
7. Pierre Milza, *Mussolini*. Paris: Fayard, 1999, p. 174, 176, 189. Já em 1911, Mussolini chamava de *fascio* o grupo socialista liderado por ele. R. J. B. Bosworth, *Mussolini*. Londres: Arnold, 2002, p. 52.
8. O termo é explicado nas p. 20-1.
9. Depois da derrota dos exércitos italianos em Caporetto, em novembro de 1917, um grande grupo de deputados e senadores liberais e conservadores formou um *fascio parlamentare di difesa nazionale*, que buscava mobilizar a opinião pública em defesa dos esforços de guerra.
10. A lista se expandiu mais tarde, com acréscimos oportunistas, quando pertencer ao grupo dos fundadores – os *sansepolcristi* – passou a ser vantajoso. Renzo De Felice, *Mussolini il rivoluzionario, 1883-1920*. Turim: Einaudi, 1965, p. 504.
11. O termo é explicado na p. 21.
12. Uma versão em inglês dos discursos proferidos por Mussolini naquele dia foi publicada em Charles F. Delzell, *Mediterranean Fascism, 1919-1945*. Nova York: Harper & Row, 1970, p. 7-11. Os relatos mais completos são De Felice, *Mussolini il rivoluzionario*, p. 504-9, e Milza, *Mussolini*, p. 236-40.

13. Texto de 6 de junho de 1919, em De Felice, *Mussolini il rivoluzionario*, p. 744-5. Versões inglesas em Jeffrey T. Schnapp (org.), *A Primer of Italian Fascism*. Lincoln, NE: University of Nebraska Press, 2000, p. 3-6, e Delzell, p. 12-3.
14. Mussolini chegou a esse número autoengrandecedor contando cada um dos estilhaços, grandes e pequenos, que o feriram em fevereiro de 1917, durante um exercício de treinamento com um lançador de granadas.
15. Uma útil introdução ao sindicalismo é Jeremy Jennings, *Syndicalism in France: A Study of Ideas*. Londres: Macmillan, 1990. O sindicalismo revolucionário era mais atraente para os trabalhadores fragmentados e mal-organizados da Espanha e da Itália do que para os numerosos e bem organizados trabalhadores do norte da Europa, que obtiveram ganhos com a legislação reformista e com greves táticas em apoio a reivindicações específicas ao local de trabalho. Na verdade, o sindicalismo revolucionário deve ter atraído mais intelectuais do que trabalhadores. Ver Peter N. Stearns, *Revolutionary Syndicalism and French Labor: Cause without Rebels*. New Brunswick. NJ: Rutgers University Press, 1971.
16. Zeev Sternhell et al. *The Birth of Fascist Ideology*. Princeton: Princeton University Press, 1994, p. 160ff; David Roberts, *The Syndicalist Tradition and Italian Fascism*. Chapel Hill: University of North Carolina Press, 1979; Emilio Gentile, *Le origini dell'ideologia fascista*. Bari: Laterza, 1975, p. 134-52.
17. Publicado no diário parisiense *Le Figaro* em 15 de março de 1909. Citado aqui a partir de Adrian Lyttelton (org.), *Italian Fascisms: From Pareto to Gentile*. Nova York: Harper Torchbooks, 1973, p. 211.
18. O primeiro *Risorgimento*, ou Ressurgimento, inspirado pelo nacionalismo humanista de Giuseppe Mazzini, havia unido a Itália entre 1859 e 1870.
19. Emilio Gentile, *Il mito dello stato nuovo dall'antigiolittismo al fascismo*. Bari: Laterza, 1982; Walter Adamson, *Avant-garde Florence: From Modernism to Fascism*. Cambridge, MA: Harvard University Press, 1993.
20. De Felice, *Mussolini il rivoluzionario*, p. 521.
21. Há um intenso debate se o Partido Nazista era "fascista" ou se ele era algo *sui generis*. Mais adiante, explicaremos por que consideramos o nazismo uma forma de fascismo. Por ora, observamos simplesmente que Hitler mantinha um monumental busto do Duce em seu gabinete na sede do Partido Nazista, na Casa Marrom, em Munique (Ian Kershaw, *Hitler 1889-1936: Hubris*. Nova York: Norton, 1999, p. 343). Mesmo no auge do poder nazista, quando a maior parte dos nazistas preferia não dar precedência à Itália ao rotular a Alemanha de "fascista", Hitler ainda definia a si mesmo como "sincero admi-

rador e discípulo" de Mussolini. Uma carta contendo esses termos, remetida ao Duce em 21 de outubro de 1942, no vigésimo aniversário da Marcha sobre Roma, foi publicada em Meir Michaelis, "I rapporti fra fascismo e nazismo prima dell'avvento di Hitler al potere (1922-1933)", *Rivista Storica Italiana*, v. 85, n. 3, p. 545, 1973. A análise mais recente dos laços existentes entre Hitler e Mussolini é de Wolfgang Schieder, "The German Right and Italian Fascism", em Hans Mommsen (org.), *The Third Reich Between Vision and Reality: New Perspectives on German History*. Oxford: Berg, 2001, p. 39-57.

22. Palavras do próprio Mussolini, zombando da incapacidade de seus inimigos de compreender "a nobre paixão da juventude italiana". Discurso proferido em 3 de janeiro de 1925, em Eduardo e Duilio Susmel (orgs.), *Opera Omnia di Benito Mussolini*. Florença: La Fenice, 1956, v. XXI, 238ff.

23. Thomas Mann, *Diaries 1918-1939*, seleção e prefácio de Hermann Kesten. Trad., do alemão por Richard e Clara Winston. Nova York: H. N. Abrams, 1982, p. 136 e seguintes. A repugnância que Mann sentia pelo "barbarismo" nazista não o impediu de confessar, em 20 de abril de 1933, um "certo grau de compreensão da rebelião contra o elemento judeu" (p. 153).

24. Citado em Alberto Aquarone e Maurizio Vernassa, (orgs.), *Il regime fascista*. Bolonha: Il Mulino, 1974, p. 48.

25. Friedrich Meinecke, *Die deutsche Katastrophe*. Wiesbaden: Brockhaus, 1946. Trad. como *The German Catastrophe*. Cambridge, MA: Harvard University Press, 1950.

26. Resolução da Internacional Comunista, em julho de 1924, citada em David Beetham (org.), *Marxists in Face of Fascism: Writings by Marxists on Fascism From the Interwar Period*. Manchester: University of Manchester Press, 1983, p. 152-3.

27. Roger Griffin (org.), *Fascism*. Oxford: Oxford University Press, 1995, p. 262.

28. O maior cético é Gilbert Allardyce, "What Fascism Is Not: Thoughts on the Deflation of a Concept", *American Historical Review*, v. 84, n. 2, p. 367-88, abr. 1979.

29. Algumas obras dos anos 1940, coloridas com propaganda do período da guerra, viam o nazismo como um desenvolvimento lógico da cultura nacional alemã. Ver, entre outros, W. M. McGovern, *From Luther to Hitler: The History of Fascist-Nazi Political Philosophy*. Boston: Houghton Mifflin, 1941; e Rohan d'Olier Butler, *The Roots of National Socialism*. Nova York: E. P. Dutton, 1942. O principal exemplo francês é Edmond-Joachim Vermeil, *L'Allemagne: Essai d'explication*. Paris: Gallimard, 1940. O exemplo contemporâneo mais deprimente é Daniel Jonah Goldhagen, *Hitler's Willing Executioners* (Nova York: Knopf, 1996). Deprimente porque o

autor deturpou um valioso estudo sobre o sadismo do baixo escalão dos responsáveis pelo Holocausto e o transformou assim numa demonização primitiva de todo o povo alemão, camuflando o fato de que muitos desses cúmplices eram não alemães, e também que havia alguns alemães de índole humanitária.

30. Alexander Stille, *Benevolence and Betrayal: Five Italian Jewish Families Under Fascism*. Nova York: Penguin, 1993, oferece exemplos interessantes de judeus ricos que atuavam como financiadores em Turim e Ferrara, embora também houvesse judeus nas fileiras da resistência antifascista, notadamente no movimento Giustizia e Libertà. Quando foram decretadas as leis raciais italianas, em 1938, um em cada três judeus italianos adultos era membro do Partido Fascista (p. 22).

31. Philip V. Cannistraro e Brian R. Sullivan, *Il Duce's Other Woman*. Nova York: Morrow, 1993.

32. Susan Zuccotti, *The Italians and the Holocaust: Persecution, Rescue, Survival*. Nova York: Basic Books, 1987, p. 24.

33. As ditaduras autoritárias governam por meio de forças conservadoras preexistentes (igreja, exército, interesse econômico organizado) e buscam desmobilizar a opinião pública, ao passo que os fascistas governam por meio de um partido único e tentam gerar entusiasmo público. Discutiremos essa distinção mais detidamente no Capítulo 8, p. 378-81.

34. Para alguns autores, o antissemitismo é o cerne da questão; eu o vejo como instrumental. Hannah Arendt, *Origins of Totalitarianism*, ed. rev. Nova York: Harcourt, Brace and World, 1966, entende que as raízes do totalitarismo surgem da fermentação de uma mistura de antissemitismo, imperialismo e uma sociedade de massa atomizada. Ela não acreditava que a Itália de Mussolini fosse totalitária (p. 257-9, 308).

35. Otto Wagener, chefe da Sturmabteilung (SA) e chefe do Departamento de Política Econômica do Partido Nazista até 1933, citado em Henry A. Turner (org.), *Hitler aus nächster Nähe*. Frankfurt am Main: Ullstein, 1978, p. 374. Wagener quase se tornou ministro da Economia em junho de 1933. Ver Capítulo 5, p. 251.

36. No Ponto 17 de seus "25 Pontos", divulgados em 24 de fevereiro de 1920, os nazistas prometiam a redistribuição das terras (Jeremy Noakes and Geoffrey Pridham, *Nazism 1919-1845*, v. I: *The Rise to Power, 1919-1934*. Exeter: University of Exeter Press, 1998, p. 15). Esse é apenas um dos 25 pontos "inalteráveis" que Hitler, mais tarde, alterou de forma explícita quando, após 1928, passou a dedicar maior atenção ao recrutamento de camponeses dedicados à agricultura familiar. A ordem de 6 de março

de 1930, que "completava" o Ponto 17 e afirmava a inviolabilidade da propriedade agrícola privada (com exceção de propriedade de judeus) está em *Hitler Reden, Schriften, Anordnungen, Februar 1925 bis Januar 1933*, organizado pelo Institut für Zeitgeschichte. Munique: K. G. Saur, 1995, v. III, parte 3, p. 115-20. Uma versão em inglês aparece em Norman Baynes (org.), *The Speeches of Adolf Hitler*. Oxford: Oxford University Press, 1942, v. I, p. 105.

37. Eve Rosenhaft, *Beating the Fascists? The German Communists and Political Violence, 1929-1933*. Cambridge: Cambridge University Press, 1983. O hino nazista, "Horst Wessel Lied" [Canção de Horst Wessel], falava da memória de um jovem rufião nazista morto numa briga desse tipo, omitindo o fato de que o motivo da briga foi uma rixa com sua senhoria. Ver Peter Longerich, *Die braunen Bataillone: Geschichte der* SA. Munique: C. H. Beck, 1989, p. 138.

38. "Se havia uma coisa com a qual todos os fascistas e nacional-socialistas concordavam, era sua hostilidade ao capitalismo." Eugen Weber, *Varieties of Fascism*. Nova York: Van Nostrand, 1964, p. 47. Weber notou, é claro, que o oportunismo limitava o efeito prático dessa hostilidade. Ver também Eugen Weber, "Revolution? Counter-Revolution? What Revolution?", *Journal of Contemporary History*, v. 9, n. 2, p. 3-47, abr. 1974, em Walter Laqueur (org.), *Fascism: A Reader's Guide*. Berkeley; Los Angeles: University of California Press, 1976, p. 435-67.

39. Sobre o fato de Mussolini, bem cedo, ter abandonado o termo "proletariado", substituindo-o por "forças produtivas", para designar a camada social que seria a base da renovação da nação, ver Sternhell et al., *Birth*, p. 12, 106, 160, 167, 175, 179, 182, 219.

40. Os autores que confundem essas duas formas muito diferentes de ser antiburguês simplesmente fazem uma leitura desatenta. Um exemplo recente é a afirmação do grande historiador da Revolução Francesa François Furet, em repúdio a sua própria juventude comunista, de que tanto o fascismo quanto o comunismo surgem de uma autoaversão comum entre os burgueses jovens. Ver *The Passing of an Illusion: The Idea of Communism in the Twentieth Century*. Chicago: University of Chicago Press, 1999, p. 4, 14.

41. T. W. Mason, "The Primacy of Politics – Politics and Economics in National Socialist Germany", em Jane Caplan (org.), *Nazism, Fascism and the Working Class: Essays by Tim Mason*. Cambridge: Cambridge University Press, 1995, p. 53-76. (Publicado pela primeira vez em alemão em *Das Argument*, v. 41, dez. 1966.)

42. A questão da "revolução fascista" é discutida em mais detalhes no Capítulo 5, p. 243-52.

43. O momento em que Mussolini abandonou o socialismo é uma questão muito discutida. Seu principal biógrafo italiano, Renzo De Felice, acredita que Mussolini ainda se considerava socialista em 1919 (*Mussolini il rivoluzionario*, p. 485, 498, 519). Milza, em *Mussolini*, crê que ele deixou de se considerar socialista no início de 1918, quando mudou o subtítulo de seu jornal *Il Popolo d'Italia* de "diário socialista" para "diário para guerreiros e produtores", mas que, mesmo em 1919, ainda não havia optado claramente pela contrarrevolução (p. 210, 228). Sternhell et al., *Birth*, p. 212, acredita que o fracasso da Semana Vermelha (junho de 1914) nas cidades industriais do norte da Itália "pôs fim ao socialismo de Mussolini". Emilio Gentile diz que a expulsão de Mussolini do Partido Socialista Italiano, em setembro de 1914, deu início a uma longa evolução ideológica, mas que Mussolini sempre havia sido um socialista "herege", mais nietzscheano que marxista (*Le origini dell'ideologia fascista (1918-1925)*, 2. ed. Bolonha: Il Mulino, 1996, p. 61-93). Bosworth, *Mussolini*, p. 107, concorda no que diz respeito ao momento da mudança, mas suspeita que Mussolini era um oportunista, para quem o socialismo representava apenas um meio convencional de ascensão para um arrivista provinciano. O centro da questão é como interpretar a continuidade de seu compromisso verbal com a "revolução", assunto que retornaremos mais adiante.

44. Essa corrente era mais forte entre os nazistas (por exemplo, Walther Darré) e entre os fascistas da Europa Central que da Itália, embora Mussolini exaltasse a vida camponesa e tentasse manter os italianos em suas terras natais. Paul Corner, em "Fascist Agrarian Policy and the Italian Economy in the Interwar Years", em J. A Davis (org.), *Gramsci and Italy's Passive Revolution*. Londres: Croom Helm, 1979, p. 239-74, desconfia de que essa atitude visava principalmente manter os desempregados longe das cidades, e que não prejudicava de forma alguma a política econômica que favorecia os grandes proprietários de terra. Alexander Nützenadel, *Landwirtschaft, Staat, und Autarkie: Agrarpolitik im faschistischen Italien*, Bibliothek des Deutschen Historischen Instituts in Rom, Band 86. Tübingen: Max Niemeyer Verlag, 1997, 45ff, acredita que, mesmo antes de chegar ao poder, Mussolini queria completar o *Risorgimento* com a integração dos camponeses.

45. O Duce dirigia seu próprio carro esportivo, um Alfa Romeo vermelho (Milza, *Mussolini*, p. 227, 318), algumas vezes acompanhado de seu filhote de leão. Hitler adorava quando seu motorista dirigia a toda velocidade numa potente Mercedes, que a empresa vendeu a ele pela metade do preço, a título de publicidade. Ver Bernard Bellon, *Mercedes in Peace and War*. Nova York: Columbia University Press, 1990, p. 232.

46. Hitler deslumbrava o público fazendo entradas espetaculares nos comícios eleitorais, chegando de avião. Mussolini era piloto praticante. Durante uma visita oficial à Alemanha, ele assustou Hitler, insistindo em assumir os controles do Condor oficial do Führer. Milza, *Mussolini*, p. 794-5. A Itália fascista investia pesadamente na aviação como forma de conquistar prestígio e bateu recordes mundiais de velocidade e distância nos anos 1930. Ver Claudio C. Segre, *Italo Balbo: A Fascist Life*. Berkeley: University of California Press, 1987, parte II, "The Aviator". Para o líder fascista britânico Mosley, outro piloto, ver Colin Cook, "A Fascist Memory: Oswald Mosley and the Myth of the Airman", *European Review of History*, v. 4, n. 2, p. 147-62. 1997.
47. Na literatura mais antiga, dois tipos de abordagem tendiam a colocar a revolta contra a modernidade no cerne do nazismo: os estudos sobre a preparação cultural, como George L. Mosse, *The Crisis of German Ideology: Intellectual Origins of the Third Reich*. Nova York: Grosset and Dunlap, 1964, e Fritz Stern, *The Politics of Cultural Despair*. Berkeley e Los Angeles: University of California Press, 1961; e os estudos sobre os ressentimentos da classe média baixa, como Talcott Parsons, "Democracy and social structure in pre-nazi Germany", em Parsons, *Essays in Sociological Theory*. Glencoe, IL: Free Press, 1954, p. 104-23 (orig. pub. 1942), e Heinrich A. Winkler, *Mittelstand, Demokratie und Nationalsozialismus*. Colônia: Kiepenheuer & Witsch, 1972. A Itália não possui literatura equivalente – uma diferença importante.
48. A. James Gregor, *Italian Fascism and Developmental Dictatorship*. Princeton: Princeton University Press, 1979; Rainer Zitelmann, *Hitler: Selbstverständnis eines Revolutionärs*, nova ed. ampl. Munique: F. A. Habig, 1998. Zitelmann admite que ele fala de um Hitler que poderia ter existido, caso tivesse vencido a guerra, e não da "realidade econômica e social corrente" do regime, quando o Führer tinha que "levar em consideração os pontos de vista de seus parceiros de aliança conservadores" (p. 47-8, 502). Artigos partindo dessa mesma perspectiva foram reunidos em Michael Prinz e Rainer Zitelmann (orgs.), *Nationalsozialismus und Modernizierung*. Darmstadt: Wissenschaftliche Buchgeorsellschaft, 1991.
49. A. F. K. Organski, "Fascism and Modernization", em Stuart J. Woolf (org.), *Nature of Fascism*. Nova York: Random House, 1968, p. 19-41, acredita que o fascismo é mais provável no vulnerável ponto intermediário da transição a uma sociedade industrial, quando as muitas vítimas da industrialização podem fazer causa comum com o que restou da elite pré-industrial.

50. Uma lista parcial incluiria Ezra Pound, T. S. Eliot, W. B. Yeats, Wyndham Lewis e Gertrude Stein, que empregaram técnicas literárias experimentais para criticar a sociedade moderna.
51. Mussolini tinha suas *autostrade*, Hitler suas *Autobahnen*, que serviam tanto para criar empregos quanto para fins simbólicos. Ver James D. Shand, "The Reichsautobahn: Symbol of the Third Reich", *Journal of Contemporary History*, v. 19, n. 2, p. 189-200, abr. 1984.
52. O estudo clássico desse processo, no caso da Alemanha, é David Schoenbaum, *Hitler's Social Revolution: Class and Status in Nazi Germany, 1933--1939* (Nova York: Doubleday, 1966). No caso da Itália, ver a abrangente análise de Tim Mason, "Italy and Modernization", *History Workshop*, v. 25, p. 127-47, primavera de 1988.
53. Albert Speer, *Inside the Third Reich: Memoirs*. Nova York: Macmillan, 1970, p. 11 (p. 14-7).
54. Jeffrey Herf, *Reactionary Modernism: Technology, Culture, and Politics in Weimar and the Third Reich*. Cambridge: Cambridge University Press, 1984, vêm ambas reconciliadas numa tradição cultural alemã que usa a tecnologia para administrar as tensões da modernização. De acordo com Henry A. Turner, Jr., "Fascism and Modernization", *World Politics* v. 24, n. 4, p. 547-64, julho 1972, reeditado em Turner (org.), *Reappraisals of Fascism*. Nova York: Watts, 1975, p. 117-39, o nazismo instrumentalizou a modernidade de forma a criar uma utopia agrária antimoderna no leste conquistado.
55. Hans Mommsen vê o nazismo como uma "modernização simulada", a aplicação de técnicas modernas para a destruição irracional e para o desmantelamento deliberado do Estado moderno. Ver Mommsen, "Nationalsozialismus als Vorgetäuschte Modernisierung", em Mommsen, *Der Nationalsozialismus und die Deutsche Gesellschaft: Ausgewählte Aufsätze*, Lutz Niethammer e Bernd Weisbrod (org.). Reinbeck bei Hamburg: Rowohlt Taschenbuch Verlag, 1991, 405ff; "Noch einmal: Nationalsozialismus und Modernisierung", *Geschichte und Gesellschaft*, v. 21, n. 3, p. 391-402, jul.-set. 1995; e "Modernität und Barbarei: Anmerkungen aus zeithistorischer Sicht," em Max Miller e Hans-Georg Soeffner, (orgs.), *Modernität und Barbarei: Soziologische Zeitdiagnose am Ende des 20. Jahrhunderts*. Frankfurt am Main: Suhrkamp, 1996, p. 137-55.
56. Os estadunidenses, os britânicos e até mesmo os suecos foram importantes pioneiros da esterilização forçada, seguidos de perto pelos alemães. Ver Daniel Kevles, *In the Name of Eugenics: Genetics and the Uses of Human Heredity*. Nova York: Knopf, 1985. O racismo biológico era muito mais fraco

na Europa católica do sul, embora Mussolini tenha anunciado uma política de "higiene social e purificação nacional [*proflassi*]" em sua principal declaração política posterior ao estabelecimento da ditadura, o "Discurso do Dia da Ascensão", de 16 de maio de 1927. Sobre as políticas de "purificação" médica da Alemanha nazista e a promoção, na Itália fascista, de *la razza* e *la stirpe* (raça e linhagem), compreendidas em termos culturais e históricos, ver o Ensaio bibliográfico, p. 419-23.

57. Essa tese foi defendida de forma provocativa pelo falecido Detlev Peukert, "The Genesis of the 'Final Solution' from the Spirit of Science", em Thomas Childers e Jane Caplan (orgs.), *Reevaluating the Third Reich* (Nova York: Holmes and Meier, 1993), p. 234-52. Ver também Zygmunt Bauman, *Modernity and the Holocaust*. Ithaca, NY: Cornell University Press, 1989, p. 149: "Considerada uma operação complexa e proposital, o Holocausto pode ser visto como o paradigma do racionalismo burocrático moderno. Quase tudo foi feito para atingir resultados máximos com um mínimo de custos e esforços."

58. P. Sabini e Mary Silvers, "Destroying the Innocent with a Clear Conscience: a Sociopsychology of the Holocaust", em Joel E. Dimsdale (org.), *Survivors, Victims, and Perpetrators: Essays in the Nazi Holocaust*. Washington: Hemisphere Publishing Corp., 1980, p. 329-30, citado em Bauman, *Modernity and the Holocaust*, p. 89-90.

59. Essa questão é analisada criticamente por Carl Levy, "From Fascism to 'post-Fascists': Italian Roads to Modernity", e Mark Roseman, "National Socialism and Modernization", em Richard Bessel (org.), *Fascist Italy and Nazi German*. Cambridge: Cambridge University Press, 1996, p. 165-96 e 197-229. Detlev K. Peukert entreteceu esses temas de forma prolífica em sua excelente obra *The Weimar Republic: The Crisis of Classical Modernity*. Trad. do alemão por Richard Deveson. Nova York: Hill and Wang, 1991.

60. Um brilhante exemplo é Tim Mason, "The Origins of the Law on the Organization of National Labour of 20 January 1934: An Investigation into the Relationship Between 'Archaic' and 'Modern' Elements in Recent Germany History", em Caplan, *Nazism, Fascism and the Working Class*, p. 77-103.

61. A *Kristallnacht* foi a primeira e a última chacina coletiva de judeus praticada pelos nazistas nas ruas de cidades alemãs – o último massacre e o início do Holocausto (Bauman, *Modernity and the Holocaust*, p. 89). Sobre a reação da população, ver William S. Allen, "Die deutsche Öffentlichkeit und die Reichskristallnacht – Konflikte zwischen Wertheirarchie und Propaganda im Dritten Reich", em Detlev Peukert e Jürgen Reulecke (orgs.), *Die Reihen fast geschlossen: Beiträge zur Geschichte des Alltags unterm*

Nationalsozialismus. Wuppertal: Hammer, 1981, p. 397-412, e os estudos sobre a opinião pública citados no Capítulo 9.

62. Martin Broszat, "A Controversy about the Historicization of National Socialism", em Peter Baldwin (org.), *Reworking the Past: Hitler, the Holocaust, and the Historians' Debate*. Boston: Beacon Press, 1990, p. 127.
63. Tentar "historicizar" o fascismo faz disparar alarmes. Quando Martin Broszat defendeu que o nazismo fosse tratado como parte da história, e não abstratamente, como imagem emblemática do mal ("Plädoyer für eine Historisierung des Nationalsozialismus", *Merkur*, v. 39, n. 5, p. 373-85, maio 1985), o historiador israelense Saul Friedländer alertou que, ao traçar continuidades e perceber normalidades entre atos criminosos, corria-se o risco de banalizar o regime nazista. Ambos os artigos, e outras discussões esclarecedoras, foram reeditados em Baldwin (org.), *Reworking the Past* (ver nota anterior).
64. "O fascismo é um gênero de ideologia política [...]" (Roger Griffin, *The Nature of Fascism*. Londres: Routledge, 1991, p. 26). Por trás do fascismo "reside um corpo coerente de pensamento" (Roger Eatwell, *Fascism: A History*. Londres: Penguin, 1996, p. xvii).
65. Por exemplo, Schnapp, *Primer*, p. 63.
66. Uma introdução útil à evolução dos significados de ideologia, termo criado durante a Revolução Francesa, é Andrew Vincent, *Modern Political Ideologies*, 2. ed. Oxford: Blackwell, 1995.
67. Payne, *History*, p. 472.
68. *Mein Kampf* [Minha luta], de Hitler, serviu de texto básico para o nazismo. Cópias primorosamente encadernadas eram dadas de presente a recém-casados e exibidas em lares nazistas. Trata-se de uma coleção poderosa e consistente, porém bombástica e autoindulgente, de fragmentos autobiográficos e reflexões pessoais sobre raça, história e natureza humana. Para os escritos doutrinários de Mussolini, ver Capítulo 1, p. 36, e a nota a seguir.
69. A. Bertelè, *Aspetti ideologici del fascismo*. Turim, 1930, citado em Emilio Gentile, "Alcuni considerazioni sull'ideologia del fascismo", *Storia contemporanea*, v. 5, n. 1, p. 117, mar. 1974. Agradeço a Carlo Moos pela ajuda na tradução dessa difícil passagem.
70. Isaiah Berlin associou explicitamente fascismo e romantismo em "The Essence of European Romanticism", em Henry Hardy (org.), *The Power of Ideas*. Princeton: Princeton University Press, 2000, p. 204.
71. Walter Benjamin, "The Work of Art in the Age of Mechanical Reproduction", publicado pela primeira vez em *Zeitschrift für Sozialforschung*, v. 5,

n. 1, 1936, reeditado em Benjamin, *Illuminations*. Nova York: Schocken, 1969. Ver especialmente p. 241-2, em que Benjamin cita Marinetti sobre a beleza da recém-terminada Guerra da Etiópia: "[...] [a guerra] enriquece um campo florido com as orquídeas de fogo das metralhadoras [...]"
72. Delzell, *Mediterranean Fascism*, p. 14.
73. Citado em R. J. B. Bosworth, *The Italian Dictatorship: Problems and Perspectives in the Interpretation of Mussolini and Fascism*. Londres: Arnold, 1998, p. 39.
74. Emilio Gentile, *Storia del Partito Fascista 1919-1922: Movimento e milizia*. Bari: Laterza, 1989, p. 498.
75. "La dottrina del fascismo", *Enciclopedia italiana* (1932), v. XIV, p. 847-51. Uma versão em inglês teve ampla divulgação: Benito Mussolini, *The Doctrine of Fascism*. Florença: Vallecchi, 1935, e edições posteriores. Uma versão em inglês recente é Jeffrey T. Schnapp (org.), *Primer*, p. 46-61.
76. Arendt, *Origins*, n. 39, p. 325. Cf. Salvatore Lupo, *Il fascismo: La política in un regime totalitario*. Roma: Donzelli, 2000: "O que determinou o composto fascista foram mais os fatos concretos da política da época do que o magma incoerente das ideologias passadas." (p. 18).
77. Max Domarus, *Hitler Speeches and Proclamations, 1932-1945*. Londres: I. B. Taurus, 1990, v. I, p. 246 (10 de fevereiro de 1933).
78. Leszek Kołakowski percebeu, com exemplar clareza, a forma como uma ideologia fechada e totalizadora serve para calar perguntas críticas em "Why an Ideology Is Always Right", em Kołakowski, *Modernity on Endless Trial*. Chicago: University of Chicago Press, 1990.
79. Roger Chartier, *The Cultural Origins of the French Revolution*. Trad. do francês por Lydia G. Cochrane. Durham, NC: Duke University Press, 1991, p. 2.
80. Essa combinação pode surpreender, mas a brutalidade das campanhas africanas de Mussolini, ressaltada pelas pesquisas recentes, deve ser vista como aspecto central de seu regime. Mussolini, da mesma forma que Hitler, utilizou-se de campos de concentração e de limpeza étnica, e ainda utilizou gases tóxicos, coisa que Hitler nunca ousou fazer. Ver Capítulo 6, p. 292-4, e as notas 63 e 68.
81. "O conceito fascista da vida [...] afirma o valor do indivíduo apenas na medida em que seus interesses coincidem com os do Estado." Mussolini, "Doctrine", em Schnapp, *Primer*, p. 48.
82. Michael A. Ledeen, *Universal Fascism*. Nova York: Howard Fertig, 1972.
83. Marc Bloch, "Towards a Comparative History of European Society", em Bloch, *Land and Work in Medieval Europe: Selected Papers*. Trad. J. E.

Anderson. Berkeley e Los Angeles: University of California Press, 1967, p. 58 (orig. pub. 1928).
84. Ver nota 28. Vários acadêmicos importantes, notadamente Sternhell e Bracher, acreditam que "uma teoria geral que busque combinar fascismo e nazismo [...] não é possível". (Sternhell, *Birth*, p. 5) Seu principal argumento é o de que o racismo biológico é de importância central no nacional-socialismo e fraco no fascismo. Este livro defende que todos os fascismos se mobilizam contra *algum* inimigo, seja ele interno ou externo, mas que é a cultura nacional que fornece a identidade desse inimigo.
85. A análise mais impressionantemente erudita é Payne, *History*.
86. Griffith, *Nature*, p. 26.
87. "O Estado fascista não é um vigia noturno [...] é uma entidade espiritual e moral cujo propósito é o de assegurar a organização política, jurídica e econômica da nação [...] Transcendendo a breve existência do indivíduo, o Estado representa a consciência imanente da nação." Mussolini, "Doctrine", em Schnapp, *Primer*, p. 58.
88. Um exemplo muito bem articulado foi o *Diary of a Man in Despair*, de Friedrich Percyval Reck-Malleczewen. Trad. do alemão por Paul Rubens. Londres: Macmillan, 1970 (orig. pub. 1947), em que lamenta a transformação da Alemanha, a partir da época de Bismarck, num "formigueiro superdesenvolvido industrialmente" (p. 119). Reck-Malleczewen reservou seu ataque mais cáustico a Hitler, chamando-o de "cigano de topete" (p. 18), "Genghis Khan dos legumes crus, Alexandre abstêmio, Napoleão sem mulher" (p. 27). Ele foi executado pelos nazistas no início de 1945. Ver também o diário do patrono das artes pacifista Harry Kessler, *The Diaries of a Cosmopolitan*. Londres: Weidenfeld and Nicolson, 1971.
89. Giuseppe di Lampedusa, *The Leopard*. Trad. do italiano por Archibald Colquhoun. Nova York: Pantheon, 1950, p. 40.

2

A CRIAÇÃO DOS MOVIMENTOS FASCISTAS

Se alguma coisa começa quando adquire um nome, podemos datar com precisão o início do fascismo. Ele começou numa manhã de domingo, no dia 23 de março de 1919, na reunião realizada na Piazza de San Sepolcro, em Milão, já descrita no Capítulo 1. Mas os Fasci Italiani di Combattimento de Mussolini não estavam sozinhos. Algo de mais amplo vinha acontecendo. Totalmente independentes de Mussolini, grupos semelhantes vinham-se congregando em outros lugares da Europa.

A Hungria era outro ambiente fértil para esse tipo de crescimento espontâneo – não copiado de ninguém – que ainda não se chamava fascismo, mas que com este guardava uma forte semelhança. A Hungria havia sofrido as perdas territoriais mais calamitosas entre todos os países que participaram da Primeira Grande Guerra – piores ainda que as perdas alemãs. Antes da guerra, o país era parceiro governante da poderosa monarquia dual da Áustria-Hungria, ou seja, o Império Habsburgo. A metade húngara do império – o reino da Hungria – governava sobre um mundo multilíngue de eslavos do sul, romenos, eslovacos e muitos outros, entre os quais os húngaros desfrutavam de uma posição privilegiada. Durante os meses finais da Primeira Guerra, o Império Habsburgo se dissolveu à medida que as nacionalidades que o compunham reivindicavam independência. A Hungria – um dos maiores beneficiários do império multinacional – tornou-se o grande perdedor nessa dissolução. Os Aliados vitoriosos vieram a amputar 70% do território húngaro anterior à guerra e quase dois terços de sua população, por meio do punitivo Tratado de Trianon, assinado, sob protesto, em 4 de junho de 1920.

Durante os dias caóticos que se seguiram ao armistício de novembro de 1918, quando os povos-súditos da metade húngara do Império Austro-Húngaro – romenos, eslavos do sul e eslovacos – começaram a governar seus próprios territórios sob proteção Aliada, um nobre progressista e livre-pensador, o conde Michael Károlyi, tentou salvar o Estado húngaro por meio de reformas de grande efeito. Károlyi apostou na possibilidade de que o estabelecimento de uma democracia plena em uma Hungria federativa, cujos povos-súditos desfrutariam de amplos poderes de autogoverno, iria amenizar a hostilidade dos Aliados e conseguir que eles acatassem as fronteiras históricas da Hungria. Károlyi perdeu essa aposta. Os exércitos franceses e sérvios ocuparam o terço meridional da Hungria, enquanto os exércitos romenos, com o apoio dos Aliados, ocuparam as vastas planícies da Transilvânia. Essas anexações pareciam ser de caráter permanente. Incapaz de persuadir as autoridades francesas a pôr fim a elas, o conde Károlyi, em fins de março de 1919, renunciou ao tênue poder que detinha.

Uma coalizão socialista-comunista assumiu então o poder em Budapeste. Encabeçada por um intelectual revolucionário judeu, Béla Kun, o novo governo, por um breve período, angariou o apoio até mesmo de alguns oficiais do exército, prometendo que a Hungria teria melhores chances de sobreviver com a ajuda da Rússia bolchevique que com a dos Aliados. No entanto, Lênin não estava em condições de socorrer a Hungria, e, embora o governo de Kun tenha conseguido reconquistar parte dos territórios ocupados pelos eslovacos, ele, simultaneamente, adotou medidas socialistas radicais. Kun proclamou uma república soviética em Budapeste em maio de 1919, e a ditadura do proletariado em 25 de junho.

Diante dessa combinação sem precedentes de problemas de desmonte territorial e de revolução social, as elites húngaras optaram por combater mais este que aquele. Elas instalaram um governo provisório na cidade provinciana de Szeged, no sudoeste da Hungria, então sob ocupação francesa e sérvia, e nada fizeram quando os romenos, em inícios de agosto de 1919, avançaram para ocupar Budapeste, de onde Kun já havia fugido. Seguiu-se uma contrarrevolução sangrenta, com cerca de 5 a 6 mil vítimas, dez vezes maior que o número de pessoas mortas pelo regime soviético.

A contrarrevolução húngara teve duas faces. Sua liderança máxima era ocupada pela elite tradicional, da qual fazia parte o último comandante da marinha austro-húngara, o almirante Miklós Horthy, que surgiu como a figura dominante. Participavam também aqueles que acreditavam que a autoridade tradicional já não era suficiente para lidar com a situação de emergência pela qual passava a Hungria. Um grupo de jovens oficiais, liderados pelo capitão Gyula Gömbös, fundou um movimento com muitas das características do fascismo.

Os oficiais de Gömbös pretendiam mobilizar uma base de massas para um movimento militante de renovação nacional, diferente tanto do liberalismo parlamentar (pois a democracia do conde Károlyi estava agora tão desacreditada quanto o soviete de Kun) quanto de uma ditadura obsoleta que governasse de cima para baixo. Seu Comitê antibolchevique era virulentamente antissemita (não apenas Béla Kun, mas também 32 de seus 45 comissários eram judeus).[1] Os oficiais de Gömbö não queriam restaurar a autoridade tradicional, mas substituí-la por um sistema mais dinâmico, com raízes no nacionalismo popular e nas paixões xenófobas, e expresso em símbolos e mitos tradicionais húngaros.[2] Por algum tempo, o almirante Horthy e os conservadores conseguiram governar sem ter que recorrer aos jovens oficiais, embora Gömbös tenha servido como primeiro-ministro sob Horthy entre 1932 e 1935 e estabelecido uma aliança com Mussolini visando a se contrapor ao crescente poderio alemão.

Na metade austríaca da monarquia Habsburgo, os nacionalistas alemães se sentiam alarmados, já antes da Primeira Guerra, com os ganhos dos tchecos e de outras minorias no tocante a uma maior autonomia administrativa e linguística. Mesmo antes de 1914, eles já vinham desenvolvendo uma cepa virulenta de nacionalismo da classe trabalhadora. Os trabalhadores de língua alemã passaram a ver os de língua tcheca como rivais nacionais, e não como companheiros proletários. Na Boêmia dos Habsburgo, às vésperas da Primeira Grande Guerra, a nação já suplantava a classe.

Os nacionalistas alemães do Império Habsburgo, a partir de fins do século XIX, baseavam-se no pangermanismo populista de Georg von Schönerer, sobre o qual tratarei com mais detalhes logo a seguir.[3] Eles alcançaram o poder político de fato na capital, Viena, quando Karl Lueger se tornou prefeito, em 1897. Lueger embasou solidamente seu longo mandato numa mistura populista de antissemitismo, combate à corrupção, defesa dos artesãos e dos pequenos lojistas, em slogans e canções chamativas e na eficiência dos serviços municipais.

Adolf Hitler, um jovem sem rumo e pretenso estudante de arte, originário de Linz, que fica a 80 quilômetros rio acima, embebeu-se da atmosfera da Viena de Lueger.[4] E ele não foi o único. O Deutsche Arbeiterpartei (Partido dos Trabalhadores Alemães), o DAP, de orientação nacionalista, encabeçado por um advogado de Viena e por um ferroviário, já havia conseguido, em 1911, três cadeiras na Assembleia austríaca. Ressuscitado em maio de 1919 como o Deutsche Nationalsozialistische Arbeiterpartei (Partido Nacional-Socialista dos Trabalhadores Alemães), o DNSAP, ele começou a usar a *Hakenkreuz*, ou suástica, como seu símbolo.[5]

A Alemanha do pós-guerra oferecia um solo particularmente fértil para movimentos antissocialistas de base popular, que tinham como meta o renascimento nacional. Os alemães haviam sido abalados até a medula pela derrota de 1918. O impacto emocional foi ainda mais severo porque os líderes alemães cantavam vitória até semanas antes. Uma calamidade tão inacreditável era fácil de ser imputada a traidores. O vertiginoso colapso do destino alemão, que despencou da valente grande potência de 1914 para o país derrotado, perplexo e faminto de 1918, destroçou o orgulho e a autoconfiança nacionais. Wilhelm Spannaus, mais tarde, descreveu o que sentiu ao voltar para sua cidade natal em 1921, após lecionar por anos numa escola alemã na América do Sul:

> Foi pouco depois da insurreição Spartacus ocorrida na Renânia: praticamente todos os vidros das janelas do trem em que voltei para a Alemanha estavam quebrados, e a inflação atingia proporções fantásticas. Eu havia deixado a Alemanha no auge do poderio e da glória do Reich wilhelmino. Voltei para encontrar a pátria em ruínas, transformada em república socialista.[6]

Spannaus viria a se tornar o primeiro cidadão respeitável de sua cidade a se filiar ao Partido Nazista e, como líder intelectual (ele era proprietário da livraria local), levou consigo muitos outros cidadãos.

Veteranos que não tinham para onde ir, cujas unidades estavam se desfazendo, sem conseguir encontrar trabalho e nem mesmo comida, eram presa fácil para o extremismo, tanto de esquerda quanto de direita. Alguns se voltaram para a Rússia bolchevique em busca de inspiração, como aconteceu, por exemplo, na breve República Soviética de Munique, na primavera de 1919. Outros se agarraram ao nacionalismo já disseminado pelo movimento de propaganda dos tempos de guerra, a Frente Patriota. Alguns desses veteranos nacionalistas se juntaram às unidades mercenárias (Freikorps), constituídas sob o comando de oficiais do exército, para lutar contra aqueles que eles viam como inimigos internos da Alemanha. Em janeiro de 1919, assassinaram os líderes socialistas Rosa Luxemburgo e Karl Liebknecht na Berlim revolucionária. Na primavera seguinte, derrubaram os regimes socialistas em Munique e em outras cidades da Alemanha. Outras unidades Freikorps continuaram a lutar contra os exércitos soviético e polonês ao longo das ainda não demarcadas terras do Báltico até bem depois do armistício de novembro de 1918.[7]

O cabo Adolf Hitler,[8] de volta ao serviço ativo no IV Corpo de Exército, em Munique, após se recuperar da cegueira histérica que o acometera ao saber da derrota alemã, foi enviado pelo serviço de inteligência do exército, em setembro de 1919, para investigar um dos muitos movimentos nacionalistas que vinham surgindo na desordem do pós-guerra. O Partido dos Trabalhadores Alemães ou DAP havia sido criado ao final da guerra por um chaveiro patriota, Anton Drexler. Encontrando um punhado de artesãos e jornalistas que sonhavam em conquistar trabalhadores para a causa nacionalista, mas que não faziam ideia de por onde começar, Hitler se juntou a eles, recebendo o cartão do partido número 555. Ele logo se tornou um dos oradores mais hábeis do movimento e membro de seu comitê diretor.

No início da década de 1920, Hitler foi colocado no comando da propaganda do DAP. Com o auxílio de oficiais do exército simpatizantes, como o capitão Ernst Röhm, e de alguns partidários ricos de Munique,[9] Hitler ampliou em muito a audiência do partido. Perante quase 2 mil pessoas reunidas numa grande cervejaria de Munique, a Hofbräuhaus, em 24 de fevereiro de 1920, Hitler deu ao movimento um novo nome – o Nationalsozialistische Deutsche Arbeiterpartei (NSDAP, ou o Partido "Nazi", abreviando) – e apresentou um programa de 25 pontos que misturava nacionalismo, antissemitismo, ataques a lojas de departamentos e ao capital internacional. No 1º de abril que se seguiu, deixou o exército para se dedicar em tempo integral ao NSDAP. Cada vez mais, ele era reconhecido como seu líder, seu Führer.[10]

À medida que se acalmava o tumulto do pós-guerra imediato, essas seitas nacionalistas e ativistas passaram a enfrentar condições menos hospitaleiras na Europa. Os governos, gradualmente, estabeleceram um tênue ponto de apoio na legitimidade. As fronteiras foram demarcadas. O bolchevismo foi contido dentro de seu lugar de origem. Uma certa aparência de normalidade em tempos de paz foi retomada na maioria dos países da Europa. Mesmo assim, os fascistas italianos, os oficiais húngaros e os nacional-socialistas austríacos e alemães continuaram existindo. Movimentos similares surgiram na França[11] e em outros lugares. Eles, claramente, expressavam algo de mais duradouro que um espasmo nacionalista momentâneo acompanhando o paroxismo final da guerra.

O CONTEXTO IMEDIATO

O espaço político[12] para um ativismo nacionalista de massas mobilizado tanto contra o socialismo quanto contra o liberalismo era apenas visível de forma vaga em 1914, tornando-se gigantesco durante a Primeira Guerra Mundial. Não que aquele conflito tenha gerado o fascismo, o que fez foi abrir vastas oportunidades culturais, sociais e políticas para ele. Culturalmente, a guerra desacreditou as visões de futuro otimistas e progressistas, lançando dúvida sobre os pressupostos liberais relativos à harmonia humana natural. Em termos sociais, disseminou legiões de veteranos inquietos (acompanhados de seus irmãos mais novos),[13] que buscavam maneiras de expressar sua raiva e seu desapontamento sem levar em conta leis ou regras morais ultrapassadas. Politicamente, o conflito gerou tensões econômicas e sociais que excediam em muito a capacidade das instituições existentes – quer liberais ou conservadoras – de solucioná-las.

A experiência da Primeira Grande Guerra foi a mais decisiva das precondições imediatas do fascismo. A bem-sucedida campanha a favor do ingresso da Itália na guerra, em maio de 1915 (o "maio radiante" da mitologia fascista), foi a primeira ocasião em que foram reunidos os elementos fundadores do fascismo italiano. "O direito à sucessão política pertence a nós", proclamou Mussolini na reunião inaugural dos Fasci di Combattimento, em março de 1919, "porque fomos nós que empurramos o país para a guerra e o levamos à vitória".[14]

A Grande Guerra foi também, deve-se acrescentar, a raiz de muitas outras coisas violentas e iradas no mundo do pós-guerra, do bolchevismo à pintura expressionista. Na verdade, na opinião de alguns autores, a Primeira Grande Guerra, em si, basta para explicar tanto o fascismo quanto o bolchevismo.¹⁵ Quatro anos de extermínio em escala industrial fizeram restar pouco do legado europeu, e nada de suas certezas quanto ao futuro.

Antes de 1914, nenhum europeu vivo poderia ter imaginado tanta brutalidade naquela que era vista como a região mais civilizada do globo. As guerras haviam se tornado raras, localizadas e curtas na Europa do século XIX, levadas à frente por exércitos profissionais que pouco cobravam da sociedade civil. A Europa havia sido poupada de conflitos semelhantes à Guerra Civil Americana, ou à Guerra da Tríplice Aliança (Brasil, Argentina e Uruguai) contra o Paraguai, que reduziu à metade a população paraguaia entre 1864 e 1870. Quando, em agosto de 1914, um insignificante conflito nos Bálcãs fugiu do controle, transformando-se numa guerra total entre as grandes potências europeias, e quando essas potências conseguiram prolongar por mais de quatro anos o extermínio de toda uma geração de jovens, pareceu a muitos europeus que sua própria civilização, com suas promessas de paz e de progresso, havia fracassado.

A Grande Guerra, além disso, durou muito mais do que a maioria das pessoas imaginara ser possível em países urbanizados e industriais. A maior parte dos europeus dava como certo que populações altamente diferenciadas, comprimidas em grandes cidades e dependentes de trocas maciças de bens de consumo seriam simplesmente incapazes de suportar anos de destruição maciça. Apenas as sociedades primitivas, pensavam eles, conseguiam suportar guerras de longa duração. Contrariando todas as expectativas, os europeus descobriram, a partir de 1914, como mobilizar a produtividade industrial e a vontade humana para longos anos de sacrifício. Da mesma forma que a guerra de trincheiras se aproximou do limite da resistência humana, os governos dos tempos de guerra se aproximaram dos limites da arregimentação da vida e do pensamento.¹⁶

Todos os governos beligerantes passaram pela experiência da manipulação da opinião pública. A tentativa alemã de motivar toda a população civil na Frente Patriótica foi um dos exemplos mais coercivos, mas todos os governos trabalharam no sentido de moldar o conhecimento e as opiniões de seus cidadãos. Também as economias e as sociedades de todos os países em guerra passaram por profundas transformações. Os povos europeus haviam sofrido sua primeira experiência prolongada de serviço nacional universal, racionamento de alimentos, de energia e de roupas, e também de administração econômica em escala plena. Apesar desses esforços sem precedentes, nenhum dos países beligerantes atingiu seus objetivos. Em vez de uma guerra curta com resultados claros, essa carnificina longa e com intenso uso de mão de obra terminou em exaustão mútua e desilusão.

A guerra colocou um desafio tão tremendo que mesmo os países mais bem integrados e mais bem governados mal conseguiram fazer face às tensões por ela causadas. Os países mal-integrados e malgovernados foram totalmente incapazes de enfrentá-las. A Grã-Bretanha e a França alocaram material, conferiram deveres às pessoas, distribuíram o sacrifício e manipularam as notícias de maneira apenas satisfatória o bastante para manter a lealdade da maioria de seus cidadãos. Já o recém-unificado Império Alemão e a monarquia italiana não se saíram tão bem. O Império Habsburgo se esfacelou nas nacionalidades que o compunham. A Rússia czarista mergulhou no caos. Os países isolados, onde um campesinato sem-terra ainda era numeroso, e onde uma classe média privada de direitos ainda carecia das liberdades básicas, polarizaram-se para a esquerda (como ocorreu na Rússia). Aqueles que tinham uma grande, embora ameaçada, classe média, incluindo os produtores rurais dedicados à agricultura familiar, polarizaram-se contra a esquerda em busca de novas soluções.[17]

Ao fim da guerra, os europeus se viam divididos entre um velho mundo que não podia ser revivido e um novo mundo sobre o qual eles discordavam amargamente. À medida que as economias de guerra eram desmontadas de forma demasiadamente rápida, a inflação dos tempos da guerra fugiu ao controle, zombando das virtudes burguesas de frugalidade e poupança. Uma população que havia aprendido a esperar soluções públicas para os problemas econômicos se via agora mergulhada na incerteza.

Agravando essas tensões sociais e econômicas, a guerra, além disso, aprofundou as cisões políticas. Como a guerra de trincheiras havia sido uma experiência brutalizante, excedendo qualquer expectativa prévia, mesmo a partilha mais equitativa das cargas bélicas havia separado os civis dos soldados, a frente de batalha da frente doméstica. Os que haviam sobrevivido às trincheiras não perdoavam àqueles que os enviaram para lá. Veteranos calejados na violência afirmavam seu merecido direito a governar o país pelo qual eles haviam derramado seu sangue.[18] "Quando voltei da guerra", escreveu Italo Balbo, "como tantos outros, eu odiava a política e os políticos que, em minha opinião, haviam traído as esperanças dos soldados, submetido a Itália a uma paz vergonhosa e à humilhação sistemática dos italianos que mantinham o culto aos heróis. Lutar, batalhar para voltar à terra de Giolitti, que transformou em mercadoria todos os ideais? Não. Melhor seria negar tudo, destruir tudo, para reconstruir tudo a partir das fundações".[19] Balbo – que, em 1919, era um veterano desmobilizado de 23 anos, de convicções antissocialistas, embora mazzinianas, que só havia passado nas provas de direito na quarta tentativa e que, por algum tempo, havia trabalhado como editor de um jornal semanal publicado pelos soldados, *L'Alpino* – tinha poucas perspectivas até ser contratado, em janeiro de 1921, como secretário remunerado do *fascio* de Ferrara.[20] Ele estava a caminho de se tornar um dos braços direitos e rivais potenciais de Mussolini.

Enquanto a Europa curava seus ferimentos, os grandes princípios da ordem mundial – o liberalismo, o conservadorismo e o comunismo – disputavam influência. Os liberais (aos quais se juntaram alguns socialistas democráticos) pretendiam organizar o mundo do pós-guerra com base no princípio da autodeterminação das nações. As nacionalidades satisfeitas, cada uma em seu próprio Estado, coexistiriam em tal harmonia, segundo a doutrina liberal, que nenhuma força externa seria necessária para assegurar a paz. Os idealistas – embora malconcebidos – 14 pontos, propostos pelo presidente dos Estados Unidos Woodrow Wilson, em janeiro de 1918, foram a expressão mais concreta dessa doutrina.

Os conservadores pouco disseram em 1918, mas, silenciosamente, tentaram restaurar um mundo no qual as forças armadas regulariam as relações entre os Estados. O primeiro-ministro francês, Georges Clemenceau, e seu chefe de gabinete, o general Ferdinand Foch, tentaram (com algum grau de desacordo mútuo com relação a até que ponto eles poderiam ir) estabelecer a supremacia militar francesa permanente sobre uma Alemanha enfraquecida.

O terceiro contendente era o primeiro regime socialista a funcionar no mundo, instaurado na Rússia pela Revolução Bolchevique de novembro de 1917. Lênin exigia que os socialistas de outros países seguissem seu bem-sucedido exemplo, abandonando a democracia e criando, segundo o modelo bolchevique, partidos ditatoriais conspiratórios capazes de disseminar a revolução nos Estados capitalistas mais avançados. Por algum tempo, ele foi seguido por alguns socialistas democráticos do Ocidente, que não queriam perder o tão esperado trem revolucionário. Enquanto os liberais pretendiam manter a paz satisfazendo as reivindicações nacionais e os conservadores queriam conservá-la por meios militares, o objetivo de Lênin era estabelecer uma sociedade comunista mundial que transcenderia de forma total os Estados nacionais.[21]

Nenhum desses campos alcançou total sucesso. Em fins de 1919, o projeto de Lênin se viu confinado à Rússia, após liberais e conservadores, agindo em conjunto, terem esmagado os breves regimes soviéticos locais instalados em Budapeste e em Munique, e também algumas insurreições ocorridas na Alemanha e na Itália. Esse projeto, entretanto, sobreviveu na Rússia – o primeiro Estado socialista – e nos partidos comunistas de todo o mundo. O projeto de Wilson, em tese, teria sido colocado em vigor pelos tratados de paz de 1919-1920. Na prática, contudo, ele foi parcialmente modificado numa direção conservadora pelos interesses nacionais das grandes potências e pelos duros fatos da contestação das fronteiras nacionais e étnicas. Em vez de um mundo ou de nacionalidades satisfeitas ou de poderes dominantes, os tratados de paz criaram um mundo dividido entre, de um lado, as potências vitoriosas e seus Estados-clientes, artificialmente inchados de modo a incluir outras minorias nacionais (Polônia, Tchecoslováquia, Iugoslávia e Romênia) e, de outro, os Estados derrotados e vingativos (os Estados perdedores: Alemanha, Áustria e Hungria, e a Itália insatisfeita). Dilacerada entre um wilsonismo distorcido e um leninismo frustrado, a Europa, após 1919, fervilhava de conflitos não resolvidos, tanto territoriais quanto de classe.

Esse fracasso mútuo abriu espaço político para um quarto princípio de ordem mundial. A nova fórmula dos fascistas, tal como a dos conservadores, prometia resolver os conflitos territoriais permitindo que os fortes triunfassem. Diferentemente dos conservadores, contudo, os fascistas mediam a força dos Estados com base não apenas em seu poderio militar, mas também no fervor e na unidade de suas populações. Eles propunham superar os conflitos de classe integrando a classe trabalhadora à nação, pela persuasão se possível, e pela força se necessário, e também se livrando dos "forasteiros" e dos "impuros". Os fascistas não tinham qualquer intenção de manter a paz. Eles esperavam que as inevitáveis guerras permitiriam que as raças superiores prevalecessem sobre as demais, enquanto as raças divididas e "mestiçadas", os povos irresolutos, tornar-se-iam seus servos.

Como veremos a seguir, o fascismo se tornara concebível já antes de 1914. Mas ele ainda não era factível em termos práticos, até que a Grande Guerra jogou a Europa em uma nova era. A "época" do fascismo – para citar o título em alemão da obra clássica do filósofo-historiador Ernst Nolte de 1963, *O fascismo em sua época*[22] – teve início em 1918.

RAÍZES INTELECTUAIS, CULTURAIS E EMOCIONAIS

A forma pela qual os europeus perceberam a provação da guerra em meio à ruína de 1919, obviamente, foi moldada por uma preparação mental prévia. As precondições mais profundas do fascismo residem na revolta de fins do século XIX contra a fé liberal na liberdade individual, na razão, na harmonia humana natural e no progresso. Bem antes de 1914, valores antiliberais haviam entrado na moda, tais como o nacionalismo, o racismo e uma nova estética do instinto e da violência, que então passaram a fornecer o húmus intelectual e cultural no qual o fascismo pôde germinar.

Um ponto de partida possível são as leituras dos primeiros fascistas. Mussolini era um leitor voraz. O jovem professor e líder socialista italiano não lia tanto Marx, mas principalmente Nietzsche, Gustave Le Bon e Georges Sorel. Hitler absorveu, quase que por osmose, o febril nacionalismo pangermânico e o antissemitismo de Georg von Schönerer, de Houston Stuart Chamberlain,[23] do prefeito Lueger e das ruas de Viena, alçados ao êxtase em sua mente pela música de Richard Wagner.

Friedrich Nietzsche (1844–1900) foi tantas vezes acusado de ser o progenitor do fascismo que seu caso merece particular cuidado. Criado para ser pastor luterano, o jovem Nietzsche perdeu a fé e se tornou professor de filologia clássica quando ainda era extraordinariamente jovem. Durante o restante de seus anos úteis (ele sofreu um colapso mental permanente aos 50 anos, talvez causado por sífilis), investiu todo seu brilho e sua ira no ataque à pequena-burguesia, com sua complacência e seu conformismo pio, tíbio e moralista, em nome de uma pura e rija independência de espírito. Em um mundo onde Deus estava morto, o Cristianismo era fraco, e a Ciência, falsa, apenas um "super-homem" espiritualmente livre seria capaz de se desembaraçar das convenções para lutar e viver segundo seus próprios e autênticos valores. De início, Nietzsche inspirou principalmente a juventude rebelde, chocando seus pais. Ao mesmo tempo, seus escritos continham uma boa quantidade de matéria-prima para as pessoas inclinadas a se inquietar com a decadência da sociedade moderna, com o heroico esforço de vontade necessário para reverter essa decadência, e com a influência perniciosa dos judeus. Nietzsche, ele mesmo, desprezava o patriotismo e os antissemitas que via à sua volta e imaginava seu super-homem como um "espírito livre, inimigo de grilhões, o não adorador, o morador das florestas".[24] Sua prosa incandescente exerceu uma poderosa influência intelectual e estética em todo o espectro político, sobre nacionalistas ativistas como Mussolini e Maurice Barrès e não conformistas como Stefan George e André Gide, sobre nazistas e não nazistas, e sobre várias gerações de iconoclastas franceses, de Sartre a Foucault. "Os textos de Nietzsche fornecem uma verdadeira mina de ouro de possibilidades, as mais variadas."[25]

Georges Sorel (1847-1922) exerceu sobre Mussolini uma influência mais direta e mais prática. Engenheiro francês aposentado e teórico social amador, Sorel era fascinado por sua busca de causas capazes de despertar "nas profundezas da alma um sentimento do sublime proporcional às condições de uma luta gigantesca", de modo que "as nações europeias, entorpecidas pelo humanitarismo, possam recuperar sua energia de antes".[26] A princípio, ele encontrou os melhores exemplos no sindicalismo revolucionário, que já encontramos como o primeiro lar espiritual de Mussolini. O sonho sindicalista de "um grande sindicato", cuja greve geral em escala gigantesca arrasaria a sociedade capitalista em "uma grande noite", entregando o controle aos sindicatos, era o que Sorel chamava de um "mito" – um ideal estimulante, capaz de instigar as pessoas a um desempenho além de suas capacidades cotidianas. Mais tarde, ao final da guerra, Sorel concluiu que fora Lênin quem melhor personificara esse ideal. Ainda mais tarde, ele, por um breve período, impressionou-se com Mussolini (que, por sua vez, foi o mais bem-sucedido de seus discípulos).[27]

Também importantes para o ataque fascista à democracia foram os teóricos sociais que levantaram dúvidas pragmáticas quanto à viabilidade dessa forma de governo relativamente jovem. Mussolini frequentemente se referia a *La psychologie des foules* [*Psicologia das massas*], escrito em 1895 por Gustave Le Bon. O autor lançou um olhar cínico sobre a maneira pela qual as paixões surgiam e se fundiam em uma massa de pessoas que, então, podiam ser facilmente manipuladas.[28] Mussolini, além disso, matriculou-se nos cursos de Vilfredo Pareto na Université de Lausanne, em 1904, na época em que ele vivia no exílio para fugir ao serviço militar italiano. Pareto (1848-1923), filho de um mazziniano exilado na França com uma mulher francesa, era um economista liberal a tal ponto frustrado com a disseminação do protecionismo, em fins do século XIX, que construiu toda uma teoria política sobre as maneiras pelas quais as regras superficiais da democracia eleitoral e parlamentar eram inevitavelmente subvertidas na prática pelo poder permanente das elites e pelos "resíduos" irracionais dos sentimentos populares.

No topo da escala intelectual, o principal acontecimento teórico de fins do século XIX foi a descoberta da realidade e do poder do subconsciente no pensamento humano e do irracional nas ações humanas. Embora Bergson e Freud não tivessem absolutamente nada a ver com o fascismo – tendo, aliás, sofrido pessoalmente suas consequências –, os trabalhos de ambos ajudaram a minar a convicção liberal de que a política significava a existência de indivíduos livres escolhendo as melhores políticas pelo simples exercício da razão.[29] As descobertas – principalmente as de Freud – foram difundidas e popularizadas após 1918, por meio das experiências diretas de guerra, tais como traumas emocionais adquiridos no campo de batalha, para os quais foi inventado o termo "neurose de guerra".

No extremo inferior da escala intelectual, uma multidão de escritores populares retrabalhava um repertório de temas já existentes – raça, nação, vontade, ação –, em formas mais rígidas e mais agressivas, como o onipresente darwinismo social.[30] A raça, até então um termo bastante neutro, usado para designar um agrupamento animal ou humano, recebeu, em fins do século XIX, uma forma mais explicitamente biológica e hereditária. Um primo de Charles Darwin, Francis Galton, sugeriu, em 1880, que a ciência deu à humanidade o poder de aperfeiçoar a raça, incentivando "os melhores" a se reproduzirem, e cunhou para suas ideias o termo "eugenia".[31] A nação – que antes, para nacionalistas progressistas como Mazzini, era a base para o progresso e a fraternidade entre os povos – foi transformada em um conceito mais excludente, figurando em uma hierarquia que dava às "raças superiores" (como os arianos, uma invenção da imaginação antropológica do século XIX)[32] o direito de dominar os povos "inferiores". A vontade e a ação se tornaram virtudes em si, independentemente de qualquer objetivo específico, sendo associadas à luta das "raças" pela supremacia.[33]

Mesmo após os horrores de 1914-1918 terem tornado mais difícil pensar na guerra como a espécie de empreitada estimulante admirada por Rudyard Kipling, por Theodore Roosevelt e pelos fundadores do Movimento Escoteiro, alguns ainda a viam como a mais elevada de todas as atividades humanas. Se o *Volk* era o ápice das conquistas humanas, a violência exercida em seu nome era enobrecedora. Além disso, alguns estetas da violência encontravam beleza no extremo da vontade e da resistência masculinas exigido pela guerra de trincheiras.[34]

O século XX trouxe consigo novas formas de angústia, para as quais o fascismo não tardou a prometer remédios. Procurar medos talvez seja uma estratégia de pesquisa mais frutífera do que uma busca literal pelos pensadores que "criaram" o fascismo. Um desses medos era o do colapso da comunidade sob a influência corrosiva do livre individualismo. Antes mesmo da Revolução Francesa, essa possibilidade já inquietava Rousseau.[35]

Em meados do século XIX e a partir de então, o medo da desintegração social era uma preocupação principalmente conservadora. Após a turbulenta década de 1840, o polemista vitoriano Thomas Carlyle perguntou-se que força seria capaz de disciplinar "as massas empanturradas de cerveja e de insensatez", à medida que um número cada vez maior de pessoas do povo ganhava o direito de voto.[36] O remédio proposto por Carlyle foi uma ditadura militarizada do bem-estar social, administrada não pela classe dominante de então, mas por uma nova elite composta por capitães da indústria de índole altruísta e outros heróis naturais da ordem de Oliver Cromwell e Frederico, o Grande. Os nazistas, mais tarde, reivindicaram Carlyle como seu predecessor.[37]

O medo do colapso da solidariedade comunitária se intensificou na Europa de fins do século XIX, sob o impacto do crescimento urbano, dos conflitos industriais e da imigração. O diagnóstico das mazelas da comunidade foi um projeto de importância central na criação da nova disciplina da sociologia. Émile Durkheim (1858-1917), o primeiro catedrático em sociologia francês, diagnosticou que a sociedade moderna sofria de "anomia" – o vagar a esmo de pessoas sem vínculos sociais – e refletiu sobre a substituição da solidariedade "mecânica", de laços formados no interior das comunidades naturais das aldeias, das famílias e das igrejas, pela solidariedade "orgânica", de laços criados pela propaganda e pela mídia modernas, que os fascistas (e também os publicitários) mais tarde iriam aperfeiçoar. O sociólogo alemão Ferdinand Tönnies lamentou a suplantação das sociedades tradicionais e naturais (*Gemeinschaften*) pelas sociedades modernas, mais diferenciadas e impessoais (*Gesellschaften*) em seu livro *Gemeinschaft und Gesellschaft* (1887), e os nazistas tomaram emprestado dele o nome para as "comunidades do povo" (*Volksgemeinschaft*) que queriam criar. Vilfredo Pareto, Gaetano Mosca e Roberto Michels, sociólogos de inícios do século XX, contribuíram de forma mais direta para as ideias fascistas.[38]

Outra angústia do século XIX era a decadência: o pavor de as grandes nações históricas estarem fadadas, por culpa de seu próprio comodismo e complacência, a taxas de natalidade cada vez menores[39] e a uma diminuição de sua vitalidade. A mais conhecida dessas profecias de declínio, cujo título todos conheciam, embora poucos tenham se aventurado por sua prosa, era *Der Untergang des Abendlandes* [*A decadência do Ocidente*], 1918, de Oswald Spengler. Spengler, professor de ensino médio de história alemã, argumentava que as culturas, tal como os organismos, têm ciclos de vida, passando de uma idade heroica e criativa, a "Idade da Cultura", a uma corrupta "Idade da Civilização", quando as massas desenraizadas e amontoadas em cidades perdem contato com o solo, pensam apenas em dinheiro e se tornam incapazes de grandes atos. A Alemanha, portanto, não estava sozinha em seu declínio. No segundo volume dessa obra, datado de 1922, ele sugeriu que um "cesarismo" heroico talvez ainda fosse capaz de salvar a Alemanha. A modernização, como temia Spengler, vinha destruindo tradições enraizadas, e o bolchevismo levaria essa destruição ainda mais longe. Ele pregava uma revolução espiritual, que revitalizaria a nação sem alterar sua estrutura social.[40]

Os inimigos eram um componente central das angústias que contribuíram para inflamar a imaginação fascista. Os fascistas viam inimigos tanto dentro quanto fora da nação. Os Estados estrangeiros eram inimigos já conhecidos, embora o perigo representado por eles parecesse se intensificar com o avanço do bolchevismo, com a exacerbação dos conflitos de fronteiras, e também com a frustração das reivindicações nacionais que se seguiram à Primeira Grande Guerra. Na paisagem mental fascista, os inimigos internos aumentavam prolificamente em número e em variedade, à medida que o ideal de um Estado nacional homogêneo tornava mais suspeitas as diferenças. As minorias étnicas, na Europa Ocidental, incharam a partir da década de 1880, em razão das crescentes levas de refugiados vindos dos *pogroms* da Europa Oriental.[41] Os subversivos políticos e culturais – socialistas de vários matizes, artistas e intelectuais de vanguarda – descobriam novas maneiras de desafiar o conformismo comunitário. A cultura nacional teria que ser defendida contra eles. Joseph Goebbels declarou, em uma cerimônia de queima de livros realizada em Berlim, em 10 de maio de 1933, que "a era do extremo intelectualismo judaico havia agora terminado, e que o sucesso da revolução germânica havia novamente aberto caminho para o espírito alemão".[42] Apesar de Mussolini e seus amigos de vanguarda se preocuparem menos que os nazistas com o modernismo cultural, esquadrões fascistas italianos queimavam livros socialistas em fogueiras.

A descoberta do papel desempenhado pelas bactérias no contágio de doenças, pelo biólogo francês Louis Pasteur, e a descoberta dos mecanismos de hereditariedade, pelo monge austríaco Gregor Mendel, na década de 1880, tornaram possível imaginar novas categorias de inimigos internos: os portadores de doenças, os impuros, os que sofriam de doenças hereditárias, doenças mentais e os criminosos. Na Europa, a urgência em purificar a comunidade por meios médicos foi muito mais forte no norte protestante que no sul católico. Essa agenda influenciou também os Estados liberais. Os Estados Unidos e a Suécia lideraram a campanha de esterilização forçada de infratores contumazes (nos Estados Unidos, principalmente de afro-americanos), mas a Alemanha foi muito além, com o programa de eutanásia médica mais maciço de que se tem notícia.[43]

A Itália fascista, ao contrário, embora promovendo o crescimento da *razza*, entendida em termos histórico-culturais,[44] não foi muito tocada pela moda norte-europeia e americana de purificação biológica. Essa diferença teve como base a tradição cultural. A direita alemã, tradicionalmente, era *völkisch*, dedicada à defesa de um "povo" biológico ameaçado por impurezas estrangeiras, cisões socialistas e complacência burguesa.[45] O novo nacionalismo italiano era menos biológico e mais político em sua determinação de "repetir" o *Risorgimento*, que havia sido corrompido pelos liberais e enfraquecido pelos socialistas. Ele afirmava o direito dos italianos, como "nação proletária", a uma fatia das colônias do mundo. Se era verdade que todas as nações, fossem quais fossem seus apetrechos democráticos superficiais, eram na verdade governadas por uma elite, como, ao final da Primeira Guerra, vinham afirmando aos italianos os sociólogos Vilfredo Pareto, Gaetano Mosca e o desiludido emigrante alemão e socialista Roberto Michels, então a Itália deveria providenciar a criação de uma nova e valorosa elite, capaz de governar o novo Estado e liderar a opinião italiana, usando "mitos", se necessário.[46]

Os fascistas necessitam de um inimigo demonizado contra o qual mobilizar seus seguidores, mas, é claro, o inimigo não tem necessariamente que ser judeu. Cada cultura especifica seu próprio inimigo nacional. Embora, na Alemanha, os estrangeiros, os impuros, os contagiosos e os subversivos muitas vezes se mesclassem na imagem demonizada do judeu, os ciganos e os eslavos também eram alvos de ataque. Os fascistas estadunidenses demonizaram os negros e, algumas vezes, os católicos, além dos judeus. Os fascistas italianos demonizaram seus vizinhos eslavos do sul, especialmente os eslovenos, como também os socialistas que repudiavam a guerra de renascimento nacional. Mais tarde, foi fácil a eles acrescentar à sua lista os etíopes e os líbios que eles tentaram conquistar na África.

As angústias fascistas quanto à decadência e à impureza não apontavam, necessariamente, para a restauração de alguma antiga idade de ouro. Isaiah Berlin certamente exagerou quando viu como precursor do fascismo Joseph de Maistre, da França da Restauração, não tanto por sua convicção relativa à depravação humana e à necessidade de autoridade quanto por sua "obsessão com sangue e morte", seu fascínio pela punição e sua profecia de uma sociedade totalitária.[47] Mas De Maistre oferecia apenas soluções antiquadas: a autoridade ilimitada da Igreja e do rei. Zeev Sternhell propôs que as heresias socialistas se encontravam nas raízes do fascismo, embora não fossem as únicas, é claro.[48] Outros elementos do universo mental fascista – unidade nacional, participação dos cidadãos – tiveram origem nos valores liberais.

O lugar ocupado pelo fascismo na tradição intelectual europeia é objeto de acalorada polêmica. Duas posições extremas se configuraram. Zeev Sternhell via-o como uma ideologia coerente, que representava "uma parte integrante da cultura europeia".[49] Segundo Hannah Arendt, o nazismo nada devia "à tradição ocidental, nem a qualquer de suas correntes, alemãs ou não, católicas ou protestantes, cristãs, gregas ou romanas [...] Ao contrário, o nazismo, na verdade, é o colapso de todas as tradições alemãs e europeias, boas e más [...] começou a basear-se na intoxicação pela destruição como experiência real, sonhando o sonho estúpido de produzir o vazio".[50]

Em apoio à tese de Sternhell, por volta de 1914, todo um repertório de temas havia se tornado disponível ao fascismo na cultura europeia – a primazia da "raça", da "comunidade", ou do "povo" (o *Volk*, para os alemães) sobre qualquer direito individual; o direito das raças mais fortes de lutar por essa primazia; a virtude e a beleza da ação violenta em favor da nação; o medo da decadência nacional e da impureza, o desprezo pelas concessões; o pessimismo quanto à natureza humana.

No entanto, seria equivocado construir uma espécie de teleologia intelectual que, partindo do movimento fascista, faz uma leitura retroativa, arrebanhando seletivamente todos os textos e afirmações que parecem apontar para ele. Uma genealogia linear, que leva diretamente dos pensadores pioneiros ao fascismo em sua forma acabada, não passa de pura invenção. Para começar, é impossível ter uma visão integral daqueles que, no século XIX e em princípios do século XX, se rebelaram contra o liberalismo conformista, como Nietzsche, e contra o socialismo reformista, como Sorel, se escolhermos a dedo os trechos que parecem pressagiar o fascismo. Os panfleteiros fascistas que os citaram estavam deturpando fragmentos fora de contexto.

Antifascistas também se inspiraram nesses autores. Até mesmo alguns autores alemães de tendência *völkisch* repudiaram o nazismo. Oswald Spengler, por exemplo, apesar do entusiasmo nazista por sua obra, sempre se recusou a endossar o nacional-socialismo. "O entusiasmo", escreveu ele em 1932, ao que tudo indica tendo Hitler em mente, "é uma carga perigosa no caminho da política. O desbravador de caminhos tem que ser um herói, não um tenor heroico."[51] O poeta Stefan George, cujo sonho de uma comunidade purificada de camponeses e artistas liderada por uma elite culta era atraente para alguns nazistas, recusou a presidência da German Academy. Horrorizado com a violência grosseira das tropas de assalto, conhecidas como Sturmabteilungen, ou SA, George partiu para um exílio voluntário em Zurique, onde morreu em dezembro de 1933.[52] Um de seus antigos discípulos, o coronel conde Claus Schenk von Stauffenberg, tentou assassinar Hitler em julho de 1944. Ernst Niekisch (1899-1967), cuja radical rejeição da sociedade burguesa associava-se a um apaixonado nacionalismo alemão, cooperou brevemente com o nazismo em meados da década de 1920, antes de se tornar um áspero opositor de esquerda. O teórico austríaco do corporativismo Othmar Spann entusiasmou-se com o nazismo em 1933, mas a liderança nazista considerou sua forma de corporativismo demasiadamente antiestatista, e Spann foi preso por ocasião da tomada da Áustria, em 1938.[53]

Na Itália, Gaetano Mosca, que influenciou os fascistas com sua análise da inevitável "circulação das elites", até mesmo nas democracias, foi um dos senadores que enfrentaram Mussolini em 1921, tendo também assinado o "Manifesto dos Intelectuais Antifascistas" de Croce, em 1925. Giuseppe Prezzolini, cujo sonho de repetir o *Risorgimento* havia inspirado o jovem Mussolini,[54] assumiu uma postura reservada e partiu para lecionar nos Estados Unidos.

A preparação intelectual e cultural pode ter tornado possível imaginar o fascismo, mas ela não o causou. Mesmo para Sternhell, a ideologia fascista, que, segundo ele já havia atingido sua forma plena em 1912, não foi o único fator na formação desses regimes. Foi por meio de escolhas e atos que os regimes fascistas foram incorporados às sociedades.[55]

Na verdade, os teóricos intelectuais e culturais que algumas vezes são citados como criadores do fascismo explicam melhor o espaço que foi aberto para ele do que o fascismo em si. Esclarecem de forma direta as fraquezas dos rivais do fascismo – o liberalismo burguês antes em ascensão e o poderoso socialismo reformista da Europa anterior a 1914. Escolhas e atos concretos foram necessários para que essa doutrina pudesse ganhar vida, explorar essas fraquezas e ocupar esses espaços.

Outra dificuldade encontrada na tentativa de rastrear as raízes intelectuais e culturais do fascismo é que os casos nacionais apresentam grandes variações. Isso não deveria surpreender, por duas razões. Alguns ambientes nacionais, principalmente as democracias bem-sucedidas, mas também países extremamente problemáticos como a Rússia, onde discordâncias e ressentimentos geravam uma polarização à esquerda, ofereciam poucas brechas para a penetração do fascismo. Além do mais, os fascistas não inventavam os mitos e símbolos que compunham a retórica de seu movimento, apenas selecionavam aqueles que melhor serviam a seus fins a partir dos repertórios culturais de cada país. A maioria desses símbolos e mitos não tem vínculos inerentes ou necessários com o fascismo. O poeta futurista russo Vladimir Maiakovski, cujo amor pelas máquinas e pela velocidade se equiparava ao de Marinetti, encontrou uma válvula de escape em seu fervoroso bolchevismo.

De qualquer modo, não são os temas específicos do nazismo ou do fascismo italiano que definem a natureza desse fenômeno, e sim a função atribuída a eles. Os fascismos procuram em cada cultura nacional os temas mais capazes de mobilizar um movimento de massas de regeneração, unificação e pureza, dirigido contra o individualismo e o constitucionalismo liberais e contra a luta de classes de esquerda. Os temas que atraem os fascistas de uma tradição cultural podem parecer simplesmente tolos a uma outra. Os enevoados mitos nórdicos que emocionavam noruegueses e alemães soavam ridículos na Itália, onde o fascismo recorria principalmente a uma *romanità* ensolarada.[56]

No entanto, nos países onde o fascismo atraiu intelectuais, isso aconteceu geralmente em seus primeiros estágios. Sua hospitalidade latitudinal a frequentadores intelectuais dos mais variados tipos atingiu o máximo nessa época, antes de seu ânimo antiburguês ser comprometido por sua busca de poder. Na década de 1920, parecia ser a própria essência da revolta contra o enfadonho conformismo burguês. O movimento vorticista, fundado em Londres, em 1913, pelo poeta estadunidense Ezra Pound e pelo escritor e pintor canadense-britânico Wyndham Lewis,[57] chegou a simpatizar com o fascismo no decorrer da década de 1920. Seus defensores demonstravam, tão bem quanto o futurismo de Marinetti, que era possível ser rebelde e vanguardista sem ter que engolir o nivelamento, o cosmopolitismo, o pacifismo, o feminismo e a gravidade da esquerda.

Mas as mudanças intelectuais e culturais que contribuíram para que o fascismo se tornasse concebível, e, portanto, possível, foram, ao mesmo tempo, mais largas e mais estreitas que o fenômeno em si. Por um lado, muitas pessoas participaram dessas correntes sem se tornarem partidárias. O escritor britânico D. H. Lawrence, numa carta a um amigo, soava como um fascista dos primeiros tempos, vinte meses antes de eclodir a Primeira Grande Guerra: "Minha grande religião é uma crença de que o sangue e a carne são mais sábios que o intelecto. Podemos errar em nossas mentes, mas o que o nosso sangue sente e crê é sempre verdade."[58] Mas, quando a guerra começou, Lawrence, casado com uma alemã, horrorizou-se com o extermínio e declarou-se contrário à guerra por razões de consciência.

Por outro lado, o fascismo só veio a atingir seu desenvolvimento pleno após seus praticantes terem discretamente fechado os olhos a alguns de seus princípios originais, na tentativa de ingressar nas coalizões necessárias à luta pelo poder. Uma vez tendo chegado ao poder, como veremos a seguir, minimizaram a importância, marginalizaram ou chegaram mesmo a descartar algumas das correntes intelectuais que ajudaram a abrir seu caminho.

Além do mais, se, na busca de suas raízes, enfocarmos apenas os portadores cultos do intelecto e da cultura, estaremos ignorando o registro mais importante: as paixões e emoções subterrâneas. Uma nebulosa de atitudes vinha se configurando, e nenhum pensador jamais reuniu um sistema filosófico completo em apoio ao fascismo. Mesmo os acadêmicos que se especializam na busca de suas origens intelectuais e culturais, como George Mosse, declaram que a instalação de um "estado de espírito" é mais importante que "a procura por alguns precursores individuais".[59] Também nesse sentido existe um vínculo mais plausível entre o fascismo e um conjunto de "paixões mobilizadoras" que plasmaram a ação fascista do que entre o fascismo e uma filosofia explícita e plenamente consistente. No fundo, existe um nacionalismo apaixonado. Aliado a ele, há também uma visão conspiratória e maniqueísta da história como uma batalha entre os campos do bem e do mal, entre os puros e os corruptos, da qual a própria comunidade ou nação é sempre vítima. Nessa narrativa darwiniana, o povo eleito foi enfraquecido pelos partidos políticos, pelas classes sociais, pelas minorias inassimiláveis, pelos grupos que vivem de renda, debilitados por uma vida excessivamente fácil, e pelos pensadores racionalistas, a quem faltava o necessário senso de comunidade. Essas "paixões mobilizadoras", em geral dadas como certas e nem sempre discutidas explicitamente como proposições intelectuais, constituem-se na lava emocional que lançou as fundações do fascismo:

- O sentimento de uma crise catastrófica, além do alcance de qualquer das soluções tradicionais;
- A primazia de um grupo, com relação ao qual as pessoas têm deveres superiores a quaisquer direitos, sejam eles individuais ou universais, e a subordinação do indivíduo a esse grupo;
- A crença de que o próprio grupo é uma vítima, sentimento esse que serve como justificativa para qualquer ação, sem limites legais ou morais, contra seus inimigos, tanto externos quanto internos;[60]
- O pavor da decadência do grupo sob os efeitos corrosivos do liberalismo individualista, do conflito de classes e das influências estrangeiras;

- A necessidade da maior integração de uma comunidade mais pura, por meio de consentimento, se possível, ou da violência excludente, se necessário;
- A necessidade da autoridade dos líderes naturais (sempre do sexo masculino), culminando num chefe nacional que é o único capaz de encarnar o destino do grupo;
- A superioridade dos instintos desse líder sobre a razão abstrata e universal;
- A beleza da violência e a eficácia da vontade, quando voltadas para o êxito do grupo;
- O direito do povo eleito de dominar os demais sem limitações de qualquer natureza, sejam elas impostas por leis humanas ou divinas, esse direito sendo determinado pelo critério único do valor do grupo no interior de uma luta darwiniana.

As "paixões mobilizadoras" do fascismo são difíceis de serem tratadas em termos históricos, pois muitas delas são tão velhas quanto Caim. Parece incontestável, contudo, que elas foram agudizadas pela febre do nacionalismo exacerbado anterior à Primeira Guerra e pelas emoções suscitadas por essa luta. O fascismo era uma questão mais visceral que cerebral, e um estudo de suas raízes que trate apenas de pensadores e escritores perde de vista seus impulsos mais poderosos.

AS PRECONDIÇÕES DE LONGO PRAZO

As transformações de longo prazo nas estruturas políticas, sociais e econômicas fundamentais também contribuíram para abrir caminho para o fascismo. Como apontado ao início, foi um movimento político retardatário.[61] Ele seria simplesmente inconcebível antes que um certo número de precondições básicas viessem a ser instauradas.

Uma dessas precondições necessárias foi a política de massas. Como um movimento de massas dirigido contra a esquerda, o fascismo não poderia ter existido antes de os cidadãos comuns terem passado a participar da política. Alguns dos primeiros desvios nos trilhos que levaram ao fascismo, na Europa, foram causados pelas primeiras experiências duradouras de voto universal masculino, ocorridas após as revoluções de 1848.[62] Até aquela época, tanto os conservadores quanto os liberais haviam tentado limitar o direito de voto aos ricos e aos letrados – os cidadãos "responsáveis, capazes de escolher entre questões de princípios amplos". Após as revoluções de 1848, embora a maioria dos conservadores e dos liberais mais cautelosos houvesse tentado limitar o direito de voto, alguns políticos conservadores mais ousados e inovadores preferiram correr o risco de aceitar o eleitorado de massas e tentar manejá-lo.

O aventureiro Luís Napoleão foi eleito presidente da Segunda República francesa em dezembro de 1848 pelo voto universal masculino, usando de imagens simples e daquilo que hoje é chamado de "reconhecimento de nome" (seu tio foi Napoleão Bonaparte, o imperador que abalou o mundo). Confrontado com uma legislatura liberal (na acepção novecentista do termo) que, em 1850, tentou cassar os direitos políticos dos cidadãos pobres e itinerantes, o presidente Luís Napoleão defendeu ousadamente o sufrágio universal masculino. Mesmo após ter-se sagrado imperador Napoleão III em um golpe de estado militar, em dezembro de 1851, permitiu que todos os cidadãos de sexo masculino votassem na eleição de um parlamento-fantasma. Indo contra a preferência dos liberais por um eleitorado restrito aos cidadãos letrados, o imperador foi o pioneiro no uso de slogans e símbolos simples, usados para atrair os pobres e os incultos.[63]

De forma semelhante, no novo Império Alemão concluído em 1871, Bismarck optou por manipular o voto amplo em sua luta contra os liberais. Seria absurdo chamar de "fascistas" a esses autoritários,[64] mas é óbvio que vinham desbravando o território que, mais tarde, os fascistas iriam dominar. Preferindo manipular um eleitorado de massas a privá-lo de direitos civis, se afastaram tanto dos conservadores quanto dos liberais, e também da política tal como então praticada, na forma de debates cultos entre notáveis, escolhidos por um público deferente para governar em seu nome.

Diferentemente dos conservadores e dos liberais mais cautos, os fascistas nunca pretenderam deixar as massas fora da política. Queriam atraí-las, discipliná-las e energizá-las. De qualquer forma, ao final da Primeira Grande Guerra já não havia como voltar atrás, retornando a um sufrágio restrito. Em quase todos os países, homens jovens haviam sido convocados a morrer pela pátria, e seria difícil negar a qualquer um deles o direito à cidadania. Também as mulheres, cujos papéis sociais e econômicos a guerra havia ampliado enormemente, receberam o direito de voto em muitos países do norte europeu (embora ainda não na França, na Itália, na Espanha e na Suíça). Ainda que os fascistas pretendessem restaurar o patriarcado na família e nos locais de trabalho, preferiram mobilizar as mulheres simpatizantes a privá-las de direitos, pelo menos até que tivessem condições de abolir as eleições por completo.[65]

A cultura política europeia também teve que mudar, antes de o fascismo se tornar possível. A direita teve que reconhecer que já não conseguia evitar a participação na política de massas. Essa transição se tornou mais fácil pela gravitação de um número cada vez maior de cidadãos de classe média para as fileiras conservadoras, à medida que suas limitadas reivindicações políticas eram satisfeitas, e que as novas e ameaçadoras reivindicações socialistas tomavam forma. Por volta de 1917 (se é que não antes), o projeto revolucionário era imediato o suficiente para alienar grande parte da classe média da filiação esquerdista de seus avós que, em 1848, eram democráticos. Os conservadores, então, puderam começar a sonhar com o controle de maiorias eleitorais.

A esquerda democrática e a esquerda socialista, ainda unidas em 1848, tiveram que se cindir antes de o fascismo se tornar possível. A esquerda, além disso, teve que perder sua posição de recurso automático para todos os defensores das mudanças – os sonhadores e os revoltados, tanto de classe média quanto de classe trabalhadora. O fascismo, portanto, seria inconcebível na ausência de uma esquerda socialista madura e em expansão. Na verdade, os fascistas só conseguem encontrar seu espaço quando o socialismo se torna poderoso o bastante para ter tido algum tipo de participação no governo, tendo assim desiludido parte de sua clientela de classe trabalhadora e de intelectuais. Desse modo, podemos situar o fascismo no tempo, não apenas após a instauração irreversível da política de massas, mas também numa fase avançada desse processo, quando os socialistas já conseguiam participar do governo – fazendo concessões a ele.

Esse limiar foi cruzado em setembro de 1899, quando o primeiro socialista europeu aceitou um cargo num gabinete burguês, para ajudar a dar sustentação à democracia francesa ameaçada pelo caso Dreyfus, atraindo assim a hostilidade de alguns dos puristas morais de seu movimento.[66] Em 1914, boa parte dos seguidores tradicionais da esquerda estava desiludida com aquilo que eles viam como as concessões feitas pelos socialistas parlamentares de tendência moderada. Após a guerra, em busca de algo mais intransigentemente revolucionário, eles se bandearam para o bolchevismo, ou, como já vimos, para o fascismo, pela via do nacional-sindicalismo.

É óbvio que, após 1917, a esquerda já não estava mais reunindo forças e esperando por seu momento, como acontecia antes de 1914. Ela, então, ameaçava marchar por todo o mundo à frente da Revolução Bolchevique, que àquela época parecia irresistível. O medo provocado nas classes média e alta como um todo pela vitória de Lênin, na Rússia, bem como o esperado sucesso de seus seguidores na Alemanha mais industrializada, são de importância crucial para que se compreenda a busca aterrorizada por algum tipo novo de reação ao bolchevismo, ocorrida entre 1918 e 1922.

Os alarmes de incêndio disparados pelo bolchevismo transformaram em emergências as dificuldades que a partir da Primeira Grande Guerra[67] já abalavam os valores e instituições liberais. As três principais delas – o parlamento, o mercado e as escolas – lidaram mal com essas emergências. Os representantes eleitos lutavam para encontrar o mínimo de terreno comum exigido pelas difíceis escolhas políticas a serem feitas. As teses relativas à capacidade de autorregulação do mercado, mesmo se verossímeis no longo prazo, soavam ridiculamente inapropriadas perante os deslocamentos econômicos imediatos, nacionais e internacionais. O ensino gratuito, por si só, já não parecia bastar para promover a integração de comunidades abaladas pela cacofonia de interesses discordantes, pelo pluralismo cultural e pelos experimentos artísticos. A crise das instituições liberais, contudo, não afetou todos os países com a mesma intensidade e, no próximo capítulo, examinarei as diferentes experiências nacionais.

PRECURSORES

Já observamos que o fascismo foi inesperado, não tendo sido uma projeção linear de qualquer das tendências políticas do século XIX. Ele não é facilmente compreensível em termos dos grandes paradigmas novecentistas: liberalismo, conservadorismo e socialismo. Não havia nem palavras nem conceitos para descrevê-lo, antes de o movimento de Mussolini e outros da mesma espécie serem criados, na esteira da Primeira Guerra Mundial.

No entanto, houve indícios premonitórios. Em fins do século XIX, aconteceram os primeiros sinais de uma "política num novo tom":[68] a criação dos primeiros movimentos populares voltados para a reafirmação da primazia da nação sobre todas as formas de internacionalismo ou de cosmopolitismo. A década de 1880 – quando a depressão econômica e a ampliação da prática democrática ocorreram simultaneamente – foi um limiar de importância vital.

Aquela década confrontou a Europa e o mundo como um todo com nada menos que a primeira crise da globalização. Os novos navios a vapor tornaram possível trazer trigo e carne baratos para a Europa, provocando a falência de fazendas de agricultura familiar e de grandes propriedades aristocráticas, e despejando nas cidades enormes levas de refugiados rurais. Ao mesmo tempo, as estradas de ferro acabaram de destruir o que restava do trabalho artesanal de qualidade, ao levar mercadorias industrializadas para todas as cidades europeias. Nesse mesmo mal escolhido momento, um número inédito de imigrantes começou a chegar à

Europa Ocidental – não apenas pequenos agricultores vindos da Espanha e da Itália, mas também judeus de cultura exótica, fugidos da opressão do Leste Europeu. Esses choques formam um contexto para alguns dos acontecimentos da década de 1880, que agora podemos perceber como um tatear inicial em direção ao fascismo.

As experiências conservadoras francesa e alemã de manipular o voto universal masculino, que já mencionei antes, foram ampliadas nessa década. A Terceira Lei da Reforma Britânica, de 1884, praticamente duplicou o eleitorado, para incluir a quase totalidade dos homens adultos. Na década de 1880, em todos esses países, as elites políticas se viram obrigadas a se adaptar a mudanças na cultura política que tiveram como efeito o enfraquecimento da deferência social, que havia muito garantia a eleição praticamente automática dos representantes de classe alta para o Parlamento, abrindo assim caminho para o ingresso das camadas mais modestas na política: lojistas, médicos e farmacêuticos do interior, advogados das pequenas cidades – as "novas camadas" (*nouvelles couches*), que, no famoso episódio de 1874, foram chamadas à participação por Léon Gambetta, filho de um quitandeiro imigrado da Itália, que logo viria a se tornar o primeiro chefe de governo originário da classe baixa de toda a história da França.

Não possuindo fortuna pessoal, esses novos tipos de representantes eleitos viviam de seu salário de parlamentares, tornando-se assim os primeiros políticos profissionais.[69] Faltando-lhes o reconhecimento do nome hereditário dos "notáveis" que até então haviam dominado os parlamentos europeus, esses novos políticos tiveram que inventar novos tipos de redes de apoio e novos métodos para atrair eleitores. Alguns deles construíram máquinas políticas baseadas em clubes sociais de classe média, como a franco-maçonaria (como fez o Partido Radical de Gambetta, na França); outros, tanto na Alemanha quanto na França, descobriram o poder de atração do antissemitismo e do nacionalismo.[70]

A intensificação do nacionalismo, ocorrida em fins do século XIX, atingiu até mesmo as fileiras dos movimentos trabalhistas organizados. Já mencionei, ao início deste capítulo, a hostilidade entre os assalariados de língua alemã e os de língua tcheca da Boêmia, no que era então o Império Habsburgo. Já antes de 1914, era possível fazer uso dos sentimentos nacionalistas para mobilizar hostilidade entre diferentes segmentos da classe trabalhadora, e mais ainda após a Primeira Guerra.

Por todas essas razões, a crise econômica da década de 1880, como a primeira grande depressão a ocorrer na era da política de massas, conferiu vantagem à demagogia. Qualquer declínio no padrão de vida, portanto, traduzia-se rapidamente em derrotas eleitorais para os governantes e em vitórias para os arrivistas políticos, prontos a atrair os eleitores irados com slogans sumários.

Diversos e notórios movimentos populistas e nacionalistas de base popular surgiram na Europa durante a década de 1880. A França, precoce em tantos experimentos políticos, foi pioneira também nesse. O glamuroso general Boulanger, nomeado ministro da Guerra em janeiro de 1886 pelo governo de tendência moderadamente esquerdista de Charles de Freycinet, era adorado em Paris por ter enfrentado os alemães e tratado seus soldados com consideração, e também porque sua barba loura e seu cavalo negro faziam esplêndida figura nas paradas patrióticas. O general foi exonerado do cargo de ministro em maio de 1887; contudo, em razão de seu linguajar excessivamente bélico durante um período tenso nas relações com a Alemanha. Sua remoção para um posto provinciano desencadeou uma manifestação popular de proporções gigantescas, quando seus fãs parisienses se deitaram sobre os trilhos para bloquear a partida de seu trem. Boulanger, anteriormente, havia mantido laços estreitos com a esquerda moderada anticlerical (os "radicais", na terminologia política francesa da época), mas agora ele se permitiu tornar-se o centro de uma agitação política que se alimentava tanto da esquerda quanto da direita. Embora ele continuasse a apoiar propostas radicais tais como a abolição do senado eleito por voto indireto, sua defesa de mudanças drásticas na constituição assumiu um sabor de conspiração urdida por um homem providencial.

Quando o governo, alarmado, expulsou Boulanger do exército, o ex-general viu-se livre para se dedicar a suas recém-adquiridas ambições políticas. Sua estratégia foi a de concorrer em todas as eleições para suplente, que ocorriam sempre que uma cadeira parlamentar vagava por motivo de morte ou renúncia. Boulanger mostrou exercer forte atração sobre os distritos de classe trabalhadora. Tanto os monarquistas quanto os bonapartistas lhe deram dinheiro, por acreditar que seu êxito causaria mais danos à República do que contribuiria para reformá-la. Em janeiro de 1889, após Boulanger ter ganhado uma eleição suplementar em Paris com a grande maioria dos votos, seus correligionários insistiram para que ele liderasse um golpe de estado contra a República francesa, já então cambaleante sob o impacto de escândalos financeiros e da depressão econômica. No momento do clímax, entretanto, o homem providencial fraquejou. Ameaçado pelo governo com um processo judicial, ele fugiu para a Bélgica em 1º de abril, onde mais tarde veio a cometer suicídio sobre o túmulo de sua amante. O boulangismo acabou mostrando ser puro fogo de palha.[71] Mas, pela primeira vez na Europa, haviam sido reunidos os ingredientes de um movimento de massas populista e de índole nacionalista, formado em torno de uma figura carismática.

Em 1896, na França, ingredientes semelhantes se misturaram às emoções populares despertadas contra o capitão Alfred Dreyfus, um judeu oficial da ativa, injustamente acusado de espionar para os alemães. O caso convulsionou a França até 1906. O grupo contra Dreyfus, formado tanto por conservadores quanto por alguns esquerdistas influenciados pelas formas tradicionais do anticapitalismo antissemita e do nacionalismo jacobino, se levantou em defesa da autoridade do Estado e da honra do exército. O grupo pró-Dreyfus, em grande parte de esquerda e de centro, defendia um padrão universal para os direitos do homem. A nação tem precedência sobre qualquer valor universal, proclamou o antidreyfusista Charles Maurras, cujo movimento Action Françoise é considerado às vezes como o primeiro fascismo autêntico.[72] Quando ficou provado que um documento usado para incriminar Dreyfus havia sido forjado, Maurras não se abalou. Tratava-se, disse ele, de uma "falsificação patriótica", um *faux patriotique*.

A Áustria-Hungria foi outro ambiente onde os movimentos precursores desbravaram com êxito o terreno do nacionalismo populista. Georg von Schönerer (1842-1921), apóstolo do pangermanismo e rico proprietário de terras da região dos Sudetos, no extremo ocidental da Boêmia, conclamou os germanófonos do Império Habsburgo a trabalhar pela união com o Império Alemão e a lutar contra a influência católica e judaica.[73] Já mencionei a forma pela qual Karl Lueger foi eleito prefeito de Viena em 1897, triunfando contra a oposição do imperador e dos liberais tradicionais, e governando de forma invencível até sua morte, em 1910, com uma mistura pioneira de "socialismo municipal" (fornecimento público de gás, água, eletricidade, hospitais, escolas e parques) e de antissemitismo.[74]

Também alguns políticos alemães fizeram, nessa mesma década de 1880, seus experimentos com o antissemitismo. Adolf Stöcker, pastor protestante da corte, usou-o em seu Christlich-Soziale Partei (Partido Social Cristão), numa tentativa de atrair para o conservadorismo eleitores das classes trabalhadoras e da classe média. Uma nova geração de liberais, tendo suas origens fora dos antigos círculos de aristocratas e de grandes proprietários rurais, e na falta dos velhos mecanismos de defesa social, usou o antissemitismo como um novo meio de controlar a política de massas.[75] Mas, na política alemã, essas experiências de antissemitismo explícito haviam se tornado insignificantes em inícios do século xx. Esses precursores mostraram que, embora muitos dos elementos do fascismo que viria a seguir já existissem, as condições não estavam maduras para que eles fossem reunidos e conquistassem um número significativo de seguidores.[76]

É plausível afirmar que o primeiro exemplo concreto do "nacional-socialismo", na prática, foi o Cercle Proudhon, na França de 1911, um grupo de estudos que tinha como objetivo "unir os nacionalistas e os antidemocratas de esquerda" em torno de uma ofensiva contra o "capitalismo judeu".[77] O grupo foi criado por Georges Valois, antigo militante da Action Françoise de Charles Maurras, que rompeu com seu mestre para se concentrar de forma mais ativa na conversão da classe trabalhadora do marxismo internacionalista ao nacionalismo. No entanto, ainda era cedo para congregar mais que uns poucos intelectuais e jornalistas a favor de Valois e do "triunfo dos valores heroicos sobre o ignóbil materialismo burguês que hoje sufoca a Europa [...] [e] o despertar da Força e do Sangue contra o Ouro".[78]

O termo *nacional-socialismo*, ao que parece, foi inventado pelo autor nacionalista francês Maurice Barrès, que, em 1896, descreveu o marquês de Morès, um aventureiro aristocrático, como "o primeiro nacional-socialista".[79] Morès, após fracassar como criador de gado na Dakota do Norte, voltou a Paris em inícios da década de 1880 e organizou um bando de desordeiros antissemitas que atacavam lojas e escritórios de propriedade de judeus. Como pecuarista, recrutava seguidores entre os trabalhadores dos abatedouros de Paris, que atraía com sua mistura de nacionalismo anticapitalista e antissemita.[80] Seus pelotões usavam roupas e chapéus de caubói, que o marquês havia descoberto no Oeste estadunidense, e que (num modesto exagero de imaginação) antecederam as camisas pretas e marrons como o primeiro uniforme fascista. Morès matou num duelo um oficial judeu muito benquisto, o capitão Armand Meyer, nos primeiros dias do caso Dreyfus, e foi morto por seus guias tuaregues no Saara, em 1896, durante uma expedição que visava "unir a França ao Islã e à Espanha".[81] "A vida só tem valor por meio da ação", proclamou ele. "Tanto pior se a ação for mortal."[82]

Alguns italianos vinham avançando na mesma direção. Discípulos italianos de Sorel encontraram na nação o tipo de mito mobilizador que a revolução proletária não vinha conseguindo fornecer.[83] Aqueles que, tal como Sorel, pretendiam preservar a pureza de motivação e a intensidade de envolvimento que o socialismo oferecera nos seus tempos de oposição perseguida, juntaram-se então aos que desprezavam as concessões do socialismo parlamentar e os que se sentiam decepcionados com o fracasso das greves gerais – culminando na terrível derrota da Semana Vermelha de Milão, em junho de 1914. Eles achavam que o produtivismo[84] e uma guerra expansionista para a Itália "proletária" (como ocorreu na Líbia, em 1911) poderiam substituir a greve geral como o mito mobilizador mais eficaz para a mudança revolucionária na Itália.

Outra pedra fundamental foi lançada para o edifício a ser construído pelos fascistas: o projeto de reconquistar a clientela socialista para a nação, por meio de um heroico "nacional-sindicalismo" antissocialista.

Em vista desses muitos precursores, surgiu um debate quanto a que país teria dado origem ao primeiro movimento fascista. A França é uma candidata frequente.[85] A Rússia já foi proposta.[86] Poucos são os que colocam a Alemanha em primeiro lugar.[87] Talvez o primeiro fenômeno que possa ser funcionalmente relacionado ao fascismo seja a Ku Klux Klan americana. Logo após a Guerra Civil, alguns ex-oficiais confederados, temendo o direito de voto concedido aos afro-americanos em 1867 pelos reconstrucionistas radicais, criaram uma milícia para restaurar uma ordem social subvertida. A Klan representava uma alternativa à sociedade civil, paralela ao Estado legal, que, aos olhos de seus fundadores, deixara de defender os legítimos interesses da comunidade. Por adotar um uniforme (túnica branca e capuz), e também devido a suas técnicas de intimidação e a sua convicção de que a violência era justificada pela causa do destino de seu grupo,[88] talvez seja possível afirmar que a primeira versão da Klan no sul estadunidense derrotado foi uma impressionante prévia de como os movimentos fascistas viriam a funcionar na Europa do entreguerras. Afinal, não é de surpreender que as democracias mais precoces – os Estados Unidos e a França – tenham gerado as primeiras reações à democracia.

Hoje, podemos perceber esses experimentos como arautos de um novo tipo de política que estava por vir. Àquela época, entretanto, pareciam aberrações pessoais criadas por aventureiros. Eles ainda não eram perceptíveis como exemplos de um novo sistema. Só em retrospecto se tornam visíveis a essa luz, após todas as peças terem se juntado, um espaço ter sido aberto e um nome ter sido inventado.

RECRUTAMENTO

Em nosso relato dos primeiros movimentos fascistas, encontramos com frequência veteranos amargurados. O fascismo teria permanecido apenas como mais um grupo de pressão para os veteranos e seus irmãos mais jovens, contudo, se ele não tivesse conseguido atrair muitos outros tipos de recrutas.[89]

Acima de tudo, os primeiros fascistas eram jovens. Muitos da nova geração estavam convictos de que os homens de barbas brancas responsáveis pela guerra, que ainda se agarravam a seus cargos, nada entendiam das inquietações da juventude, quer tivessem lutado na guerra ou não. Jovens que jamais haviam votado antes reagiram com entusiasmo à nova espécie de política antipolítica do fascismo.[90]

Diversas características distinguiam os fascismos mais bem-sucedidos dos partidos de antes. Ao contrário dos partidos de classe média, liderados por "notáveis", que se resignavam a contactar seu público apenas em tempos eleitorais, os partidos fascistas arrastavam seus membros numa intensa fraternidade de emoção e esforço.[91] Diferentemente dos partidos de classe – socialistas ou burgueses – eles conseguiram concretizar seu sonho de congregar cidadãos de todas as classes sociais. Essas características eram atraentes para muitos.[92]

Os primeiros partidos fascistas, contudo, não recrutavam em todas as classes sociais na mesma proporção. Logo se notou que eram formados basicamente pela classe média, a ponto de serem percebidos como a própria corporificação dos ressentimentos dessa classe.[93] Mas, afinal, todos os partidos são em grande parte de classe média. Num exame mais minucioso, o fascismo mostrou atrair também integrantes e eleitores de classe alta.[94]

Inicialmente também conquistou mais seguidores de classe trabalhadora do que se imaginava na época, embora sempre em proporções menores que sua participação na população.[95] A relativa escassez de fascistas de classe trabalhadora não se devia a algum tipo de imunidade proletária aos apelos do nacionalismo e da limpeza étnica. A melhor explicação é a "imunização" e a "profissão de fé":[96] aqueles que havia gerações já estavam profundamente engajados na rica subcultura do socialismo, com seus clubes, seus jornais, seus sindicatos e reuniões, simplesmente não estavam abertos a outra lealdade.

Os trabalhadores de fora da comunidade socialista eram mais receptivos. Ajudava se eles tivessem alguma tradição de ação direta e de hostilidade ao socialismo parlamentar: por exemplo, os trabalhadores fura-greves das marmorarias da tradicionalmente anarquista Carrara,[97] ou os marinheiros genoveses organizados pelo capitão Giuseppe Giulietti, que seguiu primeiro a D'Annunzio e depois a Mussolini. Os desempregados, também, haviam se afastado do socialismo organizado (o qual, nas condições duras e competitivas da depressão econômica, parecia valorizar mais os trabalhadores empregados que os desempregados). Estes últimos tendiam a se juntar mais aos comunistas que aos fascistas, a não ser que estivessem votando pela primeira vez, ou que pertencessem à classe média.[98] Um enraizamento na comunidade paroquial talvez explique a menor proporção de católicos que de protestantes entre o eleitorado nazista.

Condições especiais podiam atrair os proletários para o fascismo. Um terço dos membros da British Union of Fascists (BUF), proveniente dos bairros dilapidados do leste de Londres, era de trabalhadores não qualificados ou de baixa qualificação, recrutados com base no ressentimento que sentiam com relação aos imigrantes judeus recém-chegados, na decepção com a incompetência do Partido Trabalhista ou na raiva aos ataques comunistas ou judeus às paradas da BUF.[99] O Nyilaskeresztes Párt (Partido da Cruz Flechada) húngaro conquistou um terço dos votos na pesadamente industrializada região central de Budapeste (Ilha Csepel) e obteve êxito em algumas zonas mineradoras rurais, na falta de uma alternativa esquerdista plausível para um voto de protesto antigovernista.[100]

Uma questão fortemente polêmica é se o fascismo, ao recrutar seus militantes, apelava mais à razão que às emoções.[101] O evidente poder das emoções no seu âmago leva muitos a acreditar que eram recrutados apenas os "perturbados emocionais" ou os "assediadores sexuais". Examinarei algumas das ciladas da psico-história no Capítulo 8. Tem que ser repetidamente ressaltado que o próprio Hitler, apesar de tomado por ódios e obsessões anormais, era capaz de decisões pragmáticas e escolhas racionais, sobretudo antes de 1942. Concluir que o nazismo ou outras variantes do fascismo são formas de distúrbios mentais representa um duplo perigo: oferece um álibi para multidões de fascistas "normais" e nos deixa despreparados para reconhecer a extrema normalidade do fascismo autêntico. A maioria dos líderes e militantes era composta de pessoas bastante comuns, colocadas em posições de extraordinário poder e responsabilidade por processos perfeitamente compreensíveis em termos racionais. Colocar o fascismo no divã pode nos fazer enveredar por um caminho equivocado. As suspeitas sobre a sexualidade perversa de Hitler não se baseiam em provas consistentes,[102] embora ele, notoriamente, não fosse um homem de família convencional. Tanto homossexuais (como Ernst Röhm e Edmund Heines) quanto homofóbicos (como Himmler) eram figuras proeminentes na fraternidade masculina que era o nazismo. Mas não há provas de que a proporção de homossexuais fosse maior entre os nazistas que entre a população em geral. Essa questão não foi levantada com relação ao fascismo italiano.

Os líderes fascistas eram arrivistas de um tipo novo. Em ocasiões anteriores, recém-chegados já haviam ascendido à liderança nacional abrindo caminho à força. Muito antes do fascismo, soldados calejados, que lutavam melhor que os aristocratas, haviam se tornado indispensáveis aos reis. Uma forma posterior de recrutamento político veio de jovens de origem modesta que alcançaram êxito com a ampliação da política eleitoral, no século XIX. Podemos pensar no político francês Léon Gambetta, já mencionado, filho de um quitandeiro, ou no filho de um comerciante atacadista de cerveja, Gustav Stresemann, que se tornou o principal estadista da Alemanha de Weimar. Outro tipo de recém-chegados bem-sucedidos dos tempos modernos foram os habilidosos engenheiros das novas indústrias (pensemos naqueles grandes fabricantes de bicicletas, Henry Ford, William Morris e os irmãos Wright).

Mas muitos desses líderes eram *outsiders* de uma maneira nova. Eles não se pareciam com os intrusos de eras passadas: os soldados aventureiros ou mercenários, os primeiros políticos parlamentares que ascenderam socialmente ou os engenheiros hábeis. Alguns eram boêmios, intelectuais marginalizados, diletantes, especialistas em nada além de manipular multidões e atiçar ressentimentos. Hitler, estudante de artes fracassado; Mussolini, professor de formação, mas, principalmente, revolucionário inquieto, expulso da Suíça e do Trentino por subversão; Joseph Goebbels, bacharel desempregado com ambições literárias; Hermann Goering, um ás do campo de batalha da Primeira Guerra que depois ficou sem rumo; Heinrich Himmler, estudante de agronomia que fracassou como vendedor de fertilizantes e como criador de galinhas.

No entanto, os primeiros militantes eram diversificados demais, quanto a origem social e nível de escolaridade, para se encaixarem no rótulo genérico de arrivistas marginalizados.[103] Lado a lado com encrenqueiros com ficha policial, como Amerigo Dumini[104] ou Martin Bormann, podemos encontrar um professor de filosofia, como Giovanni Gentile,[105] ou até mesmo, embora por um breve período, um músico, como Arturo Toscanini.[106] Afinal, o que unia a todos eram valores mais que um perfil social: desprezo pela cansada política burguesa, hostilidade com relação à esquerda, nacionalismo fervoroso e tolerância à violência, quando necessário.

Já foi dito que um partido político é como um ônibus: as pessoas estão sempre entrando e saindo. À medida que formos prosseguindo, veremos como a clientela fascista se alterou ao longo do tempo, dos radicais da fase inicial para os arrivistas das épocas posteriores. Aqui, também, não podemos perceber o fenômeno em sua totalidade examinando apenas seu começo.

ENTENDENDO O FASCISMO POR MEIO DE SUAS ORIGENS

Neste capítulo, examinamos as épocas, os lugares, a clientela e a retórica dos primeiros movimentos fascistas. Agora, vemo-nos forçados a admitir que esses primeiros movimentos não contam a história toda. Os primeiros fascismos iriam ser transformados pela própria empreitada de tentar ser mais que uma voz marginal. Sempre que se tornavam candidatos mais ativos ao poder, esse esforço os transformava em algo gritantemente diferente do radicalismo dos tempos iniciais. A compreensão dos primeiros movimentos nos fornece apenas uma visão parcial e incompleta do fenômeno como um todo.

É curioso ver a quantidade desproporcional de atenção histórica dada aos primórdios do fascismo. Há diversas razões para tal. Uma delas é a sempre latente (embora enganosa) convenção darwinista de que, se estudarmos as origens de algo, entenderemos seu projeto interno. Outra razão é a disponibilidade de uma profusão de termos e artefatos culturais dos primeiros tempos, que são boa matéria-prima para os historiadores. As questões mais sutis, mais secretas e mais sórdidas, de como negociar acordos para chegar ao poder e exercê-lo, por alguma razão, parecem (equivocadamente!) um assunto menos fascinante.

Uma razão sólida e pragmática para tantas obras sobre o fascismo se concentrarem nos movimentos originais é que a maioria nunca passou desse ponto. Escrever sobre o fascismo na Escandinávia, na Grã-Bretanha ou nos Países Baixos, ou até mesmo na França, significa, necessariamente, escrever sobre movimentos que nunca se desenvolveram muito além da fundação de um jornal, da realização de algumas manifestações, de discursos nas esquinas das cidades. José Antonio Primo de Rivera, na Espanha, Mosley, na Grã-Bretanha e os movimentos franceses de discurso mais ousado sequer chegaram a participar de um processo eleitoral.[107]

Se nos concentrarmos nos primeiros tempos, estaremos seguindo várias trilhas falsas, que colocam intelectuais no centro de uma empreitada cujas principais decisões foram tomadas por homens de ação sequiosos pelo poder. A influência dos companheiros de viagem intelectuais diminuiu paulatinamente no decorrer das fases de enraizamento e de governo do ciclo fascista, embora algumas ideias tenham se reafirmado na fase da radicalização (ver Capítulo 6). Além do mais, se nos concentrarmos nas raízes, estaremos colocando ênfase equivocada na retórica antiburguesa do fascismo primitivo, bem como na sua crítica ao capitalismo. Estaríamos privilegiando o "movimento poético" de José Antonio Primo de Rivera, que exigiria "sacrifícios duros e justos [...] de tantos de nossa própria classe", e que "atingiria tanto os humildes quanto os poderosos com seus benefícios",[108] e o "grande fascismo vermelho de nossa juventude", como Robert Brasillach se lembrava dele, com nostalgia afetuosa, pouco antes de sua execução por traição em fevereiro de 1945, em Paris.[109]

Por fim, as comparações não nos levam muito longe com relação aos primeiros estágios, uma vez que todos os países onde havia política de massas tiveram, em algum momento posterior a 1918, ensaios de movimento fascista. As comparações mostram que o mapa da criatividade intelectual não coincide com o mapa do êxito fascista. Alguns observadores afirmam que ele foi inventado na França e lá atingiu a plenitude de seu desenvolvimento intelectual.[110] Mas, na França, não chegou sequer perto do poder até depois da derrota militar, em 1940, como veremos mais detalhadamente adiante.

O primeiro a submeter o fascismo ao teste das urnas foi Mussolini. Ele imaginou que seu "antipartido" antissocialista, mas também antiburguês, atrairia todos os veteranos da Itália e também seus admiradores, convertendo seus Fasci di Combattimento num partido de massas de abrangência ampla. Concorrendo ao Parlamento por Milão, em 16 de dezembro de 1919, com base no programa original de San Sepolcro, com sua mistura de mudanças internas radicais e nacionalismo expansionista, ele recebeu um total de 4.796 votos num universo de 315.165[111] eleitores. Antes de se tornar um concorrente de peso na vida política italiana, ele teria que fazer ajustes.

Para entender o fascismo como um todo, teremos que gastar tanta energia em suas formas posteriores quanto em suas formas iniciais. As adaptações e transformações que marcaram o caminho seguido por alguns fascismos na sua jornada, passando de movimento a partido, de partido a regime, até seu paroxismo final, vão ocupar boa parte do que resta deste livro.

NOTAS

1. Joseph Rothschild, *East Central Europe Between the Two World Wars*. Seattle; Londres: University of Washington Press, 1974, p. 148.
2. Para leituras suplementares sobre esse e outros países discutidos neste capítulo, ver o Ensaio bibliográfico.
3. Ver Capítulo 2, p. 89.
4. Brigitte Hamann, *Hitler's Vienna: A Dictator's Apprenticeship*. Trad. do alemão por Thomas Thornton. Nova York: Oxford University Press, 1999 (orig. pub. 1996), é a abordagem mais detalhada. William A. Jenks, *Vienna and the Young Hitler*. Nova York: Columbia University Press, 1960, evoca o ambiente.
5. A suástica, símbolo que toma como base o sol – que representava, entre outras coisas, a energia ou a eternidade –, era amplamente utilizada nas antigas culturas cristãs, hindus, budistas, ameríndias e do Oriente Médio. Trazida para a Europa em fins do século XIX por espiritualistas e médiuns como a celebrada Madame Blavatsky, e por apóstolos da religião nórdica como o austríaco Guido von List, ela foi usada pela primeira vez em 1899, para expressar o nacionalismo alemão e o antissemitismo da Ordo Noi Templi (Ordem dos Novos Templários), de Jörg Lanz von Liebenfels (1874–1954). O artista gráfico Steven Heller explora suas diversas utilizações em *The Swastika: Symbol Beyond Redemption?* Nova York: Allworth, 2001, e seus laços com o nazismo são traçados por Nicholas Goodrick-Clarke, *The Occult Roots of Nazism: Secret Aryan Cults and Their Influence on Nazi Ideology: The Ariosophists of Austria and Germany*. Nova York: New York University Press, 1996.
6. William Sheridan Allen, *The Nazi Seizure of Power: The Experience of a Single Town, 1922–1945*, ed. rev. Nova York: Franklin Watts, 1984, p. 32. Spannaus já havia se tornado admirador do precursor do nazismo, Houston Stewart Chamberlain, quando morava no exterior.
7. Sobre Freikorps, ver Robert G. L. Waite, *Vanguard of Nazism*. Cambridge, MA: Harvard University Press, 1954.
8. Adolf Hitler, cidadão austríaco, mudou-se para Munique em maio de 1913, a fim de escapar do serviço militar. Quando a Primeira Guerra Mundial eclodiu, ele se alistou no exército alemão como voluntário. Para Hitler, preservar sua essência alemã era sempre mais importante que a lealdade a qualquer Estado particular; ele só se tornou cidadão alemão em 1932 (Ian Kershaw, *Hitler 1889–1936: Hubris*. Nova York: Norton, 1998, p. 362). Hitler encontrou sua primeira realização pessoal como soldado. Ele enfrentou perigos como mensageiro, foi promovido a cabo e condecorado por bravura

com a Cruz de Ferro, Segunda classe e, mais tarde, Primeira classe, a maior honraria que pode ser conferida a um soldado (p. 92, 96, 216).
9. Foi o oficial de comando de Röhm, Freiherr Ritter von Epp, que, mais tarde, em fins de 1920, forneceu metade do dinheiro, originário das verbas secretas do exército, usado para comprar um jornal para o partido, o *Völkischer Beobachter*, sendo a outra metade coletada pelo jornalista e *bon vivant* de Munique Dietrich Eckart. Kershaw, *Hitler*, v. I, p. 156.
10. Hitler adotou o título "Führer", e também a saudação "*Heil*", do líder pan-germânico Georg von Schönerer, muito influente na Viena do pré-guerra. Kershaw, *Hitler*, v. I, p. 34.
11. Ver Capítulo 3, p. 129-36.
12. Juan J. Linz em "Political Space and Fascism as a Latecomer", em Stein U. Larsen, Bernt Hagtvet e Jan Petter Myklebust, *Who Were the Fascists: Social Roots of European Fascism*. Bergen: Universitetsforlaget, 1980, p. 153-89, e "Some Notes Toward a Comparative Study of Fascism in Sociological Historical Perspective", em Walter Laqueur (org.), *Fascism: A Reader's Guide*. Berkeley e Los Angeles: University of California Press, 1976, p. 3-121.
13. Aqueles que tiveram sua adolescência marcada pela guerra, mas que não combateram de fato, ou por serem jovens demais ou por terem sido considerados fisicamente inaptos, tendiam a se tornar fascistas particularmente fanáticos. Joseph Goebbels, o ministro da Propaganda de Hitler, não participou da guerra devido a uma deformidade no pé. Ralf Georg Reuth, *Goebbels*. Trad. do alemão por Krishna Winston. Nova York: Harcourt Brace, 1990, p. 14, 24.
14. Charles F. Delzell (org.), *Mediterranean Fascism*. Nova York: Harper & Row, 1970, p. 10.
15. Por exemplo, François Furet, *The Passing of an Illusion: The Idea of Communism in the Twentieth Century*. Chicago: University of Chicago Press, 1999, p. 19, 163, 168. Linz observa, em "Political Space", p. 158-9, que os países que se mantiveram neutros na Primeira Guerra Mundial apresentaram baixos índices de fascismo, assim como a maior parte dos países vitoriosos. A Espanha, entretanto, havia sido derrotada em 1898.
16. Elie Halévy, *L'Ere des tyrannies*. Paris: Gallimard, 1938, traduzido para o inglês como *The Era of Tyrannies: Essays on Socialism and War*. Trad. Robert K. Webb. Garden City, NY: Anchor Books, 1965, foi quem observou pela primeira vez que foi durante a Primeira Guerra Mundial que os Estados modernos descobriram seu potencial de controlar a vida e o pensamento.
17. Gregory M. Luebbert, *Liberalism, Fascism, or Social Democracy*. Nova York: Oxford University Press, 1991, oferece a mais fundamentada entre as análises comparativas de alguns desses diferentes resultados, que, na opinião de

Luebbert, dependem de os agricultores familiares se aliarem à classe média (produzindo o liberalismo ou o fascismo) ou aos socialistas (produzindo a social-democracia).

18. Mussolini queria que a Itália, depois da guerra, fosse governada por uma *trincerocrazia*, ou "trincheirocracia", um governo formado por veteranos da linha de frente. *Il Popolo d'Italia*, 15 dez. 1917, citado em Emilio Gentile, *Storia del Partito Fascista, 1919-1922: Movimento e milizia*. Bari: Laterza, 1989, p. 19. Ver, também, Gentile, *The Sacralization of Politics in Fascist Italy*. Cambridge, MA: Harvard University Press, 1996, p. 16-7. É claro que os veteranos enraivecidos se voltaram tanto para a esquerda quando para a direita. Ver o Ensaio bibliográfico para mais referências.
19. Giorgio Rochat, *Italo Balbo*. Turim: UTET, 1986, p. 23.
20. Claudio Segrè, *Italo Balbo: A Fascist Life*. Berkeley; Los Angeles: University of California Press, 1987, p. 28-34, 41-7.
21. Arno J. Mayer enfatizou essa disputa em *The Political Origins of the New Diplomacy, 1917-1918*. New Haven: Yale University Press, 1959, e *The Politics and Diplomacy of Peacemaking: Containment and Counterrevolution at Versailles, 1918-1919*. Nova York: Knopf, 1967.
22. Ernst Nolte, *Der Faschismus in seiner Epoche*. Munique: Piper Verlag, 1963. Trad. para o inglês como *Three Faces of Fascism*. Trad. Leila Vennewitz. Nova York: Holt, Rinehart and Winston, 1966.
23. Para esse britânico de nascimento, apóstolo de uma Alemanha menos materialista e racialmente mais pura, genro de Wagner, ver Geoffrey G. Field, *Evangelist of Race: The Germanic Vision of Houston Stewart Chamberlain*. Nova York: Columbia University Press, 1981.
24. Friedrich Nietzsche, *Thus Spoke Zarathustra*. Trad. R. J. Hollingdale. Baltimore: Penguin, 1961, p. 126.
25. Steven E. Aschheim, "Nietzsche, Anti-Semitism, and Mass Murder", em Aschheim, *Culture and Catastrophe*. Nova York: New York University Press, 1996, p. 71. Esse lúcido relato dos sucessivos Nietzsches, desde o protonazista de 1945 ao Nietzsche de espírito livre, defendido por Walter Kaufmann nos anos 1960, até o Nietzsche desconstrutivista de hoje, é desenvolvido em Aschheim, *The Nietzsche Legacy in German*. Berkeley e Los Angeles: University of California Press, 1992.
26. Georges Sorel, *Reflections on Violence*. Cambridge: Cambridge University Press, 1999, p. 159.
27. Zeev Sternhell com Mario Sznayder e Maia Asheri, *The Birth of Fascist Ideology*. Princeton: Princeton University Press, 1994, trata de forma aprofundada do uso que Mussolini fez de Sorel. Os comentários favoráveis de

Sorel sobre o fascismo foram reduzidos, pela pesquisa acadêmica recente, a referências passageiras em 1920-1921. Ver J. R. Jennings, *Georges Sorel: The Character and Development of His Thought*. Londres: Macmillan, 1985; Jacques Julliard e Shlomo Sand (orgs.), *Georges Sorel en son temps*. Paris: Seuil, 1985; Marco Gervasoni, *Georges Sorel: Una biografia intellettuale*. Milão: Unicopli, 1997.

28. Suzanna Barrows, *Distorting Mirrors: Visions of the Crowd in Late Nineteenth Century France*. New Haven: Yale University Press, 1981.
29. O relato clássico dessa mudança é H. Stuart Hughes, *Consciousness and Society: The Reconstruction of European Social Thought, 1890-1930*. Nova York: Random House, 1961.
30. A luta biológica como chave da história humana, de importância central na visão de mundo de Hitler, era menos influente na Itália, embora alguns nacionalistas italianos tenham chegado, por meio de Hegel e Nietzsche, a um ideal paralelo de base cultural, a competição entre as vontades nacionais. Ver Mike Hawkins, *Social Darwinism in European and American Thought*. Cambridge: Cambridge University Press, 1997, p. 285-9.
31. Daniel Kevles, *In the Name of Eugenics: Genetics and the Uses of Human Heredity*. Nova York: Knopf, 1985. O próprio Galton não defendia a ideia de impedir que os "inferiores" se reproduzissem.
32. Léon Poliakov, *The Aryan Myth: A History of Racist and Nationalist Ideas in Europe*. Trad. do francês por Edmund Howard. Nova York: Basic Books, 1974. A *razza* cultural-histórica da retórica nacionalista italiana não era menos agressivamente competitiva.
33. O poeta-esteta italiano Gabriele D'Annunzio buscava "exaltar e glorificar acima de todas as coisas a Beleza e o poder do macho, belicoso e dominador". Anthony Rhodes, *The Poet as Superman: A Life of Gabriele D'Annunzio*. Londres: Weidenfeld and Nicholson, 1959, p. 62-3. Ver também o marquês de Morès, citado na p. 90. À esquerda, os anarquistas que defendiam a propaganda do ato também valorizavam a ação em si mesma. O poeta anarquista Laurent Tailhade respondeu ao bombardeio da Câmara dos Deputados da França, em dezembro de 1893: "O que importam esses vagos seres [os feridos], se o gesto é belo?" Mais tarde, Tailhade perdeu um olho na explosão de uma bomba anarquista num café parisiense. James Joll, *The Anarchists*. Boston: Little, Brown, 1964, p. 169.
34. Ernst Jünger, *In Stahlgewittern*. Berlim: E. S. Mittler, 1929. Trad. para o inglês como *Storm of Steel*. Londres: Chatto and Windus, 1929, fez uma famosa exaltação dos efeitos enobrecedores do combate após a Primeira Guerra Mundial. A literatura pró-guerra era bem menos comum que seu oposto,

como, por exemplo, a evocação dos horrores do combate nas trincheiras, de Erich Maria Remarque, em *Nada de novo no front* (1927). Gangues nazistas interrompiam projeções do filme feito a partir do romance de Remarque. Jünger (1895-1998) tinha uma relação hostil com o nazismo, mas nunca se opôs seriamente a ele – posição nada incomum entre os intelectuais dessa época.

35. De acordo com Jacob Talmon, *The Origins of Totalitarian Democracy*. Londres: Secker and Warburg, 1952, a ideia de Rousseau, de que a soberania popular deve ser fundada na "vontade geral", e não na maioria das vontades individuais, faz dele um ancestral do fascismo.
36. J. Salwyn Schapiro, "Thomas Carlyle, Prophet of Fascism", *Journal of Modern History*, v. 17, n. 2, p. 103, jun. 1945. Ver, de forma mais geral, Chris R. Vanden Bossche, *Carlyle and the Search for Authority*. Columbus: Ohio State University Press, 1992.
37. Theodore Deimel, *Carlyle und der Nationalsozialismus* (Würzburg, 1937), citado em Karl Dietrich Bracher, Wolfgang Sauer e Gerhard Schulz, *Die nationalsozialistische Machtergreifung*. Colônia e Opladen: Westdeutscher Verlag, 1960, p. 264 e nota 9.
38. Ver Capítulo 2, p. 74-75, 77-78. Stephen P. Turner e Dirk Käsler (orgs.), *Sociology Responds to Fascism*. Londres: Routledge, 1991, nas p. 6 e 9, há uma reflexão sobre a ligação entre a sociologia e o fascismo.
39. Foi o censo de 1891 que revelou aos franceses que sua população não estava se reproduzindo, sendo essa a primeira vez que a questão assumiu importância central num grande Estado europeu. Mais tarde, ela veio a se converter em uma das preocupações mais fundamentais dos fascistas.
40. H. Stuart Hughes, *Oswald Spengler: A Critical Estimate*. Nova York: Scribner, 1952, reeditado por Greenwood Press, 1975.
41. Michael R. Marrus, *The Unwanted: European Refugees in the Twentieth Century*. Nova York: Oxford University Press, 1985, explora o surgimento, a partir dos anos 1880, da consciência sobre a questão dos refugiados.
42. *Goebbels-Reden*, v. I (1933-1939), Helmut Heiber (org.). Düsseldorf: Droste Verlag, 1971, p. 108.
43. Michael Burleigh, *Death and Deliverance: Euthanasia in Germany, c. 1900--1945*. Cambridge: Cambridge University Press, 1995.
44. Ver o Ensaio bibliográfico, p. 421-2.
45. George L. Mosse, *The Crisis of German Ideology: Intellectual Origins of the Third Reich*. Nova York: Grosset and Dunlap, 1964; Fritz Stern, *The Politics of Cultural Despair*. Nova York: Doubleday, 1961.
46. Ver Capítulo 1, nota 19.

47. Isaiah Berlin, "Joseph de Maistre and the Origins of Fascism", em Henry Hardy (org.), *The Crooked Timber of Humanity: Chapters in the History of Ideas*. Nova York: Knopf, 1991, p. 91-174 (citações das p. 111 e 174). Um breve rascunho preliminar desse ensaio aparece em Berlin, *Freedom and Its Betrayal: Six Enemies of Human Liberty*, Henry Hardy (org.). Princeton: Princeton University Press, 2002, p. 131-54.
48. Sternhell, *Birth*.
49. Sternhell, *Birth*, p. 3. Sternhell fala aqui apenas do fascismo italiano; ele explicitamente exclui o nazismo de sua análise. Em outro registro, o brilhante *Dark Continent*, de Mark Mazower. Nova York: Knopf, 1999, defende que os valores não democráticos "não eram mais estranhos à tradição [europeia] que os democráticos". (p. 4-5, 396).
50. Hannah Arendt, "Approaches to the German Problem", em *Essays in Understanding*. Nova York: Harcourt Brace, 1994 (orig. publ. 1945, p. 109). Agradeço a Michael Burleigh por essa citação.
51. Hughes, *Spengler*, p. 156.
52. Herman Lebovics, *Social Conservatism and the Middle Classes in Germany, 1914-1933*. Princeton, NJ: Princeton University Press, 1969, p. 86, 107.
53. Ibid., 136.
54. Capítulo l, p. 21-2.
55. Sternhell, *Birth*, p. 231: "Mussolini chegou a um acordo com as forças sociais existentes"; Emilio Gentile, *Le origini dell'ideologia fascista (1918-1925)*. 2. ed. Bolonha: Il Mulino, 1996, p. 323.
56. Romke Visser, "Fascist Doctrine and the Cult of Romanità", *Journal of Contemporary History*, v. 27, n. 1, p. 5-22, 1992. O aniversário de 2 mil anos do imperador Augusto foi a resposta de Mussolini ao Reich de Mil Anos. Ver Friedemann Scriba, *Augustus im Schwarzhemd? Die Mostra Augustea della Romanità in Rom 1937/38*. Frankfurt am Main: Lang, 1995, resumido em Scriba, "Die Mostra Augustea della Romanità in Rom 1937/38", em Jens Petersen e Wolfgang Schieder (orgs.), *Faschismus und Gesellschaft in Italien: Staat, Wirtschaft, Kultur*. Colônia: SH-Verlag, 1998, p. 133-57.
57. Fredric Jameson, *Fables of Aggression: Wyndham Lewis, The Modernist as Fascist*. Berkeley; Los Angeles: University of California Press, 1979.
58. Carta a Ernest Collings, 17 de janeiro de 1913, em *The Portable D. H. Lawrence*. Nova York: Viking, 1947, p. 563.
59. Mosse, *Crisis*, p. 6. Cf. Emilio Gentile, *Storia del Partito Fascista, 1919-1921: Movimento e milizia*. Bari: Laterza, 1989, p. 518: "Mais do que uma ideia ou uma doutrina", o fascismo representa "um novo estado de ânimo" (*stato d'animo*).

60. Um raro estudo sobre a forma de como a "mentalidade de vítima" pode gerar o desejo de exterminar os inimigos é Omer Bartov, "Defining Enemies, Making Victims: Germans, Jews and the Holocaust", *American Historical Review*, v. 103, n. 3, p. 771-816, jun. 1998, com respostas em v. 103, n. 4, out. 1998. É claro que essa vitimação também pode ser autêntica.
61. Linz, "Political Space and Fascism".
62. Durante a Revolução Francesa de 1789-1815, o direito de voto foi exercido pela totalidade dos cidadãos de sexo masculino numa única eleição: a da Convenção, em 26 de agosto de 1792. Mesmo então, os cidadãos elegiam assembleias primárias que por sua vez, numa segunda etapa, escolhiam os deputados. A Constituição de 1793 instaurou o sufrágio masculino direto, mas ele nunca foi aplicado. O sufrágio masculino na Europa, na verdade, só teve início em 1848, embora tenha começado mais cedo na maioria dos estados dos Estados Unidos.
63. Um reexame recente da dramatização que o imperador criava em torno de si próprio é David Baguley, *Napoleon III and His Regime: An Extravaganza*. Baton Rouge, LA: Louisiana State University Press, 2001.
64. Na época do auge do fascismo, vários autores detectaram elementos fascistas no Segundo Império de Napoleão III, entre eles J. Salwyn Schapiro, em *Liberalism and the Challenge of Fascism*. Nova York: McGraw-Hill, 1949, p. 308-31. Trata-se aqui de uma extrapolação excessiva da definição de fascismo, ainda que as estratégias políticas adotadas por Luís Napoleão depois das revoluções de 1848 – propaganda eleitoral de massas, crescimento econômico financiado pelo Estado, aventuras estrangeiras – representem um precursor significativo das formas mais tardias de ditadura de base popular. A triunfante eleição de Luís Napoleão como presidente da França, em dezembro de 1848, criou problemas para Karl Marx, que esperava um resultado diferente para o desenvolvimento econômico e a polarização de classes da França dos anos 1840. Em *O 18 de Brumário de Luís Napoleão* (1850), Marx chegou à explicação de que um impasse momentâneo entre duas classes de forças equilibradas – a burguesia e o proletariado – havia dado uma excepcional margem de manobra a um líder individual, embora as qualidades pessoais desse líder fossem medíocres (Marx usou algumas de suas mais ricas invectivas contra o detestado Luís Napoleão, a "farsa" que se seguiu à "tragédia"), permitindo a ele governar independentemente dos interesses de classe. Essa análise foi retomada nos anos 1920 pelo austríaco August Thalheimer e por outros pensadores marxistas, para explicar o inesperado sucesso dos ditadores populares após a Primeira Guerra Mundial.

Ver Jost Düllffer, "Bonapartism, Fascism, and National Socialism", *Journal of Contemporary History*, v. II, n. 4, p. 109-28, out. 1976.
65. Jill Stephenson, *Woman in Nazi Society*. Londres: Croom Helm, 1975, reeditado em 2001; Victoria de Grazia, *How Fascism Rule Women*. Berkeley; Los Angeles: University of California Press, 1992, p. 30, 36-8. Para outras obras, ver o Ensaio bibliográfico.
66. No governo francês formado pelo democrata moderado Waldeck-Rousseau em setembro de 1899, para corrigir a injustiça jurídica cometida contra Dreyfus, e também para defender a República contra o ódio dos nacionalistas, o socialista moderado Alexandre Millerand aceitou o Ministério do Comércio, da Indústria e dos Serviços Postais. Na fotografia oficial do gabinete, ele aparece sentado ao lado do ministro da Guerra, general Gallifet, que havia reprimido violentamente os revolucionários parisienses em 1871. Alguns socialistas, já relutantes em defender Dreyfus por ele ser rico e judeu, acreditavam que a pureza do movimento vinha em primeiro lugar, ao passo que outros, reunidos em torno de Jean Jaurès, davam primazia à defesa dos direitos humanos.
67. Ver Capítulo 2, p. 63-8.
68. Termo de Carl Schorske para o movimento nacionalista alemão de Georg von Schönerer, criado na zona fronteiriça da Boêmia, durante os anos 1880. Schorske, *Fin-de-siècle Vienna*. Nova York: Knopf, 1980, cap. 3.
69. A análise clássica desse desenvolvimento é de Max Weber, "Politik als Beruf" (1918). Os parlamentares começaram a ser remunerados na França em 1848, na Alemanha em 1906 e, por último, entre as grandes potências europeias, na Grã-Bretanha em 1910. A Constituição dos Estados Unidos, de 1787, estabelecia remuneração aos senadores e deputados (Artigo 1, Seção 6).
70. Um excelente relato sobre essa troca de gerações no Partido Liberal Alemão ocorrida nos anos 1880 é Dan White, *A Splintered Party: National Liberalism in Hessen and the Reich, 1867-1918*. Cambridge, MA: Harvard University Press, 1976. Para a França, ver Michel Winock, *Nationalism, Antisemitism, and Fascism in France*. Stanford, CA: Stanford University Press, 1998, e Raoul Girardet, *Mythes et mythologies politiques*. Paris: Seuil, 1990.
71. Odile Rudelle, *La Republique absolue, 1870-1889*. Paris: Publications de la Sorbonne, 1982, p. 164-75, 182-90, 196-223, 228-34, 247-56, 262-78; Christophe Prochasson, "Les années 1880: Au temps du boulangisme", em Michel Winock (org.), *Histoire de l'extrême droite en France*. Paris: Seuil, 1993, p. 51-82; e William D. Irvine, *The Boulanger Affair Reconsidered*. Nova York: Oxford University Press, 1989.

72. Ernst Nolte retrata a Action Française como a "primeira face", em seu *The Three Faces of Fascism*. Nova York: Holt, Rinehart, and Winston, 1966. Os argumentos que sustentam sua tese são o nacionalismo, o antissemitismo, o antiparlamentarismo e o ocasional anticapitalismo do movimento, juntamente com seu culto à juventude e à ação. O que enfraquece sua argumentação é a defesa, feita por Maurras, da restauração da monarquia e da Igreja Católica como explicação para o "declínio" da França.
73. Além da obra de Schorske citada na nota 68, ver John W. Boyer, *Political Radicalism in Late Imperial Vienna: Origins of the Christian Social Movement, 1849-1897*. Chicago: University of Chicago Press, 1981.
74. John W. Boyer, *Culture and Political Crisis in Vienna: Christian Socialism in Power, 1897-1918*. Chicago: University of Chicago Press, 1995.
75. White, *Splintered Party*.
76. Richard S. Levy, *The Downfall of the Anti-Semitic Political Parties in Imperial Germany*. New Haven: Yale University Press, 1975.
77. Zeev Sternhell, *La Droite révolutionnaire, 1885-1914: Les origines françaises du fascisme*. Paris: Seuil, 1978, p. 391-8. Ver, também, Sternhell, *Birth*, p. 86, 96, 123-7.
78. Valois, citado em Sternhell, *La Droite révolutionnaire*, p. 394.
79. Oração fúnebre de Maurice Barrès para o marquês de Morès, in Barrès, *Scenes et doctrines du nationalisme*. Paris: F. Juven, 1902, p. 324-8.
80. Sobre as bizarras aventuras de Morès, ver Robert F. Byrnes, *Antisemitism in Modern France*. New Brunswick, NJ: Rutgers University Press, 1950, p. 225-50, e Sternhell, *La Droite révolutionnaire*, p. 67, 69, 178, 180-4, 197-220.
81. Sternhell, *La Droite*, p. 218.
82. Byrnes, *Antisemitism*, p. 249.
83. Sternhell, *Birth*, p. 131-59. David D. Roberts, "How Not to Think about Fascism and Ideology, Intellectual Antecedents, and Historical Meaning", *Journal of Contemporary History*, v. 35, n. 2, abr. de 2002, confere aos italianos mais autonomia intelectual que Sternhell.
84. Sternhell mostra que Mussolini, baseando-se em autores nacionalistas e sindicalistas, havia chegado a uma posição pró-produtivista já em janeiro de 1914. *Birth*, p. 12, 160, 167, 175, 179, 182, 193, 219, 221.
85. Ver Capítulo 3, nota 46.
86. Hans Rogger, *Jewish Policies and Right-Wing Politics in Imperial Rússia*. Berkeley; Los Angeles: University of California Press, 1986, p. 213, chama a União do Povo Russo, que surgiu como reação à revolução de 1905, de "o primeiro fascismo europeu".

87. George L. Mosse aponta para "valores e ideias particularmente alemães" e "desenvolvimentos especificamente alemães" "formulados em épocas muito anteriores" em seu estudo sobre os precursores culturais do nazismo, *The Crisis of German Ideology*, p. 2, 6, 8, mas ele não confere prioridade a eles.
88. David M. Chalmers, *Hooded Americanism: The First Century of the Ku Klux Klan, 1865-1965*. 3. ed. Durham, NC: Duke University Press, 1987, cap. 1. As semelhanças entre a Klan virulentamente antissemita ressurgida nos anos 1920 e o fascismo são exploradas por Nancy Maclean, *Behind the Mask if Chivalry: The Making of the Second Klan*. Nova York: Oxford University Press, 1994, p. 179-88.
89. Na realidade, muitos veteranos se voltaram para a esquerda, e os veteranos representavam apenas um quarto dos membros da SA. Peter H. Merkl, "Approaches to Political Violence: The Stormtroopers, 1925-1933", em Wolfgang J. Mommsen e Gerhard Hirschfeld (orgs.), *Social Protest, Violence and Terror in Nineteenth and Twentieth Century Europe*. Nova York: St. Martin's Press, para o German Historical Institute of London, 1982, p. 379. Muitos eram mais jovens, como observamos anteriormente.
90. Bruno Wanrooij, "The Rise and Fall of Fascism as a Generational Revolt", *Journal of Contemporary History*, v. 22, n. 3, 1987.
91. Em um artigo seminal, "The Transformation of the Western European Party System", em Joseph La Palombara e Myron Weiner (orgs.), *Political Parties and Political Development*. Princeton: Princeton University Press, 1966, p. 177-210, Otto Kircheimer inventou a útil distinção entre "partidos de representação individual", que existiam apenas para eleger um deputado "notável"; "partidos de integração", que incentivavam a participação ativa de seus membros; e "partidos de base ampla", que recrutavam em todas as classes sociais. Os socialistas criaram os primeiros partidos de integração. Os partidos fascistas foram os primeiros a ser simultaneamente partidos de integração e partidos de base ampla.
92. Melitta Maschmann, *Account Rendered: A Dossier on My Former Self*. Londres: Abelard Schuman, 1965, p. 4, 10, 12, 18, 35-6 e 175, relembra a alegria de escapar de seu sufocante lar burguês e ingressar na comunidade interclasses de Bund deutscher Mädel.
93. A clássica qualificação do fascismo como "extremismo de centro" é de Seymour Martin Lipset, *Political Man* (ver Capítulo 8, p. 367 e nota 28).
94. Richard F. Hamilton, *Who Voted for Hitler?* Princeton: Princeton University Press, 1982, p. 90, 112, 198, 228, 413-8.
95. Thomas Childers, *The Nazi Voter: The Social Foundations of Fascism in Germany, 1919-1933*. Chapel Hill: University of North Carolina Press, 1983,

p. 108-12, 185-8, 253-7; Jürgen Falter, *Hitlers Wähler*. Munique: C. H. Beck, 1991, p. 198-230. A SA era composta em grande parte de desempregados de classe trabalhadora (ver o Ensaio bibliográfico). Em 1921, o Partido Fascista afirmava que 15,4% de seus membros eram trabalhadores. Salvatore Lupo, *Il fascismo: La politica in un regime totalitario*. Roma: Donzelli, 2000, p. 89.

96. W. D. Burnham, "Political Immunization and Political Confessionalism: The United States and Weimar Germany", *Journal of Interdisciplinary History*, v. 3, p. 1-30, verão 1972; Michaela W. Richter, "Resource Mobilization and Legal Revolution: National Socialist Tactics in Franconia", em Thomas Childers (org.), *The Formation of the Nazi Constituency*. Totowa, NJ: Barnes and Noble, 1986, p. 104-30.

97. Trabalhadores, com frequência desempregados, eram a categoria social mais numerosa no *fascio* de Carrara. O *ras* local, Renato Ricci, embora próximo dos proprietários das minas, apoiou uma greve de quarenta dias em fins de 1924, o que não se constituiu num caso isolado nos primeiros tempos do regime fascista. Lupo, *Il fascismo*, p. 89, 201; Adrian Lyttelton, *The Seizure of Power: Fascism in Italy, 1919-1929*. Nova York: Scribner's, 1973, p. 70-1, 168, 170; Sandro Setta, *Renato Ricci: Dallo squadrismo all Repubblica Sociale Italiano*. Bolonha: Il Mulino, 1986, p. 28, 81-100.

98. Childers, *The Nazi Voter*, p. 185; R. I. McKibbin, "The Myth of the Unemployed: Who Did Vote for the Nazis?", *Australian Journal of Politics and History*, ago. 1969.

99. Thomas Linehan, *East London for Mosley: The British Union of Fascists in East London and Southwest Essex, 1933-1940*. Londres: Frank Cass, 1996, p. 210, 237-97. A BUF recebeu sua maior onda de filiações como reação aos contra-ataques comunistas e judeus na Batalha de Cable Street (p. 200) (ver Capítulo 3, p. 139).

100. Miklós Lackó, *Arrow Cross Men, National Socialists*. Budapeste: Studia Historica Academiae Scientiarum Hungaricae n. 61, 1969; György Ránki, "The Fascist Vote in Budapest in 1939", em Larsen et al., *Who Were the Fascists*, p. 401-16.

101. William Brustein, *The Logic of Evil: The Social Origins of the Nazi Party, 1925-1933*. New Haven: Yale University Press, 1996, é o maior defensor da ideia da escolha racional entre os recrutas nazistas, que se filiaram, segundo Brustein, porque acreditavam que o programa dos nazistas era o que oferecia as melhores soluções para os problemas da Alemanha. Os métodos e os dados desta obra foram questionados.

102. Ian Kershaw, *Hitler: Hubris*, p. 46, não encontra nenhuma prova convincente de homossexualidade. Frederick C. Redlich, M. D., *Hitler: Diagnosis of a Des-*

tructive Prophet. Nova York: Oxford, 1998, considera Hitler vítima de fortes repressões, possivelmente baseadas numa deformidade genital e, possivelmente, também como homossexual latente, embora "ele representasse muito bem o papel de heterossexual". Lothar Machtan vasculhou todos os registros procurando por provas da homossexualidade de Hitler e encontrou vestígios sugestivos (porém menos provas do que ele esperava) em *The Hidden Hitler*. Trad. do alemão por John Brownjohn. Oxford: Perseus Books, 2001.

103. Ver Michael Kater, *The Nazi Party: A Social Profile of Members and Leaders, 1919-1945*. Cambridge, MA: Harvard University Press, 1983, p. 194-8. Talvez Kater superestime a solidez social dos líderes nazistas na Alemanha do período da Grande Depressão.
104. O suposto assassino de Matteotti.
105. Giovanni Gentile, filósofo idealista de prestígio, obcecado com o imperativo da unidade nacional por meio de um Estado forte, foi o primeiro-ministro da Educação de Mussolini e aplicou reformas que eram ao mesmo tempo elitistas e estatistas. Ele foi executado pelos *partisans* em 1944. Sua mais recente biografia é Gabriele Turi, *Giovanni Gentile: Une biografia*. Florença: Giunti, 1995.
106. Toscanini, candidato na chapa fascista de Milão em 1919, não demorou a romper com o partido. Em 1931, após ser atacado por um jornal fascista, que o acusou de ser "um esteta puro que paira acima da política em nome de um [...] estetismo decadente", ele aceitou um cargo em Nova York. Harvey Sachs, *Music in Fascist Italy*. Londres: Weidenfeld and Nicolson, 1987, p. 216.
107. Ver Capítulo 3, p. 112-5.
108. Discurso de 29 de outubro de 1933, em Hugh Thomas (org.), *José Antonio Primo de Rivera: Selected Writings*. Londres: Jonathan Cape, 1972, p. 56-7.
109. Ver Capítulo 3, nota 82. Alice Kaplan assinala, em *The Collaborator*. Chicago: University of Chicago Press, 2000, p. 13, que o fascismo de Brasillach "baseava-se nos pontos de referência e no vocabulário de um crítico literário – imagens, poesia, mitos – com pouca ou nenhuma referência à política, à economia ou à ética".
110. Ver Capítulo 3, notas 46 e 47.
111. Gentile, *Storia del Partito Fascista*, p. 57.

3

O ENRAIZAMENTO

OS FASCISMOS QUE DERAM CERTO

No período entre as duas guerras mundiais, quase todas as nações do mundo e, com toda a certeza, todas as que tinham política de massas, produziram alguma corrente intelectual ou algum movimento ativista próximo ao fascismo. Movimentos praticamente onipresentes, embora efêmeros em sua maioria, como os camisas cinzentas da Islândia,[1] ou o New Guard de New South Wales, na Austrália,[2] não despertariam nosso urgente interesse, caso alguns exemplares de sua espécie não tivessem crescido a ponto de se tornarem grandes e perigosos. Uns poucos movimentos alcançaram um êxito muito superior à média, com seus oradores de esquina e seus valentões truculentos. Ao se tornarem os porta-vozes de queixas e interesses de monta, e também capazes de recompensar ambições políticas, lançaram raízes no interior dos sistemas políticos. Poucos dentre eles chegaram a desempenhar papéis de importância na vida pública. Esses fascismos bem-sucedidos abriram espaço em meio a outros partidos e grupos de interesses adversários e conseguiram convencer pessoas influentes de que mais que qualquer outro partido convencional, seriam capazes de representar seus interesses e sentimentos e de realizar suas ambições. Os arrivistas confusos dos primeiros tempos se converteram em forças políticas sérias, capazes de competir em pé de igualdade com os partidos e movimentos estabelecidos há mais tempo. Seu sucesso influenciou sistemas políticos inteiros, dando-lhes um tom mais intenso e agressivo e legitimando expressões abertas de nacionalismo extremo, de ataques à esquerda e de racismo. Esse conjunto de processos – que possibilitaram que os partidos fascistas tenham lançado raízes – é o assunto do presente capítulo.

Ao alcançarem êxito em sua participação na política eleitoral e na política de grupos de pressão, os jovens movimentos fascistas se viram obrigados a dar um foco mais preciso a suas palavras e a seus atos. Tornou-se mais difícil para eles manter a independência inicial, que lhes permitia mobilizar um largo espectro de queixas heterogêneas e dar voz aos ressentimentos isolados de todos os que se sentiam prejudicados e não representados (com exceção dos socialistas). Tiveram que fazer opções e abrir mão dos reinos amorfos do protesto indiscriminado para se situar num espaço político definido,[3] onde poderiam alcançar resultados práticos e positivos. Para estabelecer relações de trabalho efetivas com parceiros de peso, tornaram-se úteis de maneiras mensuráveis. Foi-lhes necessário oferecer a seus seguidores vantagens concretas e engajar-se em ações específicas, nas quais os beneficiários e as vítimas eram óbvios.

Essas medidas mais precisas obrigaram os partidos fascistas a tornar mais explícitas suas prioridades. Nessa fase, passa a ser possível submeter a retórica fascista ao teste da prática fascista. Podemos descriminar o que era realmente importante. A retórica radical nunca desapareceu, é claro: em junho de 1940, Mussolini ainda conclamava a "Itália fascista e proletária" e os "Camisas Negras da revolução" à luta contra as "democracias plutocráticas e reacionárias do Ocidente."[4] No entanto, assim que os partidos começaram a lançar raízes na prática política concreta, a natureza seletiva de sua retórica antiburguesa se tornou mais explícita.

A prática demonstrou que o anticapitalismo fascista era altamente seletivo.[5] Mesmo em sua forma mais radical, o socialismo desejado pelos fascistas era um "nacional-socialismo", que negava o direito à propriedade apenas aos estrangeiros e aos inimigos (inclusive os internos).

Valorizavam os produtores nacionais.[6] Sobretudo, foi oferecendo um remédio eficaz contra a revolução socialista que o fascismo encontrou seu lugar na prática. Se Mussolini, em 1919, conservava algum resquício de esperança de fundar um socialismo alternativo em vez de um antissocialismo, ele logo abandonou essa ideia ao perceber o que funcionava e o que não funcionava na política italiana. Os insignificantes resultados eleitorais obtidos por ele em novembro de 1919, em Milão, com seu programa de nacionalismo esquerdista, serviram para que aprendesse bem essa lição.[7]

As opções pragmáticas feitas por Mussolini e Hitler foram motivadas por sua sede de êxito e poder. Nem todos os líderes fascistas tinham tantas ambições. Alguns preferiam manter "puros" os seus movimentos, mesmo ao preço de permanecerem à margem da vida política. José Antonio Primo de Rivera, fundador da Falange Espanhola, via como sua missão reconciliar trabalhadores e patrões, por meio da substituição do materialismo – o erro fatal tanto do capitalismo quanto do socialismo – pelo idealismo a serviço da nação e da Igreja, embora sua morte precoce, em novembro de 1936, ante um pelotão de fuzilamento republicano, o tenha salvado das duras escolhas que teria que ter feito após a vitória de Franco.[8] Charles Maurras, cuja Action Française (Ação Francesa) foi uma pioneira do nacionalismo populista antiesquerdista, permitiu por uma única vez, em 1919, que seus seguidores concorressem a cargos eletivos, quando seu principal lugar-tenente, o jornalista Léon Daudet, e uns poucos simpatizantes provincianos foram eleitos para a Câmara dos Deputados da França. A Croix de Feu, do coronel François de La Rocque, desprezava o processo eleitoral, embora seu sucessor de tendência mais moderada, o Parti Social Français, tenha passado, em 1938, a lançar candidatos nas eleições para suplente.[9] Ferenc Szálasi, o ex-oficial do exército que liderava o Partido da Cruz Flechada húngaro, recusou-se a voltar a concorrer em eleições após duas derrotas, preferindo um filosofar nebuloso às manobras para chegar ao poder.

Hitler e Mussolini, ao contrário, não apenas se sentiam destinados a governar como não compartilhavam desses escrúpulos puristas quanto a concorrer nas eleições burguesas. Ambos se lançaram – com uma impressionante habilidade tática, e seguindo rotas bastante diferentes, que descobriram por tentativa e erro – a se transformar em participantes indispensáveis na competição pelo poder político em seus respectivos países.

Como era inevitável, tornar-se um ator político bem-sucedido implicava perder seguidores, tanto quanto conquistá-los. Até mesmo o simples passo de formar um partido podia parecer uma traição aos puristas de primeira hora. Quando Mussolini, em fins de 1921, decidiu transformar seu movimento num partido, alguns de seus seguidores iniciais, de índole mais idealista, viram essa decisão como uma queda na arena suja do parlamentarismo burguês.[10] Converter-se num partido implicava colocar o discurso acima da ação, os acordos acima dos princípios, e os interesses concorrentes acima da nação. Os primeiros fascistas idealistas se viam como que oferecendo uma nova forma de vida pública – um "antipartido"[11] – capaz de congregar a nação inteira, opondo-se tanto ao liberalismo parlamentar, com seu incentivo às facções, quanto ao socialismo, com sua luta de classes. José Antonio descreveu sua Falange Espanhola como "um movimento, não um partido – na verdade, poder-se-ia até mesmo chamá-lo de um 'antipartido' [...] nem de esquerda, nem de direita".[12] É verdade que o NSDAP, de Hitler, denominou-se um partido desde o início, mas seus membros, que sabiam não tratar-se de um partido como os demais, chamavam-no de "o movimento" (*die Bewegung*). A maioria dos fascistas chamava suas organizações de movimento,[13] campo,[14] bando,[15] *rassemblement*,[16] ou *fasci*: irmandades que não atiçavam grupos de interesses uns contra os outros, afirmando unir e revigorar a nação.

Os conflitos quanto a que nome os movimentos deveriam dar a si próprios eram relativamente triviais. Concessões e transformações muito mais graves estavam envolvidas no processo de se transformar num ator de peso na arena política. Esse processo implicava se unir aos próprios especuladores capitalistas e políticos burgueses, sendo que a rejeição voltada a estes fazia parte do apelo do movimento inicial. O fato de que os fascistas conseguiram preservar parte de sua retórica antiburguesa e algum resquício de aura "revolucionária" ao mesmo tempo que formavam alianças políticas pragmáticas constitui um dos mistérios de seu sucesso.

Para alcançar êxito na arena política era necessário mais do que esclarecer prioridades e tecer alianças. Era preciso também oferecer um novo estilo político que atraísse eleitores que haviam chegado à conclusão de que a política havia se tornado suja e fútil. Posar de "antipolítico" muitas vezes funcionava com pessoas cuja grande motivação política era o desprezo pela política. Em situações em que os partidos existentes estavam restritos a demarcações de classe ou de filiação doutrinária, como no caso dos marxistas, dos pequenos proprietários e dos partidos cristãos, os fascistas podiam exercer atração prometendo unir o povo, e não dividi-lo. Onde os partidos existentes eram dirigidos por parlamentares que pensavam principalmente em suas próprias carreiras, os fascistas podiam atrair idealistas se colocando como um "partido de engajamento", no qual quem dava o tom eram os militantes dedicados, e não políticos carreiristas. Em situações em que um único clã político vinha, havia anos, monopolizando o poder, o partido podia se colocar como o único caminho não socialista para a renovação e a instauração de uma nova liderança. Foi usando de todos esses métodos que os fascistas, na década de 1920, foram os pioneiros na criação dos primeiros partidos europeus de "frente ampla" e de "engajamento",[17] facilmente distinguíveis de seus desgastados e estreitos rivais tanto pela amplitude de sua base social quanto pelo intenso ativismo de seus militantes.

Aqui, a comparação se torna mais delicada: apenas algumas sociedades passaram por um colapso dos sistemas existentes severo a ponto de levar seus cidadãos a buscar soluções em pessoas oriundas de fora desses sistemas. Em muitas oportunidades, o fascismo não conseguiu se estabelecer; em outros, isso sequer foi tentado de fato. A instauração bem-sucedida, na Europa do entreguerras, ocorreu apenas em alguns poucos casos. Neste capítulo, proponho-me a discutir três desses casos: dois bem-sucedidos e um fracassado. Estaremos então em melhores condições de perceber claramente as condições que ajudaram os movimentos fascistas a se inserirem no sistema político.

(1) O VALE DO PÓ, ITÁLIA, 1920-1922

Após o desastre quase terminal das eleições de novembro de 1919, Mussolini foi salvo do esquecimento por uma nova tática inventada por alguns de seus seguidores das zonas rurais da Itália setentrional: o *squadrismo*. Foi ali que alguns de seus discípulos mais agressivos formaram esquadrões armados, as *squadre d'azione*, aplicando as táticas que haviam aprendido em seus tempos de soldado: atacar os que, a seu ver, eram os inimigos internos da nação italiana. Marinetti e alguns outros amigos de Mussolini deram o exemplo, com seu ataque ao *Avanti*, em abril de 1919.[18]

As *squadre* iniciaram sua carreira no caldeirão nacionalista de Trieste, um porto poliglota do Adriático, tomado da Áustria-Hungria pela Itália nos termos do acordo posterior à guerra. Para estabelecer a supremacia italiana nessa cidade cosmopolita, um esquadrão fascista, em julho de 1920, incendiou o Hotel Balkan, onde a Associação Eslovena tinha sua sede, e intimidou eslovenos nas ruas.

Os Camisas Negras de Mussolini não foram os únicos a usar de ação direta em prol de objetivos nacionalistas na Itália do pós-guerra. O rival mais sério de Mussolini era o escritor e aventureiro Gabriele D'Annunzio. Em 1919-1920, D'Annunzio era, de fato, mais célebre que o líder da minúscula seita fascista. Já era famoso na Itália não apenas por seus poemas e peças teatrais bombásticas e por sua vida extravagante, mas também por comandar ataques sobre território austríaco durante a Primeira Grande Guerra (situação na qual perdeu um olho).

Em setembro de 1919, D'Annunzio liderou um bando de nacionalistas e de veteranos de guerra num assalto ao porto adriático de Fiume, que os autores do Tratado de Paz de Versalhes haviam dado ao novo Estado da Iugoslávia. Proclamando Fiume a "República de Carnaro", D'Annunzio inventou a teatralidade pública que Mussolini, mais tarde, faria sua: discursos bombásticos proferidos de uma sacada pelo *comandante*, uniformes e paradas em abundância, a saudação romana de braço estendido e o grito de guerra sem sentido, "*eia, eia, àlalà*".

Como a ocupação de Fiume acabou por se transformar numa situação internacional embaraçosa para a Itália, D'Annunzio desafiou o governo de Roma, e os mais conservadores dentre seus partidários nacionalistas o abandonaram. O apoio ao regime de Fiume passou a vir, cada vez mais, da esquerda nacionalista. Alceste de Ambris, por exemplo, um sindicalista intervencionista e amigo de Mussolini, redigiu sua nova constituição, a Carta de Carnaro. O Fiume de D'Annunzio se transformou numa espécie de república populista marcial cujo chefe extraía apoio diretamente da vontade popular, manifestada em comícios de massa, e onde os sindicatos tinham assento lado a lado com a administração em "corporações" oficiais supostamente responsáveis pelo gerenciamento conjunto da economia. Uma "Liga de Fiume" de caráter internacional tentou reunir os movimentos de libertação nacional de todo o mundo, postando-se como rival da Liga das Nações.[19]

Mussolini expressou apenas um brando protesto quando o velho mestre das soluções políticas, Giovanni Giolitti, mais uma vez eleito primeiro-ministro da Itália aos 80 anos, negociou um acordo com a Iugoslávia, em novembro de 1920, que transformou Fiume em cidade internacional, enviando então, no Natal, a marinha italiana para dispersar os voluntários de D'Annunzio. Isso não significava que Mussolini não tivesse interesse em Fiume. Uma vez no poder, ele forçou a Iugoslávia a reconhecer a cidade como italiana, em 1924.[20] Mas as ambições de Mussolini foram beneficiadas pela humilhação de D'Annunzio. Adotando muitos dos maneirismos do *comandante*, conseguiu atrair de volta a seu movimento muitos dos veteranos da aventura de Fiume, inclusive Alceste de Ambris.

Mussolini obteve êxito onde D'Annunzio fracassou, e isso deveu-se a mais do que mera sorte ou estilo. Era suficientemente sedento de poder para entrar em acordos com políticos centristas importantes. D'Annunzio, em Fiume, apostou num tudo ou nada, e estava mais interessado na pureza de seus gestos que na substância do poder. Além disso, em 1920, ele já tinha 57 anos. Uma vez tendo assumido o poder, foi fácil para Mussolini comprar D'Annunzio com o título de príncipe de Monte Nevoso e um castelo no lago de Garda, livrando-se assim dele.²¹ O fracasso de D'Annunzio é uma advertência aos que gostariam de interpretar o fascismo principalmente em termos de suas expressões culturais. Teatro não era o bastante.

Acima de tudo, Mussolini superou D'Annunzio porque serviu não apenas aos interesses nacionalistas, mas também aos interesses econômicos e sociais. Seus Camisas Negras estavam prontos para entrar em ação também contra os socialistas, e não apenas contra os eslavos do sul de Fiume e de Trieste. Desde 1915 os veteranos de guerra odiavam os socialistas por sua postura "antinacional" durante a Primeira Guerra. Os grandes proprietários de terras do vale do Pó, da Toscana, de Apúlia e de outras regiões de latifúndios odiavam e temiam os socialistas por seu êxito em organizar os *braccianti*, ou camponeses sem-terra, nas suas reivindicações por melhores salários e condições de trabalho, ao final da guerra. No *squadrismo*, esses dois ódios confluíram.

Após sua vitória nas primeiras eleições do pós-guerra, em novembro de 1919, os socialistas italianos usaram seu recém-adquirido poder nos governos locais para estabelecer controle de fato sobre o mercado dos salários agrícolas. No vale do Pó, em 1920, todos os fazendeiros que precisavam de trabalhadores para o plantio ou a colheita tinham que visitar a agência de empregos socialista. As agências tiraram o máximo proveito de sua nova posição de influência, obrigando os fazendeiros a contratar trabalhadores pelo ano inteiro, e não apenas por períodos sazonais, e com melhores salários e condições de trabalho. Os fazendeiros passavam por dificuldades financeiras. Haviam feito investimentos consideráveis antes da guerra, para transformar os pântanos do vale do Pó em terras cultiváveis, e suas safras comerciais rendiam pouco dinheiro nas condições difíceis da economia italiana do pós-guerra. Os sindicatos socialistas, além disso, prejudicaram o status pessoal dos fazendeiros como senhores de seus domínios.

Amedrontados e humilhados, os proprietários de terras do vale do Pó procuravam desesperadamente por apoio,²² que eles não encontraram no governo italiano. As autoridades locais ou eram socialistas elas próprias ou estavam pouco inclinadas a se indispor com os socialistas. O primeiro-ministro Giolitti, um verdadeiro praticante do liberalismo *laissez-faire*, recusou-se a usar as forças armadas do país para pôr fim às greves. Os grandes fazendeiros se sentiram abandonados pelo Estado liberal italiano.

Faltando-lhes a ajuda das autoridades públicas, os grandes proprietários de terra do vale do Pó voltaram-se para os Camisas Negras em busca de proteção. Felizes por terem agora uma desculpa para atacar seus antigos inimigos pacifistas, as *squadre* fascistas invadiram a prefeitura de Bolonha em 21 de novembro de 1920, onde as autoridades socialistas haviam içado uma bandeira vermelha. Seis pessoas foram mortas. Dali, o movimento rapidamente se espalhou por toda a rica região agrícola do baixo delta do rio Pó. *Squadristi* vestidos de camisas negras lançavam ataques noturnos às agências de empregos e às repartições socialistas locais, que eram saqueadas e incendiadas, e espancavam e intimidavam os organizadores socialistas. Sua forma favorita de humilhação era administrar doses incontroláveis de óleo de rícino e raspar metade de um altivo bigode latino. Nos seis primeiros meses de 1920, os esquadrões destruíram 17 jornais e gráficas, 59 Casas do Povo (as sedes socialistas), 119 Câmaras de Trabalho (as agências de emprego socialistas), 107 cooperativas, 83 Ligas de Camponeses, 151 clubes socialistas e 151 organizações culturais.[23] Entre 1º de janeiro e 7 de abril de 1921, 102 pessoas foram mortas: 25 fascistas, 41 socialistas, 20 policiais e 16 outras.[24]

O êxito dos Camisas Negras no vale do Pó não se baseou apenas na força. Os fascistas, além disso, davam a alguns camponeses o que estes mais queriam: trabalho e terra. Virando a mesa socialista, estabeleceram seu próprio monopólio sobre o mercado de trabalho agrícola. Concedendo pequenos pedaços de terra, doados por proprietários visionários, a alguns camponeses, eles persuadiram grandes números de sem-terra a abandonar os sindicatos socialistas. Terra era o desejo mais caro de todos os camponeses do vale do Pó, que possuíam muito pouca (como os pequenos proprietários, os meeiros ou os arrendatários) ou nenhuma terra (como os diaristas). Os socialistas não tardaram a perder o controle sobre essas categorias de trabalhadores rurais, não apenas por terem se mostrado incapazes de defender suas conquistas do pós-guerra, mas também porque seu objetivo de longo prazo, as fazendas coletivas, não era atraente para os pobres rurais famintos por terra.

Ao mesmo tempo, os *squadristi* tiveram êxito em demonstrar a incapacidade do Estado de proteger os proprietários de terras e de manter a ordem. Chegaram a suplantar o Estado na organização da vida pública e a infringir seu monopólio do uso da força. Ao se tornarem mais ousados, os Camisas Negras ocuparam cidades inteiras. Uma vez instalados em Ferrara, forçaram a cidade a instituir um programa de obras públicas. Em inícios de 1922, os esquadrões fascistas e seus truculentos líderes, como Italo Balbo em Ferrara, e Roberto Farinacci em Cremona – chamados de *ras*, como os pequenos chefes etíopes – constituíam o poder de fato no nordeste da Itália, com o qual o Estado tinha que se haver, cuja boa-vontade ele não podia dispensar e sem o qual era-lhe impossível funcionar normalmente.

Os proprietários de terras não foram os únicos a ajudar os Camisas Negras do vale do Pó a esmagar o socialismo. A polícia local e os comandantes do exército emprestavam a eles armas e caminhões, e alguns dos integrantes mais jovens de seus quadros se juntavam às expedições. Alguns chefes de polícia locais, ressentidos com as pretensões dos novos prefeitos socialistas e de suas câmaras municipais, fechavam os olhos a essas incursões noturnas, chegando até a fornecer veículos.

Embora os fascistas do vale do Pó ainda defendessem algumas políticas que faziam lembrar o radicalismo inicial do movimento – obras públicas para dar trabalho aos desempregados, por exemplo –, os *squadristi*, de forma geral, eram vistos como o braço armado dos grandes proprietários de terras. Alguns idealistas dos primeiros tempos do movimento ficaram horrorizados com essa transformação. Eles lançaram um apelo a Mussolini e à liderança de Milão para que se pusesse fim a esse desvio em direção à cumplicidade com os poderosos interesses locais. Barbato Gatelli, um dos desiludidos, queixou-se amargamente de que o fascismo havia perdido seus ideais originais, transformando-se "no guarda-costas dos exploradores". Ele e amigos seus tentaram organizar um movimento fascista rival e fundaram um jornal (*L'Idea Fascista*), na tentativa de recuperar o antigo espírito, mas Mussolini tomou o partido dos *squadristi*.[25] Os puristas acabaram por deixar o partido ou dele serem expulsos. Foram substituídos por filhos dos proprietários de terras, por policiais jovens, oficiais do exército da ativa e da reserva e por outros partidários do *squadrismo*. D'Annunzio, por quem alguns dos idealistas desapontados queriam substituir Mussolini, vociferou que o fascismo passara a significar "escravidão agrária".[26] Essa não foi a primeira nem a última vez que os movimentos fascistas perderam parte de sua clientela original e recrutaram uma nova,[27] no processo de se posicionar para lançar raízes num espaço político lucrativo.

Como vimos no capítulo anterior, os primeiros fascistas haviam sido recrutados entre os veteranos radicais, os nacional-sindicalistas e os intelectuais futuristas – jovens descontentes de convicções anti-burguesas, que desejavam mudança social acompanhada de grandeza nacional. Em muitos casos, era apenas o nacionalismo que os separava dos socialistas e da ala radical do novo partido católico, o Partito Popolare Italiano (Popolari ou PPI).[28] Na verdade, muitos deles eram provenientes da esquerda, como o próprio Mussolini. O *squadrismo* alterou a composição social do movimento em direção à direita. Filhos de proprietários de terras e até mesmo alguns criminosos ingressaram em suas fileiras. Mas o fascismo ainda preservava sua qualidade jovial: o novo fascismo continuava representando a revolta de uma geração contra os mais velhos.

Mussolini optou por adaptar seu movimento às oportunidades que surgiam, em vez de se aferrar ao malfadado fascismo nacionalista de esquerda de 1919, em Milão. Podemos acompanhar sua evolução nessa guinada à direita nas posições fascistas por meio dos discursos e dos programas do período de 1920-1922.[29] A primeira ideia a desaparecer foi a rejeição à guerra e ao imperialismo, característica do fascismo original – o "pacifismo das trincheiras", tão generalizado entre os veteranos quando suas lembranças do combate ainda estavam frescas. O programa de San Sepolcro aceitava a Liga das Nações e seu "postulado supremo [...] da integridade de todas as nações" (embora afirmando o direito italiano a Fiume e à costa da Dalmácia). A Liga desapareceu do programa em junho de 1919, embora os fascistas ainda defendessem a substituição do exército profissional por uma milícia defensiva e a nacionalização das fábricas de armamentos e munições. O programa do Partido Fascista transformado, de novembro de 1921, atacava a Liga das Nações, acusando-a de parcialidade, afirmava o papel da Itália como um "bastião da civilização latina no Mediterrâneo" e da *italianità* no mundo, pedia o desenvolvimento das colônias da Itália e defendia um grande exército permanente.

As propostas radicais dos primeiros tempos, relativas a nacionalizações e tributação pesada, foram diluídas em 1920, restringindo-se agora ao direito dos trabalhadores de defender metas estritamente econômicas, embora não metas "demagógicas". Por volta de 1920, a representação dos trabalhadores na administração das fábricas ficou limitada a assuntos de pessoal. Em 1921, os fascistas rejeitaram a "tributação progressiva e confiscatória", considerando-a "demagogia fiscal que desencoraja a iniciativa", e colocaram a produtividade como a meta maior da economia. Ateu convicto, em 1919, Mussolini havia pedido o confisco de todos os bens pertencentes a comunidades religiosas e o sequestro de todas as receitas das sés episcopais. Em seu primeiro discurso na Câmara dos Deputados, em 21 de junho de 1921, contudo, afirmou que o catolicismo representava a "tradição latina e imperial de Roma" e pediu que as divergências com o Vaticano fossem sanadas. Quanto à monarquia, declarou em 1919 que "o atual regime fracassou na Itália". Em 1920, ele amenizou seu republicanismo inicial, reduzindo-o a um agnosticismo que favorecia qualquer regime constitucional que melhor servisse aos interesses morais e materiais da nação. Num discurso de 20 de setembro de 1922, negou publicamente qualquer intenção de questionar a monarquia ou a Casa de Saboia então reinante. "Eles nos perguntam qual o nosso programa", disse Mussolini. "Nosso programa é simples. Queremos governar a Itália."[30]

Muito depois de seu regime ter ingressado na normalidade rotineira, Mussolini ainda gostava de se referir à "revolução fascista". Mas ele queria dizer a revolução contra o socialismo e o liberalismo flácido, uma nova maneira de unir e motivar os italianos e um novo tipo de autoridade governamental capaz de subordinar as liberdades privadas às necessidades da comunidade nacional e de organizar o assentimento das massas ao mesmo tempo que deixava intacta a propriedade. O ponto principal é que o movimento fascista foi remodelado no processo de crescer no espaço então disponível. O antissocialismo já presente no movimento inicial se tornou um elemento central, e muitos idealistas antiburgueses foram deixados de fora ou expulsos. O radical idealismo anticapitalista do jovem fascismo foi diluído, e não devemos deixar que sua presença conspícua nos textos mais precoces nos confundam quanto ao que ele veio a ser mais tarde, quando já em ação.

Por volta de 1921, o poder de fato do fascismo no nordeste rural da Itália – principalmente na Emilia-Romana e na Toscana – havia se tornado tão substancial que o movimento não mais podia ser ignorado pelos políticos do país. Quando o primeiro-ministro Giolitti preparava novas eleições parlamentares para maio de 1921, lançando mão de todo e qualquer recurso que pudesse reduzir a grande votação alcançada em novembro de 1919 pelos socialistas e pelo Popolari, ele incluiu os fascistas de Mussolini em sua coalizão eleitoral, lado a lado com os liberais e os nacionalistas. Graças a esse acerto, 35 candidatos do Partito Nazionale Fascista (PNF) foram eleitos para a câmara italiana na chapa de Giolitti, inclusive o próprio Mussolini. Esse número não era muito alto, e muitos contemporâneos pensavam que o movimento de Mussolini era incoerente e contraditório demais para durar.[31] No entanto, esses resultados mostraram que Mussolini havia se tornado um elemento de importância vital na coalizão antissocialista italiana no nível nacional. Esse foi o primeiro passo em direção ao poder nacional, que então passou a ser o único princípio norteador de Mussolini.

A transformação do fascismo italiano desencadeada por seu êxito no vale do Pó, em 1920-1922, demonstra por que é tão difícil encontrar uma "essência" fixa nos primeiros programas fascistas, ou nos jovens rebeldes antiburgueses dos primórdios do movimento, e por que temos que acompanhar a trajetória do movimento à medida que ele encontrava espaço político e se adaptava. Sem a transformação do vale do Pó (que teve paralelos em outras regiões onde o fascismo conquistou o apoio dos proprietários de terras locais, como a Toscana e a Apúlia),[32] Mussolini teria permanecido como um obscuro e fracassado agitador de Milão.

(2) SCHLESWIG-HOLSTEIN, ALEMANHA, 1928-1933

Schleswig-Holstein foi o único estado (*Land*) alemão a dar aos nazistas maioria incontestável numa eleição livre: eles obtiveram 51% dos votos na eleição parlamentar de 31 de julho de 1932. Portanto, nos oferece um óbvio segundo exemplo de um movimento fascista se convertendo num ator político de primeira importância.

O movimento fascista alemão não conseguira se estabelecer durante a primeira crise do pós-guerra, no período de 1918 a 1923, quando a sangrenta repressão exercida pelas unidades Freikorps sobre a República Soviética de Munique e outras insurreições socialistas lhes ofereceram uma brecha. A oportunidade seguinte veio com a Depressão. Tendo-se saído muito mal nas eleições de 1924 e 1928, usando de uma estratégia urbana, o Partido Nazista se voltou para os fazendeiros.[33] Essa foi uma boa escolha. Em nenhum lugar a agricultura havia prosperado durante a década de 1920, porque os mercados mundiais estavam inundados de novos produtos vindos dos Estados Unidos, da Argentina, do Canadá e da Austrália. Os preços agrícolas despencaram ainda mais em fins da década de 1920, mesmo antes do *crash* de 1929, que foi apenas o golpe final nos agricultores de todo o mundo.

Na arenosa região pecuarista do interior de Schleswig-Holstein, próxima à fronteira dinamarquesa, os fazendeiros, tradicionalmente, apoiavam o Deutschnationale Volkspartei (Partido Popular Nacional Alemão), o DNVP.[34] Ao final da década de 1920, perderam a fé na capacidade dos partidos tradicionais e do governo nacional de vir em seu socorro. A República de Weimar era triplamente amaldiçoada a seus olhos: era dominada pela distante Prússia, pela pecaminosa e decadente Berlim e pelos "vermelhos", que pensavam apenas em comida barata para os trabalhadores urbanos. Como o colapso dos preços agrícolas posterior a 1928 obrigou-os a contrair dívidas e a executar hipotecas, os criadores de gado de Schleswig-Holstein, em desespero, abandonaram o DNVP e recorreram ao Landbund, uma violenta liga camponesa de ajuda mútua. Suas greves localizadas contra os impostos e seus protestos contra os bancos e os intermediários não deram resultado, por falta de apoio organizado em escala nacional. Desse modo, em julho de 1932, os 64% dos votos rurais da região de Schleswig-Holstein foram para os nazistas. É provável que os pecuaristas, mais uma vez, tivessem se voltado para uma nova panaceia (seu compromisso com o nazismo já começara a se esvanecer nas eleições de novembro de 1932) se a nomeação de Hitler para o cargo de chanceler, em janeiro de 1933, não houvesse congelado a situação.

O primeiro processo que podemos observar aqui é a humilhação dos líderes políticos e das organizações existentes, no bojo da crise da Grande Depressão mundial de 1929. Um espaço foi aberto por sua impotência ante o colapso dos preços, dos mercados superabastecidos e o sequestro de fazendas pelos bancos, que eram então vendidas para o pagamento de dívidas.

Os criadores de gado de Schleswig-Holstein representavam apenas um componente – o mais bem-sucedido deles – da vasta torrente de reivindicações particulares e, às vezes, incompatíveis que Hitler e os nazistas conseguiram reunir em uma onda eleitoral de grandes proporções, entre 1929 e julho de 1932. O crescimento da votação nazista, de nono partido alemão em 1928, para primeiro, em 1932, mostra até que ponto Hitler e seus estrategistas lucraram com o descrédito dos partidos tradicionais, inventando novas técnicas eleitorais e dirigindo apelos a grupos específicos.[35]

Hitler sabia como trabalhar um eleitorado de massas. Jogava habilmente com os ressentimentos e os medos dos alemães comuns em incessantes reuniões públicas, apimentadas por esquadrões armados e uniformizados, pela intimidação física de seus inimigos, pelo entusiasmo das massas excitadas, pelos discursos inflamados e pelas entradas espetaculares, de avião ou em velozes Mercedes de capota abaixada. Os partidos tradicionais aferravam-se obstinadamente aos longos discursos eruditos, apropriados apenas a um pequeno eleitorado composto de pessoas cultas. A esquerda alemã também adotou saudações e camisas,[36] mas não era capaz de ampliar seu recrutamento muito além da classe trabalhadora. Enquanto os demais partidos identificavam-se firmemente com um único interesse, uma única classe ou um único enfoque político, os nazistas conseguiram prometer alguma coisa a todos. Eles foram o primeiro partido alemão a se dirigir a diferentes categorias profissionais com discursos talhados sob medida para cada uma delas, não se importando se esses discursos fossem contraditórios entre si.[37]

Tudo isso custava dinheiro e, muitas vezes, já foi dito que os empresários alemães pagaram a conta. A versão marxista ortodoxa dessa opinião afirma que Hitler foi virtualmente criado pelo empresariado, como uma espécie de exército anticomunista privado. De fato, é possível encontrar empresários alemães (geralmente pequenos empresários) que se sentiram atraídos pelo nacionalismo expansionista e pelo antissocialismo de Hitler, e que foram enganados por seus discursos cuidadosamente talhados para agradar às audiências empresariais, minimizando o antissemitismo e suprimindo qualquer menção às cláusulas radicais dos 25 Pontos. O empresário siderúrgico Fritz Thyssen – cujo livro, redigido por um escritor profissional, *Eu paguei a Hitler* (1941) forneceu munição à tese marxista – foi uma exceção, tanto em termos de seu apoio precoce ao nazismo quanto de seu rompimento com Hitler e seu exílio, em 1939.[38] Outro empresário famoso, o velho magnata do carvão Emil Kirdorf, filiou-se ao Partido Nazista em 1927, mas o abandonou raivosamente em 1928, em razão dos ataques nazistas ao sindicato dos carvoeiros, passando então a apoiar o DNVP conservador, em 1933.[39]

Um exame cuidadoso dos arquivos das empresas mostra que a maioria dos empresários diversificava suas apostas, contribuindo com todas as formações eleitorais antissocialistas que demonstrassem alguma capacidade de manter os marxistas fora do poder. Embora algumas firmas alemãs tenham feito contribuições financeiras aos nazistas, suas contribuições aos conservadores tradicionais eram sempre maiores. Seu favorito era Franz von Papen. Quanto Hitler se tornou importante demais para ser ignorado, eles se alarmaram com o tom anticapitalista de alguns de seus associados mais radicais, como Gottfried Feder, obcecado por taxas de juros; o "bolchevique de salão" Otto Strasser (como ele foi chamado por Hitler, num momento de irritação); ou uma organização de lojistas antissemitas de tendências violentas, a Kampfbund für den gewerblichen Mittelstand (Liga de Combate dos Comerciantes de Classe Média). Até mesmo o chefe do aparato administrativo do Partido Nazista, Gregor Strasser, embora mais moderado que seu irmão Otto, chegou a propor medidas radicais de geração de empregos.[40] O radicalismo nazista de fato recrudesceu em fins de 1932, quando o partido promoveu a aprovação de leis que visavam a abolir todos os cartéis e cooperou com os comunistas numa greve de funcionários do sistema de transportes em Berlim. Algumas empresas importantes, como a IG Farben, não fizeram praticamente nenhuma contribuição aos nazistas anteriormente a 1933.[41] Uma parcela importante dos fundos nazistas, por outro lado, provinha da venda de ingressos para comícios e de panfletos e *souvenirs* nazistas, como também de pequenas contribuições.[42]

Dessa forma, Hitler, em julho de 1932, construiu o nazismo como o primeiro partido de base ampla de toda a história alemã, e o maior que já existira naquele país. A SA inspirava medo e admiração, por sua disposição a espancar socialistas, comunistas, pacifistas e estrangeiros. Ação direta e eleitoralismo eram táticas complementares, e não contraditórias. A violência – violência seletiva contra os inimigos "antinacionais", vistos por muitos alemães como não pertencentes ao grupo – ajudou a conquistar os votos que permitiram a Hitler fingir que estava trabalhando pelo poder por meios legais.

Uma das razões pelas quais os nazistas conseguiram suplantar os partidos liberais de classe média foi a opinião de que os liberais haviam fracassado na administração das duas crises gêmeas enfrentadas pela Alemanha em fins da década de 1920. Uma das crises foi o sentimento de humilhação nacional causado pelo Tratado de Versalhes, que deixou muitos alemães profundamente abalados. A questão polêmica da execução do tratado agudizou-se novamente em janeiro de 1929, quando uma comissão internacional chefiada pelo banqueiro estadunidense Owen D. Young lançou uma nova tentativa de resolver o problema do pagamento de indenizações pela Primeira Grande Guerra por parte da Alemanha. Quando o governo alemão assinou o Plano Young, em junho, os nacionalistas alemães o atacaram asperamente por continuar reconhecendo o dever alemão de efetuar pagamentos, embora o montante houvesse sido reduzido. A segunda crise foi a Depressão que teve início em 1929. O colapso econômico da Alemanha foi o mais catastrófico dentre os de todos os grandes países, privando de emprego um quarto da população. Todos os partidos antagônicos ao sistema uniram-se nas críticas à República de Weimar, por ela não ter conseguido lidar com nenhuma das duas crises.

Interromperei temporariamente a história em julho de 1932, quando o Partido Nazista era o maior de toda a Alemanha, detendo 37% dos votos. Os nazistas não haviam conseguido maioria nas urnas – eles nunca viriam a consegui-la –, mas haviam se tornado indispensáveis à coalizão não socialista que pretendia governar com maioria popular, e não por meio de poderes discricionários de emergência, como vinha acontecendo desde a queda do último governo regular, em março de 1930 (no próximo capítulo, examinaremos mais de perto essa questão).

O fascismo, no entanto, ainda não subira ao poder na Alemanha. Em novembro de 1932, a votação nazista caiu nas novas eleições parlamentares. O Partido Nazista estava perdendo seu recurso mais precioso: o ímpeto. O dinheiro estava chegando ao fim. Hitler, apostando tudo em seu cargo de chanceler, recusou ofertas menores de vir a se tornar vice-chanceler num governo de coalizão. A liderança e as fileiras do partido se tornaram inquietas, à medida que as chances de obter empregos e cargos começavam a escassear. Gregor Strasser, chefe administrativo do partido e líder da ala anticapitalista do movimento, foi expulso em razão de ter entrado em negociações pessoais com o novo chanceler, o general Kurt von Schleicher. O movimento poderia ter acabado como uma nota de pé de página na História, se não houvesse sido salvo, nos primeiros dias de 1933, por políticos conservadores que pretendiam roubar seus seguidores e usar a força política dos nazistas para seus próprios fins. O caminho específico pelo qual os fascistas chegaram ao poder, tanto na Itália quanto na Alemanha, será o assunto do próximo capítulo. Mas não antes de termos examinado um terceiro caso, o fracasso do fascismo na França.

UM FASCISMO MALOGRADO: FRANÇA, 1924-1940

Após a Primeira Grande Guerra, nem mesmo as nações vitoriosas estavam imunes ao vírus do fascismo. Fora da Itália e da Alemanha, contudo, embora os fascistas fizessem barulho e criassem problemas, não chegaram perto do poder. Isso não significa que devamos ignorar esses outros casos. Os movimentos fracassados têm muito a nos dizer sobre o que era necessário para lançar raízes e ter êxito.

A França oferece um exemplo ideal. Embora, para muitos, ela se caracterize pela queda da Bastilha, pelos direitos do homem e pela *marselhesa*, muitos foram os monarquistas e nacionalistas autoritários franceses que jamais aceitaram a república parlamentarista como a solução certa para *la grande nation*. Quando a república, durante o entreguerras, lidou mal com a tripla crise do perigo revolucionário, da depressão econômica e da ameaça alemã, esse descontentamento enrijeceu-se em franca hostilidade.

A extrema direita ampliou-se, na França do entreguerras, em reação ao sucesso eleitoral alcançado pela esquerda. Quando uma coalizão de centro-esquerda, o Cartel des Gauches, saiu vitoriosa na eleição parlamentar de 1924, Georges Valois, que já encontramos no Capítulo 2 como o fundador do Cercle Proudhon para os trabalhadores nacionalistas, em 1911,[43] fundou o Faisceau, cujo nome e comportamento foram copiados diretamente de Mussolini. Pierre Taittinger, um magnata do champanhe, formou o Jeunesses Patriotes, de índole mais tradicionalmente nacionalista. E a nova Federação Nacional Católica assumiu uma postura apaixonadamente antirrepublicana sob a liderança do general Noël Currières de Castelnau.

Na década de 1930, sob as garras da Depressão e à medida que a Alemanha nazista desmontava as salvaguardas do acordo de paz de 1918, e a maioria de centro-esquerda da Terceira República (renovada em 1932) se viu comprometida por episódios de corrupção política, uma nova safra de "ligas" de extrema direita (que rejeitavam o nome de *partido*) passou a florescer. Numa manifestação de rua maciça, realizada em 6 de fevereiro de 1934, à frente da Câmara dos Deputados, onde 16 pessoas foram mortas, eles provaram ser fortes o suficiente para derrubar um governo francês, mas não para instalar outro em seu lugar.

No período de intensa polarização que se seguiu, foi a esquerda que conseguiu as maiores votações. A coalizão da Frente Popular francesa, reunindo socialistas, radicais e comunistas, venceu as eleições de maio de 1936, e o primeiro-ministro Léon Blum baniu as ligas paramilitares em junho, algo que o chanceler alemão Heinrich Brüning não conseguira fazer na Alemanha de quatro anos antes.

A vitória da Frente Popular foi apertada; entretanto, a presença de um judeu apoiado por comunistas no cargo de primeiro-ministro levou a extrema direita a um paroxismo de indignação. Sua verdadeira força, na França da década de 1930, vem sendo objeto de um debate particularmente intenso.[44] Alguns estudiosos afirmaram que a França não possuía um fascismo endógeno, mas, no máximo, uma leve "caiação" que respingava dos exemplos estrangeiros sobre a tradição bonapartista nativa.[45] No extremo oposto estão os que consideram a França "o verdadeiro berço do fascismo".[46] Vendo essa extrema direita inegavelmente ruidosa e robusta, e a facilidade com que a democracia foi subjugada após a derrota francesa, em junho de 1940, Zeev Sternhell concluiu que o fascismo, a essa época, havia "impregnado" a linguagem e as atitudes da vida pública francesa. Ele sustentava sua tese rotulando de fascistas uma ampla gama de críticas levantadas contra a maneira com que a democracia era conduzida na França na década de 1930, críticas apresentadas por um largo espectro de comentaristas franceses, alguns dos quais expressaram certa simpatia por Mussolini, mas praticamente nenhuma por Hitler.[47] A maioria dos estudiosos franceses, e também alguns estrangeiros, é da opinião de que a categoria "fascista" de Sternhell era demasiadamente frouxa, e que suas conclusões foram exageradas.[48]

Não basta, é claro, computar o número de intelectuais franceses proeminentes que falavam uma língua que soava fascista, juntamente com as coloridas legiões de movimentos que pontificavam e realizavam manifestações na França de 1930. Duas questões podem ser levantadas: seriam esses movimentos tão significativos quanto eram ruidosos, e seriam eles fascistas? É importante notar que quanto mais um movimento francês imitasse o modelo hitlerista ou (com maior frequência) mussolinista, como fez a minúscula Solidarité Française, com seus camisas azuis, ou o Parti Populaire Français de Jacques Doriot,[49] de localização bem precisa, menos sucesso ele alcançava, ao passo que o único movimento de extrema direita que se aproximou do status de partido de massas de base ampla entre 1936 e 1940, o Parti Social Français (PSF), do coronel François de La Rocque, tentava assumir uma aparência moderada e "republicana".

Qualquer avaliação do fascismo na França tem que girar em torno de La Rocque. Se seus movimentos eram fascistas, então o fascismo era poderoso na França da década de 1930; se eles não o eram, o fascismo restringia-se então a um fenômeno marginal. La Rocque, um oficial do exército de carreira proveniente de uma família monarquista, assumiu, em 1931, a Croix de Feu, uma minúscula associação de veteranos condecorados com a Cruz de Guerra por heroísmo em combate, transformando-a num movimento político. Atraiu uma filiação mais ampla e denunciou a fraqueza e a corrupção do Parlamento, advertiu contra o perigo do bolchevismo e defendeu um Estado autoritário e mais justiça para os trabalhadores integrados numa economia corporativista. Sua força paramilitar, chamada de Dispos (da palavra francesa *disponible*, disponível, "pronto"), realizou carreatas militaristas em 1933 e 1934. Ela se mobilizava com precisão para buscar, em locais remotos, ordens secretas para *"le jour J"* (o dia D) e *"l'heure H"* (a hora H), treinando, ao que parece, para usar de força contra uma insurreição comunista.[50]

A esquerda, inquieta com as notícias de supostas marchas fascistas sobre Roma, Berlim, Viena e Madri, rotulou de fascista a Croix de Feu. Essa impressão foi reforçada quando essa organização participou de uma marcha sobre a Câmara dos Deputados, em 6 de fevereiro de 1934. O coronel La Rocque, contudo, manteve suas forças numa rua lateral, separada das demais, e em todas as suas declarações públicas dava a impressão de disciplina e ordem estritas mais que de uma descontrolada violência de rua. De forma incomum para a direita francesa, rejeitava o antissemitismo, chegando mesmo a recrutar alguns patriotas judeus eminentes (apesar de suas seções da Alsácia e da Argélia serem antissemitas). Embora encontrando o que elogiar em Mussolini (exceto aquilo que ele via como um estatismo excessivo), manteve o antigermanismo da maioria dos nacionalistas franceses.

Quando, em 1936, o governo da Frente Popular francesa dissolveu a Croix de Feu e outros grupos paramilitares de extrema direita, o coronel La Rocque criou em seu lugar um partido eleitoral, o Parti Social Français. O PSF abandonou os comícios paramilitares e deu ênfase à reconciliação nacional e à justiça social sob um líder forte, mas escolhido nas urnas. Essa guinada para o centro foi entusiasticamente ratificada por um rápido crescimento nos quadros do partido. Às vésperas da guerra, o PSF era, provavelmente, o maior partido da França. Contudo, na ausência de resultados eleitorais e de confirmação dos números relativos à circulação de seus jornais, é muito difícil medir as dimensões de quaisquer dos movimentos franceses de extrema direita. As eleições parlamentares marcadas para 1940, nas quais era esperado que o partido de La Rocque obtivesse bons resultados, foram canceladas pela guerra.

Em 1938 e 1939, à medida que a França recuperava um pouco de calma e estabilidade sob um enérgico primeiro-ministro de centro-

-esquerda, Édouard Daladier, todos os movimentos de extrema direita perderam terreno, com exceção do mais moderado deles, o PSF de La Rocque. Após a derrota de 1940, foi a direita tradicional, não a direita fascista, que estabeleceu e liderou o governo colaboracionista de Vichy.[51] O que restava do fascismo francês acabou caindo no mais total descrédito ao se deleitar com a Paris ocupada de 1940 a 1944, a soldo dos nazistas. Por toda uma geração, a partir da liberação de 1945, a extrema direita francesa ficou reduzida às dimensões de uma seita.

O fracasso do fascismo na França não se deve a algum tipo de alergia misteriosa,[52] embora a importância da tradição republicana para o sentimento de si da maioria do povo francês não possa ser superestimada. Apesar da devastação causada pela Grande Depressão, ela foi menos severa na França que na Inglaterra e na Alemanha, países de maior concentração industrial. A Terceira República, apesar de todas as turbulências, nunca chegou a um impasse ou a um estado de total paralisia. Na década de 1930, os conservadores tradicionais jamais chegaram a se sentir ameaçados a ponto de terem que pedir auxílio aos fascistas. E, por fim, nenhuma personalidade proeminente chegou a dominar o pequeno exército de *chefs* fascistas rivais, a maioria dos quais preferia uma intransigente "pureza" doutrinária às negociações com os conservadores praticadas por Mussolini e Hitler.

Podemos colocar mais carne sobre os duros ossos da análise se examinarmos mais de perto um desses movimentos. Os camisas verdes, na década de 1930, formavam um movimento de fazendeiros do noroeste da França abertamente fascista, ao menos em seus primeiros tempos, com êxito em conquistar para ação direta alguns fazendeiros amargurados, mas que fracassou em construir um movimento permanente e em se disseminar para além do noroeste católico, e assim tornar-se um competidor de escala verdadeiramente nacional.[53] É importante investigar o fascismo rural na França, uma vez que foi entre os fazendeiros que os fascismos italiano e alemão começaram a se estabelecer. Além disso, num país em que mais da metade da população era rural, o potencial para o fascismo francês residia naquilo que ele seria capaz de fazer no campo. Assim sendo, é curioso que todos os estudos anteriores sobre o fascismo francês tenham examinado apenas os movimentos urbanos.

Em inícios da década de 1930, abriu-se espaço para o fascismo na França rural porque tanto o governo quanto as organizações de agricultores tradicionais, como ocorrera em Schleswig-Holstein, estavam desacreditados por sua total impotência perante o colapso dos preços agrícolas.

O líder dos camisas verdes, Henry Dorgères (pseudônimo de um jornalista agrícola que descobriu o próprio talento para incitar ódio entre os fazendeiros nos dias de feira), elogiou abertamente a Itália fascista em 1933 e 1934 (embora tendo mais tarde criticado seu excesso de estatismo) e adotou um certo número de maneirismos fascistas: as camisas coloridas, a oratória inflamada, o nacionalismo, a xenofobia e o antissemitismo. No auge da forma, em 1935, era capaz de reunir as maiores multidões já vistas nas sofridas cidades francesas de mercados rurais.

Também na França, nos verões de 1936 e 1937, abriram-se oportunidades de ação direta que guardavam uma semelhança superficial com as ocorridas no vale do Pó. Greves maciças da mão de obra rural que trabalhava nas grandes fazendas das planícies setentrionais da França, ocorridas nos momentos vitais do processo produtivo – a moagem da beterraba para a fabricação do açúcar, a colheita da beterraba e do trigo – criaram pânico entre os proprietários. Os camisas verdes organizaram voluntários para trabalhar nas colheitas, fazendo lembrar o socorro prestado pelos Camisas Negras aos fazendeiros do vale do Pó. Também eles possuíam um fino senso teatral: ao final do dia se reuniam num monumento aos mortos da Primeira Guerra, onde colocavam um feixe de trigo.

A ação direta dos voluntários de Dorgères não levou a parte alguma, e esses minúsculos grupos que guardavam uma certa semelhança familiar com os *squadristi* de Mussolini nunca chegaram a exercer poder local de fato na França. Uma das principais razões para tal é que o Estado francês tratava de forma muito mais agressiva que o italiano qualquer ameaça a suas safras. Até mesmo a Frente Popular francesa de Léon Blum enviava imediatamente suas forças policiais sempre que ocorria uma greve de trabalhadores rurais na época da colheita. A esquerda francesa sempre deu alta prioridade ao abastecimento das cidades, desde 1793, quando o Comitê de Segurança Pública de Robespierre enviava "exércitos revolucionários" para requisitar grãos.[54] Os fazendeiros franceses tinham menos medo de serem abandonados pelo Estado que os proprietários do vale do Pó, e sentiram menos necessidade de uma força substituta de manutenção da ordem.

Além do mais, no decorrer da década de 1930, as poderosas e conservadoras organizações de ruralistas franceses souberam se defender melhor do que os fazendeiros de Schleswig-Holstein. Elas organizaram bem-sucedidas cooperativas e forneceram serviços essenciais, ao passo que os camisas verdes nada ofereciam além de uma válvula de escape para o ressentimento. Ao final, os camisas verdes foram marginalizados. A virada crucial veio em 1937, quando Jacques Le Roy Ladurie, presidente da poderosa Fédération Nationale des Exploitants Agricoles (FNEA), que anteriormente havia ajudado Dorgères a mobilizar multidões rurais, concluiu que seria mais eficaz construir um poderoso *lobby* de fazendeiros, capaz de influenciar a partir de dentro a administração estatal. O poder das visceralmente conservadoras organizações rurais – tais como a FNEA e o forte movimento cooperativista sediado em Landerneau, na Bretanha – era tamanho, que pouco espaço restou para os camisas verdes.

Isso sugere que não é fácil para intrusos fascistas forçarem entrada num sistema político que esteja funcionando toleravelmente bem. Só quando o Estado e as instituições existentes fracassam gravemente é que são abertas oportunidades a recém-chegados. Uma outra falha de Dorgères e de seus camisas verdes foi sua incapacidade de criar as bases de um partido de frente ampla. Embora Dorgères fosse um gênio em atiçar o ódio dos fazendeiros, ele quase nunca se referia às dificuldades da classe média urbana. Sendo essencialmente um agitador ruralista, tendia a ver os comerciantes das cidades como parte do inimigo mais que como parceiros de aliança potenciais num fascismo plenamente desenvolvido.

Outra razão para o fracasso de Dorgères foi que grandes áreas da França rural estavam fechadas aos camisas verdes em razão de um antigo apego às tradições da Revolução Francesa, que dera aos camponeses a propriedade plena de seus pequenos lotes de terra. Embora os camponeses do sul e do sudeste republicanos da França fossem capazes de indignação violenta, seu radicalismo era desviado do fascismo pelo Parti Communiste Français (PCF), que alcançava bastante sucesso entre os pequenos fazendeiros franceses das regiões de tendência tradicionalmente esquerdista.[55] Desse modo, a França rural, apesar de ter sofrido intensamente com a Grande Depressão da década de 1930, não era um ambiente onde um forte fascismo francês pudesse vir a germinar.

OUTROS FASCISMOS FRACASSADOS

Fora a Itália e a Alemanha, apenas um número bastante limitado de nações ofereciam as condições que permitiram ao fascismo conquistar amplo apoio eleitoral, lado a lado com seus ávidos e conservadores parceiros de coalizão. Logo após a Alemanha, quanto ao êxito eleitoral, vinha o Partido da Cruz Flechada – movimento hungarista, de Ferenc Szálasi, que obteve cerca de 750 mil votos num eleitorado de 2 milhões nas eleições húngaras de maio de 1939.[56] O governo, entretanto, já estava nas mãos firmes da ditadura militar conservadora do almirante Horthy, que não tinha intenção de compartilhar o poder nem necessidade de fazê-lo. O outro sucesso eleitoral do Leste Europeu foi a Legiunea Arhanghelul Mihail ou, em português, Legião do Arcanjo Miguel, da Romênia, que, concorrendo sob o lema "todos pela pátria", foi o partido com o terceiro melhor resultado nas eleições gerais de 1937, com 15,3% dos votos e 66 cadeiras legislativas, num total de 390.[57]

O fascista campeão das urnas na Europa Ocidental, pelo menos por um breve período, foi o movimento rexista de Léon Degrelle, na Bélgica. Degrelle começou organizando estudantes católicos e administrando uma editora católica (*Christus Rex*), desenvolvendo a partir daí ambições mais amplas. Em 1935, lançou-se numa campanha visando persuadir os eleitores belgas de que os partidos tradicionais (inclusive o Partido Católico) estavam mergulhados em corrupção e rotina, num momento que exigia ação enérgica e liderança vigorosa. Nas eleições parlamentares de maio de 1936, os rexistas concorreram com um símbolo simples, mas eloquente: uma vassoura. Votar nos Rex significava varrer os velhos partidos. Eles também conclamavam pela unidade. Os velhos partidos dividiam a Bélgica, pois atraíam eleitores com base em identificações étnicas, doutrinárias ou de classe. O Rex prometia – como faziam todos os demais movimentos fascistas eficazes – congregar cidadãos de todas as classes num *rassemblement* unificador, e não num "partido" divisivo.

Esses apelos surtiram efeito num país afligido por divisões étnicas e linguísticas, agravadas pela depressão econômica. Os rexistas conquistaram 11,5% do voto popular em maio de 1936 e 21 cadeiras num total de 202 na legislatura. Contudo, Degrelle não conseguiu manter sua votação de base ampla. O establishment conservador se uniu contra ele, e os líderes da Igreja o repudiaram. Quando Degrelle concorreu numa eleição para suplente, em Bruxelas, em abril de 1937, a totalidade da classe política, dos comunistas aos católicos, se uniu em torno de um jovem oponente de grande popularidade, o futuro primeiro-ministro Paul van Zeeland, e Degrelle perdeu sua cadeira no Parlamento.[58]

A rápida ascensão de Degrelle e seu igualmente rápido declínio mostram como é difícil para um líder fascista manter intacta a bolha, após conseguir reunir um voto de protesto heterogêneo. A rápida canalização de votos para um novo partido de base ampla pode ser um fluxo de mão dupla. O inchamento febril de um partido pode ser seguido por um colapso igualmente rápido, caso ele não tenha se estabelecido como capaz de representar alguns interesses importantes e de recompensar políticos de carreira ambiciosos. Uma única grande votação não bastava para enraizar um partido fascista.

Outros movimentos fascistas da Europa Ocidental alcançaram menos sucesso eleitoral. O Dutch Nationaal Socialistische Beweging (Movimento Nacional-Socialista dos Países Baixos), o NSB, conseguiu 7,94% dos votos nas eleições nacionais de 1935, mas decaiu rapidamente a partir de então.[59] O Nasjonal Samling (Partido da União Nacional), o NS, de Vidkun Quisling, recebeu apenas 2,2% dos votos na Noruega em 1933, e 1,8% em 1936, embora, no porto de Stavanger e em duas localidades rurais, sua votação tenha chegado a 12%.[60]

A British Union of Fascists, de sir Oswald Mosley, foi um dos fracassos mais interessantes, e não apenas por Mosley provavelmente ter os maiores dotes intelectuais e os melhores vínculos sociais dentre todos os chefes fascistas. Como um jovem e promissor ministro no gabinete do governo trabalhista de 1929, ele, em inícios da década de 1930, apresentou um ousado plano de combate à depressão, que transformava o império numa zona econômica fechada e previa gastos (incorrendo em déficit, se necessário) com obras públicas para a geração de empregos e crédito ao consumidor. Quando os líderes do Partido Trabalhista rejeitaram essas propostas tão heterodoxas, Mosley pediu demissão e fundou seu próprio New Party em 1931, levando consigo alguns membros do Parlamento de esquerda. No entanto, o New Party não conseguiu votos nas eleições de 1931 para o Parlamento. Uma visita a Mussolini convenceu o frustrado Mosley de que o fascismo era a onda do futuro, e o caminho a ser seguido por ele próprio.

A British Union of Fascists de Mosley conquistou, em seu início (outubro de 1932), alguns partidários importantes, como lorde Rothermere, editor do *Daily Mail*, um jornal popular de Londres. O movimento de Mosley despertou repulsa, contudo, quando, em junho de 1934, seus guardas vestidos de camisas negras colocaram em evidência e espancaram adversários num grande encontro público realizado no pavilhão de exposições de Olympia, em Londres. A Noite das Facas Longas, de Hitler, ocorrida ao final daquele mesmo mês, provocou a saída de 90% dos 50 mil integrantes do BUF,[61] inclusive a de lorde Rothermere. Ao final de 1934, Mosley assumiu uma postura ativamente antissemita e mandou seus camisas negras se pavonearem pelas ruas do East End de Londres, onde compravam briga com judeus e comunistas, conquistando assim uma nova clientela entre os trabalhadores não qualificados e os lojistas em dificuldades daqueles bairros londrinos. A Lei da Ordem Pública – aprovada logo após a Batalha de Cable Street com os antifascistas, ocorrida em 4 de outubro de 1936 – proibiu uniformes políticos e privou o BUF de seus espetáculos públicos, mas o movimento voltou a crescer para cerca de 20 mil filiados por ocasião da campanha contra a guerra, em 1939. Os camisas negras de Mosley, a violência e a aberta simpatia por Mussolini e Hitler (ele se casou com Diana Mitford na presença de Hitler, em Munique, em 1936) alienaram Mosley da opinião pública britânica, e a gradual recuperação econômica após 1931, sob um governo nacional de aceitação ampla, uma coalizão dominada pelos conservadores, deixou a ele pouco espaço político.

Alguns dos imitadores europeus do fascismo no decorrer da década de 1930 eram pouco mais que movimentos-sombra, como os camisas azuis do coronel O'Duffy, na Irlanda, embora o poeta W. B. Yeats tenha concordado em escrever para eles seu hino e tenham enviado trezentos voluntários para auxiliar Franco na Espanha. Muitas dessas tênues imitações demonstraram que não bastava vestir uma camisa colorida, marchar pelas cidades e espancar alguma minoria local para atingir o sucesso de um Hitler ou de um Mussolini. Era necessário haver também uma crise de dimensões comparáveis, a abertura de um espaço político semelhante, a mesma habilidade na construção de alianças e um grau comparável de cooperação por parte das elites existentes. Essas imitações nunca foram além do estágio inicial e, portanto, nunca passaram pelas transformações dos movimentos bem-sucedidos. Permaneceram "puras" – e insignificantes.

COMPARAÇÕES E CONCLUSÕES

Os movimentos fascistas se difundiram tão amplamente em inícios do século XX que não podemos aprender muito sobre sua natureza a partir do simples fato de terem sido fundados. Eles cresceram em ritmos diferentes e tiveram diferentes graus de sucesso. Uma comparação de seus êxitos e fracassos sugere que as maiores diferenças não residiam nos movimentos em si, mas também, e em medida significativa, nas oportunidades a eles oferecidas. Para entender os estágios posteriores do fascismo, temos que olhar além dos próprios partidos, examinando os ambientes que ofereciam (ou não) espaço e os tipos de auxílio que estavam (ou não) disponíveis.

A história intelectual, de importância vital para a formação inicial dos movimentos fascistas, nos ajuda bem menos nesse estágio. O fascismo permaneceu marginal em algumas nações que, à primeira vista, pareciam ter um forte preparo intelectual e cultural para ele. Na França, por exemplo, a riqueza, o fervor e a celebridade da revolta intelectual contra os valores liberais clássicos, em inícios do século XX, pareciam, com base unicamente na história intelectual, fazer do país um dos melhores candidatos ao sucesso do estabelecimento de movimentos fascistas.[62] Já vimos por que razão isso não aconteceu.[63] Na verdade, todos os países europeus produziram pensadores e escritores nos quais podemos hoje discernir uma forte corrente de sensibilidade fascista. É difícil argumentar, portanto, que um país fosse mais "predisposto" que outro a, por meio de seus intelectuais, conferir um papel de importância a esses partidos.

O antissemitismo merece menção especial. Não está claro que a preparação cultural seja o fator que deva preponderar na previsão de qual país tenderia a levar ao extremo a adoção de medidas contra os judeus. Se, por volta de 1900, nos fosse pedido que identificássemos a nação europeia onde a ameaça do antissemitismo parecia mais aguda, quem teria escolhido a Alemanha? Foi na França que, após 1898, durante o furor do caso Dreyfus, lojas de judeus foram saqueadas, e foi na Argélia francesa que judeus foram assassinados.[64] Graves incidentes antissemitas ocorreram na Grã-Bretanha na virada do século,[65] e também nos Estados Unidos, como o notório linchamento de Leo Frank em Atlanta,[66] para não falar dos países que tradicionalmente eram centros de violência antissemita endêmica e fanática, como a Polônia e a Rússia, onde a própria palavra *pogrom* foi inventada.

Na Alemanha, ao contrário, o antissemitismo organizado, vigoroso na década de 1880, perdeu força como tática política nas décadas anteriores à Primeira Guerra.[67] Após a guerra, o avanço dos judeus em carreiras como o ensino universitário se tornou mais fácil na Alemanha de Weimar que nos Estados Unidos de Harding e Coolidge. Mesmo a Alemanha wilhelmina talvez tenha sido mais aberta ao avanço profissional dos judeus que os Estados Unidos de Theodore Roosevelt, com exceções importantes, tais como o oficialato. O que as comparações revelam com relação à Alemanha wilhelmina não é que nela os antissemitas e os que se rebelavam contra a modernidade fossem mais numerosos e mais poderosos que em outros Estados europeus, mas sim que, numa crise política, o exército e a burocracia alemães eram menos sujeitos a supervisão jurídica ou política.[68]

No entanto, há conexões entre a preparação intelectual e o sucesso posterior do fascismo, e temos que ser muito precisos quanto a que conexões são essas. O papel dos intelectuais teve importância fundamental em três pontos já sugeridos no Capítulo 1: no descrédito dos governos liberais anteriores; na criação de novos polos externos à esquerda de mobilização da raiva e dos protestos (até então monopólio da esquerda); e em tornar respeitável a violência fascista. Temos também que estudar a preparação intelectual e cultural dos setores das antigas elites que estavam dispostos a colaborar com o fascismo (ou, pelo menos, a cooptá-lo). À entrada do século xx, os Estados europeus se pareciam muito entre si em termos do crescimento exuberante das críticas antiliberais. Diferiam, contudo, nas precondições políticas, sociais e econômicas que parecem distinguir os Estados onde o fascismo, excepcionalmente, foi capaz de se estabelecer.

Uma das precondições mais importantes era a fragilidade da ordem liberal.[69] Os fascismos começavam nos "quartinhos dos fundos" e cresciam até chegar à arena pública com maior facilidade em países onde os governos funcionavam mal ou simplesmente não funcionavam. Um dos lugares-comuns das discussões sobre esse movimento é que ele lucrava com a crise do liberalismo. Espero aqui transformar essa formulação vaga em algo mais concreto.

Às vésperas da Primeira Guerra, os grandes Estados da Europa ou eram governados por regimes liberais ou pareciam estar a caminho deles. Os regimes liberais garantiam a liberdade tanto para os indivíduos quanto para os partidos políticos rivais, e permitiam que os cidadãos tivessem influência na composição dos governos, de forma mais ou menos direta, por meio das eleições. Os governos liberais também concediam uma grande medida de liberdade a cidadãos e empresas. Esperava-se que a intervenção governamental se limitasse às poucas funções que os indivíduos não podiam desempenhar por si próprios, tais como a manutenção da ordem e a condução da guerra e da diplomacia. Queria-se que os assuntos econômicos e sociais fossem entregues ao livre jogo das escolhas individuais no âmbito do mercado, embora os regimes liberais não hesitassem em proteger a propriedade da ameaça dos protestos trabalhistas e da competição estrangeira. Essa espécie de Estado liberal deixou de existir durante a Primeira Guerra, pois uma guerra total só podia ser conduzida pela coordenação e regulamentação maciças por parte do governo.

Após o término da guerra, os liberais esperavam que os governos retomassem as políticas liberais. O esforço do combate, entretanto, havia criado novos conflitos, novas tensões e novas falhas de funcionamento que exigiam a continuação da intervenção do Estado. Ao final da guerra, alguns dos Estados beligerantes haviam sofrido um total colapso. Na Rússia (um Estado que, em 1914, era apenas parcialmente liberal), o poder foi tomado pelos bolcheviques. Na Itália e, mais tarde, na Alemanha, foi tomado pelos fascistas. No entreguerras, governos parlamentares foram substituídos por regimes autoritários na Espanha, em Portugal, na Polônia, na Romênia, na Iugoslávia, na Estônia, na Lituânia e na Grécia, para mencionar apenas os casos europeus. O que havia dado errado na receita de governo liberal?

Não devemos ver essa situação como uma simples questão de ideias. O que estava em pauta era uma técnica de governo: o poder nas mãos dos notáveis, de modo que os bem-nascidos e bem-educados podiam contar com o prestígio social e a deferência para garantir sua constante reeleição. Com a "nacionalização das massas", contudo, o governo dos notáveis passou a ser submetido a graves pressões.[70] Após 1918, os políticos, inclusive os antiesquerdistas, foram obrigados a aprender como lidar com o eleitorado de massas, sob pena de virem a fracassar. Nos países onde o voto popular era novo e desorganizado, como na Itália (onde o voto masculino universal só foi instaurado em 1912), e no Estado prussiano interno à Alemanha (onde o antigo sistema eleitoral de três classes, nas eleições locais, só foi abolido em 1918), muitos políticos à moda antiga, fossem eles conservadores ou liberais, não faziam a menor ideia de como atrair uma multidão. Mesmo na França, onde os conservadores, ainda no século XIX, haviam aprendido a domar pelo menos o segmento rural do eleitorado de massas explorando o prestígio social e as tradições de deferência, eles, após 1918, tiveram dificuldade em compreender que o antigo prestígio deixara de funcionar. Quando o conservador nacionalista Henri de Kérillis tentou lidar com os novos desafios da política de massas criando um "Centro de Propaganda para os Republicanos Nacionais", em 1927, conservadores de mente estreita zombaram dele, dizendo que seus métodos eram mais apropriados para vender uma nova marca de chocolate que para fazer política.[71]

Os fascistas rapidamente tiraram partido da falta de habilidade dos centristas e conservadores para manter o controle sobre o eleitorado de massas. Enquanto os dinossauros notáveis desprezavam a política de massas, os fascistas mostravam como fazer uso dela em prol do nacionalismo e do antiesquerdismo. Ganharam acesso às massas por meio de excitantes espetáculos políticos e de técnicas de publicidade espertas, criaram maneiras de disciplinar essas multidões pela organização paramilitar e pela liderança carismática, e prometeram a substituição das eleições incertas por plebiscitos do tipo "sim" ou "não".[72] Enquanto os cidadãos de uma democracia parlamentar votavam para escolher uns poucos concidadãos seus para representá-los, os fascistas expressavam sua cidadania de forma direta, participando de cerimônias de assentimento de massa. A manipulação da opinião pública por meio da propaganda substituiu o debate sobre questões complexas por um pequeno grupo de legisladores que (segundo os ideais liberais) eram supostamente mais bem informados que o grosso dos cidadãos. É possível que o fascismo de fato oferecesse aos oponentes da esquerda novas e eficazes técnicas para controlar, gerenciar e canalizar a "nacionalização das massas", num momento em que a esquerda ameaçava reunir a maioria da população em torno de dois polos não nacionais: a classe e o pacifismo internacionalista.

Podemos perceber a crise do liberalismo pós-1918 também de uma segunda maneira, como uma "crise de transição", um trecho atribulado na jornada em direção à industrialização e à modernidade. Parece claro que as nações que demoraram a se industrializar sofreram maiores tensões que a Grã-Bretanha, o país pioneiro da industrialização. Para começar, o ritmo era mais rápido para os retardatários; além disso, a força de trabalho, a essas alturas, já estava muito mais fortemente organizada. Não é necessário ser marxista para perceber a crise do Estado liberal em termos de uma transição difícil para a industrialização, a não ser que se injete inevitabilidade no modelo explicativo. Os marxistas, até data bastante recente, viam essa crise como um estágio ineluctável no desenvolvimento do capitalismo, quando o sistema econômico já não consegue funcionar sem o reforço da disciplina da classe trabalhadora e a conquista, pela força, de recursos e mercados externos. Podemos afirmar, de maneira menos radical, que os recém-chegados simplesmente deparavam com maiores níveis de tumulto social, que exigiam novas formas de controle.

Uma terceira maneira de ver a crise do Estado liberal é encarar de uma perspectiva social esse mesmo problema da industrialização tardia. Alguns Estados liberais, segundo esta versão, não eram capazes de lidar nem com a "nacionalização das massas" nem com a "transição para a sociedade industrial", porque sua estrutura social era demasiado heterogênea, dividida entre grupos pré-industriais que não haviam ainda desaparecido – artesãos, grandes proprietários de terras, arrendatários – e, por outro lado, as novas classes industriais, formadas por empresários e trabalhadores. Segundo essa leitura da crise do Estado liberal, nos países onde as classes médias pré-industriais eram particularmente poderosas, elas conseguiam bloquear a resolução pacífica das questões industriais e fornecer capital humano para o fascismo, a fim de salvar os privilégios e o prestígio da velha ordem social.[73]

Uma outra "cena" da crise da ordem liberal enfoca a dolorosa transição para a modernidade em termos culturais. Segundo essa leitura, a alfabetização universal, os meios de comunicação de massas baratos e a invasão de culturas de natureza diversa (tanto internas quanto externas ao país), no início do século XX, fizeram com que se tornasse mais difícil para a *intelligentsia* liberal perpetuar a ordem intelectual e cultural tradicional.[74] Os fascistas ofereceram aos defensores dos cânones culturais novas capacidades propagandísticas, aliadas a uma total e inédita falta de escrúpulos em fazer uso delas.

Talvez não seja absolutamente necessário escolher apenas um dentre esses vários diagnósticos das dificuldades enfrentadas pelos regimes liberais da Europa após o fim da Primeira Grande Guerra. A Itália e a Alemanha de fato parecem se encaixar em todos os quatro. Elas estavam entre os últimos grandes Estados europeus a aprender a conviver com um eleitorado de massas: a Itália em 1912, e a Alemanha, de forma plena, apenas em 1919. A Rússia, outra recém-chegada à política de massas, debandou para a esquerda, como cabia a uma sociedade ainda menos desenvolvida, onde nem mesmo a classe média havia adquirido plenos direitos políticos. Em termos industriais, a Itália, como "a menor de todas as grandes potências",[75] tinha se lançado, a partir da década de 1890, a uma sôfrega tentativa de se emparelhar rapidamente aos demais países. A Alemanha, com toda certeza, já era uma nação altamente industrializada em 1914, embora tivesse sido a última das grandes potências a se industrializar, o que só aconteceu após a década de 1860 e, depois da derrota de 1918, a que mais necessitava de reparos e reconstrução. Em termos de estrutura social, tanto a Itália quanto a Alemanha continham grandes setores pré-industriais (embora o mesmo acontecesse na França e na Inglaterra).[76] As pessoas culturalmente conservadoras de ambos os países se sentiam intensamente ameaçadas pelos experimentos artísticos e pela cultura popular; a Alemanha de Weimar foi, de fato, o epicentro do experimentalismo cultural do pós-guerra.⁷⁷

Nesse ponto, temos que acrescentar uma advertência contra a inevitabilidade. Identificar as crises dos regimes liberais como de importância crucial para o êxito do fascismo sugere o funcionamento de algum tipo de determinismo ambiental. Se o ambiente for propício, segundo essa maneira de pensar, acaba-se chegando ao fascismo. Prefiro deixar espaço em nossa explicação para as diferenças nacionais e para as escolhas humanas.

Mais a curto prazo, os Estados europeus, a partir de 1914, haviam passado por experiências nacionais muito diferentes. A mais óbvia delas é que alguns países tinham ganhado a guerra, enquanto outros a haviam perdido. Dois mapas da Europa ajudam a explicar onde o fascismo cresceria de forma mais grave. O êxito fascista segue de perto, embora não exatamente, o mapa da derrota na Primeira Grande Guerra. A Alemanha, com sua lenda da punhalada pelas costas, foi o caso clássico. A Itália, de forma excepcional, havia pertencido à aliança vitoriosa, mas não conseguira a expansão nacional com a qual contavam os nacionalistas italianos que tinham levado o país à guerra. A vitória, a seus olhos, fora uma *vittoria mutilata*. A Espanha havia permanecido neutra em 1914–1918, mas a perda de seu império na Guerra Hispano-Americana de 1898 marcou com humilhação nacional toda a geração que se seguiu. A direita radical espanhola cresceu em parte devido ao medo de que a nova república fundada em 1931 estaria permitindo que os movimentos separatistas da Catalunha e do País Basco assumissem vantagem. Na Espanha, contudo, a derrota e o medo da decadência levaram à ditadura militar de Franco, e não ao poder para o líder da falange fascista, José Antonio Primo de Rivera. O fascismo nunca é o resultado inevitável.

O êxito do fascismo também seguiu bem de perto outro mapa: o das tentativas de instaurar uma revolução bolchevique – ou do medo dessas tentativas – durante o período em que parecia provável que o comunismo viesse a se espalhar além de sua base de origem, a Rússia. A Alemanha, a Itália e a Hungria, após a guerra, escaparam por pouco da "ameaça vermelha". Aqui a relação não é precisa, pois o fascismo floresceu também em Estados ameaçados mais pela divisão étnica que por conflitos de classe – como na Bélgica, por exemplo.

Em ambientes onde um grande campesinato sem-terra acrescentava grandes contingentes ao movimento revolucionário, e onde grandes segmentos da classe média ainda lutavam pelos direitos mais elementares (e não em defesa de privilégios estabelecidos), como na Rússia de 1917, os protestos de massa concentraram-se à esquerda. O comunismo, e não o fascismo, foi o vencedor. A Rússia revolucionária teve pelotões antibolcheviques que se assemelhavam aos Freikorps alemães,[78] mas uma sociedade onde os camponeses sem-terra eram em número muito superior aos da insegura classe média não poderia fornecer uma massa de seguidores ao fascismo. A Rússia chegou bem perto de uma ditadura militar em julho de 1917, quando o general Lavr Georgyevich Kornilov tentou marchar sobre Moscou, e esse seria um desfecho provável se o bolchevismo tivesse fracassado na Rússia.

Uma tipologia das crises que poderiam ter oferecido uma abertura ao fascismo não é o bastante. Uma consideração igualmente importante é a capacidade dos regimes liberais e democráticos de reagir diante dessas crises. A metáfora de Leon Trotski do "portão menos barricado" funciona tão bem para o fascismo quanto, na opinião de Trotski, para o bolchevismo. Trotski usou essa metáfora para explicar como aconteceu de o bolchevismo ter feito sua primeira investida ao poder num país relativamente não industrializado, e não, como esperavam os marxistas de índole mais literal, em países altamente industrializados, com poderosas organizações de classe trabalhadora, como a Alemanha.[79] O fascismo, além disso, foi, historicamente, um fenômeno característico de Estados liberais fracos ou fracassados, e de sistemas capitalistas tardios ou avariados, e não dos triunfantes. A afirmativa frequente de que ele brota de uma crise do liberalismo poderia ser corrigida para especificar as crises ocorridas nos liberalismos *fracos* ou *fracassados*.

Há diversas pistas falsas na compreensão usual de por que esse regime se enraizou em alguns lugares e não em outros. Procurar tendências fascistas no caráter nacional ou nas predileções hereditárias de um povo específico é se aproximar perigosamente de um racismo às avessas.[80] No entanto, é bem verdade que a democracia e os direitos humanos eram mais frágeis em algumas tradições nacionais que em outras. Enquanto na França e na Inglaterra a democracia, os direitos dos cidadãos e o Estado de direito eram historicamente associados à grandeza nacional, a muitos alemães eles pareciam artefatos importados. A associação da República de Weimar com a derrota e a humilhação nacional, aliadas à ineficácia política e econômica e à libertinagem cultural, destruíram sua legitimidade aos olhos de muitos alemães mais antiquados.

É legítimo perguntar por que razão os clamores do mundo pós-1918 não puderam encontrar expressão em uma das grandes famílias ideológicas do século XIX – o conservadorismo, o liberalismo e o socialismo – que até tempos tão recentes havia oferecido toda uma gama de escolhas políticas. O esgotamento das opções políticas mais antigas, que a essa época pareciam incapazes de dar expressão satisfatória a todos os sentimentos do pós-guerra, é uma parte importante da história. Os conservadores teriam preferido uma solução tradicional para as tensões do mundo pós-1918: tranquilizar as multidões superexcitadas e devolver as questões públicas à elite de cavalheiros. Essa solução, entretanto, era impensável após tanto engajamento emocional na propaganda dos tempos de guerra e na rejeição a ela. O mundo do pós-guerra imediato foi um momento de intenso engajamento público, e os conservadores, incapazes de abolir a sociedade de massas e a política de massas, teriam que aprender a manejá-las.

Também os liberais, como já vimos, tinham a sua solução: retornar à doutrina novecentista da onipotência do mercado. Os mercados não regulados funcionavam tão mal nas economias distorcidas pela guerra e pelas pressões revolucionárias que até mesmo os liberais queriam algum grau de regulamentação – mas não o bastante para satisfazer a todos os seus seguidores. Vimos antes como o Estado liberal italiano perdeu legitimidade entre os proprietários de terras do vale do Pó por não tê-los protegido contra a esquerda. Convictos de que a ordem pública estava ausente, os proprietários de terras reuniram uma força vigilante privada, na forma do *squadrismo*. Os liberais ofereciam a pálida fórmula de Mills de "um mercado de ideias" a pessoas cujos ouvidos ressoavam com a propaganda de guerra e da revolução. Mas a própria Europa liberal violara seus princípios, ao deixar-se levar pela barbárie de uma longa guerra que ela foi incapaz de administrar.

Quanto à esquerda, uma nova era vinha-se abrindo na história da dissidência europeia. No século XIX, sempre que surgiam protestos ou ressentimentos, a esquerda se convertia em seu porta-voz de modo mais ou menos automático. Em meados do século XIX, a esquerda ainda era uma família ampla: podia incluir nacionalistas e antissemitas, artesãos e trabalhadores industriais, democratas de classe média e defensores da propriedade coletiva. Era a coalizão de praticamente todos os descontentes. Em 1919, a esquerda já não podia mais desempenhar esse papel. Após 1880, à medida que suas organizações iam sendo disciplinadas e domesticadas pelo marxismo, ela tentou expelir a velha xenofobia da classe trabalhadora que antes havia tolerado. Principalmente na década de 1920, reagindo à lavagem cerebral patriótica da guerra e esperando ansiosamente pela revolução mundial, a esquerda não tinha lugar para a nação no interior da causa revolucionária internacional.

Os socialistas não comunistas, de certo modo manchados por sua participação no governo dos tempos da guerra e por parecerem ter perdido o navio revolucionário em 1917, eram agora menos capazes de provocar calafrios nos jovens. No século XIX, os zangados e os descontentes normalmente se voltavam para a esquerda, como também aqueles que se sentiam inebriados pelo êxtase insurrecional expresso no *Revolutionary Étude*, de Chopin, no "*Bliss wait in that dawn to be alive, but to be young was very heaven*" [Era puro contentamento estar vivo naquele amanhecer, mas ser jovem era o paraíso], de Wordsworth,[81] e em *A liberdade guiando o povo*, de Delacroix. Na chegada do século XX, a esquerda já não tinha mais o monopólio dos jovens que queriam mudar o mundo. Após a Primeira Guerra Mundial, aquilo que o autor francês Robert Brasillach chamou de "o grande fascismo vermelho" de sua juventude[82] já podia competir com o comunismo em oferecer abrigo aos indignados a experiência de êxtase nas barricadas, a sedução das possibilidades inexploradas. Os jovens e intelectuais, animados pela febre da insurreição, mas que ainda se apegavam à nação, encontraram um novo lar no fascismo.

Antes de o fascismo poder vir a se tornar um concorrente sério, um chefe teria que assumir o papel de "congregador" – o único capaz de afastar os rivais e reunir numa única tenda todos os descontentes (não socialistas). Pois o problema, inicialmente, não era a falta de Führers, mas um excesso deles. Tanto Hitler quanto Mussolini tiveram que enfrentar rivais nos primeiros tempos. D'Annunzio, como vimos, sabia como dramatizar um golpe, mas não como forjar alianças. Os concorrentes de Hitler na Alemanha derrotada não sabiam emocionar multidões nem construir um partido de base ampla.

Um "chefe" bem-sucedido teria que saber rejeitar a "pureza" e aceitar as concessões e os acordos necessários para que o partido pudesse se encaixar nos espaços então disponíveis. Na Itália, o Partido Fascista percebeu que não poderia manter sua primeira identidade de movimento nacionalista de esquerda, porque, nessa linha, o espaço cobiçado já estava ocupado pela esquerda. O partido passou, então, pelas transformações necessárias para vir a se tornar uma potência local no vale do Pó. O Partido Nazista, após 1928, ampliou sua capacidade de atrair fazendeiros desesperados com a perspectiva de ir à falência e perder suas terras. Mas tanto Mussolini quanto Hitler souberam perceber o espaço disponível a eles, e estavam dispostos a acomodar seus movimentos para que eles coubessem nesse espaço.

Esse espaço, em parte, era simbólico. O Partido Nazista, desde os primeiros tempos, moldou sua identidade reivindicando as ruas como território seu e lutando com as gangues comunistas pelo controle dos bairros operários de Berlim.[83] O que estava em questão não eram apenas alguns metros de área urbana. Os nazistas queriam aparecer como a força mais vigorosa e eficaz no combate aos comunistas e, ao mesmo tempo, demonstrar que o Estado liberal era incapaz de manter a segurança pública. Os comunistas, ao mesmo tempo, tentavam mostrar que os sociais-democratas estavam mal equipados para lidar com a situação incipientemente revolucionária, que necessitava de uma vanguarda de luta. A polarização era do interesse de ambos.

A violência fascista não era nem aleatória nem indiscriminada. Portava um conjunto de mensagens codificadas: que a violência comunista estava em ascensão, que o Estado democrático vinha reagindo a ela de forma inepta, e que apenas os fascistas eram fortes o suficiente para salvar a nação do terrorismo antinacional. Um passo essencial na marcha dos fascistas para a aceitação e o poder foi persuadir os conservadores e os integrantes da classe média, defensores da lei e da ordem, a tolerar a violência como um mal necessário ante as provocações esquerdistas.[84] Ajudava, é claro, o fato de que muitos cidadãos comuns nunca temeram que essa violência se voltasse contra eles próprios, por terem sido convencidos de que ela era reservada aos inimigos nacionais e aos "terroristas" que faziam por merecê-la.[85]

Os fascistas incentivaram a distinção entre os membros da nação que mereciam proteção e os forasteiros que mereciam tratamento bruto. Um dos casos mais sensacionais de violência nazista, antes de sua chegada ao poder, foi o assassinato de um trabalhador comunista de descendência polonesa, na cidade de Potempa, na Silésia, por cinco homens da SA, em agosto de 1932. A notoriedade do caso deveu-se a que as sentenças de morte dos assassinos, por pressão dos nazistas, foram reduzidas para prisão perpétua. O teórico do partido, Alfred Rosenberg, aproveitou a ocasião para ressaltar a diferença entre a "justiça burguesa", segundo a qual "um comunista polonês tem o mesmo peso que cinco soldados alemães", e a ideologia nacional-socialista, segundo a qual "uma alma não se iguala a outra alma, uma pessoa não se iguala a outra". Na verdade, prosseguiu Rosenberg, "não existe lei como tal".[86] A legitimação da violência contra um inimigo interno demonizado nos traz para bem perto do cerne do fascismo.

Para alguns, a violência fascista era mais que útil: era bela. Alguns veteranos de guerra e alguns intelectuais (Marinetti e Ernst Jünger eram as duas coisas) permitiam-se a estética da violência. A violência, muitas vezes, era atraente a homens jovens demais para terem-na visto de perto em 1914-1918, e que sentiam que haviam sido roubados de sua guerra. Era atraente também para algumas mulheres.[87] Mas é um erro ver o sucesso fascista apenas como o triunfo do herói d'annunziano. Foi parte do gênio fascista apostar que muitos burgueses (ou burguesas) ordeiros extrairiam alguma satisfação vicária de uma violência cuidadosamente seletiva, dirigida apenas contra "terroristas" e "inimigos do povo".

O clima de polarização ajudou os novos partidos fascistas de base ampla a conquistar muitos dos que haviam se desiludido com os antigos partidos deferentes [*honoratioren*]. Isso, é claro, implicava riscos. A polarização, sob certas condições, poderia carrear para a esquerda a massa dos protestadores, como ocorrera na Rússia, em 1917. Hitler e Mussolini entendiam que, embora o marxismo, àquela época, atraísse principalmente os operários (e não todos eles), o fascismo tinha maior capacidade de atrair um apoio mais amplo, vindo de todas as classes sociais. Na Europa Ocidental pós-revolucionária, o clima de polarização trabalhou a favor do fascismo.

Um artifício usado pelos partidos fascistas, mas também pelos revolucionários marxistas que haviam pensado seriamente na conquista do poder, eram as estruturas paralelas. Um partido externo à situação que aspire ao poder monta uma organização que copia as agências governamentais. O Partido Nazista, por exemplo, tinha sua própria divisão de política externa e, no início, logo depois de o partido começar a governar, tinha que dividir o poder com a agência oficial de Relações Exteriores. Após seu chefe, Joachim von Ribbentrop, ter se tornado ministro das Relações Exteriores, em 1938, a divisão de política externa do partido passou a, cada vez mais, suplantar os diplomatas profissionais do Ministério. Uma "organização paralela" de particular importância foi a polícia do partido. Os partidos fascistas que aspiravam ao poder tendiam a usar suas milícias para contestar o monopólio estatal do uso da força física.

As estruturas paralelas desafiavam o Estado liberal ao afirmar que eram capazes de fazer algumas coisas melhor que ele (como surrar comunistas, por exemplo). Após chegar ao poder, o partido podia substituir as estruturas do Estado pelas suas estruturas paralelas.

Vamos reencontrar as estruturas paralelas em nossa observação dos processos de ascensão ao poder e de exercício deste. Esse tipo de estrutura é uma das características definidoras do fascismo. Os partidos leninistas fizeram o mesmo durante a conquista do poder, mas, ao chegar lá, o partido único eclipsou por completo o Estado tradicional. Os regimes fascistas, como veremos no Capítulo 5, mantiveram tanto as estruturas paralelas quanto o Estado tradicional, sempre em permanente tensão, o que fez com que seu funcionamento fosse muito diferente da forma com que o regime bolchevique operava.

O sucesso fascista dependia tanto de seus aliados e cúmplices quanto das táticas e qualidades do movimento em si. A ajuda prestada aos *squadristi* de Mussolini, no vale do Pó, por elementos da polícia, do exército e das administrações municipais já foi mencionada. Sempre que as autoridades públicas fechavam os olhos às ações diretas dirigidas contra os comunistas ou socialistas sem se preocupar muito com questões de escrúpulos, uma porta se abria para o fascismo. Nesse ponto, o devido processo legal, fosse ele administrativo ou penal, era seu pior inimigo.

No caso italiano, o velho negociador centrista Giovanni Giolitti deu mais um passo em direção à legitimação de Mussolini. Seguindo a consagrada tradição parlamentar italiana do *trasformismo*,[88] ele trouxe Mussolini para a sua coalizão centro-nacionalista, nas eleições de 1921, para que o ajudasse a derrotar os socialistas e o Popolari. Mussolini que, quando jovem socialista, recusara-se a ser cooptado, aceitou alegremente, já como fascista, embora esse gesto seu tenha despertado alguma oposição entre os puristas do partido. As 35 cadeiras conquistadas por Mussolini lhe trouxeram a dádiva da respeitabilidade. Ele, nesse momento, colocou-se como disponível a todos os construtores de coalizões antissocialistas. Trazer novos partidos para dentro do sistema costuma ser uma medida política de extrema sensatez, mas não quando isso premia a violência e uma determinação implacável de abolir a democracia.

Tendo reunido um catálogo de precondições, de raízes intelectuais e de pré-requisitos estruturais de longo prazo, podemos ser tentados a acreditar que é possível prever com exatidão onde o fascismo tende a surgir, crescer e chegar ao poder. Mas isso significaria cair na cilada do determinismo. Permanece o elemento da escolha humana. Não é de forma alguma certo que uma nação equipada com todas as precondições venha de fato a se tornar fascista. Apenas a interpretação marxista "vulgar" afirma que o capitalismo acabará encontrando dificuldades e, inevitavelmente, terá que adotar uma fórmula fascista para salvar a si próprio, e até mesmo os marxistas mais sofisticados deixaram de acreditar nessa inevitabilidade.

Como veremos no capítulo seguinte, foram necessárias decisões tomadas por indivíduos poderosos para que as portas fossem abertas para o fascismo. Essa foi a precondição final e essencial para seu êxito: que os responsáveis pelos processos decisórios estivessem dispostos a dividir o poder com os fascistas que os desafiavam.

NOTAS

1. A. Gudmundsson, "Nazism in Iceland", em Stein U. Larsen, Bernt Hagtvet e Jan Petter Myklebust (orgs.), *Who Were the Fascists: Social Roots of European Fascism*. Bergen: Universitetsforlaget, 1980, p. 743-51. Seu número de filiados atingiu o auge em 1936.
2. Keith Amos, *The New Guard Movement, 1931-1935*. Melbourne: Melbourne University Press, 1976.
3. Ver Capítulo 2, nota 12.
4. Discurso de 10 de junho de 1940, em Renzo de Felice, *Mussolini il Duce*, v. II: *Lo stato totalitario, 1936-1940*. Turim: Einaudi, 1981, pp. 841-2. Uma

53. Robert O. Paxton, *Peasant Fascism in France*. Nova York: Oxford University Press, 1997.
54. Richard Cobb, *The Peoples' Armies: The Armées Révolutionnaires, Instrument of the Terror in the Departments, April 1793 to Floréal Year* II. New Haven: Yale University Press, 1987.
55. Laird Boswell, *Rural Communism in France, 1920-1939*. Ithaca, NY: Cornell University Press, 1998; Gérard Belloin, *Renaud Jean: Le tribun des paysans*. Paris: Editions de l'Atelier, 1993.
56. Isso, entretanto, resultou em apenas 31 cadeiras no Parlamento, num total de 259. Istvan Deák, "Hungary", em Rogger e Weber, *European Right*, p. 392.
57. Eugen Weber, "The Men of the Archangel", *Journal of Contemporary History*, v. 1, n. l, p. 101-26, 1966. Ver Capítulo 4, p. 175-7.
58. J.-M. Etienne, *Le mouvement rexiste jusqu'en 1940*, Paris, 1968, p. 53-8; Danièle Wallef, "The Composition of Christus Rex", em Larsen et al. (orgs.), *Who Were the Fascists*, p. 517.
59. Herman van der Wusten e Ronald E. Smit, "Dynamics of the Dutch National Socialist Movement (NSB), 1931-35", em Larsen et al., *Who Were the Fascists*, p. 531.
60. Sten Esparre Nilson, "Who Voted for Quisling?", em Larsen et al. (orgs.), *Who Were the Fascists*, p. 657.
61. Gerry Webber, "Patterns of Membership and Support for the British Union of Fascists", *Journal of Contemporary History*, v. 19, p. 575-600, 1984. Ver o Ensaio bibliográfico para mais leituras.
62. Ver notas 45-47 anteriores.
63. Ver Capítulo 3, p. 129-36.
64. O relato mais completo é o de Pierre Birnbaum, *The Anti-Semitic Moment: A Tour of France in 1898*. Nova York: Hill and Wang, 2002. Ver, também, Stephen Wilson, *Ideology and Experience: Antisemitism in France at the Time of the Dreyfus Affair*. Rutherford, NJ: Fairleigh Dickinson University Press, 1982.
65. Panikos Panayi (org.), *Racial Violence in Britain, 1840-1950*, ed. rev. Londres; Nova York: Leicester University Press, 1996, p. 10-1.
66. Albert S. Lindemann, *The Jew Accused: Three Antisemitic Affairs – Dreyfus, Beilis, Frank*. Cambridge: Cambridge University Press, 1991.
67. Richard S. Levy, *The Downfall of the Antisemitic Political Parties in Imperial Germany*. New Haven: Yale University Press, 1975.
68. É comum que este argumento seja reforçado pelo notório confronto entre civis e militares, ocorrido em 1913, em Zabern (ou Saverne), na Alsácia, embora David Schoenbaum, em *Zabern 1913*. Boston: Allen and Unwin,

1982, acredite que o resultado final, em que os civis acabaram por conseguir algum grau de justiça, não faz da Alemanha um caso realmente excepcional.

69. Curiosamente, os acadêmicos sempre deram pouca atenção à questão vital de como os regimes liberais vieram a fracassar (talvez porque os estudiosos do fascismo tendam a explicar tudo por meio das ações do líder fascista). A obra básica sobre esse assunto é Juan Linz e Alfred Stepan (orgs.), *The Breakdown of Democratic Regimes*. Baltimore e London: Johns Hopkins University Press, 1978.

70. George L. Mosse, *The Nationalization of the Masses: Political Symbolism and Mass Movements in Germany from the Napoleonic Wars through the Third Reich*. Nova York: Howard Fertig, 1975.

71. Kevin Passmore, *From Liberalism to Fascism: The Right in a French Province, 1928-1939*. Cambridge: Cambridge University Press, 1997, p. 120, 152. Este livro associa diretamente o crescimento do fascismo na França à ineficiência dos partidos conservadores franceses, cujos membros se rebelaram contra as antigas lideranças e passaram a integrar as novas *ligues* antiparlamentares, nos anos 1930. Kérillis foi um dos raros conservadores nacionalistas franceses que resistiram a essa tendência; ele rejeitou Vichy e se refugiou em Nova York, em 1940.

72. O plebiscito, termo da república romana para designar uma decisão tomada por voto popular, foi introduzido na vida política moderna pela Revolução Francesa. Em 1791, quando Luís XVI foi julgado e executado, foi apresentada uma proposta de apelo a toda a população, que, porém, não foi concretizada, e esse tipo de votação aparece na Constituição natimorta de 1793. O general Napoleão Bonaparte foi quem definiu sua forma moderna, em 1800, ao pedir a toda a população masculina que votasse sim ou não sobre a confirmação de seus poderes ditatoriais como primeiro-cônsul. O plebiscito contrasta com a clássica preferência liberal pela eleição de representantes, uma minoria de homens cultos que dividiriam o poder com o governante. Napoleão voltou a se utilizar do plebiscito para legitimar a adoção do título imperador Napoleão I, e seu sobrinho, Napoleão III, fez o mesmo. Hitler e Mussolini adotaram o plebiscito napoleônico sem qualquer modificação.

73. Ver as ideias de Jürgen Kocka, a que se opôs Geoff Ely, no Ensaio bibliográfico, p. 398-9. Ver, também, as teorias de "não contemporaneidade" discutidas no Capítulo 8, p. 367-9.

74. José Ortega y Gasset, *The Revolt of the Masses*. Nova York: Norton, 1957 (orig. pub. 1932).

75. R. J. B. Bosworth, *Italy: The Least of the Great Powers: Italian Foreign Policy Before the First World War*. Cambridge: Cambridge University Press, 1979.

Sobre as relações entre as tentativas da Itália de alcançar os outros países industrializados e a política, ver Richard A. Webster, *Industrial Imperialism in Italy, 1908-1915*. Berkeley; Los Angeles: The University of California Press, 1975.

76. Arno Mayer, *The Persistence of the Old Regime: Europe to the Great War*, Nova York: Pantheon, 1981.
77. Muitos alemães provincianos se sentiam ofendidos pela liberdade que as cidades alemãs de Weimar ofereciam aos estrangeiros, aos rebeldes das artes e aos homossexuais. Peter Gay, *Weimar Culture: The Outsider as Insider*. Nova York: Harper & Row, 1968, é o mais rico relato da reviravolta ocorrida na vida cultural alemã após 1919, e da reação suscitada por essa mudança.
78. Sobre as unidades voluntárias formadas em torno do general Kornilov, ver Orlando Figes, *A People's Tragedy: A History of the Russian Revolution*. Nova York: Viking, 1997, p. 556-62.
79. "A história move-se ao longo das linhas de menor resistência. A era revolucionária atacou através dos portões menos barricados." Leon Trotski, "Reflections on the Course of the Proletarian Revolution" (1919), citado em Isaac Deutscher, *The Prophet Armed: Trotsky, 1879-1921*. Nova York: Vintage, 1965, p. 455.
80. Ver Capítulo 1, nota 29, com referência a obras desse tipo sobre a Alemanha. A teoria de que o curso da história alemã representou um "caminho especial", ou *Sonderweg*, que incorporava uma particular propensão ao fascismo, vem sendo fortemente criticada nos últimos tempos. Para uma recapitulação recente, ver Shelley Baranowski, "East Elbian Landed Elites and Germany's turn to Fascism: The Sonderweg Controversy Revisited", *European History Quarterly*, v. 26, n. 2, p. 209-40, 1996.
81. *The Prelude*, Livro XI.
82. Na prisão, enquanto esperava sua execução (em fevereiro de 1945), Brasillach escreveu nostalgicamente sobre "o magnífico esplendor do fascismo universal de minha juventude [...] essa exaltação de milhões de homens, catedrais de luz, heróis tombados em combate, a amizade entre os jovens das nações despertas". René Rémond, *Les droites en France*. Paris: Aubier Montaigne, 1982, p. 458-9.
83. Eve Rosenhaft, *Beating the Fascists? The German Communists and Political Violence, 1929-1933*. Cambridge: Cambridge University Press, 1983.
84. Foi a tentativa de Ernst Nolte, de junho de 1986, de retomar justamente essa ideia, a de que a violência nazista foi apenas uma resposta à provocação representada pela violência do comunismo soviético (o "ato asiático"), que fez explodir a furiosa "controvérsia dos historiadores" na Alemanha. Ver Charles S. Maier, *The Unmasterable Past: History, Holocaust, and German National*

Identity. Cambridge, MA: Harvard University Press, 1988, p. 29-30, e Peter Baldwin, *Reworking the Past: Hitler, the Holocaust, and the Historians' Debate*. Boston: Beacon Press, 1990.

85. No caso dos nazistas, essa questão foi examinada com mais cuidado por Eric A. Johnson, *Nazi Terror: The Gestapo, Jews, and Ordinary Germans*. Nova York: Basic Books, 1999. Cf. p. 262: "[A] população alemã comum [...] não percebia a Gestapo [...] como uma terrível ameaça pessoal." Ver, também, Robert Gellately, *Backing Hitler: Consent and Coercion in Nazi Germany*. Nova York: Oxford University Press, 2001.

86. Citado em Ian Kershaw, *Hitler 1889-1936: Hubris*. Nova York: Norton, 1999, p. 383. Os assassinos de Potempa foram soltos assim que Hitler assumiu o governo. Ver Paul Kluke, "Der Fall Potempa", *Vierteljahrshefte für Zeitgeschichte*, v. 5, p. 279-97, 1957, e Richard Bessel, "The Potempa Murder", *Central European History*, v. 10, p. 241-54, 1977.

87. Denise Detragiache, "Il fascismo feminile da San Sepolcro all'affare Matteotti (1919-1925)", *Storia Contemporanea*, v. 14, n. 2, p. 211-50, abr. 1983. De acordo com Julie V. Gottlieb, *Feminist Fascism: Women in Britain's Fascist Movement, 1923-1945*. Londres: Tauris, 2001, 10% dos candidatos da British Union of Fascists eram mulheres, e as fascistas britânicas tinham um gosto especial por espancar mulheres comunistas.

88. *Trasformismo* (o termo foi usado pela primeira vez pelo primeiro-ministro Depretis, em 1876) era a domesticação política de partidos contrários ao sistema, trazendo-os para dentro. Aplicado aos socialistas por Giolitti, o *trasformismo* provocou a cisão entre os socialistas parlamentares reformistas e os intransigentes, a exemplo dos sindicalistas revolucionários (como o jovem Mussolini). Depois do sucesso obtido com os socialistas, Giolitti sentiu-se tentado a usar o *trasformismo* com os fascistas.

4

A CHEGADA AO PODER

MUSSOLINI E A MARCHA SOBRE ROMA

O mito de que os fascistas de Mussolini conquistaram o poder graças unicamente a suas façanhas heroicas é pura propaganda – das mais bem-sucedidas, é claro, pois muitos ainda hoje acreditam nela. Uma vez que a Marcha sobre Roma de Mussolini está por trás do generalizado equívoco sobre a chegada ao poder dos fascistas, visto por muitos como uma "tomada do poder", temos que analisar esse acontecimento despindo-o de sua mitologia.

No decorrer de 1922, os *squadristi* exacerbaram sua atuação, passando de saques e incêndios de sedes socialistas locais, escritórios de jornais, agências de emprego e residências de líderes socialistas para a ocupação violenta de cidades inteiras, sem que as autoridades opusessem resistência séria a sua ação. Retomaram Fiume de sua administração internacional em 3 de março e atacaram Ferrara e Bolonha em maio, expulsando os governos socialistas locais e impondo seu próprio programa de obras públicas. Em 12 de julho, ocuparam Cremona, atearam fogo nas sedes dos sindicatos socialista e católico e destruíram a casa de Guido Miglioli, um líder da esquerda católica que havia organizado os trabalhadores das fazendas leiteiras da região. A "coluna de fogo" que atravessou a Romanha chegou a Ravena em 26 de julho. Trento e Bolzano, com suas minorias de língua alemã, foram "italianizadas" em inícios de outubro. Os Camisas Negras haviam alcançado um ímpeto tal que a capital, Roma, não poderia deixar de ser a próxima meta.

Quando o Congresso Fascista anual se reuniu em 24 de outubro, em Nápoles – sua primeira investida no sul do país – Mussolini estava disposto a ver até onde essa onda poderia levá-lo. Ordenou que os Camisas Negras tomassem prédios públicos, confiscassem trens e se reunissem em três pontos em torno de Roma. A marcha foi liderada por quatro militantes que representavam as diversas cepas do fascismo: Italo Balbo, veterano de guerra e chefe dos *squadristi*, de Ferrara; o general Emilio de Bono; Michele Bianchi, ex-sindicalista e fundador do intervencionista *fascio*, de Milão, em 1915; e Cesare Maria de Vecchi, o líder monarquista do fascismo piemontês. O próprio Mussolini, prudentemente, esperou no escritório de seu jornal, em Milão, não muito longe de um possível asilo na Suíça, no caso de as coisas darem errado. Em 27 de outubro, os *squadristi*, sem encontrar oposição, tomaram agências de correios e estações de trem em várias cidades do norte da Itália.

O governo italiano estava mal equipado para fazer face a esse desafio. Na verdade, um governo de fato praticamente deixara de existir em fevereiro de 1922. Vimos no último capítulo como, no pós-guerra, os sonhos de mudanças profundas levaram ao Parlamento italiano uma grande maioria esquerdista nas primeiras eleições realizadas após a guerra, em 16 de novembro de 1919. Mas essa maioria de esquerda, fatalmente dividida em duas facções irreconciliáveis, não foi capaz de governar. O Partido Socialista Italiano, de orientação marxista, detinha cerca de um terço das cadeiras. Muitos dos socialistas italianos – os "maximalistas" – estavam hipnotizados pelo êxito bolchevique na Rússia e sentiam que se contentar com meras reformas significava trair aquele momento de oportunidade. Outro terço correspondia ao novo partido católico italiano, pai dos poderosos democratas-cristãos do período posterior a 1945, o Partito Popolare Italiano, e alguns de seus membros queriam reformas sociais radicais dentro de um contexto católico. Os católicos, mesmo aqueles que defendiam reformas profundas na propriedade das terras e nas relações de classe na Itália, discordavam apaixonadamente dos marxistas ateus com respeito à religião nas escolas. Nenhuma aliança era, portanto, possível entre as duas metades do que poderia ter se constituído maioria progressista. Na ausência de outras alternativas factíveis, uma coalizão heterogênea de liberais (na acepção do termo vigente àquela época) e de conservadores tentou, após 1919, governar sem ter maioria sólida.

Como vimos no último capítulo, a solução adotada pelo primeiro-ministro Giolitti foi incluir os fascistas em sua cédula (o "Bloco Nacional") nas novas eleições de maio de 1921. Essa foi a primeira de uma série de medidas de suma importância, por meio das quais o establishment italiano, visando sua própria sobrevivência, tentou cooptar a energia e os números fascistas. Em tempos normais, as tentações do poder poderiam ter "transformado" os fascistas, da mesma forma como haviam domesticado e dividido os socialistas antes de 1914, mas, em 1921, a Itália não vivia tempos normais.

Quando o governo do bem-intencionado, porém sobrecarregado, Ivanoe Bonomi, integrante da centro-esquerda de Giolitti, perdeu o voto de confiança em fevereiro de 1922, demorou três semanas para que se encontrasse um sucessor. Por fim, Luigi Facta, um auxiliar ainda mais subalterno de Giolitti, assumiu relutantemente o cargo de primeiro-ministro. Seu governo perdeu a maioria em julho de 1919. Quando a emergência ocorreu, Facta governava apenas na qualidade de encarregado.

Mesmo assim, o primeiro-ministro adotou vigorosas medidas defensivas. Com a aprovação do rei, Facta já havia reforçado a guarnição de Roma com cinco batalhões das disciplinadas tropas alpinas. Então ordenou que os policiais e os funcionários das estradas de ferro fizessem parar os trens fascistas em cinco pontos de inspeção e começou os preparativos para impor a lei marcial.

Enquanto isso, Mussolini discretamente deixou a porta aberta a um acordo político. Diversos políticos antigos e experientes tentavam desativar a crise, "transformando" Mussolini num mero ministro de mais um gabinete de coalizão liberal-conservadora. Giolitti, o velho negociador, era, de modo geral, visto como o salvador mais plausível (havia expulsado D'Annunzio em 1920 e incluído Mussolini em sua chapa eleitoral em 1921), mas não tinha pressa em reassumir o poder, e Mussolini preferiu não assumir compromissos em suas reuniões com os representantes de Giolitti. Mais à direita, o nacionalista e antigo primeiro-ministro Antonio Salandra também ofereceu cargos no gabinete ao partido de Mussolini. Quando os *squadristi* começaram a se mobilizar, essas negociações se encontravam paralisadas em razão de rivalidades mútuas: a recusa da maioria dos socialistas a apoiar um governo "burguês", a indecisão quanto a incluir ou não Mussolini e a calculada hesitação deste último.

Os socialistas deram sua contribuição à emergência. Embora, em 28 de julho, quase a metade dos deputados socialistas, liderados por Filippo Turati, tivesse finalmente concordado em apoiar um governo centrista sem Mussolini, caso fosse possível formá-lo, a outra metade os expulsou do partido por traição de colaboracionismo de classe. O único consenso a que a esquerda italiana conseguiu chegar foi uma greve geral marcada para 31 de julho. Embora proclamada como uma "greve pela legalidade", que tinha como objetivo reinstaurar a autoridade constitucional, teve o efeito de inflar a reputação de Mussolini como um bastião da contrarrevolução. Seu rápido fracasso, além disso, deixou à mostra a fragilidade da esquerda.

As medidas de emergência do primeiro-ministro Facta quase conseguiram bloquear a marcha fascista em outubro. Quatrocentos policiais paravam os trens que traziam 20 mil Camisas Negras em três pontos de inspeção – Civita Vecchia, Orte e Avezzano. Cerca de 9 mil Camisas Negras que haviam se esquivado das inspeções ou que haviam prosseguido a pé formaram uma multidão heterogênea diante dos portões de Roma na manhã de 28 de outubro,[1] mal-armados, vestindo uniformes improvisados, com pouca comida e água, e vagando sob uma chuva desalentadora. "Na história antiga e moderna, não houve assalto a Roma que tenha falhado tão miseravelmente em seu início."[2]

No último minuto, o rei Vittorio Emanuele III retrocedeu, e decidiu não assinar o decreto de lei marcial do primeiro-ministro Facta, recusando-se a desmascarar o blefe de Mussolini e usar a força a seu dispor para expulsar os Camisas Negras de Roma. Rejeitou a tentativa de última hora de Salandra, de formar um novo gabinete conservador sem Mussolini que, a essas alturas, já havia recusado a oferta de coalizão apresentada por Salandra. Em vez disso, o rei ofereceu o cargo de primeiro-ministro diretamente ao jovem líder fascista que viera do nada.

Mussolini chegou a Roma, vindo de Milão, na manhã de 30 de outubro, não à frente de seus Camisas Negras, mas no vagão-dormitório de um trem. Apresentou-se ao rei em uma indumentária incongruente, vestindo fraque e uma camisa preta, num reflexo indumentário de sua situação ambígua: em parte candidato legal a um cargo público e, em outra, o líder de um bando de revoltosos. "Majestade, perdoe minha veste", consta que ele, de modo mendaz, teria dito ao rei. "Venho dos campos de batalha."

Por que razão o rei socorreu Mussolini de sua imprudente e temerária jogada? Com grande sagacidade, Mussolini havia confrontado o soberano com uma difícil escolha. Ou o governo teria que usar a força para dispersar os milhares de Camisas Negras que convergiam para Roma, correndo um risco considerável de derramamento de sangue e de amargas dissensões internas, ou aceitaria Mussolini como chefe de governo.

A explicação mais plausível para o rei ter preferido a segunda opção é a de que uma advertência (da qual não sobreviveu registro histórico) lhe teria sido feita – em particular, pelo comandante-chefe do exército, marechal Armando Diaz, ou talvez por algum outro militar de alta patente – no sentido de que, caso as tropas recebessem ordem para bloquear os Camisas Negras, correr-se-ia o perigo de elas virem a se juntar a eles. Segundo outra teoria, o rei temia que, caso tentasse usar a força contra Mussolini, o primo do monarca, Duque de Aosta, de quem se dizia ser simpático aos fascistas, poderia apoiá-los e apresentar suas pretensões ao trono. É provável que nunca venhamos a saber ao certo. O que parece seguro é que Mussolini havia suposto corretamente que o rei e o exército não tomariam a difícil decisão de usar de força contra seus Camisas Negras. Não foi o poderio fascista que solucionou a questão, mas sim a relutância dos conservadores de testar o próprio poderio contra o dos fascistas. A Marcha sobre Roma foi um blefe gigantesco que acabou funcionando, e que ainda funciona na ideia que o grande público faz da "tomada do poder" pelos fascistas.

Foi apenas em 31 de outubro, com Mussolini já instaurado no cargo, que cerca de 10 mil Camisas Negras, já então alimentados e providos de roupas secas, receberam, como prêmio de consolação, a permissão para realizar uma parada pelas ruas de Roma, onde provocaram incidentes sangrentos.[3] Naquela mesma noite, o primeiro-ministro despachou seus embaraçosos esquadrões para fora da cidade em cinquenta trens especiais.

Mussolini, mais tarde, fez tudo o que pôde para estabelecer o mito de que seus Camisas Negras haviam tomado o poder por sua própria vontade e por sua própria força. O primeiro aniversário do que supostamente teria sido sua chegada a Roma foi comemorado em 1923 com quatro dias de festejos, e aquela data – 28 de outubro – foi convertida em feriado nacional. Ela se tornou também o primeiro dia do Ano Novo fascista, quando um novo calendário foi introduzido em 1927.[4] No décimo aniversário, em outubro de 1932, uma exposição nacional, a Mostra della Rivoluzione Fascista, teve como atração principal os feitos heroicos dos "mártires" da marcha.[5]

HITLER E A "CONSPIRAÇÃO PELA ESCADA DOS FUNDOS"

Foi apenas na Itália que o fascismo chegou ao poder no primeiro ímpeto, nos dias turbulentos que se seguiram à Primeira Guerra Mundial. Nos demais países, com exceção da Rússia, as elites tradicionais encontraram maneiras menos tumultuadas de restabelecer a estabilidade e de recuperar alguma aparência de normalidade após o terremoto da Primeira Guerra.[6] Os outros movimentos fascistas precoces, todos eles produtos de crises, minguaram e foram reduzidos à insignificância após o retorno à vida normal, ao longo da década de 1920.

Mas, antes disso, Hitler, iludido pelo mito de Mussolini, buscou também realizar sua "marcha". Em 8 de novembro de 1923, durante um comício nacionalista realizado numa cervejaria de Munique, o Bürgerbräukeller, Hitler tentou sequestrar os líderes do governo bávaro e forçá-los a apoiar um golpe de Estado contra o governo nacional de Berlim. Ele acreditava que, caso tomasse o controle de Munique e declarasse um novo governo nacional, os líderes civis e militares da Baviera seriam forçados pela opinião pública a apoiá-lo. Estava convencido também de que as autoridades militares locais não se oporiam ao golpe nazista, porque o herói da Primeira Guerra, o general Ludendorff, marchava a seu lado.[7]

Hitler subestimou a fidelidade dos militares à hierarquia de comando. O ministro-presidente da Baviera, o conservador Gustav von Kahr, deu ordem para que se pusesse fim ao golpe de Hitler, usando a força, se necessário. Em 9 de novembro, a polícia atirou nos integrantes da marcha de Hitler, no momento em que se aproximavam de uma praça importante (possivelmente reagindo a um primeiro tiro partindo do lado de Hitler). Quatorze golpistas e quatro policiais foram mortos. Hitler foi detido e mandado para a prisão,[8] juntamente com outros nazistas e simpatizantes. O augusto general Ludendorff foi liberado ao ser reconhecido. O Beer Hall Putsch – ou Putsch de Munique – de Hitler foi debelado de forma tão ignominiosa pelos governantes conservadores da Baviera que ele decidiu nunca mais tentar chegar ao poder pela força. Isso significava permanecer, ao menos superficialmente, dentro da constitucionalidade legal, embora os nazistas nunca tenham desistido da violência seletiva, que era de importância central para a atração exercida pelo partido, nem das insinuações quanto a objetivos mais amplos após a chegada ao poder.[9]

A oportunidade de Hitler surgiu com a crise seguinte: o *crash* econômico dos anos 1930. À medida que milhões de pessoas perdiam seus empregos, os movimentos fascistas de todos os países recuperaram a força. Os governos de todas as orientações, as democracias de forma mais pública e ruidosa que os demais, viram-se paralisados por dificílimas escolhas. O modelo italiano fez com que os movimentos fascistas novamente parecessem plausíveis como um novo meio de fornecer o assentimento das massas para a restauração da ordem, da autoridade nacional e da produtividade econômica.

O sistema constitucional da República de Weimar nunca alcançara legitimidade geral na Alemanha. Muitos alemães ainda o viam como o fruto do domínio estrangeiro e da traição interna. A democracia de Weimar parecia uma vela que queimava em ambas as extremidades. Desgastado tanto à direita quanto à esquerda por nazistas e comunistas que se opunham ao sistema, um centro cada vez mais mirrado via-se obrigado a formar coalizões heterogêneas, juntando parceiros incompatíveis, como socialistas e moderados partidários do *laissez-faire*, clericais e anticlericais, em sua malfadada tentativa de construir maioria de alguma forma no Parlamento.

Um sistema político que obrigava uma tal cacofonia de partidos a trabalharem juntos fatalmente viria a se deparar com dificuldades em chegar a um consenso quanto a questões sensíveis, mesmo em tempos tranquilos. Após 1929, os governos alemães se viram obrigados a fazer opções políticas e econômicas cada vez mais divisivas. Em junho daquele ano veio o Plano Young, um acordo internacional pelo qual os alemães se comprometiam a dar continuidade ao pagamento das reparações pela Primeira Grande Guerra, feito aos Aliados, embora então com taxas de juros menores. Apesar de a diplomacia alemã ter conseguido reduzir os montantes a serem pagos, a confirmação do princípio da reparação contido no Plano Young provocou indignação em todo o país. Em outubro, veio o *crash* de Wall Street. Em 1930, à medida que o desemprego crescia vertiginosamente, o governo teve que decidir se deveria ampliar os benefícios aos desempregados (como queriam os socialistas e os católicos de esquerda) ou equilibrar o orçamento para satisfazer os credores externos (como queriam a classe média e os conservadores). Uma escolha clara, embora impossível de ser feita por qualquer das maiorias existentes na Alemanha.

Quando o governo do chanceler Hermann Müller caiu, em 27 de março de 1930, o sistema de governo alemão se viu prisioneiro de um impasse terminal. Müller, um socialista reformista, vinha presidindo o país desde junho de 1928, por meio de uma Grande Coalizão de cinco partidos, que incluía os socialistas, o Zentrum católico, o Deutsche Demokratische Partei (Partido Democrático), moderado e de centro, e o Deutsche Volkspartei (Partido do Povo), internacionalista, mas conservador. A Grande Coalizão durou mais que qualquer dos outros governos da República de Weimar, 21 meses (de junho de 1928 a março de 1930).[10]

Em vez de ser um sinal de força, contudo, essa longevidade apontava para a ausência de alternativas. Profundos desacordos quanto às políticas a serem adotadas, que já tornavam difícil a tarefa de governar nos primeiros dias da Grande Coalizão, nos tempos relativamente calmos de junho de 1928, tornaram-na impossível, dois anos mais tarde, quando a depressão havia jogado milhões no desemprego. A esquerda queria aumentar os impostos para manter o pagamento dos salários-desemprego; os moderados e conservadores queriam diminuir os gastos sociais para reduzir os impostos. A Grande Coalizão soçobrou nesses rochedos dos direitos sociais e das cargas tributárias. Após março de 1930, não havia maioria parlamentar que conseguisse ser construída na Alemanha. O sindicalista católico Heinrich Brüning governava como chanceler sem maioria, confiando ao presidente Hindenburg a assinatura das leis aprovadas sem o voto majoritário, nos termos dos poderes de emergência a ele conferidos pelo Artigo 48 da Constituição. A partir de então, os alemães tiveram que suportar quase três anos desse canhestro governo de emergência sem maioria parlamentar, antes que Hitler tivesse sua chance. Numa curiosa ironia, a chegada de Hitler ao poder pareceu permitir, enfim, o retorno a um governo de maioria. Para os conservadores Hitler caiu do céu, porque, como chefe de um partido que desde julho de 1932 era o maior da Alemanha, ele criou a possibilidade de maioria parlamentar que excluísse a esquerda.

No momento em que o impasse paralisou o sistema político alemão, em 27 de março de 1930, o Partido Nazista ainda era bastante reduzido (com apenas 2,8% do voto popular nas eleições de maio de 1928). Mas a agitação nacionalista dirigida contra o Plano Young, somada ao colapso dos preços agrícolas e do emprego urbano, catapultou-o, nas eleições de setembro de 1930, de 12 para 107 cadeiras – o que já fazia dele o segundo maior partido do país. A partir de então, qualquer maioria parlamentar na Alemanha teria necessariamente que incluir os socialistas ou os nazistas. A esquerda (mesmo na suposição de que socialistas, comunistas e católicos de esquerda fossem capazes de superar seus paralisantes antagonismos a ponto de conseguir governar) foi imediatamente excluída pelo presidente Hindenburg e por seus assessores.

O mito do golpe fascista na Itália iludiu também a esquerda alemã, ajudando a gerar a fatal passividade que dominou o Sozialdemokratischen Partei Deutschlands (Partido Socialista Alemão), o SPD, e o Kommunistischen Partei Deutschlands (Partido Comunista Alemão), o KPD, em fins de 1932 e inícios de 1933. Ambos esperavam uma tentativa de golpe por parte dos nazistas, embora suas análises da situação fossem totalmente díspares quanto a outros aspectos. Para o SPD, a esperada insurreição nazista seria o sinal para que os socialistas passassem à ação sem incorrer no ônus da ilegalidade, como já haviam feito, com sucesso, por ocasião de uma greve geral contra o "Kapp Putsch" de 1920, quando unidades Freikorps tentaram tomar o poder. Nesse estado de espírito, eles não souberam identificar o momento oportuno de lançar uma contraofensiva a Hitler.

A coisa mais próxima a um *putsch* a acontecer na República de Weimar, em inícios da década de 1930, não partiu dos nazistas, mas sim de seu predecessor conservador, o chanceler Franz von Papen. Em 20 de julho de 1932, Von Papen depôs o governo legitimamente eleito do Estado [*Land*] da Prússia – uma coalizão de socialistas e do Partido Católico do Centro – e convenceu o presidente Hindenburg a usar seus poderes de emergência para dar posse a uma nova administração estadual encabeçada por Von Papen. Esse ato poderia, de forma legítima, ter desencadeado uma forte reação por parte da esquerda. Os líderes do SPD, contudo, impedidos por suas fortes convicções legalistas, por sua média de idade avançada[11] e por perceberem a futilidade de usar a greve como arma num tempo de desemprego em massa – e talvez por temerem, com razão, que qualquer ação partindo da esquerda pudesse ter o efeito perverso de jogar um número ainda maior de alemães nos braços dos nazistas –, restringiram sua reação a um vão processo judicial contra o chanceler Von Papen. Ao não oferecer oposição de fato ao ato ilegal de Von Papen, em julho de 1932, os socialistas – que ainda então formavam o segundo maior partido da Alemanha – viram diminuídas suas chances de agir contra Hitler, que evitou qualquer ataque frontal à legalidade até depois de se ver inabalavelmente instalado no controle, o que veio a ocorrer na primavera de 1933.[12]

Os comunistas seguiram uma lógica totalmente diversa, com base em sua convicção de que a revolução social estava próxima. Dessa perspectiva, o êxito dos nazistas poderia de fato vir em auxílio à causa comunista, desencadeando um movimento pendular, primeiro para a direita e depois, inexoravelmente, para a esquerda. Os estrategistas do KPD, firmemente focados na revolução que estava a caminho, viram os esforços do SPD de salvar a democracia de Weimar como "objetivamente" contrarrevolucionários, e denunciaram os socialistas como "fascistas sociais". Convencidos de que o SPD não era menos inimigo que os nazistas, e competindo com os nazistas pela mesma militância volátil (em especial aquela vinda dos desempregados), o KDP chegou a colaborar com os nazistas numa arriscada greve contra o sistema de transportes de Berlim, em novembro de 1932. A última coisa que os comunistas alemães estavam dispostos a fazer era ajudar o SPD a salvar as instituições democráticas.[13]

O sucesso eleitoral de Hitler – muito maior que o de Mussolini – permitiu-lhe uma maior autonomia nas barganhas com os políticos estabelecidos, de cujo auxílio eles precisavam para chegar ao poder. Mais ainda que na Itália, uma vez que a máquina governamental alemã emperrou depois de 1930, a responsabilidade por encontrar saídas estava nas mãos de uma meia dúzia de homens: o presidente Hindenburg, seu filho Oskar e outros assessores íntimos, e os dois últimos chanceleres de Weimar, Franz von Papen e Kurt von Schleicher. A princípio, tentaram deixar de fora o rude ex-cabo austríaco. Devemos recordar que, na década de 1930, ainda se esperava que os ministros de um gabinete fossem cavalheiros. Trazer para dentro do governo fascistas grosseiros foi um ato que dava ideia do grau de seu desespero.

O aristocrata católico Franz von Papen tentou, como chanceler (de julho a novembro de 1932), governar sem políticos, por meio de um assim chamado Gabinete dos Barões, composto de técnicos especialistas e de personalidades eminentes externas à política. Sua arriscada decisão de realizar eleições nacionais em julho permitiu que os nazistas viessem a se formar o maior partido do país. Von Papen tentou então trazer Hitler para o gabinete como vice-chanceler, um cargo sem autoridade, mas o líder nazista tinha perspicácia política e coragem de jogador suficientes para não aceitar nada menos que o cargo máximo. Essa decisão forçou Hitler a passar a primavera de 1932 no suspense de uma espera agoniada, tentando acalmar seus militantes inquietos e sedentos por cargos, enquanto jogava sua cartada final.

Com a intenção de aprofundar a crise, os nazistas (como os fascistas haviam feito antes deles) intensificaram atos de violência, escolhendo cuidadosamente suas vítimas. O apogeu da violência de rua veio após 16 de junho de 1932, quando o chanceler Von Papen revogou a proibição aos uniformes da SA, decretada por Brüning em abril. No decorrer de várias e repugnantes semanas, 103 pessoas foram mortas e centenas de outras feridas.[14]

Mussolini não havia apostado tanto em suas negociações pelo poder, recorrendo, mais do que Hitler, à violência escancarada. Muitas vezes nos esquecemos de que o fascismo de Mussolini foi mais violento que o nazismo durante sua jornada em direção ao poder. Apenas em 5 de maio de 1921, dia de eleições, 19 pessoas foram mortas e 104 ficaram feridas em episódios de violência política na Itália.[15] Embora as estatísticas sejam pouco confiáveis, estimativas plausíveis, quanto ao número de mortes devidas à violência política na Itália entre 1920 e 1922, falam de seiscentos fascistas e 2 mil antifascistas e não fascistas, seguidas de mais um milhar destes últimos entre 1923 e 1926.[16]

O expediente encontrado por Von Papen, de convocar novas eleições para 6 de novembro, teve como efeito uma certa redução na votação nazista (com vantagem para os comunistas, mais uma vez), mas em nada contribuiu para tirar a Alemanha do impasse constitucional. O presidente Hindenburg, em 2 de dezembro, substituiu Von Papen por um oficial graduado do exército, considerado mais tecnocrático que reacionário, o general Kurt von Schleicher. Durante suas breves semanas no poder (de dezembro de 1932 a janeiro de 1933) Von Schleicher elaborou um vigoroso projeto de geração de empregos e melhorou as relações com o movimento trabalhista organizado. Esperando obter a neutralidade dos nazistas no Parlamento, cortejou Gregor Strasser, chefe da administração do partido e líder de sua ala anticapitalista (Hitler nunca esqueceu e nunca perdoou a "traição" de Strasser).

Nesse ponto, Hitler se encontrava em sérias dificuldades. Nas eleições de 6 de novembro, sua votação havia caído pela primeira vez, prejudicando seu recurso mais precioso – o ímpeto. Os cofres do partido estavam praticamente vazios. Gregor Strasser não era o único membro da direção do partido que, exausto com a estratégia de tudo ou nada de Hitler, vinha considerando outras opções.

O líder nazista foi socorrido por Franz von Papen. Ressentido por Schleicher ter tomado seu lugar, Von Papen, em segredo, armou um acordo segundo o qual Hitler seria chanceler, e ele, Von Papen, vice-chanceler, cargo a partir do qual Von Papen esperava comandar a situação. O idoso Hindenburg convenceu seu filho e seus assessores íntimos de que Schleicher planejava depô-lo para, em seguida, instalar uma ditadura militar e, persuadido por Von Papen de que não restava outra opção conservadora, nomeou o governo Hitler–Von Papen em 30 de janeiro de 1933.[17] Segundo a conclusão de Alan Bullock, Hitler havia sido alçado ao poder por uma conspiração "pela escada dos fundos".[18]

O QUE NÃO ACONTECEU: ELEIÇÃO, GOLPE DE ESTADO E TRIUNFO SOLO

Os eleitores alemães jamais deram aos nazistas maioria no voto popular, como algumas vezes ainda é afirmado. Como vimos no último capítulo, os nazistas de fato chegaram a ser o maior partido no Reichstag alemão nas eleições parlamentares de 31 de julho de 1932, com 37,2% dos votos. Mais tarde, caíram para 33,1%, nas eleições parlamentares de 6 de novembro de 1932. Nas eleições parlamentares de 6 de março de 1933, com Hitler já como chanceler e o Partido Nazista no comando da totalidade dos recursos do Estado alemão, seus resultados foram significativos, mas ainda insuficientes: 43,9%.[19] Mais de um em cada dois alemães votou contra os candidatos nazistas naquela eleição, desafiando a intimidação da SA. O Partito Nazionale Fascista conseguiu 35 cadeiras num total de 535, na única eleição parlamentar livre da qual chegou a participar, em 15 de maio de 1921.[20]

No outro extremo, nem Mussolini nem Hitler chegaram ao poder por um golpe de Estado. Nenhum deles tomou o poder pela força, mesmo que ambos tenham usado de força antes de tomar o poder, com o fim de desestabilizar o regime existente, e ambos viriam novamente a usar de força, já no poder, para transformar seus governos em ditaduras (como veremos logo a seguir). Até mesmo os autores mais escrupulosos falam de sua "tomada do poder",[21] mas essa expressão descreve melhor o que os dois líderes fascistas fizeram após chegar ao poder do que a forma pela qual eles lá chegaram.

Tanto Mussolini quanto Hitler foram convidados a assumir o cargo de chefe de governo por um chefe de Estado no exercício legítimo de suas funções oficiais, e após consultas a autoridades civis e militares. Ambos, portanto, tornaram-se chefes de governo em meio a situações que, pelo menos na superfície, pareciam representar o exercício da autoridade constitucional, pelo rei Vittorio Emanuele III e pelo presidente Hindenburg. As duas nomeações foram feitas, deve-se acrescentar, em condições de crise extrema, crise essa que os fascistas haviam alimentado. Mais adiante, examinarei o tipo de crise que abre caminho para o fascismo.

A verdade é que, até hoje, nenhuma insurreição golpista contra um Estado estabelecido levou fascistas ao poder. Ditaduras autoritárias por diversas vezes esmagaram tentativas desse tipo.[22] Isso aconteceu por três vezes com a Legião do Arcanjo Miguel, na Romênia, o mais arrebatadamente religioso de todos os partidos fascistas, e um dos mais prontamente dispostos a assassinar judeus e políticos burgueses. Numa Romênia pessimamente governada por uma oligarquia estreita e corrupta, a legião tinha uma fervorosa ligação com seus seguidores do povo – até então, em sua maioria, camponeses apolíticos que se fascinaram com o juvenil Corneliu Codreanu e por seus discípulos, que, a cavalo, visitavam aldeias remotas, paramentados de camisas verdes e portando estandartes religiosos e patrióticos.[23]

Após um período particularmente estéril de rivalidades entre os membros do Parlamento e de clientelismo, o rei Carol da Romênia assumiu poderes ditatoriais em fevereiro de 1938. Em novembro, tendo tentado sem sucesso cooptar a Frente de Renascimento Nacional, uma legião cada vez mais violenta, para a seu movimento oficial, Carol mandou prender Codreanu, que em seguida foi morto, juntamente com alguns correligionários seus, "numa tentativa de fuga". O sucessor de Codreanu, Horia Sima, respondeu, em janeiro de 1939, com uma insurreição que foi firmemente reprimida pela ditadura real.

Carol abdicou em setembro de 1940, após os alemães vitoriosos terem forçado a Romênia a ceder território para a Hungria e a Bulgária. O novo ditador romeno, o general (mais tarde marechal) Ion Antonescu, numa outra tentativa de congregar os seguidores populares da legião, transformou-a no único partido do "Estado Legionário Nacional", criado por ele em 15 de setembro de 1940. Horia Sima, o novo e impetuoso chefe da legião, montou uma polícia e organizações trabalhistas paralelas e deu início ao confisco das propriedades de judeus, desorganizando a tal ponto o Estado e a economia romenos que Antonescu, com a aprovação de Hitler, passou, em janeiro de 1941, a cercear os poderes de Horia. Uma revolta e um *pogrom* de larga escala, lançados pela legião em 21 de janeiro, foram esmagados de forma sangrenta por Antonescu, no "exemplo mais extremo"[24] de repressão conservadora ao fascismo. Antonescu liquidou a legião e substituiu o Estado Legionário Nacional por uma ditadura militar pró-germânica, embora não fascista.[25]

Outras tentativas fascistas de golpe não alcançaram resultados melhores. Embora o golpe tentado pelo partido austronazista, em 25 de julho de 1934, tenha conseguido assassinar o chanceler Engelbert Dollfuss, seu sucessor, Kurt von Schuschnigg, reprimiu o nazismo na Áustria e governou por intermédio de um único partido clerical-autoritário, o Vaterländische Front (Frente da Pátria).

Ainda que os conservadores fossem capazes de aceitar a violência praticada contra os socialistas e os sindicalistas, jamais tolerariam a violência contra o Estado. De seu lado, a maioria dos líderes fascistas havia reconhecido que a tomada do poder em oposição direta aos conservadores e militares só seria possível com a ajuda das ruas, e em condições de desordem social capazes de levar a ataques inconsequentes à propriedade privada, à hierarquia social e ao monopólio estatal da força armada. Caso os fascistas decidissem recorrer à ação direta, portanto, estariam arriscando dar vantagem a seus principais inimigos, a esquerda, ainda poderosa nas ruas e nos locais de trabalho na Europa do entreguerras.[26] Táticas desse tipo alienariam também os próprios elementos de que os fascistas iriam mais tarde precisar para o planejamento e a execução de uma expansão nacional agressiva – o exército e a polícia. Os partidos fascistas, por mais profundo que fosse seu desprezo pelos conservadores, não viam perspectivas de futuro em se alinhar com grupos que quisessem destruir as bases do poder conservador.

Uma vez que a rota fascista em direção ao poder sempre passou pela cooperação com as elites conservadoras, pelo menos nos casos até hoje ocorridos – a força dos movimentos fascistas, em si, é apenas uma das variáveis determinantes da sua chegada (ou não) ao poder, embora de importância vital. Como já vimos, os fascistas possuíam números e músculos a oferecer aos conservadores reféns de crises, tanto na Itália quanto na Alemanha. Igualmente importantes, contudo, foram a disposição das elites conservadoras a trabalhar com eles; uma flexibilidade recíproca de parte dos líderes fascistas; e a urgência da crise que os levou a cooperar entre si.

É, portanto, de importância fundamental examinar os cúmplices que prestaram auxílio nos momentos vitais. Manter os olhos fixos apenas no líder fascista durante sua chegada ao poder seria sucumbir ao feitiço do "mito do Führer" e do "mito do Duce", de forma que daria a eles imensa satisfação. Temos que dedicar ao estudo de seus indispensáveis aliados e cúmplices o mesmo tempo dispensado aos líderes fascistas; e aos tipos de situações nos quais os fascistas foram ajudados a chegar ao poder o mesmo tempo dedicado ao estudo dos movimentos em si.

A FORMAÇÃO DE ALIANÇAS

Ao ingressar para valer na disputa pelo poder, os movimentos fascistas maduros se viram obrigados a se engajar profundamente no processo de formação de alianças com o establishment. Os conservadores italianos e alemães não criaram Mussolini e Hitler, é claro, embora, muitas vezes, tenham deixado impunes as suas transgressões à lei. Após os fascistas e os nazistas – por meio de diferentes combinações de atração eleitoral e intimidação violenta que vimos no último capítulo – terem-se tornado importantes demais para serem ignorados, os conservadores tiveram que decidir o que fazer com eles.

Especificamente os líderes conservadores tiveram que decidir se deveriam tentar cooptar o fascismo ou empurrá-lo de volta à marginalidade. Uma decisão de importância crucial foi se a polícia e os tribunais deveriam obrigá-los a respeitar a lei. O chanceler alemão Brüning tentou conter a violência nazista em 1931-1932. Proibiu, em 14 de abril de 1932, as ações uniformizadas da SA. Em julho de 1932, contudo, quando Franz von Papen substituiu Brüning no cargo de chanceler, ele suspendeu essa proibição, como já vimos antes, e os nazistas, excitados pela perspectiva de vingança, desencadearam o período mais violento da crise constitucional de 1930-1932. Na Itália, embora alguns chefes de polícia tenham tentado pôr freio ao comportamento transgressor dos fascistas,[27] os líderes nacionais, em momentos decisivos, como já sabemos, preferiram "transformar" Mussolini a discipliná-lo. Os líderes conservadores de ambos os países concluíram que aquilo que os fascistas tinham a oferecer superava em muito as desvantagens de permitir que esses rufiões se apossassem do espaço público da esquerda usando de violência. A imprensa nacionalista e os dirigentes conservadores de ambos os países foram consistentes em seu uso de dois pesos e duas medidas no julgamento da violência fascista e da violência de esquerda.

Quando um sistema constitucional se vê refém de um impasse, e as instituições democráticas deixam de funcionar, a "arena política" tende a se estreitar. O círculo dos responsáveis pelos processos decisórios pode se ver reduzido a uns poucos indivíduos, talvez a apenas um chefe de Estado acompanhado de seus assessores civis e militares mais imediatos.[28] Nos capítulos anteriores deste livro, tivemos que examinar contextos muito amplos a fim de entender a fundação e o enraizamento do fascismo. No estágio em que o colapso do regime democrático finalmente abre caminho para que o líder fascista apresente seriamente suas pretensões ao poder, a concentração da responsabilidade nas mãos de uns poucos indivíduos de importância-chave exige algo próximo a uma perspectiva biográfica – com o devido cuidado, é claro, para não cair na cilada de atribuir tudo apenas ao líder fascista.

A colaboração conservadora na chegada do fascismo ao poder foi de diversos tipos. Em primeiro lugar, havia a cumplicidade com a violência fascista contra a esquerda. Uma das decisões mais fatídicas, no caso alemão, foi a suspensão da proibição das atividades da SA, assinada por Von Papen em 16 de junho de 1932. Os *squadristi* de Mussolini seriam impotentes sem a vista grossa e até mesmo a ajuda direta da polícia e do exército italianos. Outra forma de cumplicidade foi a concessão de respeitabilidade. Já vimos como Giolitti ajudou Mussolini a se tornar respeitável ao incluí-lo em sua coalizão eleitoral, em maio de 1921. Alfred Hugenberg, executivo da Krupp e líder do partido que competia de forma mais direta com Hitler, o Partido Popular Nacional Alemão (o DNVP), alternava entre atacar o arrivista nazista e aparecer em comícios a seu lado. Um desses comícios, realizados em Bad Harzburg, no outono de 1931, levou o público a acreditar que os dois haviam formado uma "Frente Harzburg". Mas, enquanto Hugenberg ajudava a tornar Hitler mais aceitável, os filiados do DNVP se bandeavam para os nazistas, tão mais excitantes.

Vimos no capítulo 3 que os nazistas receberam menos auxílio financeiro do empresariado do que se costuma crer. Antes do acerto final que colocou Hitler no poder, as grandes empresas alemãs preferiam um sólido e confiável conservador, como Von Papen, ao desconhecido Hitler, com seus assessores econômicos excêntricos. Nos tensos meses finais, enquanto Hitler recusava todas as ofertas menores, apostando tudo ou nada no cargo de chanceler, e quando o radicalismo do partido ressurgiu na greve dos transportes de Berlim, o dinheiro escasseou. O NSDAP quase foi à falência após a decepcionante eleição de novembro de 1932. Um banqueiro não tão importante de Colônia, Kurt von Schröder, atuou como intermediário nas negociações entre Hitler e Von Papen, mas as contribuições do empresariado só se tornaram um recurso importante para Hitler após ele ter assumido o poder. Então, é claro, o jogo virou. Os empresários contribuíram com imensas quantias para as recém-empossadas autoridades nazistas e passaram a se acomodar a um regime que recompensaria ricamente a muitos deles com contratos de venda de armamentos, e a todos eles, ao quebrar a espinha do movimento trabalhista organizado na Alemanha.

O financiamento do fascismo italiano foi menos estudado. Quando Mussolini rompeu com os socialistas, no outono de 1914, editores de jornais nacionalistas e industriais, bem como o governo francês, passaram a financiar seu novo jornal, o *Il Popolo d'Italia*, mas seu propósito era levar a Itália à guerra.[29] As razões para o auxílio financeiro prestado ao *squadrismo* por proprietários de terras, pelos militares e por alguns funcionários públicos são suficientemente claras.

O período mais ou menos longo durante o qual fascistas e conservadores forjaram um acordo de divisão do poder foi uma época tensa para ambos os lados, tanto na Itália quanto na Alemanha. Essas negociações prometiam, na melhor das hipóteses, produzir um acordo "não ideal" para ambos. Diante das alternativas, contudo – a esquerda no poder ou uma ditadura militar que provavelmente excluiria tanto os parlamentares conservadores quanto os fascistas –, ambos os lados estavam dispostos a fazer os acertos necessários e aceitar o menos pior.

Os partidos fascistas foram então atraídos a ingressar numa cumplicidade cada vez mais profunda com seus novos aliados, o que implicava o risco de dividir os partidos e alienar alguns de seus puristas. Esse processo de "normalização", já evidente nos estágios anteriores de enraizamento, foi então intensificado, porque o que estava agora em jogo era muito mais substancial, já que o acesso ao poder havia se tornado plausível. O líder fascista, engajado numa promissora negociação com os conservadores que detinham o poder, reformou seu partido de forma mais radical do que nunca. Ele fez o que Wolfgang Schieder chama de um *Herrschaftskompromiss*, um "pacto para o poder", no qual as áreas de concordância são identificadas e os idealistas incômodos são deixados de lado.[30]

Hitler e Mussolini fizeram seus *Herrschaftskompromiss* a partir de posições de força de certo modo diferentes. A importância do *squadrismo* para o êxito de Mussolini – e a relativa insignificância de seu partido eleitoral – significou que Mussolini devia mais aos *ras*, seus chefetes regionais, do que Hitler devia à SA. Hitler, portanto, tinha um pouco mais de liberdade de ação em suas negociações, mas mesmo ele não estava totalmente livre das dificuldades causadas pelos militantes de seu partido.

O período de negociações com os líderes conservadores visando o acesso ao poder é um tempo arriscado para um líder fascista. Enquanto ele barganha em segredo com a elite política, seus seguidores esperam ansiosamente do lado de fora, acusando-o de estar traindo seus princípios.

Em fins de 1920, Mussolini, já engajado em negociações sigilosas com os líderes partidários, desapontou alguns de seus militantes ao não ir em socorro de D'Annunzio, em Fiume, à época do Natal, e por ingressar na coalizão eleitoral de Giolitti, em maio de 1921. Em agosto do mesmo ano, só conseguiu debelar uma rebelião aberta, que teve como motivo seu "pacto de pacificação" firmado com o inimigo tradicional, o grupo socialista, ao renunciar temporariamente à liderança e desistir do pacto.

Hitler também provocou conflitos internos em seu partido sempre que parecia estar próximo de fechar um trato relativo à obtenção de poder. O ex-capitão Freikorps, Walter Stennes, então no comando da SA de Berlim e do leste alemão, contestou a busca do poder por meios legais na qual Hitler estava engajado. Em setembro de 1930, os integrantes da SA de Stennes estavam tão exasperados com o adiamento da recompensa, com a longa jornada de trabalho não remunerado e com o fato de estarem subordinados aos quadros não militares do partido que ocuparam e destruíram os escritórios do Partido Nazista em Berlim. Quando se recusaram a obedecer às ordens de Hitler de se submeterem à proibição da violência de rua, em fevereiro de 1931, Hitler expulsou Stennes da SA. Os militantes indignados ocuparam novamente a sede do partido em abril de 1931, e Hitler teve que usar de todo o seu poder de persuasão para pôr fim à revolta. Quinhentos militantes radicais foram expurgados da SA. Hitler chegou ainda mais perto de perder o controle sobre o Partido Nazista ao final de 1932, como vimos antes, quando os votos começaram a diminuir, o dinheiro minguou e alguns militantes de maior importância passaram a procurar futuros mais promissores em governos de coalizão. Com sua vontade e seu instinto de jogador intactos, apesar do enfraquecimento de seu poder de barganha, Hitler apostou tudo no cargo de chanceler.

Os conservadores igualmente resolveram jogar alto, quando um acordo com um partido fascista bem-sucedido passou a parecer possível: o poder com uma base de massas se tornou então uma meta alcançável a eles também. Chegou a haver competição entre os conservadores que tentavam conquistar o apoio da totalidade ou de parte do movimento fascista (alguns deles tentando apoderar-se de uma ala ou da base). Na Alemanha, Schleicher competia com Von Papen, ambos tentando atrelar o arisco cavalo nazista a sua carroça – como Giolitti competira com Salandra, na Itália.

Nada houve de inevitável na chegada ao poder de Mussolini ou de Hitler. Um exame mais cuidadoso de como chegaram a se tornar chefes de governo é um exercício de antideterminismo. É bem possível que uma série de fatores – a superficialidade das tradições liberais, a industrialização tardia, a sobrevivência das elites pré-democráticas, a força dos levantes revolucionários, o espasmo de revolta contra a humilhação nacional – tenham contribuído para a magnitude da crise, reduzindo as alternativas disponíveis tanto na Itália quanto na Alemanha. Mas os dirigentes conservadores rejeitaram outras possibilidades – governar em coalizão com a esquerda moderada, por exemplo, ou governar sob poderes de emergência outorgados ao rei ou ao presidente (ou continuar a fazê-lo, no caso da Alemanha). Optaram pela alternativa fascista. Os líderes fascistas, de sua parte, conseguiram a "normalização" necessária ao compartilhamento do poder. Não tinha que ter acontecido assim.

O QUE OS FASCISTAS TINHAM A OFERECER AO ESTABLISHMENT

Numa situação de impasse constitucional e de crescente ameaça revolucionária, um movimento fascista bem-sucedido pode trazer recursos preciosos a uma elite vacilante.

Os fascistas podiam oferecer uma base de massas grande o suficiente para permitir que os conservadores formassem maiorias parlamentares capazes de decisões vigorosas, sem ter que recorrer aos inaceitáveis parceiros de esquerda. Os 35 deputados de Mussolini não pesavam muito na balança, mas a contribuição potencial de Hitler foi decisiva. Ele tinha a oferecer o maior partido alemão aos conservadores, que não haviam aprendido a lidar com a política de massas, introduzida repentinamente em seu país pela constituição de 1919. No decorrer da década de 1920, o único partido não marxista a conseguir construir uma base de massas na Alemanha foi o Zentrum (Partido do Centro), um partido católico que, por meio de suas raízes na vida paroquiana, contava com um quadro de filiados ativamente engajado e proveniente de todas as classes sociais. O Zentrum tinha amplo acesso à classe trabalhadora por intermédio dos sindicatos católicos, mas, como partido de filiação religiosa, via limitado seu recrutamento, o que não acontecia com Hitler. Como detentor do maior partido, Hitler permitiu aos formadores de alianças conservadores escapar dos poderes de emergência presidenciais que eles já vinham suportando há três anos e formar maioria parlamentar que excluísse a esquerda.

Os fascistas ofereciam mais que meros números. Ofereciam rostos jovens e frescos a um público cansado de um establishment envelhecido que havia criado uma grande confusão. Os dois partidos mais jovens da Alemanha e da Itália eram os comunistas e os fascistas. Ambos os países desejavam ardentemente uma liderança nova, e os fascistas tinham a oferecer aos conservadores uma fonte da juventude. Ofereciam também outro modo de engajamento – um forte compromisso e uma disciplina rígida, numa época em que os conservadores temiam a dissolução dos vínculos sociais.

Haviam também encontrado uma fórmula mágica para afastar os trabalhadores do marxismo. Muito tempo depois de Marx ter afirmado que a classe trabalhadora não tinha pátria, os conservadores não haviam encontrado meios de refutá-lo. Nenhuma das tentativas novecentistas – a deferência, a religião, a escolarização – haviam funcionado. Às vésperas da Primeira Grande Guerra, a Action Française havia alcançado algum grau de sucesso em converter uns poucos trabalhadores ao nacionalismo, e a inesperada ampla aceitação por parte dos trabalhadores de seu dever patriótico de lutar por seu país neste conflito profetizou que, no século XX, a nação seria mais forte que a classe.

Fascistas de todos os países souberam tirar partido dessa revelação. Já mencionei o Cercle Proudhon francês como um dos precursores do fascismo.[31] Quanto ao Partido Nazista, seu próprio nome proclamava que ele era um partido de trabalhadores, um Arbeiterpartei. Mussolini esperava atrair para seu partido seus antigos companheiros socialistas. Os resultados não foram os melhores. Todas as análises da composição social dos primeiros partidos fascistas chegam à mesma conclusão: embora alguns trabalhadores tenham sido atraídos, sua participação nos quadros partidários era sempre menor que na população em geral. Talvez esses poucos trabalhadores fascistas tenham bastado. Se os partidos fascistas eram capazes de recrutar alguns trabalhadores, a violência, então, poderia tratar dos retardatários. Essa fórmula de dividir para conquistar era muito mais eficaz que qualquer coisa que os conservadores tinham a oferecer.

Uma outra oferta sedutora era a de superar o clima de desordem que os próprios fascistas haviam contribuído para criar. Tendo deixado à solta seus militantes com o fim de tornar impraticável a democracia e desacreditar o Estado constitucional, os líderes nazistas e fascistas posaram então como a única força não socialista capaz de restaurar a ordem. Essa não foi a última vez que os líderes capitalizaram essa ambiguidade: "Estando no centro do movimento", Hannah Arendt escreveu, em uma de suas penetrantes observações, "o líder pode agir como se estivesse acima dele".[32] As condições que os fascistas colocavam para entrar num acordo não eram insuperáveis. Havia conservadores alemães que se inquietavam com a retórica anticapitalista brandida por alguns intelectuais nazistas,[33] da mesma forma que os conservadores italianos se inquietavam com os ativistas do trabalhismo fascista, como Edmondo Rossoni. Mas Mussolini havia muito se bandeara para o "produtivismo" e para a admiração pelo herói industrial, enquanto Hitler deixou claro, em sua famosa fala ao Clube dos Industriais de Düsseldorf, em 26 de janeiro de 1932, bem como em suas conversas particulares, que também na esfera econômica ele era um darwinista social.

Mesmo que para chegar a um acordo fosse necessário admitir esses arrivistas grosseiros ao primeiro escalão do governo, os conservadores estavam convencidos de que manteriam o controle do Estado. Nunca se ouvira falar de pessoas surgidas do nada vindo a chefiar governos europeus. Ainda era normal na Europa, mesmo após a Primeira Guerra e mesmo em democracias, que os ministros e os chefes de Estado fossem membros cultos das classes superiores, com longa experiência na diplomacia e na administração. O primeiro primeiro-ministro de classe baixa na Grã-Bretanha foi Ramsay MacDonald, eleito em 1924, e ele logo assumiu a aparência, a fala e o modo de agir de um aristocrata, para grande desgosto dos militantes do Partido Trabalhista, que o ridicularizavam chamando-o de "*gentleman* Mac". O presidente Friedrich

Ebert da Alemanha (1919-1925), seleiro de profissão, havia alcançado prestígio numa longa carreira de funcionário e deputado do Partido Socialista. Hitler e Mussolini foram os primeiros aventureiros de classe baixa a chegar ao poder em grandes países europeus. Até hoje a República francesa jamais teve um chefe de Estado e teve apenas alguns ministros que eram *social outsiders*, como, digamos, Harry Truman. Mas as circunstâncias estavam longe de serem normais na Itália de 1922 e na Alemanha de 1933. Um ingrediente central dos cálculos dos conservadores era que o cabo austríaco e o agitador novato e ex-socialista italiano não teriam a menor ideia do que fazer com um cargo de primeiro escalão. Seriam incapazes de governar sem o *savoir-faire* dos cultos e experientes líderes conservadores.

Em suma, os fascistas ofereciam uma nova receita de governo, contando com o apoio popular, sem implicar uma divisão do poder com a esquerda, e sem representar qualquer ameaça aos privilégios sociais e econômicos e ao domínio político dos conservadores. Os conservadores, de sua parte, tinham em mãos as chaves das portas do poder.

A CRISE PRÉ-FASCISTA

Ainda que as duas crises em meio às quais os dois líderes fascistas alcançaram o poder – os choques imediatamente posteriores à Primeira Guerra e à Grande Depressão – fossem de naturezas diferentes, tinham elementos em comum. Ambas confrontavam os governos com problemas de deslocamentos econômicos e de humilhação por estrangeiros, que pareciam insolúveis por meio da política partidária tradicional; um impasse do governo constitucional (gerado, em parte, pela polarização política que os fascistas haviam ajudado a instigar); o crescimento rápido da esquerda militante, que ameaçava surgir com a principal beneficiária da crise; e dirigentes conservadores que se recusavam a trabalhar até mesmo com os elementos reformistas da esquerda, e que se sentiam ameaçados em sua capacidade de continuar a governar contra a esquerda sem receber novos reforços.

É essencial que nos lembremos de que a possibilidade de uma revolução comunista parecia muito real na Itália de 1921 e na Alemanha de 1932. A Itália acabava de passar pelo *biennio rosso*, os dois "anos vermelhos" que se seguiram à primeira eleição do pós-guerra, realizada em novembro de 1919, na qual o Partido Socialista Italiano triplicou sua votação de antes da guerra, conseguindo quase um terço das cadeiras parlamentares e passando por uma onda de fervor "maximalista". A posse de prefeitos socialistas em inúmeras localidades foi acompanhada por maciços confiscos de terra e por greves, culminando na espetacular ocupação das fábricas de Turim, em setembro de 1920. No plano exterior, assomava o exemplo da Rússia, onde a primeira revolução socialista a ter êxito em todo o mundo dava todos os sinais de estar gerando outras. Sabemos hoje que os socialistas "maximalistas" italianos e o novo Partido Comunista Italiano não tinham a menor ideia do que fazer em seguida. O medo de uma revolução comunista imaginada, no entanto, bastava para mobilizar os conservadores tanto quanto uma revolução de fato o faria. Como observou Frederico Chabod, o medo que a classe média tinha do comunismo atingiu o auge na Itália após a onda "maximalista" já ter acalmado.[34]

Na Alemanha, após 1930, apenas os comunistas e os nazistas vinham aumentando suas votações.[35] Tal como os nazistas, os comunistas alemães tiravam partido do desemprego e da opinião geral de que os partidos tradicionais e o sistema constitucional haviam fracassado. Sabemos, com base em documentos do Partido Nazista apreendidos pela polícia alemã em 1931 – os "documentos Boxheim" –, que os estrategistas nazistas, como muitos outros alemães, esperavam uma revolução comunista e planejavam uma ação direta contra ela. Os líderes nazistas, em 1931, pareciam convencidos de que usar a força para se opor à revolução comunista era sua melhor chance de alcançar uma ampla aceitação em todo o país.

Nessas circunstâncias, o governo democrático funcionava mal. Embora o Parlamento italiano nunca tenha chegado a uma situação de impasse tão completa quanto a que atingiu o governo alemão, a incapacidade dos dirigentes políticos de ambos os países de resolver as dificuldades que então se apresentavam ofereceu ao fascismo a indispensável brecha.

Tanto os fascistas italianos quanto os alemães haviam feito tudo o que podiam para fazer com que a democracia funcionasse mal. Mas o impasse das constituições liberais não foi algo provocado unicamente pelos fascistas. "O colapso do Estado liberal", diz Roberto Vivarelli, "ocorreu independentemente do fascismo".[36] Àquela época (após 1918), era tentador ver o mau funcionamento dos governos democráticos como uma crise sistêmica que marcava o fim histórico do liberalismo. A partir do reflorescimento da democracia constitucional ocorrido após a Segunda Guerra, pareceu mais plausível vê-la como uma crise circunstancial provocada pelas tensões da Primeira Grande Guerra, pela súbita ampliação da democracia e pela Revolução Bolchevique. Seja qual for nossa interpretação do impasse do governo democrático, é muito pouco provável que um movimento fascista possa chegar ao poder sem ele.

REVOLUÇÕES APÓS A ASCENSÃO AO PODER: ALEMANHA E ITÁLIA

Os conservadores alçaram Hitler e Mussolini a cargos de governo de forma quase constitucional, no âmbito de uma coalizão que os líderes fascistas não controlavam plenamente. Tendo chegado ao primeiro escalão do governo numa situação de quase legalidade, Mussolini e Hitler passaram a deter apenas os poderes outorgados a um chefe de Estado nos termos da Constituição. De maneira mais prática, seu poder, nos primeiros dias no cargo, era limitado pelo fato de terem que governar em coalizão com seus aliados conservadores. Embora os partidos fascistas tenham ocupado alguns cargos de grande importância nesses governos, eles detinham apenas uma minoria das pastas ministeriais.[37]

Não tardou para que ambos os líderes transformassem esse ponto de apoio em ditadura escancarada. Controlar por completo o Estado, transformando um cargo semiconstitucional em autoridade pessoal ilimitada: essa foi a real "tomada do poder". Isso era diferente de ascender a um cargo. A principal linha de ação eram os atos maciçamente ilegais praticados pelos líderes fascistas. Os aliados continuavam sendo de importância crucial, mas agora bastava que eles aquiescessem.

Nem mesmo Hitler veio a se tornar ditador da Alemanha de repente. A princípio, acreditava que o melhor artifício para conseguir maior independência com relação a seus parceiros de coalizão seria uma nova eleição, na esperança de obter a maioria esmagadora que até então ele nunca alcançara. No entanto, antes que a eleição pudesse se realizar, um golpe de sorte colocou nas mãos de Hitler uma desculpa para que ele, de dentro do governo e sem sombra de oposição nem da direita nem do centro, desse o que foi virtualmente um *coup d'etat*. Esse golpe de sorte foi o incêndio que destruiu o prédio do Reichstag, em Berlim, em 28 de fevereiro de 1933.

Por muito tempo se acreditou que os próprios nazistas haviam provocado o incêndio para, em seguida, colocar a culpa num jovem comunista holandês, um pouco tolo, que foi encontrado no local, Marinus van der Lubbe, a fim de persuadir a opinião pública a aceitar medidas anticomunistas extremas. Hoje em dia, a maioria dos historiadores acredita que Van der Lubbe de fato ateou o fogo, e que Hitler e seus correligionários, tomados de surpresa, realmente acreditaram que um golpe comunista havia começado.[38] Um número suficiente de alemães compartilhou desse pânico, dando aos nazistas uma liberdade de movimentos quase ilimitada.

O que aconteceu a seguir foi, de modo geral, apresentado como a versão de Hitler, uma vez que o chanceler passou à ação com notável rapidez e autoconfiança, a fim de tirar partido do generalizado medo do "terrorismo" comunista. O que merece a mesma ênfase foi a disposição dos conservadores alemães a dar a ele passe livre, e das organizações da sociedade civil a responder a seus apelos. Enquanto as ruínas do Reichstag ainda fumegavam, o presidente Hindenburg assinou, em 28 de fevereiro, o "Decreto para a Proteção do Povo e do

Estado" usando os poderes de emergência conferidos a ele pelo artigo 48. O Decreto do Incêndio do Reichstag suspendeu toda a proteção jurídica aos direitos de liberdade pessoal, de expressão, de reunião e de propriedade, permitiu às autoridades deter suspeitos de "terrorismo" (isto é, comunistas) de forma indiscriminada e deu ao governo federal o controle sobre o poder de polícia dos governos estaduais.

Depois disso, poucos alemães estavam preparados para resistir, na ausência de qualquer ajuda da polícia, da justiça ou de outras autoridades, quando a SA, com seus camisas marrons, irrompia em tribunais e expulsava advogados e magistrados judeus,[39] ou saqueava os escritórios e os jornais esquerdistas.

O presidente Hindenburg já havia autorizado novas eleições. Quando se realizaram, em 5 de março, entretanto, apesar do terror nazista dirigido contra os partidos e os eleitores de esquerda, o partido de Hitler ainda não havia alcançado a tão desejada maioria. Mais um passo seria necessário antes que Hitler pudesse fazer o que queria. Os nazistas propuseram uma Lei de Autorização, que permitia a Hitler governar por decreto por um período de quatro anos, sem ter que responder nem ao Parlamento nem ao presidente, após o qual ele prometia se aposentar. Seu título oficial, Lei para Aliviar o Sofrimento do Povo e do Reich, era um esplêndido exemplo da grandiloquência nazista, da LTI.[40] A constituição exigia maioria de dois terços do Parlamento para uma tal delegação de poderes Legislativos ao Executivo.

Embora a maioria dos alemães ainda tivesse votado em outros partidos nas eleições de 5 de março, Hitler alcançou essa maioria de dois terços a favor da Lei de Autorização, em 24 de março de 1933, no que foi ajudado pela prisão dos deputados comunistas. Os votos não nazistas mais decisivos partiram do Zentrum católico e dos nacionalistas de Hugenberg. O Vaticano concordou, refletindo a convicção do papa Pio XI de que o comunismo era pior que o nazismo, e também sua indiferença pelas liberdades políticas (ele pensava que os católicos deveriam trabalhar no mundo através de escolas e da "Ação Católica" – organizações de base estudantil e trabalhista –, e não por meio de eleições e de partidos políticos). Hitler pagou sua dívida em 20 de julho, assinando com o Vaticano uma concordata que prometia tolerância para com o ensino católico e as atividades da Ação Católica na Alemanha, contanto que essas organizações se mantivessem fora da política.

Hitler agora estava livre para dissolver todos os outros partidos políticos (inclusive o Zentrum católico) nas semanas que se seguiram e estabelecer uma ditadura de partido único. Seus cúmplices conservadores estavam dispostos a fazer vista grossa à "revolução de baixo para cima", posta em ação em caráter não oficial, na primavera de 1933, por ativistas do Partido Nazista contra judeus e marxistas, e até mesmo ao estabelecimento do primeiro campo de concentração em Dachau, próximo a Munique, em março de 1933, destinado aos inimigos políticos, contanto que esses atos ilegais fossem cometidos contra os "inimigos do povo". Hitler, quase sem ser notado, conseguiu, por iniciativa própria, estender a Lei de Autorização por mais cinco anos, quando ela veio a expirar em 1937, e novamente em 1942, dessa vez por prazo indeterminado, sob a justificativa da guerra. Ele parecia querer acobertar sua ditadura com o verniz legalista que a Lei de Autorização conferia às arbitrariedades do regime.

A conquista do poder ajudava um líder fascista a dominar seu partido, mas, mesmo após janeiro de 1933, os conflitos de Hitler com seu partido não haviam terminado. Alguns dos zelotes do partido acreditavam que o êxito de Hitler no estabelecimento de uma ditadura nazista significava que eles logo teriam acesso ilimitado a empregos e a todo o espólio, numa "segunda revolução". Ernst Röhm, líder da SA, pressionou Hitler para que este convertesse os camisas marrons numa força armada paralela, projeto esse que alarmou o exército regular. Hitler resolveu a questão de uma vez por todas na Noite das Facas Longas, ocorrida em 30 junho de 1934, mandando assassinar Röhm e outros líderes da SA, e também, fato esse menos conhecido, alguns conservadores recalcitrantes (inclusive vários integrantes da equipe do vice-chanceler Von Papen), além de outros notáveis que o haviam ofendido, como Gregor Strasser, o general Von Schleicher (juntamente com sua mulher), Gustav von Kahr, o líder conservador bávaro que havia bloqueado o caminho de Hitler em 1923, e 13 deputados do Reichstag. O total de vítimas ficou entre 150 e 200.[41] Essa lição estarrecedora, aliada ao espólio das vitórias nazistas, fez com que os indecisos entrassem na linha e assim permanecessem a partir de então.

A revolução de Mussolini após sua chegada ao poder foi mais gradual, e a luta pela preponderância entre os três contendentes – o líder, os fanáticos do partido e o establishment conservador – nunca ficou tão definitivamente resolvida quanto na Alemanha nazista. Durante quase dois anos, Mussolini, aparentemente, conformou-se em governar como um primeiro-ministro comum num regime parlamentarista, em coalizão com nacionalistas, liberais e uns poucos popolari. Seu governo seguia políticas conservadoras convencionais na maioria das áreas, tais como a deflação e o equilíbrio orçamentário ortodoxos postos em prática pelo ministro das Finanças Alberto de Stefani.[42]

No entanto, nunca deixou de haver o risco de a ameaça da violência *squadrista* fugir ao controle de Mussolini. Muitos Camisas Negras queriam uma "segunda revolução"[43] que reservasse apenas a eles todos os empregos e todo o espólio do poder. Sua Marcha sobre Roma, em 31 de outubro de 1922, levou a uma escalada de violência que causou sete mortes, dezessete casos de ferimentos e danos substanciais a diversos jornais de oposição, antes que o Duce conseguisse despachar os Camisas Negras para fora da cidade, naquela mesma noite.[44] A partir de então, sempre que eles sentiam que Mussolini estava "normalizando" demais, os frustrados *squadristi* não demoravam a enviar a ele uma mensagem, como ocorreu em Turim, em 18-21 de dezembro de 1923 (pelo menos onze mortos), e em Florença, em janeiro de 1925 (vários mortos, inclusive um deputado socialista e um procurador de oposição).

Embora Mussolini às vezes tentasse conter seus indisciplinados seguidores, ele, em diversas ocasiões, soube tirar partido de suas pressões. A lei eleitoral de Acerbo foi aprovada pela Câmara Baixa em 23 de julho de 1923, enquanto os Camisas Negras patrulhavam as ruas do lado de fora, e Mussolini ameaçava "permitir que a revolução seguisse seu curso", caso a lei fosse rejeitada.⁴⁵ Quando o Senado a aprovou em 18 de novembro daquele mesmo ano, essa bizarra legislação dava dois terços das cadeiras ao maior partido, na condição de que ele conseguisse mais de 25% dos votos, o outro terço sendo distribuído proporcionalmente entre os demais partidos. Na eleição seguinte, realizada em 6 de abril de 1924, com pressão fascista sobre o eleitorado, a chapa "Nacional" (o Partido Fascista mais os nacionalistas) recebeu 64,9% dos votos, ficando assim com 374 cadeiras. Mesmo assim, ela não alcançou maioria nas regiões do Piemonte, da Ligúria, da Lombardia e do Vêneto. A partir de então, Mussolini desfrutou sempre de um Parlamento dócil e de uma aparência de legitimidade, embora seu regime não pudesse ser considerado "normal".

Esse período de seminormalidade chegou ao fim em razão de um chocante incidente de retomada do *squadrismo*: o assassinato de Giacomo Matteotti, o eloquente secretário da ala reformista do Partido Socialista Italiano. Em 30 de maio de 1924, Matteotti apresentou à câmara provas detalhadas da corrupção e dos atos de ilegalidade perpetrados pelos fascistas nas recentes eleições para o Parlamento. Dez dias após seu discurso, o líder socialista foi capturado numa rua de Roma e jogado dentro de um carro que esperava nas redondezas. Seu corpo foi encontrado várias semanas depois. Testemunhas oculares tornaram possível rastrear o carro, e ficou claro que pessoas próximas a Mussolini haviam cometido o assassinato. Até hoje não se sabe ao certo se a ordem partiu pessoalmente de Mussolini ou se a iniciativa foi de seus subordinados. De qualquer forma, a responsabilidade última de Mussolini ficou clara. O assassinato chocou a maioria dos italianos, e conservadores importantes, que antes haviam apoiado Mussolini, agora pediam um novo governo impoluto.⁴⁶

A indignação causada pelo assassinato de Matteotti ofereceu ao rei e ao establishment conservador sua melhor oportunidade para afastar Mussolini do cargo. Mais uma vez, eles tinham diversos caminhos abertos à sua frente. Contudo, optaram por não questionar a responsabilidade de Mussolini a ponto de ter que adotar medidas para removê-lo do cargo, temerosos de que assim agindo estariam abrindo caminho para o recrudescimento do caos ou para um governo de esquerda.

Após vários meses de impasse, enquanto os aliados conservadores de Mussolini titubeavam e a oposição se retraía num contraproducente boicote às atividades parlamentares,[47] os *ras* pressionavam Mussolini. Em 31 de dezembro de 1924, decepcionados com a aparente falta de determinação de seu líder, trinta e três cônsules da milícia fascista (na qual Mussolini havia transformado os *squadristi*, numa tentativa de controle), dirigiram-se a seu gabinete e o confrontaram com um ultimato: caso o Duce não liquidasse a oposição, a Milícia o faria sem ele.

Ciente da hesitação de seus oponentes e temeroso de uma revolta dos *ras*, Mussolini se decidiu. Num agressivo discurso proferido em 3 de janeiro de 1925, aceitou "plena responsabilidade política, moral e histórica por tudo o que aconteceu" e prometeu agir de forma vigorosa. Unidades mobilizadas da Milícia já haviam começado a fechar jornais e organizações da oposição e a prender adversários. Nos dois anos que se seguiram, o Parlamento, dominado pelos fascistas e pressionado por diversos atentados contra a vida de Mussolini, aprovou uma série de leis para a defesa do estado, as Leis Fascistíssimas que fortaleciam o poder da administração, substituíam prefeitos eleitos por funcionários nomeados para o cargo (*podestà*), submetiam a imprensa e o rádio à censura, reinstituíam a pena de morte, davam aos sindicatos fascistas o monopólio da representação trabalhista e dissolviam todos os partidos, com exceção do PNF. Em inícios de 1927, a Itália havia se convertido numa ditadura de partido único. Os conservadores, de modo geral, aceitaram o golpe interno de Mussolini, porque as alternativas pareciam ser a continuação do impasse ou a admissão da esquerda no governo.

COMPARAÇÕES E ALTERNATIVAS

Nesse terceiro estágio, as comparações adquirem relevância muito maior que no segundo. Inúmeros movimentos fascistas em seu primeiro estágio, encontrando pouco espaço para crescer, permaneceram fracos demais para despertarem o interesse de aliados ou de cúmplices. Alguns poucos conseguiram se enraizar, mas não foram capazes de obter influência nem de travar amizades com membros da elite, algo necessário para que eles pudessem se ver em condições de competir por cargos eletivos. Apenas uns poucos deles chegaram de fato ao poder. Dentre os que lá chegaram, alguns se associaram, como parceiros menores, a regimes autoritários que não tardaram a amordaçá-los ou destruí-los. Foi apenas na Alemanha e na Itália que os fascistas, até hoje, tomaram as rédeas de fato.

As parcerias minoritárias com regimes autoritários mostraram ser desastrosas para os movimentos fascistas. Papéis secundários não combinavam com as extravagantes pretensões fascistas de transformar seu povo e redirecionar a história. De seu lado, os parceiros conservadores tinham em péssima conta a violência impaciente dos fascistas e seu desdém pelos interesses estabelecidos, uma vez que, nesses casos, tratava-se de movimentos fascistas que haviam preservado muito da radicalização social de sua primeira etapa.

Já relatamos a supressão sangrenta de um aliado fascista de importância secundária por um ditador autoritário, na extinção da Legião do Arcanjo Miguel pelo ditador romeno marechal Antonescu, em janeiro de 1944.[48] Como veremos no Capítulo 6, os ditadores ibéricos, Franco e Salazar, reduziram à impotência os partidos fascistas, embora de forma menos sangrenta. O ditador brasileiro Vargas tolerou um movimento fascista para depois esmagá-lo.[49] De modo geral, nenhum tipo de regime conservador bem estabelecido ofereceu condições favoráveis para que os fascistas alcançassem o poder. Ou eles reprimiram o que viam como fomentadores de desordem ou apropriaram-se das causas fascistas e de seus seguidores.[50] Se os conservadores fossem capazes de governar sozinhos, era isso que eles faziam.

Outra rota fascista para o poder foi seguir na esteira de um exército vitorioso. Mas isso aconteceu com muito menos frequência do que seria de se esperar. Os desastrados soldados de Mussolini ofereceram-lhe poucas oportunidades de criar fantoches em outros países. Hitler teve muitas oportunidades desse tipo, mas ele, de modo geral, não confiava nos fascistas estrangeiros. O nazismo, como receita para a unidade e o dinamismo nacionais, era a última coisa que ele desejava para um país que havia conquistado e ocupado. O nazismo era o pacto privado do *Volk* alemão com a história, e Hitler não tinha a menor intenção de exportá-lo.[51] Hitler, além disso, por muito tempo, e contrariando a lenda popular, foi um governante pragmático, com um fino senso prático. Para manter na linha os povos conquistados, os partidos fascistas locais lhe seriam muito menos úteis que as tradicionais elites conservadoras.

Vidkun Quisling, o líder fascista norueguês cujo nome se transformou no próprio termo para um governante-fantoche, na verdade tinha pouca autoridade na Noruega ocupada. Embora, durante a década de 1930, o Nasjonal Samling de Quisling mal tenha conseguido 2% do voto popular, ele aproveitou a oportunidade da invasão alemã em 9 de abril de 1940 e a saída do rei e do Parlamento de Oslo para declarar seu partido no poder. Apesar de o ideólogo nazista Alfred Rosenberg apoiá-lo, autoridades alemãs mais responsáveis sabiam que ele despertava apenas repugnância na Noruega e, seis dias depois, Hitler concordou em alijá-lo.

O oficial nazista Joseph Terboven governou a Noruega como *Reichskommissar*, auxiliado, após setembro de 1940, por um conselho de Estado no qual o NS detinha 10 das 13 cadeiras, excluindo o próprio Quisling. Terboven permitiu que Quisling continuasse a construir o NS (o único partido autorizado) e, em 1º de fevereiro de 1942, outorgou-lhe o título de "ministro-presidente". Mesmo então, Quisling não tinha autoridade independente, e Hitler negou seu desejo insistentemente expresso de um papel mais independente para a Noruega na Europa nazista. O governo-fantoche de Quisling enfrentou crescente resistência, tanto ativa quanto passiva.

A Holanda ocupada, cuja rainha, Wilhelmina, havia estabelecido um governo no exílio em Londres, era governada por uma administração civil encabeçada pelo advogado nazista austríaco Arthur Seyss-Inquart com o líder fascista holandês, Anton Mussert, desempenhando um papel de menor importância. O movimento fascista dinamarquês era quase invisível antes da guerra. Seu líder, Fritz Clausen, não desempenhou nenhum papel após 1940. O rei Christian x permaneceu no cargo, como símbolo da continuidade nacional, enquanto seu ministro Scavenius fornecia os produtos agrícolas que a Alemanha exigia, chegando mesmo a assinar o Pacto Anticomintern.

A França foi a conquista mais valiosa do exército alemão e, com a neutralidade francesa, seus produtos e sua força de trabalho eram recursos indispensáveis para a máquina de guerra do Reich. Hitler não estava disposto a colocar esses recursos em risco, dando poder a um dos insignificantes e barulhentos chefetes fascistas franceses que já encontramos no capítulo anterior. O Führer teve a sorte de a derrota de maio de 1940 ter desacreditado a Terceira República francesa a tal ponto que a Assembleia Nacional francesa, em 10 de junho de 1940, votou por conferir plenos poderes a um herói da Primeira Guerra de 84 anos, o marechal Philippe Pétain, que, em junho, havia surgido como o principal defensor da proposta de colocar fim à luta. Pétain instalou uma capital provisória em Vichy, no sul ocupado, e governou por meio de poder pessoal autoritário, com o apoio dos serviços estatais franceses tradicionais, do establishment econômico e social, dos militares e da Igreja Católica Romana. Fez o possível para cooperar com as autoridades da ocupação nazista da metade setentrional da França, na esperança de encontrar um lugar adequado na nova Europa sob domínio alemão, que, segundo ele acreditava, era permanente.

Hitler manteve na folha de pagamento nazista em Paris alguns fascistas franceses, caso precisasse pressionar Pétain com um rival. Mas foi apenas nos últimos dias da guerra – quando o vento mudou de direção e os notáveis conservadores que no início haviam apoiado Vichy começaram a abandoná-lo – que alguns dos fascistas da época anterior à guerra, como Marcel Déat, encontraram lugar no governo de Vichy.[52]

O principal papel conferido por Hitler aos fascistas locais dos países ocupados foi o recrutamento de voluntários nativos para ir congelar e morrer na frente russa. Tanto o belga Léon Degrelle[53] quanto o fascista francês Jacques Doriot[54] prestaram esse serviço a Hitler.

Hitler também não tinha interesse em promover movimentos fascistas nos Estados-satélites. Mantinha estreitas relações pessoais com o marechal Antonescu, que havia esmagado o fascismo romeno.[55] As trinta divisões romenas de Antonescu que serviam na frente russa o ajudaram muito mais que os passionais legionários de Horia Sima. Deixou a Eslováquia, que surgiu pela primeira vez como Estado independente quando ele dividiu a Tchecoslováquia, em maio de 1939, para o Hlinkova slovenká (Partido Popular Eslovaco) do padre Josef Tiso, embora este fosse mais clérico-autoritário do que fascista. O partido, naquela época sob a liderança do padre Andreas Hlinka, havia recebido até um terço dos votos no período do entreguerras e, mais tarde, prestou-se a ajudar na deportação dos judeus.

Hitler também julgou mais simples e barato não ocupar a Hungria, deixando-a sob o poder do almirante Horthy, que, de modo geral, havia governado em linhas tradicionais e autoritárias desde 1º de março de 1920. O exército alemão só entrou na Hungria em 22 de março de 1944, quando os nazistas suspeitaram de que Horthy estaria negociando com os exércitos Aliados, já então a caminho. Foi apenas na situação mais extrema, quando as tropas soviéticas entraram em território húngaro, em 16 de outubro de 1944, que Hitler substituiu Horthy pelo líder do movimento húngaro Cruz Flechada, Ferenc Szálasi. A Hungria fascista teve vida curta, pois logo foi derrotada pelo avanço dos exércitos soviéticos.

Os nazistas não permitiram que os fascistas nativos assumissem o poder nos Estados clientes da Croácia, pois estes eram uma criação nova, ainda sem uma elite governante instalada no poder e que, na verdade, estava localizada na zona de influência italiana. Em maio de 1941, quando o exército alemão dominou e dividiu a Iugoslávia, o Ustaša, um movimento terrorista-nacionalista de antes da guerra, e seu líder de longos anos, Ante Pavelić, tiveram permissão para tomar o poder no recém-independente Estado da Croácia. Até mesmo os observadores nazistas ficaram chocados com o caótico banho de sangue no qual a Ustaša massacrou um número que, em estimativas sóbrias, chegou a 500 mil sérvios, 200 mil croatas, 90 mil muçulmanos bósnios, 60 mil judeus, 50 mil montenegrinos e 30 mil eslovenos.[56] Nenhum desses fantoches nos Estados ocupados ou satélites foi capaz de sobreviver sequer por um momento após a derrota de seus protetores do Eixo. Na Espanha e em Portugal, ao contrário, os regimes autoritários continuaram a funcionar após 1945, evitando cuidadosamente qualquer sinal de parafernália fascista.

O fato de Quisling e de Szálasi terem sido levados ao poder em situações extremas não dependia muito de seu apoio local e, na verdade, era sinal de que Hitler havia falhado em sua política preferida de persuadir os dirigentes tradicionais dos países ocupados a colaborar com as autoridades nazistas. Os fascismos da ocupação sem dúvida são interessantes – a derrota e a colaboração trouxeram para o primeiro plano todos os perdedores do sistema anterior e deixaram à mostra todas as linhas de falha e todos os antagonismos da comunidade política ocupada – mas é discutível que possamos chamá-los de fascismos autênticos, pela simples razão de eles não terem sido livres para perseguir ideais de grandeza nacional e de expansionismo.[57]

Podemos aprender muito mais sobre o fascismo a partir de outros tipos de fracasso, como o dos movimentos da direita radical francesa, que, antes de 1940, se tornaram muito conspícuos, embora permanecendo na condição de externos ao sistema. Aqui, as comparações nos permitem perceber reais diferenças na natureza do ambiente político e nas possibilidades de alianças que distinguem dos demais os países onde o fascismo deu certo. O que distinguia a Alemanha e a Itália, onde o fascismo chegou ao poder, da França e da Grã-Bretanha, onde os movimentos fascistas eram altamente visíveis, mas fracassaram em suas tentativas de se aproximar do poder?

Examinamos o caso francês no Capítulo 3. Os movimentos radicais de direita – alguns deles autenticamente fascistas – chegaram a prosperar na França, mas a maioria dos conservadores, na década de 1930, não se sentia suficientemente ameaçada para pedir-lhes socorro, nem eles chegaram a se enraizar de maneira forte o bastante para se impor como parceiros políticos.[58] A British Union of Fascists teve em sir Oswald Mosley um líder brilhante, enérgico e – num caso excepcional – socialmente bem colocado, que de início conquistou um importante apoio na imprensa, mas que ofendeu os conservadores com a violência de rua contra os judeus e acabou encontrando pouco espaço político, na medida em que, entre 1931 e 1945, os conservadores mantiveram uma folgada maioria.

Na Escandinávia, os partidos sociais-democratas conseguiram incluir os interesses da agricultura familiar e da classe média baixa em suas coalizões de governo, impossibilitando aos fascistas a conquista de um grande eleitorado e fazendo-os permanecer como partidos minúsculos.[59]

Um exame comparativo do acesso dos fascistas ao poder nos ajuda a identificar algumas maneiras de enfocar os que não são de tanta utilidade. As teorias da agência, por exemplo, apresentam mais de um defeito grave. Reduzem a história da chegada dos fascistas ao poder aos atos de um único grupo de interesses, os capitalistas. Negam qualquer tipo de apoio popular autônomo ao fascismo, partindo do princípio de que se trata apenas de uma criação artificial.

As comparações sugerem que o êxito dos fascistas na sua ascensão ao poder depende menos do brilhantismo dos intelectuais e das qualidades dos chefes fascistas que da profundidade da crise e do desespero dos aliados potenciais. Embora a história intelectual seja indispensável para explicar a perda de legitimidade do antigo sistema nos primeiros casos em que o fascismo conseguiu se enraizar, ela pouco nos ajuda neste estágio. Tem pouco a dizer para explicar que tipos de espaço político foram abertos durante as crises que antecederam o fascismo – crises de impasse constitucional, de avanço da esquerda e das angústias dos conservadores – e por que foi o fascismo que veio a preencher esse espaço, e não alguma outra coisa.

Sob que condições esse espaço político disponível ao crescimento do fascismo se abriu o suficiente para permitir-lhes acesso ao poder?

No capítulo anterior, discuti algumas das configurações gerais. No presente capítulo, enfoco as condições mais específicas do colapso da legitimidade democrática e da paralisação dos regimes parlamentaristas. Mas por que razão, nessas circunstâncias, os conservadores não optaram por simplesmente esmagar a esquerda usando de força armada e instalar uma autocracia, eliminando assim o espaço aberto às promessas fascistas de atrair parte da esquerda e intimidar o restante dela?

De fato, foi assim que alguns governos procederam. Essa é a maneira mais usual, principalmente fora da Europa. Na Europa, o chanceler austríaco Engelbert Dollfuss instaurou um regime católico-autoritário e esmagou a resistência socialista bombardeando um bairro de classe trabalhadora de Viena, em fevereiro de 1934, ao mesmo tempo que mantinha encurralados os nazistas austríacos. O general Francisco Franco esmagou a esquerda e a república espanhola por meio de insurreição armada e guerra civil, deixando, após tomar o poder, pouco espaço para o pequeno partido fascista espanhol, a Falange. Essa opção violenta, entretanto, significa devolver à esquerda as ruas, a classe trabalhadora e os intelectuais esclarecidos, e exige um governo baseado em força explícita. Os conservadores alemães e italianos queriam tirar vantagem e usar a seu próprio favor o poder que os fascistas tinham sobre a opinião pública, nas ruas e nos setores nacionalistas e antissocialistas da classe média e da classe trabalhadora. Ao que tudo indica, acreditavam que era tarde demais para a desmobilização política da população, que teria que ser conquistada para a causa nacionalista e antissocialista, uma vez que já era então impossível reduzi-la novamente à posição de deferência típica do século XIX.

O fato de Hitler e Mussolini terem chegado ao poder em aliança com as influentes elites tradicionais não pode ser visto como uma peculiaridade da história alemã ou italiana. É difícil acreditar que os partidos fascistas teriam assumido o poder de outra forma. É possível imaginar outros cenários para sua chegada ao poder, mas eles são sempre inverossímeis. O cenário Kornilov – já mencionado no capítulo 3 – merece ser abordado. O general Lavr Geogyevich Kornilov, nomeado comandante-chefe dos exércitos russos em agosto de 1917, julgou o regime de Alexander Kerensky ineficaz diante das crescentes pressões revolucionárias – um ambiente político clássico para uma reação fascista ou autoritária. Kornilov enviou suas tropas para marchar sobre a capital, mas elas foram detidas pelas forças bolcheviques antes mesmo de chegar a Petrogrado. Se o general Kornilov tivesse tido êxito em sua missão, o desfecho mais provável teria sido uma simples ditadura militar, pois a democracia ainda era demasiadamente nova na Rússia para gerar a mobilização contrarrevolucionária de massas característica de uma reação fascista a uma democracia social fraca, prestes a ser derrubada pelo bolchevismo.

Não somos obrigados a acreditar que os movimentos fascistas só possam chegar ao poder numa reedição exata do cenário enfrentado por Mussolini e por Hitler. Tudo o que é necessário para se encaixar em nosso modelo é polarização, impasse, mobilização de massas contra inimigos internos e externos e cumplicidade por parte das elites existentes. Nos Bálcãs, na década de 1990, algo de muito semelhante ao fascismo foi produzido por um cenário muito diferente, uma mudança de curso efetuada pelos líderes já no poder. Os ditadores pós-comunistas aprenderam a jogar com as cartas do nacionalismo expansionista como substituto para o desacreditado comunismo. Quando o ditador sérvio Slobodan Milosevic, usando de danças, cantos e slogans, mobilizou o patriotismo de seu povo, primeiramente contra os vizinhos da Sérvia e, em seguida, contra os ataques aéreos aliados, ele conseguiu unir uma população contra inimigos internos e externos a favor de uma política de limpeza étnica com um grau de crueldade que a Europa não via desde 1945.

É também concebível que um partido fascista possa chegar ao poder por meio de eleições livres e competindo com outros candidatos, embora, como já vimos antes, nem mesmo o Partido Nazista, de longe o partido fascista de maior êxito eleitoral, conseguiu mais de 37% dos votos numa eleição livre. O Partido Fascista italiano alcançou votações muito menores que as dos nazistas. A maioria dos partidos fascistas alcançou pouco ou nenhum sucesso eleitoral e, consequentemente, não tinha poder de barganha no jogo parlamentar. Tudo o que eles podiam fazer era desacreditar o sistema parlamentarista, tornando impossível um governo ordeiro. Mas esse tiro podia sair pela culatra. Se os fascistas parecessem estar mais provocando desordem do que bloqueando o comunismo, perderiam o apoio dos conservadores. A maioria desses movimentos, portanto, viu-se reduzida a propaganda e a gestos simbólicos. Foi dessa forma que a maior parte deles permaneceu à margem, sem espaço político.

Num exame mais cuidadoso, é claro, vemos que o êxito eleitoral não era a precondição mais importante para a chegada do fascismo ao poder. A paralisação ou o colapso de um Estado liberal existente era de maior relevância. É essencial lembrar que tanto na Alemanha quanto na Itália o Estado constitucional havia deixado de funcionar normalmente muito antes de os fascistas chegarem ao poder. Ele não foi derrubado pelo Partido Fascista, apesar de este ter contribuído para levá-lo ao impasse. O Estado constitucional deixou de funcionar porque fora incapaz de lidar com os problemas em pauta naquele momento – que incluíam, sem dúvida alguma, o fato de haver uma oposição fascista agressiva. O colapso do Estado liberal foi, em certa medida, uma questão independente da ascensão do fascismo. Este explora a brecha, apesar de não tê-la causado.

No estágio de obtenção do poder, quando as elites se decidiram por cooptar o fascismo, as funções do fascismo maduro se tornaram ainda mais claras: em termos imediatos, seu papel era o de romper o bloqueio da política nacional por meio de uma solução que excluísse os socialistas. Num prazo mais longo, deveria angariar o apoio das massas para a defesa da sociedade nacional, visando unificar, regenerar, rejuvenescer, "moralizar" e purificar a nação que muitos viam como fraca, decadente e suja.

A transformação que entrevimos no segundo estágio, quando os partidos fascistas passaram por mutações que lhes permitiram se encaixar no espaço disponível, foi então ampliada e completada na passagem do nível local para a arena nacional. Os fascistas e seus aliados negociaram um terreno comum – o *Herrshaftskompromiss* de que fala Wolfgang

Schierer.⁶⁰ Nesse estágio, como também no estágio do enraizamento, expurgos e cisões deixaram de lado os militantes puristas dos primeiros tempos, que pretendiam reter parte do antigo radicalismo social.

Vale a pena o exercício de imaginação histórica de nos lembrarmos das outras opções abertas aos principais aliados e cúmplices do fascismo. Dessa forma, estaremos fazendo o que se espera que os historiadores façam: restaurar a abertura do momento histórico com todas as suas incertezas. O que mais poderiam as elites políticas da Alemanha e da Itália fazer? Na Itália, uma coalizão dos *popolari* social-católicos e dos socialistas reformistas teria assegurado a maioria no Parlamento. Essa aliança exigiria muita persuasão e muita adulação, uma vez que questões de relações Igreja-Estado e de ensino religioso separavam os dois partidos. Sabemos que essa coalizão não foi tentada nem era desejada. Na Alemanha, um governo parlamentar com os sociais-democratas e os partidos de centro seria uma possibilidade aritmética, que, no entanto, só se converteria em algo real se houvesse uma forte liderança presidencial. Uma alternativa viável em ambos os países poderia ter sido um governo de técnicos e especialistas não partidários, para lidar de maneira não facciosa com a crise da autoridade governamental e das instituições. Isso, também, nunca foi tentado. No caso de termos que desistir de um governo constitucional, sabemos hoje que preferiríamos um governo militar autoritário a Hitler. Mas o exército alemão não tinha essa intenção (ao contrário do que aconteceu na Espanha) e optou pela alternativa fascista. Na Itália, o exército não se oporia ao fascismo porque seus comandantes temiam ainda mais a esquerda.

Em ambos os casos, é útil perceber que as elites políticas fazem escolhas que talvez não sejam sua primeira opção. Elas prosseguiram, de escolha em escolha, ao longo de um caminho de opções cada vez mais estreitas. A cada entroncamento da estrada, optaram pela solução antissocialista.

Funciona melhor ver a chegada dos fascistas ao poder como um processo: alianças são formadas, escolhas são feitas, alternativas são fechadas.⁶¹ As autoridades, de posse de alguma liberdade de manobra, escolhem a opção fascista a outras possibilidades. Nem a chegada ao poder de Mussolini nem a de Hitler foram inevitáveis.⁶² Nosso modelo explicativo tem que deixar espaço também para a sorte, boa ou má, dependendo de nosso ponto de vista. Mussolini poderia ter sido repelido em outubro de 1922 ou removido em junho de 1924 se o rei, os líderes políticos estabelecidos e o exército tivessem, de forma resoluta, tomado as medidas que estavam dentro de sua competência legal. A sorte de Mussolini foi que o rei optou a seu favor. Hitler também se beneficiou com alguns golpes de sorte. O Führer tirou partido da rivalidade de Von Papen e Schleicher pelo poder, e também da recusa por parte dos conservadores alemães de aceitar como concidadãos os socialistas reformistas. Foi Von Papen que tomou a decisão de fazer de Hitler chanceler, porque esta era a melhor maneira de eliminar tanto seu rival Schleicher quanto a esquerda moderada. As crises do sistema político e econômico abriram espaço para o fascismo, mas foram as infelizes escolhas de uns poucos dirigentes poderosos que de fato instalaram os fascistas nesse espaço.

NOTAS

1. Apesar de alguns autores fascistas afirmarem que 50 a 70 mil Camisas Negras convergiram para Roma em 28 de outubro, e embora o rei Vittorio Emanuele III tenha, mais tarde, mencionado o número de 100 mil pessoas para justificar sua relutância em ordenar a repressão da marcha, estimativas cautelosas sugerem que apenas cerca de 9 mil Camisas Negras estavam de fato presentes nos portões de Roma na manhã de 28 de outubro. O general Emanuele Pugliese, comandante da 16ª Divisão de Infantaria sediada em Roma, tinha a sua disposição 9.500 soldados experientes, 300 cavalarianos, mais de 11 mil policiais. Contava com a vantagem de que suas forças eram bem alimentadas e bem armadas, e com linhas internas de comunicação e defesa. Antonino Répaci, *La Marcia su Roma*, nova ed. Milão: Rizzoli, 1972, p. 441, 461-4.
2. Martin Broszat em Kolloquien des Instituts für Zeitgeschichte, *Der italienische Faschismus: Probleme und Forschungstendenzen*. Munique: Oldenbourg, 1983,

p. 8-9. Há um curto, mas bem-informado, relato em inglês em Christopher Seton-Watson, *Italy from Liberalism to Fascism*. Londres: Methuen, 1967, p. 617-29.

3. Essa parada foi o objeto de muitas fotografias que pretendem representar a Marcha sobre Roma. Ver Capítulo 4, p. 193-4 para os incidentes então ocorridos.
4. Começa assim o ano v da Era Fascista, em 28 de outubro de 1927. Emilio Gentile, *The Sacralization of Politics in Fascist Italy*. Cambridge, MA: Harvard University Press, 1996, p. 90-8.
5. Mabel Berezin, *Making the Fascist Self: The Political Culture of Interwar Italy*. Ithaca, NY: Cornell University Press, 1997, p. 80, 109, 111-2, 150; essa exposição foi repetida em 1942, em comemoração ao vigésimo aniversário (p. 197). Ver, também, Roberta Sazzivalli, "The Myth of Squadrismo in the Fascist Regime", *Journal of Contemporary History*, v. 35, n. 2, p. 131-50, abr. de 2000.
6. A reestabilização da Europa após a Primeira Guerra Mundial teve sua mais lúcida análise em Charles S. Maier, *Recasting Bourgeois Europe*. Princeton: Princeton University Press, 1975.
7. Harold J. Gordon Jr., *Hitler and the Beer Hall Putsch*. Princeton: Princeton University Press, 1972.
8. Foi enquanto servia na prisão de Landsberg, no ano seguinte, que Hitler escreveu *Mein Kampf* e começou a criar sua própria imagem mítica.
9. "Nós queremos tomar o poder de forma legal. Mas o que vamos fazer com esse poder quando o conquistarmos, isso é problema nosso." Goering, no Reichstag, 5 de fevereiro de 1931, citado em Ian Kershaw, *Hitler, 1883-1936: Hubris*. Nova York: Norton, 1998, p. 704, nota 201. Hitler ameaçou, durante um julgamento em Leipzig, em 25 de setembro de 1930, que, uma vez no poder, ele "deixaria [...] as cabeças rolarem". Max Domarus, *Hitler's Speeches and Proclamations, 1932-1945*. Londres: I. B. Tauris, 1990, p. 244.
10. A média era de apenas oito meses e meio. Karl Dietrich Bracher; Gerhard Schulz; Wolfgang Sauer, *Die nationalsozialistische Machtergreifung*. Frankfurt am Mein; Berlim; Viena: Ullstein, 1962, v. I, p. 32.
11. Enquanto os nazistas e os comunistas eram os partidos mais jovens em 1932, o SPD era o que tinha a liderança mais velha. Richard N. Hunt, *German Social Democracy, 1918-1933*. Chicago: Quadrangle, 1970, p. 71-2, 86, 89-91, 246.
12. Erich Mathias e Rudolf Morsey (orgs.). *Das Ende der Parteien*. Düsseldorf: Droste, 1960, ainda é importante fonte de referência quando se trata da reação dos partidos políticos à chegada de Hitler ao poder. Em inglês, Donna

Harsch, *German Social Democracy and the Rise of Nazism*. Chapel Hill: University of North Carolina Press, 1993.
13. Conan Fischer, *The German Communists and the Rise of Nazism*. Nova York: St. Martin's Press, 1991. Ver p. 177 para a greve dos transportes.
14. Kershaw, *Hitler: Hubris*, p. 368.
15. Emilio Gentile, *Storia del Partito Fascista, 1919-1922: Movimento e milizia*. Bari: Laterza, 1989, p. 202.
16. Jens Petersen estima que cerca de 10 mil foram mortos e 100 mil ficaram feridos em todas as formas de conflito civil na Itália, nos anos iniciais da década de 1920. Kolloquien des Instituts für Zeitgeschichte, *Der italienische Faschismus*, p. 32. Adrian Lyttelton estima que, apenas em 1921, entre 5 e 6 mil pessoas morreram na Itália, em decorrência da violência fascista. Ver Lyttelton, "Fascism and Violence in Post-War Italy: Political Strategy and Social Conflict", em Wolfgang J. Mommsen e Gerhard Hirschfeld (orgs.), *Social Protest, Violence and Terror in Nineteenth and Twentieth Century Europe*. Londres: Macmillan; Berg Publishers para o German Historical Institute, 1982, p. 262; ver, também, Jens Petersen, "Violence in Italian Fascism, 1919-1925", p. 275-99 (esp. p. 286-94).
17. O mais recente e mais convincente relato das escolhas nada inevitáveis por meio das quais Hitler se tornou chanceler é Henry A. Turner, Jr., *Hitler's Thirty Days to Power*. Boston: Addison-Wesley, 1996.
18. Bullock, *Hitler*, p. 253, 277.
19. Bracher et al. *Die nationalsozialistische Machtergreifung*, p. 93.
20. Luigi Salvatorelli e Giovanni Mira, *Storia d'Italia nel periodo Fascista*. Turim: Einaudi, 1964, p. 137-8. A eleição subsequente, realizada em 6 de abril de 1924, com os fascistas já no poder, não obedeceu aos procedimentos normais, conforme veremos.
21. Adrian Lyttelton, *The Seizure of Power: Fascism in Italy, 1919-1929*. 2. ed. Princeton: Princeton University Press, 1987, ainda é a análise mais esclarecedora. A frase também aparece no título da obra clássica de Bracher et al. *Die nationalsozialistische Machtergreifung*.
22. Stanley Payne, *A History of Fascism, 1914-1945*. Madison: University of Wisconsin Press, 1995, considera que os regimes autoritários "serviam mais como barreira do que como uma instigação ao fascismo" (p. 312), que "paradoxalmente [...] exigia a liberdade política para ter uma chance de conquistar o poder" (p. 252). Ver, também, p. 250, 326, 395-6, 492.
23. Obras que tratam desse e de outros movimentos discutidos neste capítulo estão listadas, e muitas vezes comentadas, no Ensaio bibliográfico.

24. Payne, *History*, p. 395.
25. O título de *conducator*, ou líder, dado a Antonescu, fazia parte desse verniz superficial de aparato fascista.
26. Pouco antes, uma greve geral promovida pelos sindicatos trabalhistas alemães havia frustrado o Kapp Putsch, em 1920.
27. O exemplo mais célebre era Cesari Mori, o rigoroso e ascético chefe de polícia de Bolonha, que não tolerava a desordem provocada nem pelos socialistas, nem pelos fascistas. Com os poderes de emergência sobre o vale do Pó que lhe foram conferidos em novembro de 1921, Mori tentou manter a ordem, mas sua própria polícia se uniu aos fascistas, e ele foi transferido e em seguida exonerado. Mais tarde, Mussolini o enviou à Sicília para reprimir a máfia. Christopher Duggan, *Fascism and the Mafia*. New Haven: Yale University Press, 1989, p. 122-4 ss.
28. Juan J. Linz, "Crisis, Breakdown, and Reequilibration", em Juan J. Linz e Alfred Stepan (orgs.), *The Breakdown of Democratic Regimes*. Baltimore: Johns Hopkins University Press, 1978, p. 66, 70, 78.
29. William A. Renzi, "Mussolini's Sources of Financial Support, 1914-1915", *History*, v. 56, n. 187, p. 186-206, jun. 1971.
30. Kolloquien des Instituts für Zeitgeschichte, *Der italienische Faschismus*, p. 62. Cf. o termo semelhante *compromesso autoritario* para as escolhas de Mussolini, no importante artigo do falecido Massimo Legnani "Systema di potere fascista, blocco dominante, alleanze sociali", em Angelo del Boca et al. *Il regime fascista*, p. 418-26.
31. Capítulo 2, p. 89-90.
32. Hannah Arendt, *Origins of Totalitarianism*, 2. ed. ampliada. Nova York: Meridian Books, 1958, p. 375.
33. Henry A. Turner, *Big Business and the Rise of Hitler*. Nova York: Oxford University Press, 1985, p. 95-9, 113-5, 133-42, 188, 245, 279-81, 287, mostra que a apreensão da maior parte dos empresários quanto ao radicalismo econômico dos nazistas cresceu em 1932.
34. Federico Chabod, *A History of Italian Fascism*. Nova York: Howard Fertig, 1975, p. 43 (orig. pub. 1950). "O medo também pode ser retrospectivo."
35. O KPD era o único partido alemão cujos votos cresceram ininterruptamente de dezembro de 1924 (9%) a novembro de 1932 (17%), quando a votação do SPD tinha caído do auge de 30%, em 1928, para cerca de 21%.
36. Roberto Vivarelli, em Kolloquien des Instituts für Zeitgeschichte, *Der italienische Faschismus*, p. 49. Vivarelli refletiu mais longamente sobre esses dois processos em *Il fallimento del Liberalismo*. Bolonha: Il Mulino, 1981. A relação entre o fascismo e a Itália liberal foi analisada mais recentemente por

Paul Corner, "The Road to Fascism: An Italian Sonderweg?" *Contemporary European History*, v. 2, n. 2, p. 273-95, 2002.

37. O gabinete de Hitler, em 30 de janeiro de 1933, possuía apenas dois outros nazistas: o ministro da Economia, Walter Funk, e o ministro do Interior, Hermann Goering (posto de importância vital, uma vez que era ele quem controlava a polícia; Goering foi também ministro-presidente do maior estado da Alemanha, a Prússia). O gabinete de Mussolini, em 30 de outubro de 1922, possuía apenas três outros fascistas, juntamente com sete ministros de outros partidos (um liberal, um nacionalista, três democratas e dois *popolari* – democratas-cristãos –, dois militares e o filósofo Giovanni Gentile). Mussolini, que assumira pessoalmente o comando dos importantíssimos Ministérios do Interior e das Relações Internacionais, tinha mais poder, dentro de seu governo inicial, do que Hitler. Ver Lyttelton, *Seizure*, v. 96, 457.

38. Fritz Tobias, *Der Reichstagsbrand: Legende und Wirklichkeit*. Rastatt-Baden: Grote, 1962; e Hans Mommsen, "The Reichstag Fire and Its Political Consequences", em Hajo Holborn (org.), *Republic to Reich: The Making of the Nazi Revolution*. Nova York: Pantheon, 1972, p. 129-222; e em Henry A. Turner, Jr., *Nazism and the Third Reich*. Nova York: Franklin Watts, 1972, p. 109-50 (orig. pub. 1964).

39. Sebastian Haffner, *Defying Hitler: A Memoir*. Trad. do alemão por Oliver Pretzel. Nova York: Farrar, Straus and Giroux, 2002, oferece uma assustadora descrição de cenas desse tipo testemunhadas por um jovem magistrado que mais tarde veio a emigrar.

40. Um professor de francês em Dresden, Victor Klemperer, anotava regularmente exemplos da degradação da linguagem nazista, que ele chamava de LTI, Lingua Tertii Imperii [Língua do Terceiro Império]. A grandiloquência bombástica, porém vazia, tão cara aos propagandistas nazistas, e não mais específica ao fascismo: Klemperer, *The Language of the Third Reich*: LTI, *Lingua Tertii Imperii: A Philologist's Notebook*. New Brunswick, NJ: Athlone, 2000. Klemperer é mais conhecido pelo comovente diário sobre sua permanência na Alemanha, como judeu casado com uma mulher não judia.

41. O índice oficial de mortes foi de 85, sendo 50 delas de membros da SA, mas jamais será possível chegar a um cálculo exato. Kershaw, *Hitler: Hubris*, p. 517.

42. Ver Capítulo 6, p. 272-3.

43. Adrian Lyttelton, "Fascism: The Second Wave", em Walter Laqueur e George L. Mosse (orgs.), *International Fascism: 1920-1945*. Nova York: Harper, 1966, p. 75-100, reeditado pelo *Journal of Contemporary History*, v. 1, n. 1, 1966.

44. Pierre Milza, *Mussolini*. Paris: Fayard, 1999, p. 307.
45. Ibid., p. 331.
46. Entre eles Salandra, Giolitti e o poderoso Milan Corriere della Sera, mas o Vaticano e alguns industriais alertaram que a remoção de Mussolini só viria a aumentar a desordem. Seton-Watson, *Italy*, p. 653-7.
47. Esse gesto infrutífero foi chamado de Secessão Aventiniana, em referência aos representantes da plebe romana que se refugiaram da opressão patrícia na Colina Aventina, em 494 a.C. Divididos entre socialistas, *popolari* e alguns liberais, eles pediam um retorno à legalidade, mas não conseguiam chegar a um acordo sobre como agir.
48. Ver Capítulo 4, p. 175-7.
49. Ver Capítulo 7, p. 314-5.
50. Uma interessante proposta de criar uma categoria intermediária entre o conservadorismo e o fascismo, de regimes conservadores que reprimem os movimentos fascistas de base, mas que tomam de empréstimo alguns de seus recursos, é Gregory J. Kasza, "Fascism from Above? Japan's *Kakushin* Right in Comparative Perspective", em Stein Ugelvik Larsen (org.), *Fascism Outside Europe*. Boulder, CO: Social Science Monographs, 2001, p. 183-232. Ver também a nota 22 deste capítulo.
51. "Oponho-me totalmente a qualquer tentativa de exportar o nacional--socialismo." *Hitler's Table Talk*. Trad. Norman Cameron e R. H. Stevens. Londres: Weidenfeld and Nicolson, 1953, p. 490 (entrada por 20 de maio de 1942).
52. Robert O. Paxton, *Vichy France: Old Guard and New Order*. 2. ed. Nova York: Columbia University Press, 2001, p. 267, 325.
53. Aproximadamente 2.500 belgas serviram na Rússia com a Légion Wallonie, de Degrelle, em 1943 e 1944; cerca de 1.100 dos 2 mil enviados à frente de batalha em novembro de 1943 morreram, inclusive seu comandante, Lucien Lippert. Martin Conway, *Collaboration in Belgium: Léon Degrelle and the Rexist Movement*. New Haven: Yale University Press, 1993, p. 220, 244.
54. O único líder fascista europeu que lutou pessoalmente na frente oriental foi Jacques Doriot, que acompanhou cerca de 6 mil outros franceses na semioficial Légion des Volontaires contre le Bolshevisme. Philippe Burrin, *La derive fasciste: Doriot, Déat, Bergery: 1933-1945*. Paris: Seuil, 1986, p. 431.
55. Ver Capítulo 4, p. 175-7.
56. John R. Lampe, *Yugoslavia as History: Twice There Was a Country*. 2. ed. Cambridge: Cambridge University Press, 2000, p. 440.

57. Burrin, *La Dérive fasciste*, p. 451-4, chama os ultracolaboradores franceses, como Déat e Doriot, de fascistas "secundários ou derivados", porque eles não tinham a ânsia pela expansão bélica, comum a Mussolini e Hitler.
58. Ver Capítulo 3, p. 129-36.
59. Peter Baldwin, *The Politics of Social Solidarity: Class Bases of the European Welfare State*. Cambridge: Cambridge University Press, 1990.
60. Ver Capítulo 4, p. 182.
61. Um arguto relato da ação dos conservadores na Itália, em 1920-1922, em termos do estreitamento das alternativas, é Paolo Farneti, "Social Conflict, Parliamentary Fragmentation, Institutional Shift, and the Rise of Fascism: Italy", em Juan J. Linz e Alfred Stepan (orgs.), *The Breakdown of Democratic Regimes: Europe*. Baltimore: Johns Hopkins University Press, 1978, p. 3-33.
62. "Essas foram as condições que fizeram que a vitória fascista fosse possível", escreve Adrian Lyttelton, "mas elas não fizeram com que ela fosse inevitável" (*Seizure*, p. 77). Ver, também, Turner, *Hitler's Thirty Days*.

5

O EXERCÍCIO DO PODER

A NATUREZA DO GOVERNO FASCISTA: O "ESTADO DUAL" E A INFORMIDADE DINÂMICA

Os propagandistas do fascismo queriam que víssemos o líder sozinho em seu pináculo, e nisso eles alcançaram notável êxito. Sua imagem de poder monolítico foi mais tarde reforçada pelo respeito aterrorizado que, durante a guerra, os Aliados sentiam pelo ídolo nazista, e também pelas alegações das elites conservadoras da Alemanha e da Itália, já no pós-guerra, de que elas haviam sido vítimas do fascismo, e não suas cúmplices. Essa imagem permanece até hoje na ideia que a maioria das pessoas faz do domínio fascista.

No entanto, observadores perspicazes logo perceberam que as ditaduras fascistas não eram nem monolíticas, nem estáticas. Nenhum ditador governa sozinho. Ele tem que conseguir a cooperação ou, pelo menos, a aquiescência das agências decisórias do poder organizado – os militares, a polícia, o Judiciário, o primeiro escalão do serviço público – e também das poderosas forças econômicas e sociais. No caso especial do fascismo, tendo precisado das elites conservadoras para que lhes abrissem as portas, os novos líderes não podiam simplesmente deixá-las de lado. Em alguma medida, pelo menos, foram obrigados a compartilhar o poder com o establishment conservador preexistente, o que fez com que as ditaduras fascistas fossem fundamentalmente diferentes, em suas origens, em seu desenvolvimento e em sua prática, da ditadura de Stalin.

Em consequência, jamais houve um regime fascista ideologicamente puro. De fato, essa pureza mal parece possível. Todas as gerações de estudiosos do fascismo notaram que esses regimes se baseavam em algum tipo de pacto ou aliança entre o partido fascista e as poderosas forças conservadoras. Em inícios da década de 1940, o social-democrata refugiado Franz Neumann afirmou, em sua obra clássica *Behemoth*, que um "cartel" formado pelo partido, pela indústria, pelo exército e pela burocracia governava a Alemanha nazista, unido apenas pelos objetivos de "lucro, poder, prestígio e, principalmente, medo".[1] Em fins da década de 1960, o liberal moderado Karl Dietrich Bracher interpretou que "o nacional-socialismo surgiu e chegou ao poder em meio a condições que permitiram uma aliança entre as forças conservador-autoritárias e as forças tecnicistas, nacionalistas e ditatorial-revolucionárias".[2] Martin Broszat se referia aos conservadores e nacionalistas do gabinete de Hitler como seus "parceiros de coalizão".[3] Em fins da década de 1970, Hans Mommsen descreveu o "sistema de governo" nacional-socialista como uma "aliança" entre as elites fascistas em ascensão e os membros dos grupos dirigentes tradicionais, "entrelaçados [...] apesar das diferenças" num projeto comum para colocar de lado o governo parlamentar, restabelecer um governo forte e esmagar o "marxismo".[4]

A natureza composta do governo fascista italiano foi ainda mais flagrante. O historiador Gaetano Salvemini, de volta do exílio, recordou a "ditadura dualística" do Duce e do rei.[5] Alberto Aquarone, o proeminente estudioso do Estado fascista, deu ênfase às "forças centrífugas" e às "tensões" com que Mussolini se via confrontado num regime que, "quinze anos após a Marcha sobre Roma", ainda tinha muitas características derivadas do Estado liberal.[6] Os importantes estudiosos alemães do fascismo italiano Wolfgang Schieder e Jens Petersen falam de "forças opostas" e "contrapesos",[7] e Massimo Legnani menciona as "condições de coabitação/cooperação" estabelecidas entre os integrantes do regime.[8] Até mesmo Emilio Gentile, ansioso por demonstrar o poderio e o êxito do impulso totalitário na Itália fascista, admite que o regime se constituía numa realidade "composta", na qual as "ambições de poder pessoal de Mussolini" contrapunham-se em "constante tensão" tanto às "forças tradicionais" quanto aos "intransigentes do partido fascista", estes últimos também cindidos por uma "luta surda" (*sorda lotta*) entre suas diferentes facções.[9]

Essa configuração composta significa também que os regimes fascistas não eram estáticos. É um erro supor que assim que o líder alcança o poder a história chega ao fim, sendo substituída por teatralidade ostentatória.[10] Ao contrário, a história desses regimes que conhecemos foi repleta de conflitos e tensões. Os conflitos que já observamos no estágio do enraizamento se acirraram quando chegou o momento de distribuir o espólio dos cargos e optar entre diferentes cursos de ação. O jogo fica mais pesado à medida que a adoção de determinadas políticas passa a se traduzir em ganhos e perdas tangíveis. Os conservadores tendem a se retrair a um autoritarismo mais tradicional e cauteloso, respeitador da propriedade e da hierarquia social, enquanto os fascistas pressionam adiante em direção a uma ditadura populista, dinâmica e niveladora, pronta a subordinar todos os interesses privados aos imperativos do engrandecimento e da purificação nacionais. As elites tradicionais tentam manter os cargos estratégicos; os partidos querem preenchê-los com novos homens, ou contornar as bases do poder conservador com "estruturas paralelas"; e os líderes têm que resistir aos desafios lançados pela elite e pelos fanáticos do partido.

Tanto na Itália quanto na Alemanha essas lutas oscilaram entre acirramento e amenização com resultados variados. Enquanto o regime fascista italiano decaiu, cedendo espaço para um poder autoritário e conservador, a Alemanha nazista se radicalizou a ponto de chegar a uma situação de licenciosidade irrefreada. Mas os regimes fascistas nunca foram estáticos. Temos que ver seu domínio como uma infindável luta pela primazia interna a uma coalizão, exacerbada pelo colapso das restrições constitucionais e do Estado de direito, e acirrada por um clima de generalizado darwinismo social.

Alguns comentaristas reduziram essa luta a um conflito entre o partido e o Estado. Uma das primeiras e mais sugestivas interpretações do conflito partido–Estado foi a ilustração, fornecida pelo acadêmico refugiado Ernst Fraenkel, da Alemanha nazista como um "Estado dual". Segundo Fraenkel, no regime de Hitler, um "Estado normativo", constituído pelas autoridades legalmente constituídas e pelo serviço público tradicional, disputava o poder com o "Estado prerrogativo", formado pelas organizações paralelas do partido.[11] A percepção de Fraenkel é fecunda, e me calcarei nela.

De acordo com o modelo de governança nazista proposto por Fraenkel, o segmento "normativo" do regime fascista continuou a aplicar a lei em conformidade com o devido processo legal, e os funcionários desse setor eram selecionados e promovidos com base nas normas burocráticas de competência e antiguidade. No setor "prerrogativo", ao contrário, nenhuma regra se aplicava, com exceção dos caprichos do governante, da gratificação dos militantes do partido e do suposto "destino" do *Volk*, da *razza*, ou do povo eleito. O Estado normativo e o Estado prerrogativo coexistiam numa cooperação conflituosa, embora mais ou menos competente, conferindo ao regime sua bizarra mistura de legalismo[12] e violência arbitrária.

Hitler nunca aboliu formalmente a constituição redigida em 1919 para a República de Weimar, e nunca chegou a desmontar por completo o Estado normativo na Alemanha, embora recusasse se deixar cercear por ele. Por exemplo, Hitler jamais permitiu que fosse apresentada uma proposta de lei sobre a eutanásia, temendo ter as próprias mãos atadas por normas e burocracia.[13] Após o incêndio do Reichstag, como vimos no capítulo anterior, foi conferida a Hitler a autoridade de pôr de lado qualquer lei ou direito em vigor, caso isso fosse necessário para lidar com qualquer situação percebida como uma ameaça à nação partindo do "terror" marxista. Após a primavera de 1933, foi autorizada repressão policial e judiciária irrestrita, caso a segurança nacional parecesse exigi-la, apesar de o Estado normativo continuar existindo.

Com o passar do tempo, o Estado prerrogativo nazista usurpou as funções do Estado normativo e contaminou seu trabalho[14] de forma que, mesmo dentro dele, a suspeita de emergência nacional era o bastante para permitir que o regime passasse por cima dos direitos individuais e do devido processo legal.[15] Após o início da guerra, o Estado prerrogativo nazista alcançou algo próximo a um domínio total. As instituições normativas se atrofiaram no país e mal chegavam a funcionar nos territórios ocupados da antiga Polônia e da União Soviética, como veremos com mais detalhes no próximo capítulo.

A Itália fascista também pode ser vista como um Estado dual, como já vimos anteriormente. Mussolini, entretanto, conferia um poder muito maior ao Estado normativo do que Hitler.[16] A propaganda fascista colocava o Estado, e não o partido, no cerne de sua mensagem. Não sabemos ao certo por que razão Mussolini subordinou seu partido ao Estado, mas há diversas explicações possíveis. Ele tinha menos liberdade de ação, menos ímpeto e menos sorte que Hitler. O presidente Hindenburg morreu em agosto de 1934, deixando Hitler sozinho no controle. Mussolini teve que arcar com a presença do rei Vittorio Emanuele III até o fim, e foi o rei que acabou por depô-lo, em julho de 1943. Além disso, Mussolini talvez temesse a rivalidade dos indisciplinados chefetes de seu partido.

Mesmo assim, o Estado fascista italiano continha importantes elementos prerrogativos: sua polícia secreta (a OVRA),[17] sua imprensa controlada, seus baronatos econômicos (o IRI,[18] por exemplo) e seus feudos africanos, onde chefes partidários como Italo Balbo podiam se pavonear à vontade e ter poder de vida ou morte sobre os povos nativos. Em fins da década de 1930, a participação na guerra fortaleceu o Estado prerrogativo italiano.[19]

A luta pelo domínio nas ditaduras fascistas, entretanto, implica mais do que Estado e partido, ou Estado normativo e prerrogativo. A imagem de Estado dual de Fraenkel é incompleta. Nos regimes fascistas, elementos externos ao Estado também participam dessa queda de braço pelo poder. Os regimes fascistas alemão e italiano substituíram centros de poder tradicionalmente independentes, como os sindicatos, os clubes da juventude e as associações de profissionais e produtores por suas próprias organizações. Os nazistas chegaram mesmo a tentar impor um bispo "germano-cristão" e sua própria doutrina às igrejas protestantes.[20] Esses regimes, no entanto, nem sempre conseguiam engolfar por completo a sociedade civil.

Carl Friedrich e Zbigniew Brzezinski, os primeiros acadêmicos a pensar o modelo totalitário, cunharam o termo *ilhas de separatismo* para descrever os elementos da sociedade civil que sobrevivem dentro de uma ditadura totalitária.[21] Essas ilhas de separatismo, como, por exemplo, as paróquias católicas – por menos dispostas que estivessem a se opor frontalmente ao regime, fora algumas objeções a atos específicos[22] – podiam ter resiliência organizacional e lealdade emocional suficientes para resistir à infiltração do partido.[23] Não é preciso aceitar o modelo totalitário em sua íntegra para ver utilidade na metáfora das ilhas de separatismo.

Hitler e o Partido Nazista gradualmente dominaram todas essas ilhas de separatismo internas ao Estado e à sociedade alemã, num processo que os propagandistas do partido chamavam, eufemisticamente, de *Gleichschaltung;* coordenação, ou nivelamento. Um excesso de simplificação muito comum faz com que esse processo pareça tanto inevitável quanto unilinear. Organizações econômicas e sociais solidamente estabelecidas não podiam ser tão facilmente eliminadas, entretanto, mesmo na Alemanha nazista. O *Gleichschaltung* poderia envolver negociações de parte a parte, como também a força. Alguns grupos e organizações souberam subverter a partir de dentro as instituições nazistas, ou se "apropriar" delas para seus próprios fins.[24] Outras, de maneira discreta, mas obstinada, continuaram a defender uma autonomia parcial, embora aceitando alguns dos objetivos do regime.

Os cidadãos alemães podiam até mesmo tirar partido pessoal do pavor despertado pela Gestapo, denunciando à polícia secreta um rival, um credor, um genitor ou até mesmo um cônjuge insatisfatório.[25] As fraternidades das universidades alemãs são um bom exemplo de sobrevivência. O nazismo era tão atraente aos estudantes que, mesmo antes de 1933, sua organização nacional havia sido dominada por ativistas do partido. Esperar-se-ia, portanto, que, após janeiro de 1933, as fraternidades houvessem desaparecido sem protestos no *Gleichschaltung*. Apesar das tentativas do regime de transformar os clubes de duelo "reacionários" em *Kameradschaften* (centros sociais e de treinamento) do partido, as fraternidades continuaram existindo em caráter não oficial, em parte porque poderosos oficiais nazistas pertencentes às associações da "velha guarda" ou de ex-alunos as defendiam, e em parte porque os alunos se tornaram cada vez mais apáticos à propaganda do partido.[26] No processo muito mais lento da consolidação do domínio fascista na Itália, apenas os sindicatos, os partidos políticos e a mídia foram forçados a "entrar na linha" por completo. A Igreja Católica foi a mais importante das ilhas de separatismo na Itália fascista e, embora, por um breve intervalo, em 1931, o regime tenha se imiscuído nos movimentos de juventude e nas escolas da Igreja, acabou por perder essa batalha.[27] Os clubes estudantis fascistas da Itália, os Gruppi Universitaria Fascista (GUF), foram silenciosamente "dominados" por seus integrantes, que passaram a usá-los para seus próprios fins extrafascistas ou mesmo antifascistas,[28] como aconteceu também com a organização recreativa fascista, o *Dopolavoro*.[29]

Todas essas persistentes tensões internas aos regimes fascistas opunham entre si os quatro elementos que, conjuntamente, forjaram essas ditaduras a partir de sua conflituosa colaboração: o líder fascista, seu partido (cujos militantes exigiam empregos, prerrogativas, aventuras expansionistas e o cumprimento de algumas cláusulas de seu programa radical original), a máquina estatal (funcionários como os policiais, os comandantes militares, os magistrados e os governos locais) e, por fim, a sociedade civil (os detentores de poder social, econômico, político e cultural, como as associações profissionais, os grandes empresários e grandes agricultores, as igrejas e os líderes do conservadorismo político).³⁰ Essa quádrupla tensão conferiu a esses regimes sua característica mistura de ativismo febril e informidade.³¹

A tensão era permanente dentro dos regimes fascistas porque nenhum dos grupos concorrentes poderia dispensar por completo os demais. Os conservadores hesitavam em se verem livres do líder fascista, por medo de assim estar permitindo que a esquerda ou os liberais retomassem o poder.³² Hitler e Mussolini, por sua vez, precisavam dos recursos econômicos e militares controlados pelos conservadores. Ao mesmo tempo, os ditadores não podiam se dar ao luxo de enfraquecer demais seus barulhentos partidos, para não minar suas próprias bases de poder independente. Nenhum dos contendentes podia destruir os demais de forma direta, por medo de perturbar o equilíbrio de forças que mantinha a coalizão no poder e a esquerda alijada dele.³³

Nessas prolongadas lutas pela supremacia no governo, as organizações paralelas desenvolvidas pelos fascistas durante o período de enraizamento desempenhavam papéis complexos e ambíguos. Representavam um recurso valioso para o líder que pretendia levar vantagem sobre os bastiões conservadores, em vez de atacá-los frontalmente. Ao mesmo tempo, contudo, elas forneciam aos militantes radicais mais ambiciosos uma base de poder autônoma, a partir da qual eles poderiam pôr em cheque a supremacia do líder.

Na Itália, o Partido Fascista, de início, duplicou cada nível da autoridade pública com uma agência do partido: o dirigente do partido local flanqueava o prefeito nomeado (*podestà*), o secretário regional do partido (*federale*) flanqueava o chefe de polícia, e assim por diante. Quando seu poder estava consolidado, Mussolini, no entanto, declarou: "a revolução terminou" e, de forma explícita, converteu o chefe de polícia na "autoridade mais alta do Estado", a quem os líderes partidários estavam subordinados.³⁴ O Duce não tinha a menor intenção de permitir que os *ras* voltassem a tentar controlá-lo.

A organização paralela mais bem-sucedida do fascismo italiano não ameaçava o Estado, mas invadia o terreno da recreação e do lazer, área até então deixada à livre escolha individual, aos clubes privados ou às paróquias católicas. Na prática, o Dopolavoro nem de longe atingiu os objetivos que declarava ter, de construir a nação e criar o "novo homem" (e a "nova mulher") fascista. Italianos comuns, que nada queriam além de assistir a filmes e praticar esportes, acabaram por se apropriar da organização a partir de dentro. O Dopolavoro, no entanto, foi a tentativa mais ambiciosa do regime fascista de penetrar na sociedade italiana até suas aldeias rurais, para lá competir pela autoridade com o patrão local ou com o padre.[35]

O Partido Nazista competia com as agências tradicionais com um rol semelhante de organizações paralelas. O partido possuía sua própria força paramilitar (a SA), seu próprio tribunal partidário, sua própria polícia partidária e seu próprio movimento da juventude. O departamento de política externa, de início confiado à chefia de Alfred Rosenberg, e mais tarde entregue à equipe pessoal de Joachim von Ribbentrop (os Ribbentrop de Dienstelle), interveio ativamente nas questões relativas às populações estrangeiras de língua alemã da Áustria e da região dos sudetos tcheca.[36] Após a chegada do Partido Nazista ao poder, as organizações paralelas ameaçaram usurpar as funções do exército, do Ministério das Relações Exteriores e de outras agências. Num desdobramento à parte, de natureza bastante sinistra, a polícia política foi destacada dos Ministérios do Interior dos estados alemães e centralizada passo a passo, até chegar a ser a notória Gestapo (Geheime Staatspolizei), sob o comando de um nazista fanático, Heinrich Himmler. A duplicação dos centros de poder tradicionais pelas organizações paralelas do partido foi uma das principais razões da "informidade" já mencionada antes e das caóticas linhas de autoridade que caracterizaram o governo fascista e as distinguiram das ditaduras militares e dos governos autoritários.

Para complicar ainda mais, os regimes fascistas permitiram que os partidos fossem invadidos por oportunistas, deixando então de ser os clubes privados de "antigos combatentes". O Partito Nazionale Fascista italiano abriu suas portas em 1933, na tentativa de tornar fascista a totalidade da população. A partir de então, a filiação ao partido passou a ser exigida para o ingresso no serviço público, inclusive nos cargos de magistério. Mussolini esperava que a filiação fortalecesse o descompromissado espírito cívico dos italianos que tanto o aborrecia,[37] mas, ao que parece, o que aconteceu foi o exato oposto. Quando a filiação se viu transformada numa boa jogada carreirista, os cínicos passaram a dizer que a sigla PNF significava *per necessità famigliare*.[38] A filiação ao Partido Nazista cresceu em 1,6 milhões entre janeiro e maio de 1933. Apesar de o alistamento partidário ter então sido fechado a fim de preservar sua identidade de elite seleta, muitos oportunistas receberam permissão para se filiar a ele.[39]

Na interminável disputa interna pela preponderância que marcou os regimes fascistas, o líder às vezes conseguia submeter seus aliados a políticas não desejadas por eles, como Hitler fez em grau significativo. Em outros casos, as forças conservadoras e os burocratas conseguiam manter uma boa dose de poder independente, como ocorreu também na Itália fascista – suficiente para convencer o ateu Mussolini a dar à Igreja Católica o tratamento mais favorável que ela havia recebido desde a unificação italiana, para forçá-lo a sacrificar seus amigos sindicalistas às pretensões do empresariado de mais autonomia e privilégios[40] e, ao final, para removê-lo do poder em julho de 1943, quando a aproximação dos Aliados os convenceu de que o fascismo não mais servia aos interesses da nação.[41] Até mesmo Hitler, por mais fácil que parecesse passar por cima de muitas das preferências dos conservadores, nunca se viu totalmente livre – até o momento em que a guerra se tornou total, em 1942 – da necessidade de aplacar os proprietários das fábricas de munições, os oficiais do exército, os profissionais especialistas e os líderes religiosos – e até mesmo a opinião pública.

No entanto, os líderes fascistas desfrutavam de uma espécie de supremacia que não era exatamente semelhante à liderança de outros tipos de regime. O Führer e o Duce não podiam alegar a legitimidade das urnas ou da conquista. Essa legitimidade se baseava no *carisma*,[42] uma misteriosa comunicação direta com o *Volk* ou com a *razza*, que dispensa a mediação de padres ou de chefetes partidários. Esse *carisma* é semelhante ao "estrelato" das celebridades da era da mídia, elevado a uma potência mais alta por sua capacidade de ditar a guerra e a morte. Baseava-se na reivindicação de um status único e místico, colocando o líder como a encarnação da vontade do povo e o agente do destino desse povo. Uma pitada de carisma não é desconhecida entre os ditadores tradicionais, é claro, e até mesmo alguns líderes democraticamente eleitos, Churchill, De Gaulle e os dois Roosevelts o possuíam. Stalin, com certeza, tinha *carisma*, como demonstrou a histeria pública vista em seu funeral. Mas Stalin compartilhava seu papel de agente do destino histórico com o Partido Comunista, o que tornava possível a sucessão, mesmo que as intrigas palacianas e os assassinatos se multiplicassem antes que o sucessor pudesse surgir. Mas o domínio fascista depende do *carisma* de forma mais crua que os demais, o que ajuda a explicar por que, até hoje, nenhum regime fascista conseguiu passar o poder para um sucessor.[43] Tanto Hitler quanto Mussolini tinham *carisma*, embora, no caso de Mussolini, o fato de sua vitalidade ter diminuído quando chegou à meia-idade e também seu fim vergonhoso tenham feito com que a maioria das pessoas esquecesse o magnetismo que um dia exerceu, até mesmo fora da Itália.[44]

O *carisma* nos ajuda a entender diversas características curiosas da liderança fascista. A notória indolência de Hitler,[45] longe de tornar o nazismo mais morno, deixou seus subordinados livres para competir quanto a quem levaria o regime a uma radicalização cada vez mais extrema. Um líder carismático também é imune às críticas inesperadamente difundidas contra o governo, que não demoraram a surgir tanto na Alemanha quanto na Itália.[46] Ao mesmo tempo, a liderança carismática é quebradiça. Promete ao *Volk* ou à *razza*, como uma vez observou Adrian Lyttelton, "uma relação privilegiada com a história".[47] Tendo criado expectativas tão altas, um líder fascista incapaz de produzir os triunfos prometidos arrisca-se a ver sua mágica se dissipar ainda mais rapidamente que um presidente ou um primeiro-ministro eleito, de quem se espera menos. Mussolini, para seu grande desgosto, descobriu essa regra em julho de 1943.

Estudar o exercício fascista do poder, portanto, não é apenas uma questão de explicitar a vontade do ditador (como os propagandistas afirmavam, e os "intencionalistas" irrefletidos parecem acreditar). Esse estudo significa examinar as infindáveis tensões entre o líder, seu partido, o Estado, os detentores tradicionais do poder social, econômico, político ou cultural. Com base nessa realidade, foi proposta uma interpretação que veio a se tornar muito influente, a da governança fascista como uma "poliocracia", ou o governo de uma multiplicidade de centros de poder relativamente autônomos, convivendo em meio a intermináveis tensões e rivalidades mútuas.⁴⁸ Na poliocracia, o famoso "princípio da liderança" cascateia ao longo da pirâmide social e política, criando uma legião de pequenos Führers e Duces, num Estado hobbesiano de guerra de todos contra todos.

Essa tentativa de entender o caráter complexo da ditadura fascista e sua interação com a sociedade, inteiramente válida em si, acarreta riscos de dois tipos. Primeiramente, faz com que seja difícil explicar a energia demoníaca desencadeada pelo fascismo: por que a poliocracia não teve o efeito de simplesmente produzir um impasse, deixando a todos de mãos atadas? Além disso, em suas versões extremas, ela nos faz perder de vista a supremacia do líder. Num acalorado debate que teve lugar na década de 1980, os intencionalistas defenderam a centralidade da vontade do ditador, enquanto os estruturalistas ou funcionalistas afirmavam que a vontade do ditador não poderia ser aplicada sem vínculos múltiplos com o Estado e com a sociedade. Ambas as visões eram facilmente caricaturáveis e, muitas vezes, foram levadas a extremos. O intencionalismo funcionava melhor para a política externa e militar, áreas em que tanto Hitler quanto Mussolini desempenharam papéis diretamente ativos. A questão de maior carga emocional no debate intencionalista-estruturalista foi o Holocausto, quando a enormidade do resultado parecia exigir a presença de uma igualmente enorme vontade criminosa. Examinarei mais de perto essa questão no próximo capítulo.

Um dos grandes problemas para os intencionalistas era o estilo pessoal do governo de Hitler. Enquanto Mussolini mourejava por longas horas em sua mesa de trabalho, Hitler continuava a se permitir o diletantismo indolente e boêmio de seus tempos de estudante de arte. Quando seus auxiliares tentavam atrair sua atenção para assuntos urgentes, Hitler frequentemente se mostrava inacessível. Passava muito tempo em seu refúgio na Baviera e, mesmo quando em Berlim, negligenciava questões da maior urgência. Submetia seus convidados a jantares com monólogos que iam até a meia-noite, acordava ao meio-dia e dedicava suas tardes a paixões pessoais, como fazer, com seu jovem protegido Albert Speer, planos para a reconstrução de sua cidade natal (Linz) e do centro de Berlim num estilo monumental compatível com o Reich de Mil Anos. Após fevereiro de 1938, o gabinete deixou de se reunir. Alguns ministros jamais conseguiam ver o Führer. Hans Mommsen chegou ao ponto de chamar Hitler de um "ditador fraco". Mommsen nunca teve a intenção de negar a natureza ilimitada do mal definido e aleatório exercício do poder de Hitler, mas observou que o regime nazista não era organizado segundo princípios racionais de eficiência burocrática, e que sua surpreendente explosão de energia assassina não foi produzida pela diligência de Hitler.[49] No Capítulo 6, levarei adiante o exame do mistério da radicalização fascista.

Nem uma versão extrema da visão intencionalista, de um líder todo-poderoso governando por si só, nem uma versão extrema da visão estruturalista, de que as iniciativas vindas de baixo são o motor principal da dinâmica fascista, são sustentáveis. Na década de 1990, os trabalhos mais convincentes propuseram explicações de mão dupla, que davam a devida importância à competição existente entre os integrantes do nível médio do governo, para saber quem se anteciparia aos desejos mais íntimos do líder e "trabalharia" para levá-los adiante, e também ao indispensável papel desempenhado pelo líder no estabelecimento de metas, na remoção das limitações e na recompensa aos correligionários mais zelosos.[50]

A QUEDA DE BRAÇO ENTRE OS FASCISTAS E OS CONSERVADORES

Quando Adolf Hitler se tornou chanceler da Alemanha, em 30 de janeiro de 1933, seus aliados conservadores, encabeçados pelo vice-chanceler Franz von Papen, juntamente com os líderes conservadores e nacionalistas que apoiavam a aposta de Von Papen em Hitler, esperavam manobrar sem grandes dificuldades o chefe de governo novato. Confiavam que seus diplomas universitários, sua experiência em questões públicas e seu refinamento mundano lhes confeririam uma fácil superioridade sobre os toscos nazistas. O chanceler Hitler fascinaria as massas, pensavam eles, enquanto o vice-chanceler Von Papen governaria o Estado.

Os aliados conservadores não eram os únicos a pensar que o nazismo não passava de fogo de palha. A Internacional Comunista tinha certeza de que a guinada para a direita dada pela Alemanha, sob Hitler, acabaria por produzir uma reviravolta em direção à esquerda, assim que os trabalhadores alemães entendessem que a democracia era uma ilusão e abandonassem os sociais-democratas reformistas. "A calmaria que se seguiu à vitória do fascismo é apenas temporária. Inevitavelmente, e apesar do terrorismo fascista, a maré revolucionária voltará a crescer na Alemanha [...] O estabelecimento explícito de uma ditadura fascista, que vem destruindo todas as ilusões democráticas das massas e libertando-as da influência dos sociais-democratas, vai acelerar o progresso da Alemanha em direção à revolução proletária."[51]

Contrariando as expectativas tanto da direita quanto da esquerda, Hitler não tardou a firmar uma autoridade pessoal total. O primeiro período do governo nazista assistiu ao *Gleichschaltung*, a tentativa de colocar na linha não apenas os inimigos potenciais, mas também os colegas conservadores. As chaves para o sucesso de Hitler foram a superioridade de sua audácia, de seu ímpeto e de sua agilidade tática, sua hábil manipulação (como vimos no capítulo anterior) da ideia de que a iminência do "terror" comunista justificava a suspensão do devido processo legal e do Estado de direito, e sua disposição a cometer assassinatos.

O domínio de Hitler sobre seus aliados conservadores já estava claramente estabelecido em inícios do verão de 1933. Em 14 de julho, quando o Estado de partido único ficou estabelecido em lei, "uma luta aberta e 'legal' contra a supremacia do nacional-socialismo deixou de ser possível".[52] A partir de então, a luta dos conservadores se converteu numa ação de retaguarda em defesa da autonomia dos núcleos de poder que ainda lhes restavam contra a intromissão das organizações paralelas do Partido Nazista. Isso significava defender o exército contra a SA, os governos estaduais (*Land*) contra os líderes regionais do partido (*Gauleiter*), o serviço público e as associações profissionais contra os militantes inexperientes, as igrejas contra as tentativas nazistas de criar uma "cristandade germânica", e os interesses empresariais contra a ação da SS.

A principal esperança dos conservadores de manter Hitler sob controle era o presidente Hindenburg e o vice-chanceler Von Papen.[53] A idade avançada e a saúde delicada de Hindenburg o fragilizavam e faltava a Von Papen a energia pessoal e também uma equipe administrativa independente, necessária para bloquear a penetração nazista nas agências estatais, principalmente depois de ele ter sido substituído por Goering como ministro-presidente da Prússia, o maior estado alemão, em 7 de abril de 1933. Quando Von Papen atacou abertamente a arbitrariedade nazista, num discurso proferido na Philipps-Universität Marburg, em 17 de junho de 1934, o texto circulou rapidamente por todo o país. Hitler mandou prender o autor dos discursos de Von Papen, Edgar Jung, proibiu sua publicação e mandou fechar o gabinete do vice-chanceler. Jung e outras pessoas intimamente associadas a Von Papen estavam entre os assassinados na Noite das Facas Longas, que veio a ocorrer duas semanas mais tarde, em 30 de junho de 1934. Os cautelosos e os ambiciosos rodearam as poças de sangue e continuaram a tratar de suas vidas.[54] O próprio Von Papen partiu docilmente em julho, para assumir o cargo relativamente modesto de embaixador na Áustria. O jogo conservador chegou ao fim quando o presidente Hindenburg morreu, em 2 de agosto.

As manobras defensivas dos conservadores voltaram a ocorrer em 1938, quando alguns deles discordaram do ritmo e dos riscos da cada vez mais agressiva política externa de Hitler. Esse conflito terminou em fevereiro de 1938, com a exoneração, em circunstâncias humilhantes, dos chefes do comando-geral e do comando do exército, os generais Blomberg e Fritsch, falsamente acusados de comportamento sexual impróprio. O ex-cabo assumiu pessoalmente o alto-comando militar (Oberkommando der Wehrmacht, ou OKW) e passou a exigir um juramento pessoal de seus generais, como o *Kaiser* fizera antes dele. Alguns oficiais de alta patente quiseram resistir à perda de autonomia do exército, mas eles não agiriam sem o apoio dos altos comandantes.[55] A subordinação do exército a Hitler foi ainda maior do que fora ao *Kaiser*.

Simultaneamente, o Ministério das Relações Exteriores foi colocado sob o controle do partido. O diplomata de carreira Konstantin von Neurath foi afastado do cargo de ministro das Relações Exteriores em 5 de fevereiro de 1938, e os diplomatas alemães foram submetidos à humilhação de ver sua altiva corporação passar a ser controlada pelo líder da organização paralela do partido, Joachim von Ribbentrop, um homem cuja principal experiência internacional antes de 1933 havia sido a de vender champanhe alemã falsificada na Grã-Bretanha. Sob o comando de Ribbentrop, os postos diplomáticos no exterior passaram a ser preenchidos principalmente por antigos integrantes da SA.[56]

A partir da derrota do nazismo em 1945, os conservadores alemães tentaram exagerar sua oposição a Hitler e a hostilidade deste em relação a eles próprios. Como já vimos, entre os nazistas e os conservadores havia discordâncias autênticas, pontuadas por claras derrotas dos conservadores. Em cada momento decisivo, entretanto – a cada recrudescimento da repressão antijudaica, a cada novo corte nas liberdades civis, a cada nova infração das normas legais, a cada aumento da agressividade da política externa e a cada avanço da subordinação da economia às necessidades da autarquia e de um rearmamento apressado –, a maioria dos conservadores alemães (com algumas honrosas exceções) engoliram suas dúvidas a respeito dos nazistas em favor da supremacia de seus interesses em comum.

Os conservadores conseguiram colocar obstáculos a uma única política nazista: a eutanásia das pessoas ditas "inúteis", questão que discutirei mais amplamente no próximo capítulo. No mais, embora as instituições e organizações conservadoras tentassem salvaguardar sua classe e seus interesses pessoais, elas raramente desafiavam o regime em si. Alguns conservadores, como os que se reuniam em torno de Helmut von Moltke em sua propriedade campestre em Kreisau, opunham-se ao regime por razões morais e intelectuais, e pensavam sobre a forma que uma nova Alemanha tomaria depois da guerra. Mais perto do final, quando eles finalmente entenderam que Hitler estava levando a Alemanha à aniquilação, alguns oficiais de alta patente e funcionários do primeiro escalão da administração pública chegaram perto de formar uma resistência efetiva ao regime nazista, e quase conseguiram assassinar Hitler em 20 de julho de 1944.

Como o regime de Mussolini não conseguiu desenvolver a força alcançada pelo de Hitler, ele muitas vezes é visto como menos que totalitário.[57] No entanto, os mesmos elementos disputavam o poder na Itália fascista e na Alemanha nazista: o líder, o partido, a burocracia estatal e a sociedade civil. O que diferiu foi o resultado, uma vez que o poder foi distribuído entre esses elementos de forma bastante diferente. Não confiando nos militantes do partido, Mussolini trabalhava para subordiná-los a um Estado todo-poderoso. Ao mesmo tempo, era forçado pelas circunstâncias a dividir o poder máximo com o rei, e a aplacar a Igreja Católica, muito mais forte na Itália. Os militantes do partido revidaram com acusações de que o Duce estaria permitindo que os aliados conservadores (*fiancheggiatori*, literalmente flanqueadores) diluíssem o movimento.[58]

O resultado final, na Itália, foi o que alguns chamaram de "uma versão mais dura da Itália liberal".[59] Essa visão subestima tanto as inovações introduzidas pelo partido na organização do Estado e na propaganda, em especial em suas relações com a juventude e a capacidade de Mussolini para atos arbitrários, demonstrada principalmente durante a Guerra da Etiópia, como também o grau de tensão existente entre o Duce, o partido e as elites conservadoras, na versão italiana do Estado dual.

A QUEDA DE BRAÇO ENTRE O LÍDER E O PARTIDO

Na propaganda fascista, e também na imagem que a maioria das pessoas faz dos regimes fascistas, o líder e o partido se fundem numa manifestação única da vontade nacional. Na realidade, existe também entre eles uma tensão permanente. O líder fascista, ao tentar firmar as alianças necessárias para chegar ao poder, inevitavelmente negligencia algumas de suas promessas de início de campanha, desapontando assim alguns de seus seguidores originais.

Mussolini teve que enfrentar tanto os *partisans* do *squadrismo* radical quanto Farinacci e os entusiastas do "sindicalismo integral", como Edmondo Rossoni. Embora Hitler sempre tenha exercido um controle maior sobre seu partido que Mussolini, até mesmo ele se viu muitas vezes confrontado por dissensões, até que acabou por afogá-las em sangue, em junho de 1934. Antes de chegar ao poder, os partidários de um autêntico "socialismo germânico", uma "terceira via" intermediária entre o capitalismo e o marxismo, sobre quem já falamos antes,[60] criaram para Hitler situações constrangedoras junto aos empresários que ele desejava cortejar. Havia também os que se impacientavam com sua estratégia de tudo ou nada, como Walter Stennes e Gregor Strasser. Como já vimos, Hitler não hesitou em expulsá-los do partido.[61]

Nos primeiros dias do governo de Hitler, surgiu um conflito quanto à "segunda revolução", uma nova onda de mudanças radicais que entregaria aos "velhos lutadores" o espólio dos cargos e das posições de comando. Na primavera de 1933, os militantes do partido celebraram sua chegada ao poder dando prosseguimento a suas ações de rua contra a esquerda, contra a burguesia moderada e contra os judeus. O boicote às firmas de propriedade de judeus, organizado pela militante Liga de Combate da Classe Média Comercial, na primavera de 1933, foi apenas um dos exemplos mais gritantes da "revolução de baixo para cima". Hitler, entretanto, precisava de calma e de ordem, e não de desafios ao monopólio estatal da violência, e os líderes do partido, no verão de 1933, anunciaram "o fim da revolução".

A aspiração a uma "revolução" permanente ainda existia dentro da SA, contudo, despertando preocupação na comunidade empresarial. O desejo da SA de se tornar a força armada do novo regime causou profunda apreensão no alto-comando do exército. Hitler resolveu essas questões de maneira muito mais brutal e conclusiva que Mussolini, na Noite das Facas Longas. Essa lição não passou em branco para outros potenciais oponentes.

O problema para os regimes fascistas – problema que os ditadores tradicionais nunca tiveram que enfrentar – era como manter a energia do partido em ponto de fervura sem perturbar a ordem pública nem incomodar seus aliados conservadores. A maioria dos radicais do Partido Nazista foi impedida de causar transtornos ao regime pelo controle exercido pessoalmente por Hitler, pelos triunfos internos e externos do regime e, mais tarde, pela válvula de escape da guerra e do extermínio de judeus. A ocupação da Europa Ocidental forneceu oportunidades gratificantes de espoliação.[62] Na frente Oriental, as coisas foram muito mais longe: lá, o partido aplicou com sanha assassina a política de ocupação, como veremos no próximo capítulo.

Mussolini também dominava seu partido, embora enfrentando desafios muito mais abertos e prolongados. Os líderes do Partido Fascista, especialmente os *ras* locais, cujas façanhas da época do *squadrismo* lhes haviam conferido um certo poder autônomo, frequentemente expressavam seu descontentamento com Duce. Essas tensões tinham duas fontes: uma de natureza funcional, no sentido de que as responsabilidades de Mussolini como líder partidário eram diferentes das dos *ras* locais e, portanto, ele via as coisas de outra forma; e outra de natureza pessoal, no sentido de que Mussolini era mais inclinado a "normalizar" as relações com os conservadores tradicionais que alguns de seus coléricos seguidores. Como já vimos, o movimento e seu líder se desentenderam em 1921 com respeito à transformação do movimento em partido e, em agosto daquele mesmo ano, os *ras* forçaram Mussolini a desistir de sua intenção de entrar num pacto de pacificação com os socialistas.

Após a chegada ao poder, essas divergências se tornaram ainda mais agudas. Os militantes do partido se sentiram frustrados com os dois primeiros anos do governo de Mussolini (1922–1924), que foram dominados por uma coalizão moderada. Vimos no Capítulo 4 como, em dezembro de 1924, os militantes do partido incitaram-no a pôr fim a seus seis meses de indecisão após o assassinato de Matteotti e escolher a saída agressiva, estabelecendo o governo de partido único.[63]

Necessitando de um forte apoio de seu partido ao instaurar sua nova ditadura, Mussolini, em fevereiro de 1925, nomeou o mais intransigente dos partidários do *squadrismo* violento, Roberto Farinacci, *ras* de Cremona, como secretário do Partido Fascista. A nomeação de Farinacci parecia sinalizar uma escalada da violência voltada contra os adversários, da intromissão do partido no serviço público e da adoção de políticas radicais nas áreas social, econômica e de política externa.[64] Farinacci, contudo, foi demitido apenas um ano depois. Novas erupções de violência, como oito outros assassinatos ocorridos em Florença, em outubro de 1925, "na frente dos turistas", foram vistas como intoleráveis e, além disso, veio a público que a tese de direito apresentada por Farinacci havia sido plagiada. O partido, daí em diante, teve uma série de secretários mais maleáveis, que, embora tendo ampliado o tamanho e alcance da legenda, tornaram-na inquestionavelmente subordinada ao Duce e à burocracia estatal. No próximo capítulo, voltarei a tratar da perene tensão entre os instintos normalizadores de Mussolini e seus periódicos episódios de radicalização.

A QUEDA DE BRAÇO ENTRE O PARTIDO E O ESTADO

Tanto Hitler como Mussolini tinham que fazer a máquina do Estado trabalhar para eles, fosse por persuasão, fosse pela força. Os militantes do partido desejavam pôr de lado os burocratas de carreira e tomar para si todos os cargos. Os líderes quase nunca cederam a essa reivindicação. Já vimos como Hitler sacrificou a SA em favor do exército, em junho de 1934. De forma semelhante, Mussolini evitou que a *Milizia* invadisse a esfera profissional do exército italiano, exceto com relação ao serviço nas colônias.

De modo geral, os regimes fascista e nazista não tiveram grandes problemas em estabelecer controle sobre o serviço público. Em grande medida, protegeram o território dos servidores públicos da intrusão do partido, deixando intacta sua identidade profissional. Os servidores públicos, em geral, nutriam grande simpatia pela inclinação desses regimes à autoridade e à ordem, como também por sua oposição ao parlamento e à esquerda, e tinham grande liberdade de ação perante as restrições legais.[65] Às vezes, eliminar judeus ajudava a ascensão na carreira.

A polícia era a principal agência, é claro. A polícia alemã não tardou a ser retirada da esfera do Estado normativo e trazida para a área de influência do Partido Nazista, pela via da ss. Contando com o apoio de Hitler em suas disputas com rivais e com o Ministério do Interior – que tradicionalmente controlava a polícia –, Himmler foi promovido, em abril de 1933, de comandante político da polícia da Bavária (onde instalou o primeiro campo de concentração, em Dachau) a chefe de todo o sistema policial alemão, em junho de 1936.[66]

Esse processo foi facilitado pela hostilidade que muitos policiais alemães sentiam pela República de Weimar, com sua "indulgência com os criminosos",[67] e pelos esforços do regime em melhorar a imagem da polícia aos olhos da população. Em 1937, a celebração anual do dia da polícia foi prolongada de um dia para sete.[68] De início, a sa recebeu a delegação como uma polícia auxiliar na Prússia, mas essa prática foi interrompida em 2 de agosto de 1933,[69] e a polícia não veio a sofrer novas ameaças de ser diluída pelos militantes do partido. Ela desfrutava de um papel privilegiado, estando acima de qualquer lei e atuando como o árbitro máximo de sua própria espécie de "justiça policial" ilimitada.

Enquanto a polícia alemã era comandada de forma mais direta pelos dirigentes do Partido Nazista do que qualquer outra agência estatal tradicional, a polícia italiana ainda era encabeçada por um funcionário público, e seu comportamento não era menos profissional ou partidário que nos governos anteriores. Essa foi uma das diferenças mais profundas entre os regimes nazista e fascista. O chefe da polícia italiana, durante a maior parte do período fascista, foi o funcionário público civil Arturo Bocchini. Havia também uma polícia política, a

OVRA, mas o número de inimigos políticos executados pelo regime foi relativamente pequeno.

Outro instrumento de importância central para o exercício do poder era o Judiciário. Embora, em 1933, pouquíssimos juízes fossem membros do Partido Nazista,[70] a magistratura alemã era esmagadoramente conservadora. Ao longo da década de 1920, ela já havia estabelecido para si um sólido histórico de penas mais duras para os comunistas que para os nazistas. Em troca de uma invasão relativamente limitada em sua esfera profissional, os juízes não hesitaram em fundir suas associações a uma organização nazista e aceitaram entusiasticamente o poderoso papel conferido a eles pelo novo regime.[71] O Judiciário italiano sofreu poucas alterações, uma vez que a interferência política já era a norma sob a monarquia liberal. Os juízes italianos, de modo geral, simpatizavam com o regime fascista devido a seu compromisso com a ordem pública e a grandeza nacional.[72]

Os profissionais de medicina, que, embora não fizessem parte do Estado em sentido estrito, eram de importância essencial para o bom funcionamento do sistema, cooperaram com o regime nazista com surpreendente boa vontade. A intenção nazista de aperfeiçoar a pureza biológica da "raça" (a cultura italiana era bem diferente neste ponto) continha um componente de saúde pública que agradava a muitos profissionais de medicina. Por longo tempo, os cruéis experimentos praticados em prisioneiros pelo Dr. Josef Mengele passaram uma impressão distorcida da medicina nazista. Não era mero sadismo, embora tenha causado muito sofrimento. Ela se dedicou a amplas pesquisas sobre saúde pública básica. Os cientistas alemães, por exemplo, foram os primeiros a associar de forma conclusiva o fumo e o amianto com o câncer.[73] Aperfeiçoar a raça significava também incentivar famílias numerosas, e os regimes fascistas foram particularmente laboriosos no desenvolvimento de uma ciência demográfica a serviço da pró-natalidade. Veremos, no próximo capítulo, como, na Alemanha pressionada pela guerra, o aperfeiçoamento da raça acabou por levar à esterilização de pessoas com problemas congênitos de saúde e à eliminação das "bocas inúteis" – pessoas que sofriam de doenças mentais e de males incuráveis – e daí ao genocídio étnico. Os administradores nazistas se orgulhavam do cuidado científico e burocrático com que essas questões eram tratadas, de forma tão diferente dos desordenados *pogroms* dos eslavos, e recompensavam os médicos e os profissionais de saúde pública com vasta autoridade sobre esses programas. Foram muitos os que participaram voluntariamente do "extermínio medicalizado".[74]

Um "número espantoso" de profissionais de assistência à infância, cansados das querelas ideológicas que, nos tempos da República de Weimar, opunham as agências públicas às privadas e as religiosas às laicas, chegando a praticamente paralisar toda a área, já tendiam, após toda essa experimentação, a retornar à autoridade parental e à disciplina, e saudaram o nazismo, em 1933, como um novo começo.[75]

O conflito partido-Estado foi a área de tensão mais fácil e definitivamente resolvida pelos governos fascistas. O Estado nazista, em particular, funcionou vigorosamente até os últimos dias, numa consciente e determinada rejeição de qualquer indício do colapso da autoridade pública que havia ocorrido em 1918.

ACOMODAÇÃO, ENTUSIASMO E TERROR

O modelo do Estado dual é incompleto também numa outra dimensão: deixa de fora a opinião pública. Não basta estudar as maneiras pelas quais um regime fascista exerce autoridade de cima para baixo; temos que examinar também como ele interagia com seu público. Seria verdade que a maioria da população apoiava de forma consensual, e até entusiástica, os regimes fascistas ou fora obrigada a se submeter pela força e pelo terror? O modelo do terror vem prevalecendo, em parte porque serve de álibi aos povos em questão. Mas estudos recentes tendem a mostrar que o terror era seletivo e que o consenso era alto, tanto na Alemanha nazista quanto na Itália fascista.

Nenhum desses regimes era concebível sem o terror. A violência nazista era onipresente e se tornou altamente visível após 1933. Os campos de concentração não eram segredo, e as execuções de dissidentes eram para ser conhecidas por todos.⁷⁶ A divulgação da violência nazista, contudo, não significa que o apoio ao regime ocorresse sob coação. Uma vez que essa violência era dirigida contra os judeus, os marxistas e os "associais" marginalizados (homossexuais, ciganos, pacifistas, pessoas que tinham doenças mentais congênitas ou deficiências, ou os criminosos contumazes, grupos esses dos quais muitos alemães queriam mesmo se ver livres), os alemães, com frequência, sentiam-se mais contentes do que ameaçados por ela. Os demais logo aprenderam a guardar silêncio. Só bem ao final, quando os Aliados e os russos já se aproximavam e as autoridades passaram a atacar qualquer pessoa suspeita, o regime nazista voltou sua violência contra os alemães comuns.⁷⁷

O padrão de violência do fascismo italiano foi o oposto do padrão nazista. Mussolini derramou mais sangue para chegar ao poder do que Hitler,⁷⁸ mas sua ditadura, depois de estabelecida, foi relativamente branda. A principal forma de punição aplicada aos dissidentes políticos era o envio forçado para aldeias remotas nas regiões montanhosas do sul.⁷⁹ Cerca de dez mil adversários sérios do regime foram presos em campos ou em ilhas costeiras. Entre 1926 e 1940, o regime sentenciou à morte apenas nove opositores.⁸⁰

Mas temos que evitar a crença comum de que a ditadura de Mussolini foi mais cômica do que trágica. Sua ordem de mandar matar na França, em 1937, os irmãos Rosselli, os eloquentes líderes do principal movimento de resistência democrática, o *Giustizia e Libertà*, e também o notório assassinato do deputado socialista Giacomo Matteotti, em junho de 1924, mancharam de sangue, e de forma indelével, o seu regime. A justiça fascista, embora menos malévola que a nazista em muitas ordens de magnitude, proclamou, de forma não menos ousada, a "subordinação dos interesses individuais aos [interesses] coletivos",⁸¹ e não devemos esquecer a espetacular crueldade das conquistas coloniais italianas.⁸²

Da mesma forma que no Terceiro Reich, a violência fascista era dirigida seletivamente contra os "inimigos da nação" – os socialistas, os eslavos do sul e os povos africanos que se interpunham à hegemonia italiana no Mediterrâneo. Conseguia, portanto, inspirar mais aprovação do que medo.

É óbvio que a dicotomia popularidade-terror é demasiadamente rígida. Nem mesmo o nazismo dependia apenas da força bruta. Uma das notáveis descobertas dos estudos mais recentes é que um aparato policial pequeno bastava para impor sua vontade. A Gestapo era tão bem suprida de denúncias feitas por cidadãos zelosos (ou invejosos) que podia funcionar com a razão de um policial para cada 10 ou 15 mil cidadãos,[83] um número muito menor que o exigido pela Stasi, da República Democrática Alemã do pós-guerra.

Os aspectos mais interessantes da história se localizam entre os dois extremos da coerção e da popularidade. Pode ser esclarecedor examinar a maneira pela qual os regimes fascistas lidavam com os trabalhadores, que eram, sem dúvida alguma, o segmento mais recalcitrante da população. É claro que tanto o fascismo quanto o nazismo alcançaram algum sucesso nessa área. Segundo Tim Mason, a maior autoridade em assuntos relativos aos trabalhadores alemães na época do nazismo, o Terceiro Reich "continha" os trabalhadores alemães de quatro maneiras: terror, divisão, algumas concessões e mecanismos de integração, tais como a famosa organização de lazer Força pela Alegria (Kraft durch Freude).[84]

Que não haja dúvida de que o terror esperava pelos trabalhadores que opusessem resistência direta. Em 1933, eram os quadros dos partidos socialistas e comunistas da Alemanha que enchiam os primeiros campos de concentração, antes dos judeus. Como os socialistas e os comunistas já estavam divididos entre si, não foi difícil para os nazistas criar uma nova divisão entre os trabalhadores que continuavam a resistir e os que desejavam levar uma vida normal. A erradicação das organizações trabalhistas autônomas permitiu ao regime fascista tratar com os trabalhadores no nível individual, e não mais de forma coletiva.[85] Não tardou para que esses últimos, desmoralizados pela derrota de seus sindicatos e partidos, se dispersassem, privados de seus locais costumeiros de socialização e com medo de confiar em quem quer que fosse.

Ambos os regimes fizeram algumas concessões aos trabalhadores – o terceiro mecanismo da "contenção" do trabalhismo, segundo Mason. O regime não optava simplesmente por silenciá-los, como tende a ocorrer nas ditaduras tradicionais. Após a chegada ao poder, os sindicatos oficiais passaram a deter o monopólio da representação trabalhista. A Frente Trabalhista Nazista tinha que preservar sua credibilidade, dando alguma atenção real às condições de trabalho. Lembrando-se da revolução de 1918, o Terceiro Reich estava disposto a fazer absolutamente qualquer coisa para evitar o desemprego e a escassez de alimentos. À medida que a economia alemã se aquecia com o rearmamento, houve até mesmo alguns pequenos aumentos salariais. Mais tarde, na época da guerra, a chegada de trabalho escravo, que promoveu muitos trabalhadores alemães ao status de mestre, ofereceu uma satisfação adicional.

Mussolini se orgulhava particularmente do tratamento dispensado aos trabalhadores por sua constituição corporativista. A Carta do Trabalho (1927) prometia que trabalhadores e patrões sentar-se-iam juntos na "corporação" de seu ramo da economia e afogariam a luta de classes na descoberta de seus interesses em comum. Quando, em 1939, uma Câmara das Corporações substituiu o Parlamento, a impressão passada foi de grande imponência. Na prática, contudo, os órgãos corporativos eram administrados pelos empresários, e as seções dos trabalhadores eram separadas e excluídas do convívio com as oficinas.[86]

A quarta forma de "contenção" citada por Mason – os mecanismos integrativos – era uma especialidade dos regimes fascistas. Os fascistas eram mestres na manipulação da dinâmica de grupos: grupos de jovens, associações recreativas, comícios do partido. A pressão era particularmente poderosa nos pequenos grupos. Neles, a maioria patriótica controlava os não conformistas pelo sentimento de vergonha ou pela intimidação direta, obrigando-os, no mínimo, a ficar de boca fechada. Sebastian Haffner se lembra de como o seu grupo de juízes em período de treinamento foi enviado a um retiro, no verão de 1933, onde esses jovens altamente cultos e preparados, a maioria deles não nazistas, viram-se transformados num grupo coeso por meio de marchas, cantos, uniformes e exercícios militares. Resistir parecia não fazer sentido, e certamente não levaria a parte alguma que não à prisão e ao fim de uma tão sonhada carreira. Por fim, com espanto, pilhou a si próprio erguendo o braço cingido por uma braçadeira com a suástica, na saudação nazista.[87]

Essas diversas técnicas de controle social efetivamente funcionavam. Mussolini contou com amplo apoio, de 1929 até pelo menos a época de sua vitória na Etiópia, em 1936.[88] A conciliação com a Igreja Católica foi de importância central na obtenção desse apoio. O Tratado de Latrão, firmado por Mussolini e pelo papa Pio XI, em fevereiro de 1929, pôs fim a quase sessenta anos de conflito entre o Estado italiano e o Vaticano, estabelecendo o reconhecimento mútuo e o pagamento, pela Itália, de uma indenização substancial por seu confisco de terras papais na década de 1870. A Itália reconheceu o Catolicismo Romano como "a religião da maioria dos italianos". O antes anticlerical Mussolini, que, na juventude, havia escrito um romance intitulado *A amante do cardeal* e, com 21 anos, num debate com um pastor suíço, havia dado a Deus – caso ele existisse – cinco minutos para fulminá-lo,[89] submeteu-se, em 1925, a um casamento religioso tardio com sua companheira de longos anos, Rachele Guidi, e ao batismo de seus filhos. Nas eleições para o Parlamento de 24 de março de 1929, o apoio explícito da Igreja ajudou a chapa fascista (não havia outras) a alcançar 98% dos votos.[90] No longo prazo, o fascismo pagou um alto preço pelo auxílio prestado pela Igreja na obtenção desse consenso: quando a lebre do dinamismo fascista se cansou, a tartaruga da vida paroquiana e da cultura católica seguiu caminho, devagar e sempre, até vir a se converter, após 1945, na base do governo democrata-cristão italiano.

Outro ingrediente da popularidade de Mussolini nos anos intermediários foi sua vitória sobre a Etiópia, no verão de 1936, que acabou sendo o último de seus êxitos militares. A aprovação pública ao regime fascista italiano só veio a declinar quando a política externa expansionista de Mussolini começou a produzir derrotas. A necessidade que o Duce tinha de demonstrar uma "relação especial com a história" exigiu que ele montasse uma política externa de grande dinamismo. No entanto, começando com a derrota de sua força armada "voluntária" pelos republicanos espanhóis e pelos voluntários internacionais, em Guadalajara, nas montanhas situadas a nordeste de Madri, em março de 1937, a política externa passou a trazer mais humilhação que reforço ao regime de Mussolini.[91]

Também o regime nazista, em meados da década de 1930, despertava um considerável entusiasmo popular na Alemanha. O pleno emprego somado a uma longa série de vitórias não sangrentas na política externa fizeram subir essa aprovação muito acima dos 44% que os nazistas haviam alcançado nas eleições de março de 1933. Embora os alemães resmungassem muito contra as restrições e os racionamentos, e embora a eclosão da guerra, em setembro de 1939, tenha sido recebida de forma sombria,[92] o culto a Hitler permanecia imune a críticas, que eram reservadas aos altos funcionários do partido e aos burocratas.

Os regimes fascistas alcançaram um particular sucesso entre a juventude. A chegada dos fascistas ao poder desencadeou uma onda de choque por toda a sociedade italiana, que chegou a cada bairro e a cada aldeia remota. Os jovens italianos e alemães tiveram que enfrentar a destruição de suas organizações sociais (caso eles viessem de famílias socialistas ou comunistas), e também a atração de novas formas de sociabilidade. Havia a forte tentação de se acomodar, de se sentir parte de algo maior, de alcançar posições de prestígio nas novas organizações recreativas e de juventude (que discutirei de forma mais completa a seguir).[93] Sobretudo quando o fascismo ainda era novo, juntar-se a seus esquadrões em marchas uniformizadas era um modo de os jovens se declararem independentes de seus sufocantes lares burgueses e de seus tediosos pais.[94] Alguns jovens italianos e alemães, que de outra forma seriam capazes apenas de feitos bastante modestos, encontravam satisfação em exibir poder sobre as outras pessoas.[95] Mais que qualquer outro movimento político, o fascismo foi uma declaração de rebelião juvenil, embora fosse muito mais que isso.

Não se poderia esperar que homens e mulheres reagissem da mesma forma a regimes que conferiam alta prioridade a devolver as mulheres a suas esferas tradicionais de trabalhos domésticos e maternidade. Algumas mulheres conservadoras aprovaram. O voto feminino para Hitler foi substancial (embora impossível de ser medido com precisão), e os estudiosos já debateram acaloradamente se as mulheres deveriam ser vistas como cúmplices ou vítimas de seu regime.[96] Ao final, as mulheres conseguiram escapar dos papéis reservados a elas pelo fascismo e pelo nazismo, não pela resistência direta, mas simplesmente sendo elas mesmas, e auxiliadas pela sociedade de consumo moderna. Os estilos de vida da era do jazz mostraram ser mais fortes que a propaganda do partido. Na Itália fascista, depois da Primeira Guerra, Edda Mussolini e outras jovens modernas fumavam e afirmavam seu estilo de vida independente, da mesma forma que as jovens de todos os outros países, embora participando também das instituições do regime.[97] A taxa de natalidade italiana não subiu sob o comando do Duce. Hitler não pôde cumprir sua promessa de retirar as mulheres da força de trabalho quando chegou a hora da mobilização total para a guerra.

As relações dos intelectuais com esses regimes foram mais conflituosas do que haviam sido com os movimentos fascistas dos primeiros tempos. Eles tinham boas razões para se sentirem desconfortáveis sob o comando de antigos arruaceiros, que desprezavam "os professores que examinam as coisas através de lentes, os idiotas que levantam objeções irrealistas a cada afirmação de doutrina".[98] E ainda mais porque esses regimes não viam a arte como o território da livre criatividade, mas sim como um recurso nacional, sujeito a um estrito controle por parte do Estado. Uma vez que, supostamente, os líderes possuíam poderes mentais super-humanos, os militantes fascistas preferiam resolver questões intelectuais por meio de um *reductio ad ducem*.[99]

Os regimes fascistas também tinham o poder de recompensar os intelectuais mais tratáveis e celebrados com cargos e honrarias. Nos casos em que o regime se dispunha a dar uma razoável margem de manobra aos intelectuais, como ocorreu na Itália fascista, uma vasta gama de reações era possível. Alguns críticos liberais e socialistas rejeitavam o regime de forma total, arriscando a prisão[100] ou até mesmo a morte,[101] e logo veio a se juntar a esse grupo a intocável eminência liberal, Benedetto Croce. No outro extremo, uns poucos intelectuais de genuíno valor, como o filósofo Giovanni Gentile,[102] o historiador

Gioacchino Volpe e o demógrafo-estatístico Corrado Gini[103] ofereceram seu entusiástico apoio ao regime.

Mussolini nunca precisou reprimir com severidade a vida cultural porque a maioria dos intelectuais aceitava alguma medida de conciliação com seu regime, mesmo que apenas parcial e ocasionalmente. Noventa dos signatários do "Manifesto dos Intelectuais", de Croce, lançado em 1925, mais tarde, em 1931, escreveram para a *Enciclopedia Italiana* oficial.[104] Quando, durante o ano letivo de 1931-1932, os professores universitários foram obrigados a prestar juramento ao regime, apenas 11 entre os 1.200 se recusaram.[105] Foi apenas depois de 1938, quando aprovada a legislação racial, da qual tratarei no próximo capítulo, que um número significativo de intelectuais italianos decidiu emigrar.

Os intelectuais enfrentavam pressões mais intensas na Alemanha nazista. Os ideólogos nazistas tentaram reformular todo o pensamento, como, por exemplo, na criação da física alemã, que pretendia suplantar a "física judia de Einstein",[106] e com o "cristianismo germânico", destinado a purificar a doutrina cristã das influências judaicas. Um número substancial de intelectuais emigraram, entre eles alguns não judeus (Thomas Mann foi apenas o mais célebre deles). O físico Max Planck conseguiu continuar trabalhando na Alemanha, defender algum grau de independência para si e para seus colegas e preservar o respeito da comunidade científica internacional.[107] Outros intelectuais de grande renome – entre eles o filósofo Martin Heidegger, o sociólogo Hans Freyer[108] e o jurista Carl Schmitt[109] – encontraram terreno comum com o nazismo a ponto de aceitar incumbências oficiais. Dentro do espectro que ia da conciliação e da acomodação à reticência discreta, adotado pela maioria dos intelectuais, algumas posições permanecem obscuras até os dias de hoje: seria verdade que o físico Werner Heisenberg, ganhador do Prêmio Nobel, de fato fragilizou, a partir de dentro, o programa alemão de energia nuclear, como ele afirma ter feito, ou esse programa na verdade fracassou devido à insuficiência de verbas, à alteração de prioridades e à partida de físicos judeus importantes, como Lise Meitner, e também ao erro de cálculo do próprio Heisenberg, que superestimou a quantidade de plutônio necessária para a operação de uma pilha atômica?[110]

Mesmo que o entusiasmo público nunca tenha chegado a ser total, como os fascistas haviam prometido a seus aliados conservadores, a maioria dos cidadãos dos regimes fascistas aceitavam as coisas tal como elas eram. Os casos mais interessantes são os das pessoas que nunca se filiaram ao partido, e que chegavam a ter objeções quanto a determinados aspectos do regime, mas que optaram pela conciliação porque as realizações do partido vinham ao encontro de algumas das coisas desejadas, e também porque as alternativas pareciam ainda piores. O eminente regente sinfônico Wilhelm Furtwängler foi penalizado, após a guerra, por ter sido fotografado ao lado de um sorridente Hitler, mas, na verdade, suas relações com o regime nazista eram complicadas. Furtwängler nunca se filiou ao partido. Tentou, em dois tensos encontros cara a cara, convencer o Führer a relaxar sua proibição da música judaica e o banimento de músicos judeus. Foi exonerado de algumas de suas funções de regência por insistir em tocar a música atonal de Hindemith. Entretanto, concordava com o pressuposto nazista de que "a música surge de forças profundas e secretas, enraizadas no povo e na nação"[111] – em especial na nação alemã. Para ele, era impensável abandonar a Alemanha ou cessar suas atividades musicais. De fato, gozou de privilégios sob o nazismo, pois, embora Hitler tivesse conhecimento de suas objeções, ele também conhecia música o suficiente para perceber que Furtwängler era o melhor regente da Alemanha.[112]

Aceitando acomodações desse tipo, os regimes fascistas foram capazes de preservar a lealdade de nacionalistas e conservadores que não concordavam com tudo o que o partido vinha fazendo.

A "REVOLUÇÃO" FASCISTA

A retórica radical dos movimentos fascistas iniciais levou muitos observadores daquela época e de tempos posteriores a supor que, uma vez no poder, fariam mudanças de caráter fundamental na vida nacional. Na prática, embora os regimes fascistas tenham de fato realizado algumas mudanças de dimensões estarrecedoras, deixaram em grande medida intactas a distribuição da propriedade e a hierarquia econômica e social (numa oposição diametral à acepção que o termo *revolução* assumiu a partir de 1789).

O âmbito da "revolução" fascista foi restringido por duas ordens de fatores. Para começar, mesmo em sua forma mais radical, os primeiros programas nunca atacaram a riqueza e o capitalismo de forma tão direta quanto uma leitura mais apressada poderia sugerir.[113] Quanto à hierarquia social, o princípio de liderança do fascismo efetivamente a reforçava, embora os fascistas colocassem algum grau de ameaça à posição social herdada, ao defender a substituição da desgastada elite burguesa pelos "novos homens". Os poucos e verdadeiros *outsiders* fascistas geralmente iam para as organizações paralelas.

O alcance da transformação operada pelo fascismo foi ainda mais limitado pela exclusão de muitos militantes radicais durante o período do enraizamento e da chegada ao poder. Uma vez que os movimentos fascistas passaram dos protestos e da manipulação dos mais diversos ressentimentos para a conquista do poder, com inevitáveis alianças e conciliações, suas prioridades mudaram na mesma medida que suas funções. Tornaram-se muito menos interessados em reunir os descontentes que em mobilizar e unificar as energias nacionais para o renascimento e o engrandecimento do país. Isso os obrigou a quebrar muitas das promessas feitas durante os anos do recrutamento de militantes, que se sentiam descontentes com a situação social e econômica. Os nazistas, particularmente, quebraram as promessas feitas aos pequenos camponeses e artesãos, que eram a base principal de seu eleitorado, para passar a defender a urbanização e a produção industrial.[114]

Apesar de suas frequentes menções à "revolução", os fascistas não queriam uma revolução socioeconômica. Queriam, sim, uma "revolução da alma" e uma revolução na posição ocupada por seu povo na hierarquia do poder mundial. Pretendiam unificar, revigorar e dar mais poder a sua nação decadente – reafirmar o prestígio da *Romanità* italiana ou do *Volk* alemão, ou do hungarismo, ou do destino de algum outro grupo. Para tal, julgavam precisar de exércitos, de capacidade produtiva, de ordem e da propriedade. Forçar à submissão os elementos produtivos tradicionais de seu país, talvez; transformá-los, sem dúvida; mas não aboli-los. Precisavam da força desses bastiões do poder estabelecido a fim de expressar a unidade e a vitalidade renovada de seus povos, tanto internamente quanto no cenário mundial. Queriam revolucionar suas instituições nacionais no sentido de infundi-las de energia, unidade e força de vontade, mas jamais pensaram em abolir a propriedade ou a hierarquia social.

A missão fascista de engrandecimento e purificação nacional exigia mudanças mais fundamentais na natureza da cidadania e na relação dos cidadãos com o Estado desde as revoluções democráticas dos séculos XVIII e XIX. O primeiro e gigantesco passo foi subordinar o indivíduo à comunidade. Enquanto o Estado liberal se baseava num pacto firmado entre seus cidadãos visando a proteger os direitos e as liberdades individuais, o Estado fascista corporificava o destino nacional, a serviço do qual todos os membros do grupo encontravam sua mais alta realização. Já vimos que ambos os regimes encontraram alguns intelectuais não fascistas de renome que estavam prontos a apoiar essa postura.

Nos Estados fascistas, os direitos individuais não tinham existência autônoma. O Estado de direito – o *Rechtsstaat*, o *État de droit* – desapareceu juntamente com o princípio do devido processo legal, por meio do qual os cidadãos tinham assegurado o tratamento igualitário pelos tribunais e pelas agências estatais. Um suspeito inocentado por um tribunal alemão poderia ser novamente detido por agentes do regime às portas do tribunal e enviado a um campo de concentração sem necessidade de qualquer tipo de processo legal.[115] Um regime fascista podia, de forma discricionária e irrestrita, prender, despojar de propriedades e até mesmo matar seus habitantes. Tudo o mais empalidece perante essa transformação radical na relação dos cidadãos com o poder público.

A partir daí, soa como um anticlímax dizer que esses regimes não continham mecanismos que permitissem aos cidadãos escolher seus representantes ou de alguma outra forma exercer influência sobre as políticas adotadas. Os parlamentos perderam poder, as eleições foram substituídas por plebiscitos do tipo "sim" ou "não" e por cerimônias de afirmação, e foram conferidos aos líderes poderes ditatoriais quase ilimitados.

Os fascistas alegavam que a divisão e o declínio de suas comunidades haviam sido causados pela política eleitoral e, principalmente, pelos preparativos da esquerda para a guerra entre as classes e a ditadura do proletariado. Comunidades tão prejudicadas, pontificavam os fascistas, não poderiam ser unificadas pelo jogo naturalmente harmônico dos interesses humanos, como os liberais acreditavam. Elas teriam que ser unificadas pela ação do Estado, usando de persuasão e organização, se possível, ou da força, se necessário. Essa tarefa exigia aquilo que o sociólogo francês Émile Durkheim chamou de "solidariedade orgânica", diferente da "solidariedade mecânica". Para tal, os regimes fascistas criaram uma série de agências voltadas para a formação e a moldagem do corpo de cidadãos numa comunidade integrada de lutadores disciplinados e calejados. O Estado fascista dava particular atenção à formação da juventude e se esforçava ao máximo para preservar um ciumento monopólio dessa função (questão que levou os regimes fascistas e a Igreja Católica a frequentes conflitos).

Os regimes fascistas se lançaram à construção do novo homem e da nova mulher (cada qual na esfera que lhe era própria). Era a desafiante tarefa dos sistemas educacionais fabricar "novos" homens e mulheres, que seriam simultaneamente lutadores e súditos obedientes. Os sistemas educacionais dos Estados liberais, além de sua missão de auxiliar os indivíduos a realizar seu potencial intelectual, já tinham o compromisso de moldar seus cidadãos. Os Estados fascistas puderam utilizar os quadros e a estrutura educacionais já existentes, apenas dando maior ênfase aos esportes e ao treinamento físico e militar. Algumas das funções tradicionais das escolas foram absorvidas, sem dúvida alguma, pelas organizações paralelas do partido, tais como os movimentos de juventude de filiação obrigatória. Nos Estados fascistas, todas as crianças eram automaticamente matriculadas em organizações do partido, que estruturavam suas vidas desde a infância até a universidade. Cerca de 70% dos italianos entre 6 e 21 anos das cidades setentrionais de Turim, Gênova e Milão pertenciam a alguma organização de juventude, embora essa proporção fosse bem menor no sul não desenvolvido.[116] Hitler tinha uma determinação ainda maior de apartar os jovens alemães de seus socializadores tradicionais – os pais, os professores e as igrejas – e também de seus divertimentos espontâneos costumeiros. "Esses meninos", disse ele ao Reichstag em 4 de dezembro de 1938, "ingressam em nossa organização aos 10 anos de idade e, pela primeira vez, recebem uma lufada de ar fresco. Então, quatro anos mais tarde, eles passam do *Jungvolk* à Juventude de Hitler, e lá nós os mantemos por mais quatro anos. Depois, estamos ainda menos dispostos a devolvê-los às mãos daqueles que criam nossas barreiras de classe e de status. Ao contrário, nós os levamos imediatamente para o Partido, para a Frente Trabalhista, para a SA ou para a SS […] e assim por diante."[117] Entre fins de 1932 e inícios de 1939, a *Hitlerjugend* ampliou o número de seus filiados entre 10 e 18 anos de 1% para 87%.[118] Uma vez no mundo, os cidadãos de um Estado fascista descobriam que o regime controlava até mesmo suas atividades de lazer, como no Dopolavoro italiano e na Kraft durch Freude alemã.

Na verdade, esses regimes tentavam redesenhar de forma tão radical as fronteiras entre o privado e o público que a esfera privada praticamente desapareceu. Robert Ley, chefe do Departamento do Trabalho Nazista, disse que, no Estado nazista, o único indivíduo privado era alguém que estivesse dormindo.[119] Segundo alguns observadores, essa tentativa de fazer com que a esfera pública engolisse a esfera privada por completo consiste, de fato, na própria essência do fascismo.[120] Esse é um aspecto fundamental das intensas diferenças existentes entre o fascismo e o conservadorismo autoritário, que são ainda maiores no caso do liberalismo clássico.

Não havia espaço, nessa visão de unidade nacional obrigatória, para indivíduos livre-pensadores nem para subcomunidades independentes e autônomas. As igrejas, a franco-maçonaria, os sindicatos ou centrais de base classista e os partidos políticos, todos eram suspeitos de estar subtraindo algo à vontade nacional.[121] Aqui residiam as razões de infindáveis conflitos com os conservadores, e também com a esquerda.

Perseguindo sua missão de unificar a comunidade no interior de uma esfera pública de peso assoberbador, os regimes fascistas dissolveram os sindicatos e os partidos socialistas. Essa amputação radical daquilo que havia sido a representação normal dos trabalhadores, engastada como era num projeto de realização nacional e de economia controlada, alienou a opinião pública num grau menor do que teria acontecido numa situação de pura repressão militar ou policial, como ocorre nas ditaduras tradicionais. E, na verdade, os fascistas alcançaram algum grau de sucesso em reconciliar uma parcela dos trabalhadores com um mundo sem sindicatos nem partidos socialistas, aqueles trabalhadores para quem foi fácil substituir a solidariedade proletária pela identidade nacional antagônica a outros povos.

As inquietações com a degenerescência cultural eram uma questão de tamanha importância que alguns autores chegaram a colocá-la como seu ponto central. Todos os regimes fascistas tentaram controlar a cultura nacional de cima para baixo, purificá-la de influências estrangeiras e transformá-la num veículo da mensagem de unidade e revivescimento nacionais. A decodificação das mensagens culturais expressas nas cerimônias, nos filmes, nas apresentações teatrais e nas artes visuais se converteu, nos dias de hoje, na área mais ativa da pesquisa sobre o fascismo.[122] A "leitura" da arte cênica fascista, por mais engenhosa que seja, não deve nos levar a pensar que esses regimes tenham conseguido estabelecer de fato uma homogeneidade cultural monolítica. A vida cultural continuou sendo uma complexa colcha de retalhos de atividades oficiais, de atividades espontâneas toleradas pelo regime e até mesmo de algumas ilícitas. Dos filmes produzidos sob o regime nazista, 90% eram entretenimento leve, sem conteúdo de propaganda explícita (não que fossem inocentes, é claro).[123] Alguns poucos artistas judeus que gozavam de proteção especial permaneceram na Alemanha nazista até uma data surpreendentemente tardia, e o ator e diretor Gustav Gründgens, abertamente homossexual, permaneceu trabalhando até o fim.[124]

Em nenhum domínio as propostas do fascismo dos primeiros tempos diferiram mais da prática efetiva dos regimes fascistas que nas políticas econômicas. Essa foi a área em que ambos os líderes fizeram as maiores concessões a seus aliados conservadores. Na verdade, a maioria dos fascistas – sobretudo depois de chegarem ao poder – viam as políticas econômicas meramente como um meio de atingir as grandes metas de unificação, energização e expansão comunitária.[125] A política econômica tendia a ser impulsionada pela necessidade de preparar e lutar a guerra. A política sobrepujou a economia.[126]

Muita tinta já foi gasta na discussão da hipótese de o fascismo representar uma forma de capitalismo emergencial, um mecanismo inventado pelos capitalistas por meio do qual os fascistas – seus agentes – disciplinariam a força de trabalho de uma forma que estaria muito além das capacidades de uma ditadura tradicional. Atualmente, já ficou suficientemente claro que os empresários apresentavam frequentes objeções a aspectos específicos das políticas econômicas, algumas vezes com êxito. Mas as políticas econômicas estavam sujeitas a prioridades políticas, e não a razões de economia. Tanto Mussolini quanto Hitler tendiam a pensar que a economia podia ser ditada pela vontade do governante. Mussolini, em dezembro de 1927, retornou ao padrão ouro e subiu a cotação da lira a 90 em relação à libra britânica, por razões de prestígio nacional e indo contra as objeções de seu próprio ministro das Finanças.[127]

Para a maioria dos empresários, o fascismo não seria a primeira escolha, mas a maior parte deles o preferia às alternativas que pareciam prováveis nas condições excepcionais de 1922 e 1933 – o socialismo ou um sistema de mercado de mau funcionamento. Dessa forma, a maioria deles concordou com a formação do regime e se adaptou a suas exigências de demitir judeus dos cargos de gerência e aceitar controles econômicos onerosos. Com o correr do tempo, a maior parte dos empresários alemães e italianos se adaptou bem a trabalhar sob esses regimes, pelo menos aqueles que lucravam com os frutos do rearmamento, da disciplina trabalhista e do considerável papel confiado a eles na administração da economia. A famosa organização econômica corporativista de Mussolini era comandada, na prática, por grandes empresários.

Peter Hayes coloca a questão em termos sucintos: o regime nazista e o empresariado tinham "interesses convergentes, mas não idênticos".[128] As áreas de consenso incluíam a disciplina da força de trabalho, contratos lucrativos de compra de armamentos e estímulo à criação de empregos. As principais áreas de conflito incluíam os controles econômicos impostos pelo governo, as limitações ao comércio internacional e os altos custos da autarquia – a autossuficiência econômica pela qual os nazistas esperavam superar as carências de produtos que haviam feito a Alemanha perder a Primeira Grande Guerra. A autarquia exigia substitutos caros – *Ersatz* – para esses produtos anteriormente importados, como petróleo e borracha.

Os controles econômicos prejudicavam as pequenas empresas, e também as que não estavam envolvidas com o rearmamento. Os limites ao comércio internacional criavam problemas para as firmas que antes auferiam grandes lucros com a exportação. O grande conglomerado químico IG Farben é um excelente exemplo: antes de 1933, a Farben havia prosperado com o comércio exterior. Após 1933, os diretores da empresa se adaptaram ao regime de autarquia e aprenderam a crescer poderosamente como fornecedores do rearmamento alemão.[129]

O melhor exemplo dos custos da substituição de importações foi o da usina Hermann Goering Reichswerke, instalada para fabricar aço a partir dos minérios de qualidade inferior e do carvão marrom da Silésia. Os fabricantes de aço foram forçados a financiar essa operação, à qual eles colocaram vigorosas objeções.[130]

Os empresários talvez não tenham conseguido tudo o que queriam da economia de comando nazista, mas conseguiram muito mais do que os radicais do Partido Nazista. Em junho de 1933, Otto Wagener, um "velho lutador" que havia se tornado chefe da divisão de política econômica do partido e que levava o seu nacional-socialismo a sério o bastante para querer substituir o "espírito egoísta do lucro individual pelo esforço comum a serviço dos interesses da comunidade" parecia ser um nome provável para o cargo de ministro da Economia. Herrmann Goering, o líder nazista mais próximo do empresariado, conseguiu eliminar Wagener de forma extremamente hábil, mostrando a Hitler que Wagener vinha fazendo campanha em meio às lideranças nazistas para ser nomeado para o cargo. Hitler, que se enraivecia com qualquer tentativa de intromissão na sua autoridade de nomear ministros, expulsou Wagener do partido e nomeou para o cargo o Dr. Kurt Schmitt, dirigente da Allianz, a maior companhia de seguros alemã.

O radicalismo econômico nazista não desapareceu, contudo. Os empresários da área dos seguros privados nunca deixaram de ter que lutar contra as tentativas dos nazistas radicais de substituir esses seguros por fundos mútuos sem fins lucrativos, organizados no âmbito de cada setor da economia – os seguros *völkisch*. Embora os radicais tenham conseguido encontrar alguns nichos para as companhias de seguros públicas nos empreendimentos da ss nos territórios conquistados e na Frente Trabalhista, os empresários do setor privado souberam manobrar com tamanha habilidade dentro de um sistema que os desagradava que acabaram com 85% dos negócios do ramo, incluindo os seguros da Berghof, de Hitler, da Karinhall, de Goering, e das fábricas movidas a trabalho escravo, entre elas, Auschwitz.[131]

Em geral, os radicais econômicos do movimento nazista renunciaram (como Otto Strasser), perderam influência (como Wagener) ou foram assassinados (como Gregor Strasser). Os "sindicalistas integrais" italianos ou perderam influência (como Rossoni) ou deixaram o partido (como Alceste de Ambris).

No curto prazo, como as economias liberais vinham naufragando nos primeiros anos da década de 1930, as economias fascistas podiam parecer mais capazes que as democráticas de desincumbir-se da dura tarefa de reconciliar suas populações com uma redução do consumo pessoal a fim de permitir um maior nível de poupança e investimento, principalmente na área militar. Mas sabemos que essas economias nunca atingiram as taxas de crescimento da Europa do pós-guerra nem da Europa de antes de 1914, e nem mesmo alcançaram a mobilização total para a guerra, conseguida de forma voluntária e tardia por alguns dos regimes democráticos. Isso torna difícil aceitar a definição de fascismo como uma "ditadura desenvolvimentista", adequada a países de industrialização tardia.[132] Os fascistas não queriam desenvolver a economia, e sim preparar-se para a guerra, mesmo que, para tal, necessitassem acelerar a produção de armamentos.

Os fascistas precisavam fazer algo a respeito do Estado do bem-estar social. Na Alemanha, os experimentos da República de Weimar com a seguridade social mostraram-se demasiadamente caros após o baque da Grande Depressão de 1929. Os nazistas enxugaram esses programas e os perverteram por meio de formas de exclusão racial. Mas nenhum dos dois regimes tentou desmontar o Estado do bem-estar social (como os meramente reacionários teriam feito).

O fascismo foi revolucionário em suas concepções radicalmente novas da cidadania e das formas de participação individual na vida comunitária. Foi contrarrevolucionário, contudo, com respeito aos projetos tradicionais da esquerda, tais como as liberdades individuais, os direitos humanos, o devido processo legal e a paz internacional.

Em suma, o exercício do poder, tanto na Itália de Mussolini quanto na Alemanha nazista, implicava uma coalizão formada pelos mesmos elementos. Era o peso relativo conferido ao líder, ao partido e às instituições tradicionais que distinguiam um caso do outro. Na Itália, o Estado tradicional acabou conquistando a supremacia sobre o partido, em boa medida porque Mussolini temia seus seguidores de militância mais intensa, os *ras* locais e seus *squadristi*. Na Alemanha, o partido veio a dominar o Estado e a sociedade civil, particularmente após o início da guerra.

Os regimes fascistas funcionavam como um epóxi: uma amálgama de dois agentes muito diferentes entre si, o dinamismo fascista e a ordem conservadora, ligados pela inimizade em comum pelo liberalismo e pela esquerda e pela disposição compartilhada de destruir a qualquer preço seus inimigos comuns.

NOTAS

1. Franz Neumann, *Behemoth: The Structure and Practice of National Socialism, 1933-1944*. 2. ed. Nova York: Oxford University Press, 1944, p. 291, 396-7.
2. Karl Dietrich Bracher, *The German Dictatorship: The Origins, Structure, and Effects of National Socialism*. Trad. do alemão por Jean Steinberg. Nova York: Praeger, 1970 (orig. pub. 1969), p. 492.
3. Martin Broszat, *The Hitler State: The Foundation and Development off the Internal Structure of the Third Reich*. Trad. do alemão por John W. Hiden. Londres: Longman, 1981 (orig. pub. 1969), p. 57.
4. Hans Mommsen, "Zur Verschränkung traditionellen und faschistischen Führungsgruppe in Deutschland beim Übergang von der Bewegungs zur Systemphase", em *Der Nationalsozialismus und die deutsche Gesellschaft*, Lutz Niethammer e Bernd Weisbrod (org.) para o sexagésimo aniversário de Mommsen. Reinbeck bei Hamburg: Rowohlt, 1991, p. 39-66 (citações das p. 39, 40, 50).
5. "Sulle origini del movimento fascista", *Occidente*, v. 3, p. 306, 1954), reed. em *Opere di Gaetano Salvemini*, v. VI; *Scritti sul fascismo*, v. III. Turim: Giulio Einaudi, 1974, p. 439. Salvemini enfatiza aqui as raízes múltiplas e os sucessivos estágios do fascismo.
6. Alberto Aquarone, *L'organizzazione dello Stato totalitario*. Turim: Einaudi, 1965, p. 271, 302. Segundo a descrição jocosa de Curzio Malaparte, tratava-se de "um governo liberal administrado por fascistas" (p. 247).
7. Wolfgang Schieder, "Der Strukturwandel der faschistischen Partei Italiens in der Phase der Herrschaftsstabilisierung", em Schieder (org.), *Faschismus als soziale Bewegung: Deutschland und Italien im Vergleich*. 2. ed. Göttingen: Vandenhoeck und Ruprecht, 1983, p. 71, 90. Esses argumentos são retomados por Jens Petersen e Wolfgang Schieder em Kolloquien des Instituts für Zeitgeschichte, *Der italienische Fascismus: Probleme und Forschungstendenzen*. Munique: Oldenbourg, 1983.
8. Massimo Legnani, "Sistema di potere fascista, blocco dominante, alleanze sociali: Contributo a una discussione", em Angelo del Boca, Massimo Legnani e Mario G. Rossi (orgs.), *Il regime fascista: Storia e storiografia*. Bari: Laterza, 1995, p. 414-45 (citação da p. 415).
9. Emilio Gentile, *La via italiana al totalitarismo: Il partito e lo stato nel regime fascista*. Roma: La Nuova Italia Scientifica, 1995, p. 83, 136, 180.
10. Conclusão instigada por alguns estudos culturais que examinam o aparato pomposo sem avaliar sua influência. Ver discussão mais completa no Capítulo 8, p. 374-7.

11. Ernst Fraenkel, *The Dual State*. Nova York: Oxford, 1941.
12. A coexistência, no regime nazista, de grande meticulosidade jurídica e de ilegalidade ostensiva jamais deixa de provocar espanto. Ainda em dezembro de 1938, alguns judeus, vítimas da violência nazista individual e não autorizada, conseguiram fazer com que seus agressores fossem presos pela polícia alemã e punidos por tribunais alemães, justo no momento em que crescia a violência autorizada contra os judeus. Como relembrou um sobrevivente, anos depois, "os crimes não oficiais eram proibidos no Terceiro Reich". Eric A. Johnson, *Nazi Terror: The Gestapo, Jews, and Ordinary Germans*. Nova York: Basic Books, 1999, p. 124-5.
13. Ian Kershaw, *Hitler 1936-1945: Nemesis*. Nova York: Norton, 2000, p. 253.
14. Não se deve pensar que a permanência, na Alemanha nazista, de um "Estado normativo" seja motivo para exonerar de culpa todos os seus funcionários, que, na prática (especialmente após o início da guerra), podiam agir com tanta crueldade e arbitrariedade quanto as agências "paralelas". Ver, por exemplo, Nikolaus Wachsmann, "'Annihilation Through Labour': The Killing of State Prisoners in the Third Reich", *Journal of Modern History*, v. 71, p. 627-8, 659, set. 1999. Muitos exemplos são apresentados também em Robert Gellately, *Backing Hitler*. Nova York: Oxford University Press, 2001. A antiga distinção entre o exército profissional "correto" e a ss criminosa, distinção essa que visa a autojustificação, também foi desmentida por Omer Bartov, nas obras citadas no Capítulo 6, nota 79.
15. Sobre a utilidade do Estado de emergência para os ditadores, ver Hans Mommsen, "Ausnahmezustand als Herrschaftstechnik des NS-Regimes", em Manfred Funke (org.), *Hitler, Deutschland und die Mächte*. Düsseldorf: Droste, 1976.
16. Emilio Gentile, "The Problem of the Party in Italian Fascism", *Journal of Contemporary History*, v. 19, n. 2, p. 251-74, abr. 1984.
17. Ainda não se sabe ao certo o que significavam essas iniciais, se é que elas significavam alguma coisa. Sobre obras sobre a OVRA e as agências fascistas de repressão, ver o Ensaio bibliográfico, p. 406-8.
18. O Istituto per la Ricostruzione Industriale, companhia estatal criada em janeiro de 1933 para socorrer os bancos e as indústrias à beira da falência. Ver Marco Maraffi, *Politica ed economica in Italia: Le vicende dell'impresa pubblica dagli anni Trenta agli anni Cinquanta*. Bolonha: Il Mulino, 1990.
19. Gentile, *La via italiano*, p. 185: a "aceleração do processo totalitário". Gentile não usa, entretanto, o modelo do "Estado dual".
20. Doris L. Bergen, *Twisted Cross: The German Christian Movement in the Third Reich*. Chapel Hill: University of North Carolina Press, 1996; para

três "teólogos (luteranos) inteligentes, bem-intencionados e respeitáveis", cujo nacionalismo os reconciliou com o regime, ver Robert P. Ericksen, *Theologians Under Hitler*. New Haven: Yale University Press, 1985, citação na p. 198.
21. Carl J. Friedrich e Zbigniew K. Brzezinski, *Totalitarian Dictatorship and Autocracy*. 2. ed. Nova York: Praeger, 1965, cap. 6.
22. Para um vívido exemplo de como os católicos alemães rejeitavam algumas práticas nazistas específicas que invadiam o "terreno" paroquial, mas sem questionar o próprio regime, ver Jeremy Noakes, "The Oldenburg Crucifix Conflict", em Peter D. Stachura, *The Shaping of the Nazi State*. Londres: Croom Helm, 1978, p. 210-33.
23. Martin Broszat tomou de empréstimo o termo médico alemão *Resistenz* para expressar um tipo de impermeabilidade negativa à influência nazista (como no caso das igrejas, por exemplo), que não deve ser confundido com o mais ativo *Widerstand*, ou oposição positiva. Para essa distinção, ver Ian Kershaw, *The Nazi Dictatorship: Problems and Perspectives of Interpretation*. Londres: Edward Arnold, 1989, p. 151.
24. Alf Lüdtke, em *Herrschaft als sozialer Praxis*, Veröffentlichen des Max--Planck-Instituts für Geschichte, n. 91. Göttingen: Vandenhoeck e Ruprecht, 1991, p. 12-4, tirou o conceito de "apropriação" de Max Weber, Marx, E. P. Thompson e Pierre Bourdieu. Eu o tirei da minha experiência pessoal, quando, aos 13 anos, ajudei meus colegas a subverter um bem-intencionado acampamento escoteiro de fim de semana num episódio mais parecido com *Senhor das Moscas*.
25. Obras importantes tratando do incentivo às denúncias pelos regimes fascistas, bem como da preocupação destes com as denúncias falsas, são citadas no Ensaio bibliográfico, p. 406-7.
26. Geoffrey G. Giles, "The Rise of the NS Students' Association", em Peter D. Stachura (org.), *Shaping*, p. 160-85, e *Students and National Socialism*. Princeton: Princeton University Press, 1985, p. 168, 175-86, 201, 228. Abundantes detalhes podem ser encontrados em Helma Brunck, *Die deutsche Burschenschaft in der Weimar Republik und im Nationalsozialismus*. Munique: Universitas, 1999.
27. Ver mais a respeito no Capítulo 5, p. 240-1 e Capítulo 6, p. 276-8.
28. Tracy Koon, *Believe, Obey, Fight: Political Socialization of Youth in Fascist Italy*. Chapel Hill: University of North Carolina Press, 1985, p. 248, apresenta exemplos relativos aos anos de guerra. Agradeço a Luciano Rebay por suas lembranças pessoais quanto a esse ponto.
29. Ver Capítulo 5, p. 219-20.

30. Michael Burleigh e Wolfgang Wippermann, *The Racial State: Germany 1913-1945*. Cambridge: Cambridge University Press, 1991, p. 353, nota 1, apresentam, de forma convincente, um estudo de natureza mais antropológica sobre a maneira como os regimes fascistas interagiam com os grupos sociais e profissionais.
31. Hannah Arendt, *Origins*, p. 389-90, 395, 398, 402. Ela credita "informidade" a Franz Neumann, *Behemoth*. Broszat retomou o termo em *The Hitler State*, p. 346. Salvatore Lupo, *Il fascismo: La política in un regime totalitario*. Roma: Donzelli, 2000, aponta o furor do "movimento perpétuo" da Itália fascista, citando Arendt (p. 30).
32. Esse fato talvez explique a curiosa hesitação do rei e dos líderes políticos conservadores e liberais em destituir Mussolini após o assassinato de Matteotti, em junho de 1924. Ver Capítulo 4, p. 192-5.
33. Jens Petersen chega ao ponto de falar de um sistema efetivo de "controle mútuo entre os poderes" na Itália fascista. Kolloquien des Instituts für Zeitgeschichte, *Der italienische Faschismus*, p. 25. O sistema nazista era mais dominado por Hitler e pelos ativistas do partido, mas veja Edward N. Peterson, *The Limits of Hitler's Power*. Princeton: Princeton University Press, 1969.
34. Circular de 5 de janeiro de 1927, citada em Aquarone, *L'organizzazione*, p. 485-8.
35. Ver a esclarecedora obra de Victoria de Grazia, *The Culture of Consent: Mass Organization of Leisure in Fascist Italy*. Cambridge: Cambridge University Press, 1981.
36. Broszat, *The Hitler State*, p. 218-9.
37. Gentile, *La via italiana*, p. 177, 179, 183.
38. Martin Clark, *Modern Italy, 1971-1982*. Londres: Longman, 1984, p. 237.
39. Broszat, *Hitler State*, p. 199-201.
40. A literatura sobre essa questão polêmica é analisada no Ensaio bibliográfico, p. 411-13.
41. R. J. B. Bosworth, *The Italian Dictatorship*. Londres: Arnold, 1996, p. 31, 81, observa que não há nenhum estudo semelhante ao *Limits*, de Peterson, que analise o processo de tomada de decisões na Itália fascista e os limites ao controle total que Mussolini afirmava ter.
42. O termo foi inventado por Max Weber, que fazia distinção entre autoridade burocrática, patriarcal e carismática, sendo as duas primeiras estáveis e baseadas na racionalidade econômica, em suas diferentes formas, e a terceira, instável e externa a qualquer estrutura formal ou a qualquer racionalidade econômica. O carisma depende de o líder ser visto como dotado de poderes

pessoais extraordinários, que têm que ser constantemente corroborados pelos resultados obtidos por ele. Weber derivou o termo da palavra grega para o conceito cristão de graça. Ver *From Max Weber: Essays in* Sociology. Trad., org. e intro. de Hans H. Gerth e C. Wright Mills. Nova York: Oxford University Press, 1946, p. 79-80, 235-252, 295-296.

43. Os oficiais do Partido Fascista italiano chegaram de fato a discutir as questões constitucionais envolvidas na sucessão do Duce. Eles debatiam, por exemplo, se o título seria transmitido juntamente com o cargo, ou se ele pertencia pessoalmente a Mussolini. Gentile, *La via italiana*, p. 114-6. Somente Hitler estava autorizado a mencionar sua própria sucessão. Ver Zitelmann, *Selbstverständnis*, p. 393, 396.

44. Sobre os muitos admiradores estadunidenses de Mussolini nos anos 1910, ver John p. Diggins, *Mussolini and Fascism: The View from America*. Princeton: Princeton University Press, 1971. Sobre seus admiradores britânicos, como George Bernard Shaw, o ex-primeiro-ministro David Lloyd George e muitos outros europeus, ver Renzo de Felice, *Mussolini il Duce*, v. i: *Gli anni del consenso, 1929-1936*. Turim: Einaudi, 1974, p. 541-87.

45. Ver Capítulo 5, p. 225-9.

46. Os melhores estudos sobre a opinião pública na Alemanha nazista e na Itália fascista são discutidos no Ensaio bibliográfico, p. 415-9. Joseph Nyomarkay, *Charisma and Factionalism in the Nazi Party*. Minneapolis: University of Minnesota Press, 1967, argumentava que o governo carismático impedia que as facções do partido se reunissem numa verdadeira oposição.

47. Kolloquien des Instituts für Zeitgeschichte, *Der italienische Faschismus*, p. 59.

48. O termo foi usado pela primeira vez em 1969, por Broszat, *Hitler State*, p. 294, e foi desenvolvido por Peter Hüttenberger, "Nationalsozialistische Polykratie", *Geschichte und Gesellschaft*, v. 2, n. 4, p. 417-72, 1976. Ver ainda Hans Mommsen em muitas obras, entre elas *From Weimar to Auschwitz*. Cambridge: Cambridge University Press, 1991; e Gerhard Hirschfeld e Lothar Kettenacker (orgs.), *Der Führerstaat: Mythos und Realität*. Stuttgart: Klett-Cotta, 1981. Para comparações interessantes, ver Philippe Burrin, "Politique et société: Les structures du pouvoir dans l'Italie fasciste et l'Allemagne nazie", *Annales: Économies, sociétés, civilisations*, v. 43, p. 615-37, 1988. Sobre a aplicabilidade desse conceito à Itália fascista, o debate em Kolloquien des Instituts für Zeitgeschichte, *Der italienische Faschismus*, é esclarecedor, especialmente os comentários de Jens Petersen e Wolfgang Schieder.

49. Hans Mommsen foi quem usou pela primeira vez o termo "ditador fraco", em *Beamtentum im Dritten Reich*. Stuttgart: Deutsche Verlags-Anstalt, 1966,

p. 98, nota 26. Em muitos escritos posteriores sobre o sistema nazista de governo (*Herrschaftssystem*), Mommsen deixa claro que considera que Hitler tinha poder "ilimitado", a um grau "raro na história", mas que o exercia de uma maneira caótica, que privava a Alemanha nazista das principais características de um Estado, ou seja, a liberdade de avaliar as opções e escolher entre elas de forma racional. Ver, por exemplo, Mommsen em "Hitler's Position in the Weimar System", *From Weimar to Auschwitz*. Princeton: Princeton University Press, 1991, p. 67, 75. Para a progressiva *Entstaatlichung* (perda de "estatalidade") do sistema nazista, ver Mommsen, "Nationalsozialismus als vorgetäuschte Modernisierung", em Lutz Niethammer e Bernd Weisbrod (orgs.), *Der Nationalsozialismus und die deutsche Gesellschaft: Ausgewählte Aufsätze*. Reinbeck bei Hamburg: Rowohlt, 1991, p. 409.

50. Ian Kershaw, *Hitler 1889-1936: Hubris*. Nova York: Norton, 1999, cap. 13, "Working Toward the Führer", p. 527-91.
51. *Rundschau*, a publicação de língua alemã da Internacional Comunista, em 11 de abril de 1933, citada em Julius Braunthal, *History of the International, 1914-1943*. Nova York: Praeger, 1967, v. 11, p. 394.
52. Karl Dietrich Bracher, Wolfgang Sauer e Gerhard Schulz, *Die nationalsozialistische Machtergreifung*. Colônia; Opladen: Westdeutcher Verlag, 1960, p. 219.
53. Uma excelente introdução sobre as complexas atitudes dos conservadores com relação a Hitler e sobre a incapacidade deles de controlá-lo é Jeremy Noakes, "German Conservatives and the Third Reich: An Ambiguous Relationship", em Martin Blinkhorn (org.), *Fascists and Conservatives*. Londres: Allen and Unwin, 1990, p. 71-97.
54. Albert Speer, logo no início de sua brilhante carreira como o arquiteto de Hitler, tendo sido encarregado de converter o gabinete do vice-chanceler na sede da SA, recordou-se de ter que desviar o olhar de uma grande poça de sangue coagulado no chão do gabinete de Herbert von Bose, assistente de Von Papen. Speer, *Inside the Third Reich*. Trad. do alemão por Richard e Clara Winston. Nova York: Macmillan, 1970, p. 53.
55. Uma análise recente dessa complexa questão é Gerd P. Ueberschär, "General Halder and the Resistance to Hitler in the German High Command, 1938- -1940", *European History Quarterly*, v. 18, n. 3, p. 321-41, jul. 1988.
56. Norman Rich, *Hitler's War Aims*, v. II: *The Establishment of the New Order*, Nova York: Norton, 1974, p. 60, 278. Com essas indicações, Ribbentrop defendia seu império tanto contra o corpo diplomático quanto contra os agentes de seu arquirrival, Himmler.
57. Arendt, por exemplo (ver Capítulo 8, nota 34). Emilio Gentile, pelo contrário, insiste, em *La via italiana al totalitarismo*, p. 67, 136, 180, 254, que

o regime fascista aspirava à construção de um Estado completamente totalitário, embora até ele reconheça que, na prática, esse totalitarismo foi sempre "incompleto". O totalitarismo é discutido no Capítulo 8.
58. Adrian Lyttelton, *Seizure*, p. 127, 273.
59. "Radicais" citados por Clark, *Modern Italy*, p. 259. Clark considera preciso esse juízo com relação às instituições políticas de cúpula, mas afirma que muitas outras coisas na Itália fascista eram novas.
60. Ver Capítulo 3, p. 124-6.
61. Ver Capítulo 3, p. 128-30, e Capítulo 4, p. 183-4.
62. O confisco de obras de arte nos territórios conquistados, tanto para os líderes nazistas, pessoalmente, como para os museus nacionais alemães, deu ao profeta místico e subempregado Alfred Rosenberg uma ocupação após 1939. As rivalidades e as disputas por cargos que ocorriam em torno de Rosenberg foram um exemplo importante para o desenvolvimento da interpretação "policrática" do governo nazista. Ver Reinhard Bollmus, *Das Amt Rosenberg und seine Gegner: Zum Machtkampf im nationalsozialistichen Herrschaftssystem*. Stuttgart: Deutsche Verlags-Anstalt, 1979.
63. Ver Capítulo 4, p. 195-6.
64. Emilio Gentile, *Le origini dell'ideologia fascista (1918-1925)*. 2. ed. Bolonha: Il Mulino, 1996, p. 335-48 ("Farinacci e l'estremismo intransigente"). Em inglês, ver Harry Fornari, *Mussolini's Gadfly: Roberto Farinacci*. Nashville, TN: Vanderbilt University Press, 1971.
65. Ver o Ensaio bibliográfico, p. 408-9.
66. Hans Buchheim, "The ss – Instrument of Domination", em Helmut Krausnick, Hans Buchheim, Martin Broszat e Hans-Adolf Jacobsen (orgs.), *Anatomy of the ss State*. Trad., do alemão por Richard Barry, Marian Jackson e Dorothy Long. Nova York: Walker, 1968, p. 127-301, estudo do sistema policial nazista preparado para o julgamento de um grupo de guardas do campo de extermínio de Auschwitz, em 1963, que continua sendo o relato mais respeitado.
67. Gellately, *Backing Hitler*, p. 34-6, 87-9, 258.
68. Ibid., p. 43.
69. Ibid., p. 31.
70. Apenas um entre os 122 juízes pertencentes aos diversos tribunais da Corte Suprema da Alemanha era social-democrata, e apenas dois eram membros do Partido Nazista. A maior parte deles era nacionalista e conservadora. Ingo Müller, *Hitler's Justice: The Courts of the Third Reich*. Trad. Deborah Lucas Schneider. Cambridge, MA: Harvard University Press, 1991, p. 37.
71. Lothar Gruchmann, *Justiz im Dritten Reich: Anpassung und Unterwerfung in der Ära Gürtner*. 2. ed. Munique: Oldenbourg, 1990.

72. Guido Neppi Modona, "La magistratura e il fascismo", em Guido Quazza (org.), *Fascismo e società italiana*. Turim: Einaudi, 1973, p. 125-81.
73. Robert N. Proctor, *The Nazi War on Cancer*. Princeton: Princeton University Press, 1999, mostra que a campanha antitabaco dos nazistas tinha suas fontes tanto em pesquisas médicas de alto nível conduzidas na Alemanha quanto na hipocondria pessoal de Hitler e em suas excentricidades alimentares (vegetariano, ele chamava caldo de carne de "chá de cadáver").
74. A expressão "assassinato medicalizado" está em Robert Jay Lifton, *The Nazi Doctors: Medical Killing and the Psychology of Genocide*. Nova York: Basic Books, 1986, p. 14. Ver, também, Michael Kater, *Doctors Under Hitler*. Chapel Hill: University of North Carolina Press, 1989.
75. Edward Ross Dickinson, *The Politics of German Child Welfare from the Empire to the Federal Republic*. Cambridge, MA: Harvard University Press, 1996, p. 204-20, citação na p. 211.
76. Gellately, *Backing Hitler*, p. vii, 51-67, 75, 80-3, 263.
77. Ver Capítulo 6, nota 77.
78. Ver Capítulo 4, nota 16.
79. O relato clássico dessa experiência é Carlo Levi, *Christ Stopped at Eboli*. Nova York: Farrar, Straus, 1963.
80. Entre 1926 e 1943, o *Tribunale Speciale per la Difesa Dello Stato* investigou 21 mil casos e condenou cerca de 10 mil pessoas a algum tipo de sentença de prisão (Jens Petersen, Kolloquien des Instituts für Zeitgeschichte, *Der italienische Faschismus*, p. 32). Os dados quanto à pena de morte, que na maior parte dos casos envolvia separatistas croatas e eslovenos, são de Petersen, sendo confirmados por Guido Melis em Raffaele Romanelli (org.), *Storia dello stato italiano dall'unità a oggi*. Roma: Donzelli, 1995, p. 390. Entretanto, a Itália tinha mais de 50 campos de prisioneiros em 1940-1943, sendo o maior deles Ferramonti di Tarsia, na Calábria. Ver Bosworth, *Dictatorship*, p. 1; e J. Walston, "History and Memory of the Italian Concentration Camp", *Historical Journal*, v. 40, p. 169-83, 1997.
81. Paolo Ungari, *Alfredo Rocco e l'ideologia giuridica del fascismo*. Brescia: Morcelliano, 1963, p. 64. Rocco, simpatizante nacionalista, já havia adotado tal posição antes de 1914, quando era um jovem professor de direito.
82. Embora Hitler hesitasse em usar gás letal nas operações de guerra, Mussolini usou esse recurso contra os líbios e os etíopes. Ver Angelo del Boca, *I Gas di Mussolini: Il fascismo e la guerra d'Etiópia*. Roma: Editore Riuniti, 1996. Mussolini também enviou membros do povo senussi, da Líbia, para campos de concentração. Quanto a outras obras sobre o império colonial italiano, ver o Ensaio bibliográfico.

83. Johnson, *Nazi Terror*, p. 46-7 e 503-4. Colônia, com 750 mil cidadãos (sem contar a população de trabalhadores estrangeiros) tinha 69 oficiais da Gestapo, em 1942. Para o importante papel das denúncias voluntárias no policiamento nazista, ver o Ensaio bibliográfico, p. 407-9.
84. Tim Mason, "The Containment of the Working Class", em Jane Caplan (org.), *Nazism, Fascism, and the Working Class: Essays by Tim Mason*. Cambridge: Cambridge University Press, 1995, p. 238.
85. Giulio Sapelli (org.), *La classe operaia durante il fascismo*. Milão: Annali della Fondazione Giangiacomo Feltrinelli, 20º ano, 1979-1980, defende o mesmo argumento em relação à Itália.
86. Ver o Ensaio bibliográfico.
87. Sebastian Haffner, *Defying Hitler*. Nova York: Farrar, Straus, Giroux, 2000, p. 257ff. Haffner fugiu para a Inglaterra em 1937 e escreveu estas memórias um ano depois.
88. Não era essa a opinião predominante na Itália, durante os primeiros vinte anos posteriores à libertação, quando prevalecia uma visão um tanto exagerada da Resistência italiana. Quando Renzo de Felice defendeu o consenso em *Mussolini il Duce*, v. I: *Gli anni del consenso*. Turim: Einaudi, 1974, ele provocou uma violenta polêmica. Os mecanismos foram decifrados por Philip V. Cannistraro, *La fabbricca del consenso: Fascismo e mass media*. Bari: Laterza, 1975, e os resultados verificados por Colarizi, *L'opinione degli italiani*. Para sínteses mais recentes, ver Patrizia Dogliani, *Italia Fascista 1922-1940*. Milão: Sansoni/RCS, 1999, cap. 3, "L'organizzazione del consenso".
89. Bosworth, *Mussolini*, p. 62.
90. Essa votação foi mais um plebiscito que uma eleição: os cidadãos só podiam votar "sim" ou "não" para a totalidade da chapa. Mesmo assim, 89,63% dos que tinham direito ao voto participaram, e, destes, apenas 136.198 (2%) votaram "não".
91. Ver as obras de MacGregor Knox discutidas no Ensaio bibliográfico, p. 396, 420.
92. Marlis Steinert, *Hitler's War and the Germans*. Athens, OH: Ohio University Press, 1977.
93. O filme alemão *Die Kinder aus Nr. 67* [*As crianças do n. 67*], de 1980, mostra de forma sutil como os meninos e as meninas de um prédio de apartamentos de classe trabalhadora em Berlim, na primavera de 1933, se adaptaram à Juventude de Hitler, que acabara de se tornar obrigatória, sob as influências múltiplas da atração, da pressão dos colegas, dos valores dos pais e da coerção.

94. As memórias de Melita Maschmann, *Account Rendered*. Londres: Abelard-Schuman, 1965, é eloquente quanto a esse ponto.
95. Um jovem alemão admitiu: "É muito bom poder bater sem ter que apanhar." Michael Burleigh, *The Third Reich: A New History*. Nova York: Hill and Wang, 2000, p. 237. O breve ensaio ficcional de Jean Paul Sartre "L'enfance d'un chef" evoca de forma plausível a trajetória de um adolescente brigão rumo ao fascismo.
96. Sobre a vastíssima literatura existente acerca desse e de outros debates sobre as mulheres no fascismo, ver o Ensaio bibliográfico, p. 413-4.
97. A jovem sorridente de uniforme fascista fumando um cigarro mostrada na capa de Victoria de Grazia, *How Fascism Ruled Women*. Berkeley; Los Angeles: University of California Press, 1992, demonstra perfeitamente essa ambiguidade.
98. M. Carli, *Fascismo intransigente: Contributo ala fondazione di un regime*. Florença: R. Bemporad e Figlio, 1926, p. 46, citado em Norberto Bobbio, "La Cultura e il Fascismo", em Guido Quazza (org.), *Fascismo e società italiana*. Turim: Einaudi, 1973, p. 240, nota 1.
99. Ibid., p. 240.
100. Por exemplo, o médico e pintor Carlo Levi, cujo *Christ Stopped at Eboli*, escrito durante seu "confinamento" em uma cidade do sul, é uma das obras-primas da literatura italiana moderna.
101. Por exemplo, os irmãos Rosselli, Giovanni Amendola e Piero Gobetti.
102. Ver Capítulo 2, nota 105.
103. Sandrine Bertaux, "Démographie, statistique, et fascisme: Corrado Gini et l'Istat, entre Science et Idéologie", *Roma Moderna et Contemporanea*, v. 7, v. 3, p. 571-98, set.-dez. 1999.
104. Gabriele Turi, *Il fascismo e il consenso degli intellettuali*. Bolonha: Il Mulino, 1980, p. 59, 63. Os fascistas radicais protestaram contra sua participação.
105. Bobbio, "La Cultura", p. 112. Três deles também contribuíram com a *Enciclopédia*. Turi, *Il fascismo*, p. 63.
106. Monika Renneburg e Mark Walker (orgs.), *Science, Technology, and National Socialism*. Cambridge: Cambridge University Press, 1994.
107. John L. Heilbron, *The Dilemmas of an Upright Man: Max Planck as Spokesman for German Science*. Berkeley; Los Angeles: University of California Press, 1986.
108. Jerry Z. Muller, *The Other God that Failed: Hans Freyer and the Deradicalization of German Conservatism*. Princeton: Princeton University Press, 1987.
109. Carl Schmitt (1888-1985) argumentava que as complexas sociedades modernas exigiam um "Estado total", capaz de tomar decisões de maneira eficaz. Um bom começo para a extensa literatura sobre o assunto é Richard Wolin, "Carl Schmitt, Political Existentialism, and the Total State", em

Wolin, *The Terms of Cultural Criticism: The Frankfurt School, Existentialism, Poststrucruralism*. Nova York: Columbia University Press, 1992, p. 83-104.
110. Mark Walker, *German National Socialism and the Quest for Nuclear Power, 1939-1949*. Cambridge: Cambridge University Press, 1989, apresenta argumentos convincentes em defesa do último caso; Thomas Powers, *Heisenberg's War: The Secret History of the German Bomb*. Nova York: Knopf, 1993, demonstra mais simpatia pela suposta relutância de Heisenberg.
111. Um dos "Dez princípios da música alemã" enunciados quando Goebbels estabeleceu o Reichsmusikkammer em 15 de novembro de 1933. No entanto, Furtwängler rejeitou os demais princípios, que diziam que o judaísmo e o atonalismo eram incompatíveis com a música alemã.
112. Ver Robert Craft, "The Furtwängler Enigma", *New York Review of Books*, v. 40, n. 16, p. 10-4, 7 out. 1993.
113. Ver Capítulo 1, p. 25-8.
114. Ver Capítulo 1, nota 52.
115. Ver Gellately, *Backing Hitler*, sobre a "justiça policial", p. 5, 34-50, 82, 175, 258.
116. As organizações jovens do Partido Fascista se espalharam por toda a nação depois de 1926, quando foram unificadas pelo Ministério da Educação, passando a constituir a Opera Nazionale Balilla (ONB), batizada em homenagem a um jovem que morrera na resistência a Napoleão. A ONB aceitava meninos e meninas (separadamente e não a todos) de idades entre 8 e 18 anos; as crianças podiam começar aos 6 anos, como *wolf cubs*. A ONB foi reorganizada, sob o controle do Partido Fascista, em 1937, como Gioventù Italiana del Littorio – GIL (o *littorio*, ou lictor, era o oficial que carregava os *fasces* na frente dos magistrados nas procissões cívicas do Império Romano). A GIL passou a ser cada vez mais militarizada (para os meninos) sob o lema "acreditar, obedecer, lutar" e se tornou obrigatória em 1939. Os estudantes universitários pertenciam aos Gruppi Universitaria Fascista. Ver o Ensaio bibliográfico para as obras relevantes.
117. Jeremy Noakes e Geoffrey Pridham (orgs.), *Nazism 1919-1945*, v. 2: *State, Economy, and Society, 1933-1939: A Documentary Reader*. Exeter: University of Exeter Press, 1984, doc. n. 297, p. 417.
118. Karl-Heinz Jahnke e Michael Buddrus, *Deutsche Jugend 1933-1945: Eine Dokumentation*. Hamburgo: VSA-Verlag, 1989, p. 15.
119. Citado em Arendt, *Origins*, p. 339. Ela acreditava nele.
120. Mabel Berezin, *Making the Fascist Self*. Ithaca; Londres: Cornell University Press, 1997.
121. É neste ponto que Rousseau e seu temor em relação às facções torna-se um possível precursor remoto do fascismo.

122. Ver o Ensaio bibliográfico, p. 417-8.
123. Glenn R. Cuomo (org.), *National Socialist Cultural Policy*. Nova York: St. Martin's Press, 1995, p. 107.
124. Alan E. Steinweis, "The Purge of Artistic Life", em Robert Gellately e Nathan Stoltzfus (orgs.), *Social Outsiders in Nazi Germany*. Princeton: Princeton University Press, 2001, p. 108-9.
125. A discussão geral mais esclarecedora é Charles S. Maier, "The Economics of Fascism and Nazism", em Maier, *In Search of Stability*. Cambridge: Cambridge University Press, 1988.
126. T. W. Mason, "The Primacy of Politics: Politics and Economics in National Socialist Germany", em Caplan (org.), *Nazism*.
127. Sergio Romano, *Giuseppi Volpi et l'Italie moderne: Finance, industrie et Etat de l'ère giolittienne à la Deuxième Guerre Mondiale*. Roma: École française de Rome, 1982, p. 141-52; Jon S. Cohen, "The 1927 Revaluation of the Lira: A Study in Political Economy", *Economic History Review*, v. 25, p. 642, 654, 1972.
128. Peter Hayes, *Industry and Ideology: IG Farben in the Third Reich*. Cambridge: Cambridge University Press, 1987, p. 120.
129. Essa evolução é analisada de forma primorosa por Hayes, *Industry and Ideology*.
130. Gerhard Th. Mollin, *Montankonzerne und Drittes Reich: Der Gegensatz zwischen Monopolindustrie und Befehlwirtschaft in der deutschen Rüstung und Expansion 1936-1944*. Göttingen: Vandenhoeck e Ruprecht, 1988, p. 70ff, 102ff e 198ff.
131. Gerald D. Feldman, *Allianz and the German Insurance Business, 1933-1945*. Cambridge: Cambridge University Press, 2001. Para o campo, ver p. 409-15. A citação de Otto Wagener foi retirada de seu diário, *Hitler aus Nächste Nähe*, Henry A. Turner, Jr. (org.). Frankfurt am Main: Ullstein, 1978, p. 373-4. O fiel Wagener nunca deixou de acreditar, mesmo depois de 1945, que os verdadeiros ideais "nacional-socialistas" de Hitler haviam sido sabotados pelos *Nazisten* reacionários à sua volta (p. xi). Para a aversão de Wagener ao "dinheiro sujo", ver Capítulo 1, p. 25-8.
132. John S. Cohen, "Was Italian Fascism a Developmental Dictatorship?", *Economic History Review*, 2ª série, v. 41, n. 1, p. 95-113, fevereiro de 1988, compara os índices de crescimento da Itália. Para mais informações sobre a interpretação do fascismo como "ditadura desenvolvimentista", ver Capítulo 1, nota 49 e Capítulo 8, p. 366-8.

6

O LONGO PRAZO:
RADICALIZAÇÃO OU ENTROPIA?

Os regimes fascistas jamais podiam se acomodar desfrutando confortavelmente do poder. O líder carismático tinha que fazer promessas espetaculares: unificar, purificar e energizar sua comunidade; salvá-la da frouxidão do materialismo burguês, da confusão e corrupção da política democrática e da contaminação por culturas e povos estrangeiros; evitar a ameaça da revolução da propriedade com uma revolução de valores; resgatar a comunidade da decadência e do declínio. Ele havia oferecido soluções drásticas para essas ameaças: violência contra os inimigos, tanto internos quanto externos; a total imersão do indivíduo na comunidade; a purificação do sangue e da cultura; os estimulantes empreendimentos do rearmamento e da guerra expansionista. Assegurava a seu povo uma "relação privilegiada com a história".[1]

Os regimes fascistas tinham que passar a impressão de forte ímpeto – a chamada "revolução permanente"[2] – a fim de cumprir essas promessas. Não conseguiriam sobreviver sem essa impetuosa e inebriante arrancada. Sem uma espiral sempre maior de feitos cada vez mais ousados, esses regimes se arriscavam a cair em algo semelhante a um autoritarismo morno[3] e, assim, se lançaram ao paroxismo final de autodestruição.

Os regimes fascistas ou parcialmente fascistas nem sempre conseguem manter esse ímpeto. Diversos deles às vezes vistos como fascistas optaram deliberadamente por amortecer esse entusiasmo. "Normalizaram-se", tornando-se assim mais autoritários do que fascistas.

O ditador espanhol Francisco Franco, por exemplo, é muitas vezes considerado fascista em razão de sua conquista armada do poder na Guerra Civil Espanhola, com a ajuda explícita de Mussolini e de Hitler. Na verdade, ajudar os republicanos espanhóis a se defender contra a rebelião de Franco, depois de julho de 1936, converteu-se na primeira e mais emblemática cruzada antifascista. Após sua vitória, em março de 1939, Franco desencadeou uma repressão sangrenta que pode ter matado até 200 mil pessoas, e tentou isolar seu regime tanto das trocas econômicas quanto da contaminação cultural proveniente do mundo democrático.[4] Virulentamente hostil à democracia, ao liberalismo, ao secularismo, ao marxismo e, especialmente, à franco-maçonaria, Franco juntou-se, em abril de 1939, a Hitler e a Mussolini como signatário do Pacto Anticomintern. Durante a luta pela França, em 1940, ele tomou Tânger. Parecia ansioso por uma expansão territorial ainda maior à custa da Grã-Bretanha e da França e também por se tornar "parceiro militar pleno do Eixo".[5]

Sempre que Hitler o pressionava a agir, contudo, o cauteloso *caudillo* pedia um preço absurdamente alto em troca de sua participação militar plena a favor do Eixo. Poucos dias depois de se encontrar com Franco em Hendaye, na fronteira franco-espanhola, em 23 de outubro de 1940, Hitler disse a Mussolini que preferiria arrancar três ou quatro dentes a ter que passar outras nove horas barganhando com aquele "porco jesuíta".[6] Após o terrível derramamento de sangue de 1936–1939, Franco queria ordem e tranquilidade, e o dinamismo fascista não combinava com seu temperamento reservado.

O regime de Franco tinha um único partido – a Falange – que, entretanto, por não ter "estruturas paralelas", carecia de poder autônomo. Embora sua filiação tenha alcançado quase 1 milhão durante o período das vitórias alemãs, entre 1941 e 1942, e tenha oferecido um útil apoio à ditadura em suas cerimônias, o *caudillo* não dava a ela nenhuma participação na formulação das políticas e na administração.

A eliminação do carismático líder da Falange, José Antonio Primo de Rivera, no início da Guerra Civil, como já mencionado no Capítulo 3, ajudou Franco a instituir a supremacia das elites estabelecidas e do Estado normativo. A partir de então, soube explorar a multiplicidade dos partidos de extrema direita e a inexperiência do sucessor de José Antonio, Manuel Hedilla, para reduzir ainda mais a influência fascista. De modo hábil, diluiu a Falange numa amorfa organização de frente ampla, a Falange Espanhola Tradicionalista e das Juntas de Ofensiva Nacional-Sindicalista, que incluía tanto os fascistas quanto os monarquistas tradicionais. Seu líder foi condenado à "impotência como um elemento decorativo do séquito de Franco".[7] Quando Hedilla tentou reafirmar sua autoridade independente, em abril de 1937, Franco mandou prendê-lo. A domesticação da Falange tornou fácil para Franco dar um feitio mais tradicional à sua ditadura, com um mínimo de entusiasmo fascista, que era o que ele claramente preferia, certamente depois de 1942 e talvez ainda antes.

Após 1945, a Falange se tornou uma desbotada associação de solidariedade cívica, geralmente chamada simplesmente de o Movimiento. Em 1970, seu próprio nome foi abolido. Àquela época, a Espanha franquista há muito havia se tornado um regime autoritário dominado pelo exército, pelas autoridades públicas, pelo empresariado, pelos proprietários de terras e pela Igreja, tendo qualquer colorido fascista se tornado invisível.[8]

Portugal, cujo ineficiente regime parlamentarista havia sido derrubado por um golpe militar em 1926, passou a ser governado, a partir de inícios da década de 1930, por um recluso professor de economia de visão integrista católica, António de Oliveira Salazar. O Dr. Salazar, mais ainda que Franco, tendia a um quietismo cauteloso. Se Franco submeteu a seu controle pessoal o partido fascista espanhol, Salazar aboliu por completo, em julho de 1934, a coisa mais próxima a um partido fascista autêntico que existia em Portugal, os camisas azuis nacional-sindicalistas de Rolão Preto. Os fascistas portugueses, queixava-se Salazar, estavam sempre "febris, excitados e descontentes [...] sempre gritando diante do impossível: mais! Mais!"[9] Salazar preferia controlar seu povo por meio de instituições "orgânicas" tradicionalmente poderosas em Portugal, como a Igreja.

Quando a guerra civil irrompeu na Espanha vizinha, em 1936, a autoridade "orgânica" deixou de ser suficiente. O Dr. Salazar tentou a experiência de um "Estado Novo", fortalecido por mecanismos tomados de empréstimo ao fascismo, inclusive as organizações trabalhistas corporativistas, um movimento de juventude (a Mocidade Portuguesa) e um "partido único" vestido de camisas azuis, a Legião Portuguesa,[10] que não detinha sequer um mínimo de poder. Rejeitando o expansionismo fascista, Portugal permaneceu neutro durante a Segunda Guerra Mundial e em todos os conflitos subsequentes, até se decidir por lutar contra o movimento de independência de Angola, em 1961. Na esperança de poupar Portugal das aflições do conflito de classes, o Dr. Salazar chegou a se opor ao desenvolvimento industrial de seu país até a década de 1960. Seu regime não apenas era não fascista, mas também "voluntariamente não totalitário", preferindo deixar que os cidadãos que se mantivessem fora da política "vivessem habitualmente".[11]

No outro extremo, apenas a Alemanha nazista passou por radicalização plena. Uma guerra de extermínio vitoriosa no leste ofereceu uma liberdade de ação quase ilimitada ao "Estado prerrogativo" e a suas "instituições paralelas", livres das poucas restrições que ainda provinham do "Estado normativo", tais quais elas eram. Na "terra de ninguém" composta pelos territórios conquistados, naquilo que fora a Polônia e as regiões ocidentais da União Soviética, os radicais do Partido Nazista se sentiram à vontade para realizar suas fantasias máximas de limpeza étnica. A extrema radicalização permanece latente em todos os fascismos, mas as circunstâncias da guerra, e particularmente as das guerras de conquista vitoriosas, forneceram-lhe os meios para sua expressão total.

Os impulsos de radicalização não estavam ausentes na Itália de Mussolini. Dilacerado entre a necessidade periódica de instilar novo vigor nos Camisas Negras, que então já se adentravam em anos, e a morosidade normalizadora de seus parceiros conservadores, o regime fascista seguiu uma trajetória irregular. Mussolini havia popularizado o termo "totalitarismo" e continuava a adornar sua oratória com apelos bombásticos à ação e com promessas revolucionárias. Na prática, contudo, ele ia e vinha, soltando os radicais do partido nas ocasiões em que isso beneficiaria sua posição de poder, mas, com maior frequência, mantendo-os sob rédea curta, quando seu governo precisava de condições estáveis e de um Estado não ameaçado.

Tendo sido um jogador ousado durante a "tomada do poder", acabou se revelando um primeiro-ministro que preferia a estabilidade à aventura. Sua tendência à normalização, que se manifestou pela primeira vez em 1921, com a proposta de um pacto de pacificação com os socialistas, iria aumentar com a idade, tanto pela força das circunstâncias quanto também por predileção pessoal. Como vimos no Capítulo 4, Mussolini, no decorrer dos dois primeiros anos depois de assumir o cargo em 1922, tentou conter o aventureirismo do partido e o poder rival dos *ras*, afirmando a primazia do Estado. Se recusou a pôr em xeque os amplos poderes da monarquia, da Igreja e de seus parceiros conservadores. Sua política econômica se limitou, naqueles primeiros anos, ao mesmo *laissez-faire* dos regimes liberais. O primeiro de seus ministros das Finanças (1922-1925) foi o professor de economia (e militante do partido) Alberto de Stefani, que reduziu a intervenção do Estado na economia, cortou e simplificou os impostos, diminuiu as despesas públicas e equilibrou o orçamento. É bem verdade que De Stefani, comprometido não apenas com o livre comércio, mas também com o ideal fascista de estímulo à energia produtiva, enraiveceu alguns empresários ao cortar tarifas de importação, como, por exemplo, a que protegia a onerosa produção local de açúcar de beterraba. De modo geral, entretanto, mostrava "uma inconfundível tendência pró-empresariado".[12]

Outro ciclo de radicalização e normalização seguiu-se ao assassinato do líder socialista Giacomo Matteotti.[13] A primeira reação de Mussolini à saraivada de críticas que se seguiu a esse ato foi intensificar a "normalização": ele nomeou para o importantíssimo Ministério do Interior, com seu poder de supervisão sobre a polícia, Luigi Federzoni, chefe do Associazionne Nazionalista Italiana, um partido nacionalista, que havia se fundido ao Partido Fascista em 1923. Depois de passar seis meses tentando se esquivar dos ataques provenientes não apenas da oposição democrática, mas também de alguns de seus aliados conservadores, e parecendo paralisado e incerto, o Duce foi forçado pela pressão dos radicais do partido – como vimos no Capítulo 4 – a levar a cabo, em 3 de janeiro de 1925, o que se constituiu num golpe de Estado preventivo, e a dar início ao longo processo que, de forma espasmódica, viria a substituir o regime parlamentarista por aquilo que ele (com algum exagero) chamava de um Estado "totalitário". A nomeação de um dos militantes fascistas mais intransigentes, Roberto Farinacci, para o cargo de secretário do Partido Fascista parecia confirmar sua intenção de permitir que o partido desse o tom, se infiltrasse na burocracia e dominasse o processo de formulação das políticas do país.

Contudo, quando Mussolini despediu Farinacci pouco mais de um ano depois, em abril de 1926,[14] substituindo-o por Augusto Turati, de temperamento menos obstinado, estava novamente fortalecendo o Estado normativo à custa do partido. Foi nessa época que, de forma altamente significativa, ele confiou a polícia italiana a um servidor público de carreira, Arturo Bocchini, e não a um militante do partido à moda de Himmler. O fato de a importantíssima força policial ser operada com base em princípios burocráticos (promoção de profissionais treinados com base no critério de antiguidade, respeito pelos procedimentos legais, pelo menos nos casos não políticos) e não como parte do Estado prerrogativo dotado de poder ilimitado e arbitrário constituiu-se no principal ponto de divergência entre o fascismo italiano e a prática nazista.

Em 1928, Mussolini exonerou o antigo militante sindicalista Edmondo Rossoni da liderança dos sindicatos fascistas, pondo fim às tentativas deste de fazê-los participar de fato na formulação das políticas econômicas e de dar-lhes representação paritária à do patronato num conjunto único de organizações corporativistas. Após a saída de Rossoni, o monopólio da representação trabalhista pelos sindicatos fascistas foi tudo o que restou do "sindicalismo fascista". Trabalhadores e patrões passaram a se enfrentar em organizações separadas, e os representantes dos sindicatos foram banidos das oficinas. A forma pela qual o tão alardeado "Estado corporativista" de Mussolini se desenvolveu a partir de então se resumiu, na verdade, ao reforço do "poder privado" dos empregadores sob a autoridade do Estado.[15] O passo decisivo de Mussolini rumo à normalização foi o Tratado de Latrão de 1929, firmado com o papado.[16] Embora esse tratado proibisse qualquer atividade política católica na Itália, seus efeitos de longo prazo foram favoráveis à Igreja. De qualquer forma, o papa Pio XI, de índole nada democrática, não tinha grande apreço pelos partidos políticos católicos, tendo forte preferência por fomentar as escolas e a Ação Católica – uma rede de associações de jovens e de trabalhadores destinada a transformar a sociedade a partir de dentro.[17] Desse momento em diante (apesar de um entrevero com fascistas fanáticos que resolveram perturbar os programas de juventude católicos, em 1931), as organizações de base da Igreja viriam a sobreviver ao fascismo e dar sustentação ao longo domínio do Democrazia Cristiana (Partido Democrata Cristão), já na época do pós-guerra.[18] Mussolini havia então recuado muito em direção a um regime autoritário tradicional, no qual a monarquia, o setor privado organizado, o exército e a Igreja Católica tinham amplas esferas de responsabilidade autônoma, independentes tanto do Partido Fascista quanto do Estado italiano.

À medida que envelhecia, é provável que Mussolini preferisse governar dessa maneira, mas ele sabia também que a geração mais jovem começava a se impacientar com seu regime maduro. "Estávamos espiritualmente equipados para sermos esquadrões de assalto", queixava-se o jovem fascista Indro Montanelli, em 1933, "mas o destino deu a nós o papel de guardas suíços da ordem constituída".[19] Essa foi uma das razões pelas quais Mussolini, em 1935, optou pelo que, para um regime fascista, era o clássico "devemos avançar": a guerra de agressão na Etiópia.

Irei, mais adiante, examinar com mais detalhes[20] a espiral descendente das aventuras radicalizadoras que se seguiram: a "revolução cultural" de 1936-1938, a guerra europeia em 1940 e a república-fantoche de Salò, sob a ocupação nazista no período de 1943-1945.

QUAL É O MOTOR DA RADICALIZAÇÃO?

Esta breve análise da hesitação de Mussolini entre a normalização e a radicalização sugere que o líder, isoladamente, dirige o andamento das coisas, posição essa que, nos debates da década de 1980, veio a ser chamada de "intencionalismo".[21] É óbvio, entretanto, que as intenções do líder pouco significavam a não ser que os oficiais de polícia, os comandantes militares, os magistrados e os servidores públicos estivessem dispostos a obedecer às suas ordens. Contemplando Hitler e sua notória indolência, alguns estudiosos foram levados a propor que os impulsos à radicalização devem ter vindo de baixo, partindo das iniciativas de militantes subalternos frustrados por emergências locais e confiantes de que o Führer acobertaria seus excessos, tal como ele havia feito com os assassinatos de Potempa. Essa posição era chamada de "estruturalismo" nos debates da década de 1980.

Não temos que aceitar o absurdo do "estruturalismo" puro para reconhecer que, além dos atos e das palavras do líder, os regimes fascistas abrangem os impulsos radicalizadores vindos da base, o que os diferencia nitidamente das ditaduras autoritárias tradicionais. Já aludi anteriormente à incitação deliberada de expectativas de dinamismo, excitação, ímpeto e risco, que eram inerentes à atração exercida pelo fascismo. Era perigoso abandonar por completo essas expectativas, pois isso significaria corroer a principal fonte de poder autônomo do líder, independente das antigas elites.

O partido e os militantes eram, em si, uma poderosa força a favor do prosseguimento da radicalização. Nenhum regime era autenticamente fascista se não contasse com um movimento popular que o auxiliasse a chegar ao poder, monopolizasse a atividade política e, quando já no poder, desempenhasse um papel importante na vida pública, com suas organizações paralelas. Já conhecemos a gravidade dos problemas que o partido podia causar para o líder. Seus militantes calejados na batalha eram sedentos por recompensas imediatas – empregos, poder, dinheiro –, de maneira que prejudicavam a necessária cooperação entre o líder e o establishment. Caso o líder fraquejasse, seus antigos companheiros de partido poderiam, facilmente, transformar-se em rivais na disputa do cargo supremo.

Nenhum líder fascista, nem mesmo Hitler, deixou de ter problemas com seu partido, como vimos no capítulo anterior. O líder precisava mantê-lo na linha, embora não pudesse prescindir dele, pois o partido era a principal arma na sua permanente rivalidade com as antigas elites. Hitler solucionou seus conflitos com o Partido Nazista com força e brutalidade características – mas não devemos imaginar que o tenha feito sem tensão, ou que mantivesse sempre o mais perfeito controle.

Também Mussolini não relutava em derramar sangue, como mostram os assassinatos dos irmãos Rosselli e de Matteotti. Mas foi só sob o tacão do exército alemão que ousou executar os militantes rebeldes de seu próprio partido, em 1944.[22] Às vezes cedia a eles, como aconteceu em novembro de 1921, quando desistiu de sua proposta de pacto de pacificação com os socialistas, após quatro meses de violentos debates no partido, e também quando assumiu poderes ditatoriais, em janeiro de 1925. Com frequência, tentava canalizá-los, como na ocasião em que nomeou Farinacci secretário do partido, em 1925, ou quando desviou as energias de outro *ras* poderoso, Italo Balbo, para a força aérea e para o império africano.

Não muito diferente de Mussolini em seu período *laissez-faire* com Alberto de Stefani, Hitler nomeou como seu primeiro-ministro das Finanças o conservador Lutz Graf Schwerin von Krosigk.[23] Durante algum tempo, o Führer deixou a política externa em mãos dos diplomatas de carreira (com o aristocrata Konstantin von Neurath como ministro das Relações Exteriores), e o exército nas mãos de soldados profissionais. Mas a tendência de Hitler a encolher o Estado normativo e expandir o Estado prerrogativo era muito mais constante que a de Mussolini. No total comando de seu partido, Hitler explorou seus impulsos radicais para engrandecer a si próprio perante as antigas elites e, após o banho de sangue de junho de 1934, ele raramente precisou refreá-lo. Outra explicação já sugerida para a radicalização é a natureza caótica do poder fascista. Ao contrário do que afirmava a propaganda dos tempos da guerra, e desmentindo também uma indelével imagem popular, a Alemanha nazista não era uma máquina azeitada e de funcionamento impecável. Hitler permitia que as agências do partido competissem com as repartições estatais mais tradicionais, e nomeava lugares-tenentes leais para funções superpostas às do Estado, colocando uns contra os outros. As lutas "feudais"[24] que se seguiram pela supremacia interna ao partido, e entre este e o Estado, chocaram os alemães que se orgulhavam do serviço público de seu país, com sua tradição de funcionários magnificamente bem-treinados e independentes. Fritz-Dietlof Graf, conde von der Schulenburg, um jovem oficial prussiano que, inicialmente, sentiu-se atraído pelo nazismo, lamentou, em 1937, que "o poder estatal antes unificado foi cindido em uma série de autoridades distintas: partido e organizações profissionais trabalham nas mesmas áreas e se superpõem sem uma divisão clara de responsabilidades". Ele temia "o fim do verdadeiro serviço público e o surgimento de uma burocracia subserviente".[25]

Vimos no capítulo anterior como o boêmio e autoindulgente Hitler gastava o mínimo de tempo possível com as tarefas de governo, pelo menos até a guerra começar. Proclamava suas visões e seus ódios em discursos e cerimônias, e permitia que seus ambiciosos subordinados procurassem pela maneira mais radical de pô-los em prática, numa competição darwiniana por atenção e por recompensas. Seus lugares-tenentes, conhecendo bem suas visões fanáticas, "trabalhavam em direção ao Führer",[26] que, basicamente, só precisava arbitrar entre eles. Mussolini, muito diferente de Hitler em sua dedicação ao árduo e monótono trabalho de governar, recusava-se a delegar e suspeitava de seus auxiliares mais competentes – um estilo de governo que produziu mais inércia que radicalização.

A guerra forneceu ao fascismo seu mais claro impulso radicalizador. Seria mais exato dizer que a guerra desempenhou um papel circular nos regimes fascistas. Os primeiros movimentos se fundamentavam numa exaltação da violência, que foi agudizada pela Primeira Grande Guerra, e a luta mostrou ser de importância essencial para a coesão, a disciplina e a energia explosiva dos regimes fascistas. Uma vez iniciada, a guerra gerou tanto a necessidade de medidas ainda mais extremas quanto a aceitação popular dessas medidas. Parece ser uma regra geral que a guerra seja indispensável à manutenção do tônus muscular do fascismo (e, nos casos que conhecemos, a causa de seu fim).

Parece claro que tanto Hitler quanto Mussolini optaram deliberadamente pela guerra por vê-la como um passo necessário para a realização do pleno potencial de seus regimes. Queriam usá-la para enrijecer a sociedade do país e para conquistar mais espaço vital. Hitler disse a Goebbels que "a guerra [...] tornou possível para nós a solução de uma série de problemas que jamais poderiam ser solucionados em tempos de normalidade".[27]

Hitler buscou intencionalmente o confronto. Ele queria a guerra? A. J. P. Taylor afirmou em 1962 que, em setembro de 1939, Hitler se viu obrigado a entrar numa guerra que não queria, e que foi o primeiro-ministro britânico Neville Chamberlain quem tomou a decisão fatal de desencadeá-la, ao estender a garantia militar à Polônia, em março de 1939.[28] O revisionismo de Taylor foi útil, pois forçou um exame mais atento dos arquivos. A conclusão mais convincente, contudo, é que embora Hitler possa não ter querido a prolongada guerra de duas frentes na qual acabou se envolvendo, é bem provável que quisesse uma guerra localizada, curta e vitoriosa na Polônia – ou, pelo menos, ele queria passar a impressão de ter conseguido o que pretendia por meio de uma demonstração de força. Cada fibra do regime nazista havia sido empregada na tarefa de preparar a Alemanha para a guerra, tanto em termos materiais quanto psicológicos, e não usar essa força produziria, mais cedo ou mais tarde, uma fatal perda de credibilidade.

A inclinação de Mussolini para a guerra não era menos clara. "Quando acabarmos com a Espanha, pensarei em outra coisa", disse a seu genro e ministro das Relações Exteriores Galeazzo Ciano. "O caráter do povo italiano tem que ser moldado na luta."[29] Ele aclamava a guerra como a única fonte de progresso humano. "A guerra é para os homens o que a maternidade é para as mulheres."[30]

Menos de um ano após se tornar primeiro-ministro, em agosto de 1923, Mussolini fez sua estreia na política externa com o incidente de Corfu, um espetacular exemplo de bravata fascista. Após um general italiano e outros integrantes de uma comissão italiana que tentava arbitrar uma disputa de fronteiras entre a Albânia e a Grécia terem sido mortos, ao que tudo indica por bandidos gregos, Mussolini enviou ao governo grego uma lista de exigências exorbitantes. Quando as autoridades gregas hesitaram, as forças italianas bombardearam e ocuparam a ilha de Corfu.

O Duce começou os preparativos para invadir a Etiópia em 1933--1934. Essa decisão fatídica – que o alinhava irrevogavelmente a favor de Hitler e contra a Grã-Bretanha e a França – nasceu tanto de uma necessidade de reanimar o dinamismo fascista quanto dos tradicionais sonhos imperiais nacionalistas, e também do desejo de vingança pela derrota sofrida pela Itália na Etiópia, em Adwa, em 1896. Em inícios da década de 1930, o regime fascista da Itália enfrentava uma crise de identidade. Estava no poder havia uma década. Os Camisas Negras estavam se tornando complacentes, e as fileiras do partido haviam sido abertas a todo o tipo de recém-chegados. Muitos jovens estavam atingindo a maioridade sem ter consciência dos heroicos primeiros tempos, e vendo os fascistas apenas como carreiristas acomodados.

Mais tarde, quando a guerra na Europa se aproximava, embora fosse claro que Mussolini (ao contrário de Hitler) queria um acordo negociado para a crise tcheca em 1938, e para a crise polonesa em agosto de 1939, ele não podia ficar à margem indefinidamente. Quando a Alemanha parecia estar a ponto de conquistar a vitória definitiva, ele se lançou na guerra contra a França, em 10 de junho de 1940, apesar de suas forças armadas não se encontrarem em boas condições. Talvez por compartilhar em parte a convicção de seus subordinados radicais de que a guerra iria restaurar o espírito original do fascismo,[31] pode ter pensado que ela reforçaria também seu próprio controle. Sobretudo, havia pregado as virtudes marciais por tempo demais para agora se manter à margem de uma vitória que parecia fácil, sem cair no ridículo.[32] Da mesma forma, os ataques de Mussolini à Albânia e à Grécia, no outono de 1940, foram necessários por razões de prestígio, e para manter a ficção de que estava lutando sua própria guerra, "paralela" à de Hitler. Essas campanhas não implicavam riscos econômicos ou estratégicos significativos.

Mesmo os regimes autoritários não radicalizados glorificavam os militares. Apesar de seu desejo de ficar fora do conflito, Franco agarrou a oportunidade oferecida pela derrota da França, em 1940, para ocupar Tânger, como já vimos antes. As paradas militares eram uma das formas importantes de ritual público na Espanha franquista. A França derrotada, sob o regime de Vichy, comandado pelo marechal Pétain, herói da Primeira Guerra, investia muita energia na pompa militar e na ostentação patriótica. O regime nunca desistiu de pedir às autoridades da ocupação nazista que permitissem que o minúsculo exército do Armistício de Vichy desempenhasse um papel maior na defesa do solo francês contra[33] uma invasão aliada. Até mesmo Salazar, o quietista ditador português, não podia negligenciar o império africano que fornecia um importante apoio, tanto emocional quanto econômico, a seu Estado autoritário.

Mas há uma diferença entre a glorificação dos militares pelas ditaduras autoritárias e o compromisso emocional dos regimes fascistas com a guerra. Os autoritários usavam a pompa militar, mas pouca luta de fato, para ajudar na sustentação de regimes dedicados à preservação do *status quo*. Os regimes fascistas não podiam sobreviver sem a aquisição de novos territórios para a sua "raça" – o que chamavam de *Lebensraum*, *spazio vitale* – e optaram deliberadamente pelas guerras de conquista para atingir esse fim, com a clara intenção de distender a mola de seu povo a um ponto ainda maior de tensão.

Além do mais, a radicalização fascista não se resumia a um governo de guerra. Lutar uma guerra radicaliza todos os regimes, é claro, sejam eles fascistas ou não. Todos os Estados exigem mais de seus cidadãos nesses tempos, e os cidadãos se tornam mais dispostos – caso acreditem tratar-se de uma guerra legítima – a fazer sacrifícios excepcionais pela comunidade, e até mesmo a abrir mão de algumas de suas liberdades. A intensificação da autoridade do Estado parece legítima quando o inimigo cerca os portões. Durante a Segunda Guerra Mundial, os cidadãos das democracias aceitaram não apenas sacrifícios materiais, como racionamento e convocação militar, mas também limitações importantes à sua liberdade, como, por exemplo, a censura. Nos Estados Unidos, durante a Guerra Fria, uma insistente corrente de opinião queria restaurar as restrições à liberdade, a fim de derrotar o inimigo comunista.

Um governo de guerra fascista, entretanto, não significa o mesmo que a suspensão voluntária e temporária das liberdades que ocorre nas democracias. Nos regimes fascistas em guerra, uma minoria fanática interna ao partido ou ao movimento pode se ver livre para expressar um furor que vai muito além de um cálculo racional de interesses. Desse modo, retornamos à ideia de Hannah Arendt de que os regimes fascistas tiram partido da fragmentação de suas sociedades e da atomização de suas populações. Arendt foi duramente criticada por colocar a atomização como um dos pré-requisitos do êxito fascista.[34] Mas seu *Origens do totalitarismo*, embora escrito em termos históricos, é mais uma meditação filosófica sobre a radicalização última do fascismo do que uma história de suas origens. Mesmo que a fragmentação e a atomização da sociedade não bastem para explicar o enraizamento e a chegada ao poder do fascismo, a fragmentação e a atomização do governo de fato caracterizam a última fase deste, a do processo de radicalização. Nos territórios recém-conquistados, os funcionários públicos comuns, agentes do Estado normativo, foram substituídos pelos radicais do partido, agentes do Estado prerrogativo. Os procedimentos metódicos da burocracia cederam lugar a improvisações desvairadamente desestruturadas de iniciativa de militantes partidários inexperientes, empurrados para mal definidas posições de autoridade sobre povos conquistados.

UMA TENTATIVA DE EXPLICAR O HOLOCAUSTO

O ápice da radicalização fascista foi o assassinato dos judeus pelos nazistas. Nenhuma prosa comum pode fazer justiça ao Holocausto, mas os relatos mais convincentes possuem duas características. Primeiramente, levam em conta não apenas o ódio obsessivo que Hitler tinha pelos judeus, mas também os milhares de subordinados cuja participação nas ações cada vez mais violentas contra os judeus fez com que o mecanismo funcionasse. Sem essas participações, as fantasias assassinas de Hitler teriam permanecido apenas fantasias.

A outra característica é o reconhecimento de que o Holocausto se desenvolveu passo a passo, indo de atos menores a atos progressivamente mais odiosos.[35] A maioria dos estudiosos aceita, hoje, que o ataque nazista aos judeus se desenvolveu pouco a pouco. Ele não cresceu apenas a partir da violência localizada e caótica de um *pogrom* popular, tampouco apenas de uma política estatal homicida imposta de cima para baixo. Ambos os impulsos se alavancavam mutuamente numa espiral ascendente, de modo coerente com um "Estado dual". Erupções locais de vigilantismo por parte dos militantes do partido eram incentivadas pela linguagem usada pelos líderes nazistas e pelo clima de tolerância à violência então vigente. O Estado nazista, por sua vez, continuava canalizando as iniciativas indisciplinadas dos militantes do partido para políticas oficiais a serem aplicadas de modo metódico.

A primeira fase foi a segregação: marcar os inimigos internos, apartá-los da nação e suprimir seus direitos de cidadania. Começou na primavera de 1933, tomando a forma de ações de rua de iniciativa dos militantes do partido, a chamada revolução de baixo para cima, que aconteceu imediatamente após Hitler ter assumido o cargo. O novo regime tentou canalizar e controlar esses incidentes caóticos de marcar e apedrejar lojas de propriedade de judeus para um boicote oficial de um dia, que ocorreu em 1º de abril de 1933. As leis de Nuremberg de 15 de setembro de 1935, proibindo casamentos mistos e anulando a cidadania dos judeus, elevaram a segregação ao nível de política estatal.[36]

Seguiu-se uma pausa, em parte motivada pela intenção do regime de apresentar uma face positiva durante as Olimpíadas de Berlim de 1936.

Quando a violência de rua explodiu novamente em novembro de 1938, nos incêndios de sinagogas e na depredação de lojas da *Kristallnacht* atiçados por Goebbels,[37] outras autoridades nazistas tentaram canalizar esses atos de rua para uma política estatal mais ordenada, a "arianização" das firmas judias. "Perdi a paciência com essas manifestações", queixou-se Goering, dois dias após a *Kristallnacht*. "Não é aos judeus que elas prejudicam, mas a mim, a autoridade máxima da coordenação da política econômica. [...] A companhia de seguros pagará pelos danos, e os judeus nada perderão. E, além disso, os bens destruídos são parte dos bens de consumo pertencentes ao povo. [...] Não nos reunimos aqui simplesmente para mais conversas, mas para tomar decisões [...] eliminar os judeus da economia alemã."[38] A segregação atingiu o clímax com a prática de marcar a população judaica. Primeiramente na Polônia ocupada, e depois no Reich, em agosto de 1941, todos os judeus passaram a ter que usar no peito, costurada nas roupas externas, a estrela de Davi amarela. A essa época, a fase seguinte – a expulsão – já havia começado.

A política de expulsão germinou na mistura de desafio e oportunidade criada pela anexação da Áustria, em março de 1938, que aumentou o número de judeus que viviam no Reich e, ao mesmo tempo, deu aos nazistas maior liberdade para tratá-los de forma mais violenta. O oficial da ss Adolf Eichmann montou, em Viena, um sistema pelo qual os judeus ricos, aterrorizados pelos rufiões nazistas, pagavam um alto preço pelos vistos de saída, gerando fundos que então podiam ser aplicados na expulsão dos demais.

A conquista alemã da metade ocidental da Polônia, em setembro de 1939, incorporou outros milhões de judeus, e aumentou mais ainda a violência dirigida contra eles. O assassinato de um grande número de integrantes de sexo masculino da elite judaica e polonesa, praticado por unidades militares especiais – os *Einsatzgruppen* –, foi parte integrante da campanha polonesa, mas, quanto à população judia em geral, a expulsão continuava sendo o principal objetivo.

As coisas se complicavam, contudo, quando um sátrapa nazista tentava expulsar os judeus para o território dominado por um outro. Muitos oficiais nazistas pensavam nos territórios ocupados da antiga Polônia como um lugar ideal para despejar judeus, mas seu governador, Hans Frank, queria transformar o território numa "colônia modelo", expulsando os judeus poloneses mais para o leste. Foi Frank quem ganhou a corrida aos ouvidos de Hitler e conseguiu estancar a expulsão dos judeus alemães para a Polônia.[39]

A situação piorou com o projeto de Himmler de assentar cerca de 500 mil alemães étnicos residentes no Leste Europeu e no norte da itália, nas terras deixadas vagas pela expulsão dos judeus e dos poloneses.[40] Esse "jogo de dominó" de movimentos populacionais cruzados logo gerou um "congestionamento de tráfego", que alguns dos planejadores raciais nazistas pensaram em corrigir, na primavera e no verão de 1940, despachando os judeus europeus para a colônia francesa de Madagascar.[41]

Os nazistas esperavam que a invasão da União Soviética, em junho de 1941, voltaria a facilitar a expulsão. Embora a conquista do território soviético, que eles previam que fosse rápida, viesse a colocar outros milhões de judeus nas mãos dos nazistas, ela também abriria o vasto interior russo, para o qual eles poderiam ser expulsos. Essas expectativas mantiveram a expulsão como a solução nazista oficial para o "problema judeu" até fins de 1941.

Estudos cuidadosos sobre os territórios poloneses e soviéticos sob ocupação nazista entre setembro de 1939 e fins de 1941, no entanto, mostram graus surpreendentes de liberdade de manobra individual e de variações locais entre os administradores nazistas, no que se refere ao tratamento dado por eles aos judeus. Tendo que lidar sozinhos com problemas inesperadamente graves de segurança, abastecimento, posse da terra e doenças, os nazistas tentaram iniciativas locais de todos os tipos, entre elas a criação de guetos, trabalhos forçados e reassentamentos.[42] Nos recém ocupados Bálcãs e na Polônia oriental, já em agosto-setembro de 1941, alguns administradores haviam cruzado a linha que separava matar homens judeus por razões de "segurança", de extermínio maciço de populações judias inteiras, inclusive mulheres e crianças, ao que tudo indica em ações de iniciativa local (confiantes da aprovação de Berlim).[43] Visto dessa perspectiva, o famoso encontro do primeiro escalão dos líderes nazistas, presidido por Reinhard Heydrich, o adjunto de Himmler, em 20 de janeiro de 1942 (a Conferência de Wannsee), passa a parecer mais uma medida de coordenação estatal das iniciativas locais de extermínio do que a adoção de cima para baixo de uma nova política.

Exatamente quando e por que a antiga política de expulsão – pontuada pelo assassinato de muitos homens judeus por motivos de "segurança" – cedeu espaço no Leste Europeu, sob ocupação nazista, à nova política de total extermínio de todos os judeus – inclusive mulheres e crianças – continua sendo uma das questões mais polêmicas da interpretação do Holocausto. Nem ao menos sabemos ao certo se devemos focalizar nossa atenção em Hitler ou em seus subordinados servindo nos territórios ocupados. Se nos concentrarmos em Hitler, a ausência de qualquer vestígio de uma ordem explícita proveniente do Führer no sentido de dar início ao estágio final da aniquilação incomoda os intencionalistas, talvez de forma desnecessária. Nenhum acadêmico sério duvida da responsabilidade central de Hitler.[44] Seu inabalável ódio aos judeus era conhecido por todos, e era regularmente informado sobre tudo o que ocorria.[45] Os administradores locais sabiam que ele "acobertaria" seus atos mais extremos. É provável que Hitler tenha dado algum tipo de ordem verbal no outono de 1941, em reação à campanha contra a Rússia soviética, então em curso: ou na euforia da investida inicial,[46] ou, como é mais provável, num acesso de raiva causado pelo fracasso da tomada de Moscou antes do início do inverno e, portanto, da vitória *Blitzkrieg* [guerra-relâmpago] da qual toda a operação dependia.[47] Uma teoria recente, e bastante plausível, localiza essa ordem num discurso sigiloso ao alto escalão do partido, proferido em 12 de dezembro de 1941, em reação à entrada dos Estados Unidos na guerra e sua transformação num conflito de escala verdadeiramente mundial. Hitler estaria assim cumprindo a promessa feita por ele, em 30 de janeiro de 1939, de que se a guerra se alastrasse por todo o mundo seria por culpa dos judeus, que pagariam caro por isso (Hitler acreditava que os judeus controlavam a política norte-americana).[48]

Se mudarmos nosso foco para os administradores dos territórios ocupados, já vimos que alguns deles haviam cruzado, em fins do verão de 1941, a linha que separava o assassinato seletivo de adultos de sexo masculino do total extermínio de toda a população judia. Isso não teria sido possível se não existisse um ódio generalizado e homicida aos judeus, ponto esse apontado, com toda a razão, por Daniel Goldhagen, em seu celebrado e controverso *Hitler's Willing Executioners*. Mas a existência desse ódio generalizado homicida aos judeus não explica por que a linha foi cruzada em determinados lugares e em determinados momentos, e não em outros. Os estudos mais convincentes mostram um processo dinâmico de "radicalização cumulativa", no qual os problemas se avolumam, as pressões se intensificam, as inibições são abandonadas e argumentos legitimadores são encontrados.

Desdobramentos de dois tipos ajudam a explicar como veio a se formar essa disposição a matar todos os judeus. Um deles foi uma série de "ensaios gerais" que serviram para reduzir as inibições e fornecer pessoal treinado e calejado para o que quer que fosse. Primeiro veio a eutanásia dos doentes incuráveis e dos doentes mentais alemães, que teve início no mesmo dia em que começou a Segunda Guerra Mundial. A teoria da eugenia alemã há muito vinha fornecendo justificativas para o extermínio de pessoas "inferiores". A guerra ofereceu uma justificativa mais ampla para a redução do ônus representado pelas "bocas inúteis" diante da escassez de recursos. O programa "T-4" matou mais de 70 mil pessoas entre setembro de 1939 e 1941, quando, em resposta aos protestos das famílias das vítimas e do clero católico, a questão foi deixada ao arbítrio das autoridades locais.[49] Alguns dos especialistas treinados nesses programas foram subsequentemente transferidos para o leste ocupado, onde aplicaram suas técnicas de extermínio nos judeus. Dessa vez, houve menos protestos.

O segundo "ensaio geral" foi o trabalho dos *Einsatzgruppen*, as tropas de assalto com a incumbência específica de executar as elites políticas e culturais dos países invadidos. Na campanha polonesa de setembro de 1939, eles ajudaram a exterminar a *intelligentsia* polonesa e o escalão superior do serviço público, despertando alguma oposição em meio ao comando militar. Na campanha soviética, os *Einsatzgruppen* receberam a notória "Ordem dos Comissários" de matar a totalidade dos quadros do Partido Comunista, assim como da liderança judaica (vistos como idênticos aos olhos dos nazistas), além de todos os ciganos. Dessa vez, o exército não levantou objeções.[50] Os *Einsatzgruppen*, mais tarde, viriam a desempenhar um papel importante, embora não fossem os únicos, no extermínio em massa de mulheres e crianças judias, que teve início em algumas das áreas ocupadas no outono de 1941.

Um terceiro "ensaio geral" foi a morte proposital de milhões de prisioneiros de guerra soviéticos. Foi em seiscentos deles que as autoridades da ocupação nazista testaram pela primeira vez o potencial mortífero do inseticida comercial Zyklon-B, em Auschwitz, em 3 de setembro de 1941.[51] A maioria dos prisioneiros de guerra soviéticos, entretanto, foi morta por excesso de trabalho ou por inanição.

A segunda categoria dos desdobramentos que ajudaram a preparar a "disposição a matar" foram os bloqueios, as emergências e as crises que fizeram com que os judeus se tornassem o que parecia ser uma carga insuportável para os administradores dos territórios conquistados. Um desses bloqueios foi o fracasso na tomada de Moscou, que impediu a aplicação do plano de expulsar todos os judeus do Leste Europeu conquistado para o interior remoto da Rússia. Uma emergência de primeira importância foi a escassez de alimentos para as forças invasoras alemãs. Os planejadores militares alemães haviam se decidido por alimentar as forças de invasão com os recursos das áreas invadidas, tendo pleno conhecimento de que isso significava matar de fome as populações locais. Quando o fornecimento local caiu abaixo do esperado, começou a busca pelas "bocas inúteis". Na mentalidade pervertida dos administradores nazistas, os judeus e os ciganos, além disso, representavam uma ameaça à segurança das forças alemãs. Outra emergência foi criada pela chegada de trens lotados de alemães étnicos à espera de reassentamento, para os quais tinha que ser aberto espaço.

Diante desse acúmulo de problemas, os administradores desenvolveram uma série de "soluções intermediárias".[52] Uma dessas soluções foi a criação de guetos, mas estes acabaram por se transformar em incubadoras de doenças (uma preocupação obsessiva dos asseados nazistas) e num rombo no orçamento. A tentativa de fazer os guetos funcionarem a serviço da produção de guerra alemã resultou em nada além de uma nova categoria de bocas inúteis: os incapazes de trabalhar. Outra "solução intermediária" foi o plano natimorto, já mencionado antes, de assentar os judeus europeus em áreas remotas, como Madagascar, o leste africano ou o interior da Rússia. O fracasso de todas as "soluções intermediárias" ajudou a abrir caminho para a "solução final": o extermínio.

As primeiras execuções em massa foram feitas por fuzilamento, processo esse que era lento, anti-higiênico e psicologicamente estressante para os matadores (embora muitos deles tenham se acostumado a ele). A procura por técnicas de extermínio mais eficientes levou ao desenvolvimento de vagões especialmente preparados, os *Gaswagen*, nos quais era injetado gás de escapamento, uma ideia derivada dos trailers nos quais os doentes mentais eram mortos por inalação de monóxido de carbono, na Polônia, em 1940. No outono de 1941, trinta desses vagões haviam sido construídos para o extermínio em massa das populações judias da Rússia ocupada.[53] Uma tecnologia ainda mais rápida foi adotada na primavera de 1942, quando instalações fixas foram construídas em seis campos situados em território da antiga Polônia. A maioria deles continuou a usar monóxido de carbono, embora alguns, principalmente Auschwitz, usassem o Zyklon-B, mais rápido e de mais fácil manuseio. As fábricas de morte acabaram por responder por 60% da totalidade dos judeus assassinados pelos nazistas durante a Segunda Guerra Mundial.

Os novos centros de extermínio em escala industrial foram construídos fora do alcance do Estado normativo e das leis alemãs. Dois deles (Auschwitz e Chelmno) situavam-se em território polonês anexado em 1939, e os outros quatro (Treblinka, Sobibor, Majnadek e Belzec) localizavam-se nas terras anteriormente polonesas então conhecidas como o *Generalgouvernement*.⁵⁴ Lá, as autoridades militares dividiam o poder com funcionários civis, em sua maioria militantes do partido.

Nas áreas capturadas da Polônia e da União Soviética, organizações paralelas, como a agência do partido que confiscava terras para redistribuí-las entre os camponeses alemães (a *Rasse- und Siedlungshauptamt*), tinham mais liberdade que no Reich. A ss montou seu próprio império militar-econômico nos locais onde o Estado normativo praticamente não atuava.⁵⁵ Nessa terra de ninguém, tanto a normalidade burocrática quanto os princípios morais eram fáceis de serem deixados de lado, e as necessidades da raça superior se converteram no único critério para a ação. O tradicional desprezo dos nacionalistas alemães pelos *Untermenschen* eslavos só fez agravar o clima de permissividade. Naquele não Estado sem nome, nazistas fanáticos tinham total liberdade para realizar suas fantasias mais bárbaras de purificação racial, sem a interferência de um Estado normativo distante.

O fragmentado sistema administrativo nazista não exigia prestação de contas desses radicais, que podiam então dar vazão a seus impulsos mais sombrios. O Führer, postado acima e além do Estado, prontificava-se a recompensar a iniciativa, na selva que era a administração nazista dos territórios orientais ocupados.

Podemos afastar qualquer hipótese de o regime nazista ter assassinado judeus para satisfazer a opinião pública alemã. Ele, na verdade, tomou as precauções mais elaboradas para ocultar essas ações do povo alemão e dos observadores estrangeiros. Em documentos oficiais, as autoridades responsáveis se referiam ao extermínio com eufemismos tais como *Sonderbehandlung* (tratamento especial), e providenciaram grandes operações visando eliminar todo e qualquer vestígio dos atos, numa época em que homens e material não podiam ser subtraídos à luta.⁵⁶ Ao mesmo tempo, nenhum esforço foi feito para esconder esse segredo das tropas alemãs servindo na frente oriental, muitas das quais eram regularmente incumbidas de participar das mortes. Alguns soldados e oficiais fotografaram as execuções em massa e enviaram as fotografias para casa, para suas famílias e namoradas.[57] Muitos milhares de soldados, administradores civis e técnicos que serviam nos territórios orientais ocupados foram testemunhas oculares do extermínio em massa. Outros milhares ouviram falar dele pelos participantes. Na Alemanha, o conhecimento de que coisas horríveis vinham sendo feitas aos judeus era "bastante generalizado".[58] Contanto que a destruição caótica, como o apedrejamento de vitrines, os espancamentos e os assassinatos da *Kristallnacht* não acontecessem debaixo de suas janelas, a maioria dos alemães preferia deixar que a distância, a indiferença, o medo de serem denunciados e seu próprio sofrimento sob os bombardeios Aliados abafassem quaisquer objeções que eles pudessem ter.

Ao final, o nazismo radicalizado perdeu até mesmo sua ancoragem nacionalista. Quando se preparava para cometer suicídio em seu *bunker* de Berlim, em abril de 1945, Hitler, num delírio final, quis levar consigo, em sua queda, toda a nação alemã. Isso, em parte, era um sinal de seu caráter – uma paz negociada era tão impensável para Hitler quanto o era para os Aliados. Mas isso também tinha um embasamento na natureza do regime: não forçar caminho adiante significava perecer. Qualquer coisa era melhor que a fraqueza.[59]

A RADICALIZAÇÃO ITALIANA: ORDEM INTERNA, ETIÓPIA E SALÒ

A Alemanha nazista em seu paroxismo final é, até agora, o único exemplo autêntico do estado máximo da radicalização fascista. Também o fascismo italiano mostrou alguns sinais das forças que impeliam todos os fascismos para os extremos.

Observamos, neste capítulo, como Mussolini se via dividido entre os desejos radicais dos *ras* e dos *squadristi* e sua própria preferência pela ordem e pela predominância do Estado sobre o partido. No entanto, não podia escapar de sua imagem autopromovida de herói ativista, e seu linguajar continuou colorido por imagens revolucionárias. Não podia ignorar por completo a necessidade que seus seguidores tinham de satisfação nem as expectativas públicas de feitos espetaculares – que ele próprio havia incentivado.

Na década de 1930, talvez com o já mencionado objetivo de rejuvenescer seus barrigudos Camisas Negras, e talvez também por precisar desviar a atenção de seu povo do medíocre desempenho econômico da Itália durante a Grande Depressão, Mussolini embarcou num período de radicalização de longo alcance. Após 1930, já tinha adotado um tom mais agressivo na política externa, conclamando pelo rearmamento e predizendo que "o século xx será o século do fascismo".[60] Tomou de volta o Ministério das Relações Exteriores em 1932, e, em 1933, os Ministérios da Guerra, da Marinha e da Aeronáutica. Em 1934, ele já preparava em segredo uma operação militar na Etiópia. Tomando como pretexto uma escaramuça de menor importância ocorrida em dezembro de 1934 em WalWal, um remoto poço de água situado no meio do deserto, próximo à fronteira não demarcada entre a Etiópia e a Somalilândia italiana (hoje Eritreia), Mussolini lançou seus exércitos contra a Etiópia em 3 de outubro de 1935.

Após uma campanha unilateral que exigiu dos italianos mais esforço do que o previsto, Mussolini pôde proclamar vitória e declarar o rei Vittorio Emanuele III imperador da Etiópia, em 9 de maio de 1936. Da sacada de seu gabinete no Palazzo Venezia, em Roma, o Duce lançou-se num diálogo triunfante com a multidão excitada:

> Oficiais da ativa e da reserva, soldados de todas as forças armadas do Estado, na África e na Itália, Camisas Negras da Revolução, homens e mulheres italianos, na pátria e em todo o mundo, ouçam!
>
> Nossa espada cintilante cortou todos os nós, e a vitória africana permanecerá completa e pura na história da pátria, uma vitória tal como os legionários, os que tombaram e os que sobreviveram, sonharam e quiseram...

O povo italiano forjou um império com seu sangue. Ele o fertilizará com seu trabalho e o defenderá com suas armas contra quem quer que seja. Vocês serão dignos dele?
A multidão gritou: Sim![61]

A guerra da Etiópia deu "novo impulso" ao Partido Fascista.[62] Na Itália, ela foi a ocasião de um magistral exemplo de teatro nacionalista: a coleta de alianças de casamento de ouro oferecidas pelas mulheres italianas, desde a rainha Elena até a mais humilde delas, para ajudar a pagar pela campanha. Oficialmente, foi a Milícia Fascista (MVSN) que foi lutar na Etiópia. A presença do partido era forte no território conquistado. O *federale* do partido dividia o poder com o chefe de polícia e o comandante do exército, e tentava arregimentar tanto a população de colonizadores quanto os jovens etíopes por meio da juventude fascista e de organizações recreativas. O domínio colonial permitiu até mesmo uma revivescência do *squadrismo*, há muito encerrado na Itália. Em 1937, após a tentativa de assassinato do general Graziani, governador-geral e vice-rei, os militantes do partido aterrorizaram os habitantes de Addis Ababa por três dias, matando centenas deles.[63]

A excitação e o esforço de guerra foram acompanhados por uma "revolução cultural" e por um "salto totalitário" (*svolta totalitaria*) na Itália.[64] Outro militante que chegou a secretário do partido, Achille Starace (1931-1939), liderou uma campanha para moldar o "novo homem" fascista, instituindo "costumes fascistas", "linguagem fascista" e legislação racial. A "reforma dos costumes" substituiu a maneira formal e respeitosa de dizer "você" na terceira pessoa [*lei*], usada pelos burgueses de boas maneiras, pela segunda pessoa mais familiar e companheira [*tu*, no singular, e *voi*, no plural].[65] A saudação fascista substituiu o aperto de mão burguês. Os funcionários públicos passaram a trabalhar uniformizados, e o exército, a marchar com o passo alto exagerado que o regime chamava de *passo romano*, para deixar bem claro que não se tratava de uma cópia do passo de ganso nazista.

A medida mais drástica da radicalização fascista na década de 1930 foi a adoção de legislação discriminatória contra os judeus. Em julho de 1938, um "Manifesto da raça" anunciou a nova política, que logo foi acompanhada por leis, promulgadas em setembro e novembro, proibindo os casamentos inter-raciais, na linha das leis de Nuremberg nazistas, e excluindo os judeus do serviço público e das profissões liberais. Um em cada doze professores universitários teve que abandonar suas cátedras. O físico ganhador do Prêmio Nobel Enrico Fermi, ele próprio não judeu, partiu voluntariamente para os Estados Unidos por ter sido privado de muitos de seus colegas de pesquisa.

Supõe-se, em geral, que os fascistas copiaram as leis raciais do nazismo para agradar a Hitler, durante o período em que a Itália se alinhava com o Eixo em termos de política externa.[66] A Itália, em grande parte, não era antissemita, e sua pequena e antiga comunidade judaica era excepcionalmente bem integrada. Como vimos no Capítulo 1, Mussolini, nos primeiros tempos, teve correligionários e até mesmo auxiliares próximos judeus. Em 1933, ele foi listado por editores judaico-americanos como um dos "doze maiores defensores cristãos" dos judeus em todo o mundo.[67]

Num exame mais atento, é possível encontrar "raízes" italianas nos quais um antissemitismo nativo poderia se enxertar. Políticas de discriminação racial já haviam se tornado aceitáveis para os italianos nas colônias. Primeiro na Líbia e depois na Etiópia, os militantes italianos adotaram táticas de separar os nômades de seus animais, e depois de comida e água. Seu internamento maciço parecia prefigurar sua eliminação. Na Etiópia, as leis proibiam a miscigenação racial (embora essas leis fossem amplamente transgredidas). Angelo del Boca pode até mesmo usar a palavra *apartheid* para aquilo que o fascismo tentou instituir na Etiópia.[68]

Outra "raiz" ambígua foi a atitude católica em relação aos judeus. Pode ser dito a seu favor que a tradição católica era hostil ao racismo biológico – a Igreja insistia, por exemplo, que o sacramento do batismo evitava que um convertido fosse visto como judeu a partir de então, independentemente de quem eram seus pais. Quando morreu, em 1939, o papa Pio XI estava tentando decidir se deveria ou não escrever uma encíclica denunciando o racismo biológico nazista. Por outro lado, a linguagem da missa da Sexta-Feira Santa identificava os judeus como o "povo deicida" que havia matado Cristo. As publicações da Igreja, por um tempo chocantemente longo, continuaram a manifestar as formas mais grosseiras de antissemitismo, inclusive dando crédito a lendas antigas sobre o assassinato ritual judeu.[69] A Igreja não levantava qualquer objeção às formas não biológicas de discriminação contra os judeus nos países católicos, tais como cotas nas universidades e restrições a atividades econômicas.[70] Quanto aos fascistas seculares, sempre houve antissemitas entre eles. Alguns deles, como Telesio Interlandi, ganharam espaço proeminente na imprensa do partido a partir de meados da década de 1930, antes da formação do Eixo.

É verdade que a nova legislação, de modo geral, desagradou ao público, e que na Croácia ocupada pelos italianos e no sudeste da França as autoridades italianas chegaram a proteger os judeus.[71] Quando os alemães começaram a deportar judeus da Itália, em 1943, poucos foram os italianos que se juntaram à empreitada. Deve ter havido apoio suficiente para a legislação de 1938, contudo, pois ela foi aplicada com bastante firmeza. Após 1938, o regime de Mussolini mais uma vez se acalmou na rotina. Quando a guerra começou, em setembro de 1939, Mussolini disse a Hitler que não estava pronto. Quando ele finalmente entrou na Segunda Guerra Mundial, no último momento possível, o confronto não lhe trouxe nem as recompensas da vitória nem a intensificação do entusiasmo popular que ele esperava.[72] A "guerra paralela" de Mussolini, após junho de 1940, tinha a intenção de afirmar igualdade com Hitler e só levou a derrotas e a humilhações que puseram fim à "relação privilegiada com a história" e romperam os últimos vínculos de afeição entre o povo italiano e o Duce.

Também os alemães receberam de forma sombria a notícia de que a Segunda Guerra Mundial havia começado. As vitórias de Hitler, entretanto, infundiram entusiasmo. Eles lutaram por mais tempo e com maior determinação em 1939-1945 que em 1914-1918, apesar de o sofrimento dos civis ter sido maior. Na Itália, ao contrário, o balão da excitação fascista estourou rapidamente. Em retrospectiva, a mobilização fascista se mostrou mais frágil que a mobilização democrática. Churchill conseguiu emocionar o povo britânico com a honesta promessa de nada além de sangue, suor, fadiga e lágrimas.

Os dias finais de Mussolini mostram outro caso de radicalização, embora geograficamente limitado ao norte da Itália. Quando ficou claro que a participação da Itália na Segunda Guerra Mundial do lado de Hitler estava se convertendo num desastre, setores do establishment – oficiais militares de alta patente, conselheiros do rei e até mesmo alguns fascistas dissidentes – quiseram se livrar de Mussolini e firmar uma paz separada com os Aliados. Pouco depois de os Aliados terem desembarcado na Sicília, em 10 de julho de 1943, nas primeiras horas do dia 25 de julho, o Grande Conselho Fascista votou uma resolução para restaurar a plena autoridade do rei. Naquela mesma tarde, Vittorio Emanuele demitiu do cargo o humilhado Duce e mandou prendê-lo.

Essa vergonhosa prisão deveria ter posto fim ao carisma de Mussolini. Em 12 de setembro, contudo, a incursão ousada de um comando alemão liderado pelo capitão da ss Otto Skorzeny libertou-o de seu cativeiro, na estação de esqui de Gran Sasso, a leste de Roma. Hitler reinstalou o Duce como ditador de uma república fascista, com a capital em Salò, no lago de Garda, convenientemente próxima à estrada principal para a Alemanha, que passava pelo passo de Brenner. A República Social Italiana nunca foi mais que um fantoche alemão, não merecendo mais que uma nota de pé de página na história.[73] Ela nos interessa aqui, contudo, porque, livre da necessidade de aplacar a Igreja, o rei e as lideranças financeiras e industriais da Itália, a República de Salò fez retornarem os impulsos radicais dos primeiros dias do fascismo.

Em Salò, Mussolini cercou-se de alguns fascistas fanáticos remanescentes e de alguns oficiais pró-nazistas. Eles jogaram a única cartada que lhes restava: um nacional-socialismo populista. O programa do novo Partito Fascista Repubblicano, de novembro de 1943, pedia a "socialização" dos setores da economia necessários à autossuficiência (energia, matérias-primas, serviços indispensáveis), deixando em mãos privadas apenas as propriedades que fossem fruto do trabalho e da poupança pessoal. O setor público deveria ser administrado por comitês de gerentes, nos quais os trabalhadores teriam voz. As fazendas não produtivas ou não cultivadas seriam tomadas pelos camponeses assalariados que nelas trabalhassem. O catolicismo romano continuava sendo a religião da república fascista, mas muitos dos novos líderes eram não religiosos. A nova república prometeu governar por meio de uma assembleia a ser escolhida pelos sindicatos, pelas associações profissionais e pelos soldados. A República Social Italiana de Salò, entretanto, nunca teve em suas mãos o poder de pôr essas medidas em vigor. O principal efeito de sua radicalização foi gerar grande truculência entre sua polícia e os esquadrões armados que lutaram na guerra civil italiana de 1944-1945.

A República de Salò tentou também corrigir a frouxidão que havia dominado o fascismo estabelecido na Itália e reuniu novas tropas de fascistas engajados para lutar na guerra contra os Aliados. Essas forças eram formadas principalmente por grupos voluntários, como o Décimo Esquadrão de Barcos Torpedo, do príncipe Borghese, que lutou em terra e, na maioria das vezes, contra os militantes da Resistência.[74] Os agentes da República de Salò tentaram também se contrapor à recusa da maioria dos italianos de levar a sério o antissemitismo. Foi nesse ponto que os militantes fascistas arrebanharam judeus e os despacharam para campos onde os nazistas podiam ter fácil acesso a eles. Foi assim que o químico (e mais tarde autor célebre) Primo Levi foi feito prisioneiro, em dezembro de 1943, e levado para Auschwitz.[75]

A República de Salò buscou vingança contra os fascistas que haviam traído Mussolini. Só conseguiu pôr as mãos em alguns dos membros do Grande Conselho Fascista que haviam votado contra Mussolini em 25 de julho, mas executou cinco deles – inclusive o próprio genro de Mussolini, o conde Ciano, ex-ministro das Relações Exteriores do regime fascista – em Verona, em janeiro de 1944. Mesmo assim, todo o sangue derramado pela República de Salò não passou de umas poucas gotas, se comparado ao que foi derramado nos dias finais do nazismo.

Enquanto os Aliados se aproximavam, em abril de 1945, os poucos partidários de Mussolini que ainda restavam debandaram. Os *partisans* italianos o encontraram em 28 de abril, escondido na caçamba de um caminhão do exército alemão que batia em retirada, na margem ocidental do lago Como, e o mataram, juntamente com sua leal e jovem amante, Clara Petacci, e vários outros notáveis fascistas. Eles penduraram os corpos num posto de gasolina de Milão, após uma multidão enfurecida ter mutilado o cadáver do Duce. Apenas uma geração mais tarde os restos mortais de Mussolini, devolvidos à família em 1957 e enterrados em sua aldeia natal de Predappio, tornaram-se objeto de peregrinação.[76]

REFLEXÕES FINAIS

O estágio da radicalização nos mostra o fascismo em sua forma mais característica. Embora qualquer regime possa vir a se radicalizar, a profundidade e a força do impulso fascista a desencadear violência destrutiva até o ponto da autodestruição convertem-no num caso à parte.

Nesse ponto, as comparações deixam de ser possíveis, uma vez que apenas um único regime fascista o atingiu. Um candidato tentador a um enfoque comparativo seria a radicalização da ditadura soviética de Stalin. Os casos nazista e soviético compartilhavam a mesma rejeição do Estado de direito e do devido processo legal, e ambos os subordinavam aos imperativos da história. Em outros aspectos, contudo, a radicalização fascista não foi idêntica à stalinista. O fascismo idealizava a violência de forma característica, como uma virtude inerente à raça superior. E, embora os agentes dos expurgos de Stalin soubessem que seriam acobertados pelo ditador, faltava ao sistema soviético a acirrada competição pelos favores do líder que opunha as organizações paralelas do partido e as elites estabelecidas.

As guerras expansionistas se situam no cerne da radicalização. Até o ponto em que a Itália fascista chegou a se radicalizar, o fez de forma mais plena na conquista do leste da África e no paroxismo final da campanha italiana. O regime nazista atingiu limites extremos da radicalização na sua guerra de extermínio contra a União Soviética. Nessa situação particularmente carregada, os oficiais nazistas se sentiram livres para usar de uma violência muito maior do que a empregada nas campanhas ocidentais de 1940, primeiramente contra os inimigos do regime, depois contra os aliados conservadores do fascismo e, por fim, contra o próprio povo alemão, num êxtase de destruição terminal.[77]

Enquanto nos regimes autoritários tradicionais em estado de guerra o exército tende a ampliar seu controle, como aconteceu no Reich alemão em 1917-1918, e também na Espanha de Franco, o exército alemão, após 1941, como já vimos, perdeu o controle sobre a política de ocupação do Leste Europeu para as organizações paralelas do Partido Nazista.[78] Os radicais do partido se sentiram livres para expressar seu ódio e suas obsessões de maneira estranha aos serviços estatais. Aqui não se trata apenas de uma questão de sensibilidade moral: alguns oficiais e funcionários públicos ficaram horrorizados com os atos cometidos pela ss nos territórios conquistados, enquanto outros se deixaram levar por motivos de solidariedade coletiva, ou por terem se tornado insensíveis.[79] Em certa medida, tratava-se de uma questão de jurisdição. Seria impensável para uma ditadura militar tradicional tolerar as incursões de milícias partidárias inexperientes na esfera militar – que Hitler, e até mesmo Mussolini, na Etiópia, permitiram.

Origens do totalitarismo, de Hannah Arendt, que é tão problemático no que diz respeito aos primeiros estágios do fascismo, é correto neste ponto. Pois aqui ingressamos num domínio em que os cálculos de interesse que provavelmente guiaram o comportamento tanto dos nazistas quanto de seus aliados, nas circunstâncias mais normais do exercício do poder, deixaram de ser os fatores determinantes das políticas adotadas. A partir daí, uma minoria obcecada é capaz de levar a cabo, de forma implacável, seus ódios mais passionais, extrapolando-os ao limite último da experiência humana.

Vendo-se livre de coibições de qualquer natureza, a linha dura dos fanáticos do movimento assumiu posição de vantagem sobre seus aliados burgueses, o que lhe permitiu pôr em prática alguns dos projetos radicais dos primeiros tempos. Nos postos avançados do império, o fascismo retomou a violência cara a cara dos dias iniciais do *squadrismo* e das brigas de rua da SA. Nesse estágio final, temos que resistir à tentação de reverter a um enfoque altamente personalizado do exercício do poder nos regimes fascistas, com suas ideias desacreditadas sobre meliantes sequestrando o Estado. O regime nazista foi capaz de lutar a guerra com intensidade cada vez maior porque contou com a constante cumplicidade dos serviços estatais e de grande parte dos segmentos poderosos da sociedade.

A radicalização fascista, por fim, não pode ser entendida como um meio racional de persuadir um povo a dar seu máximo ao esforço bélico. Ela carregou a Alemanha nazista numa espiral desabalada, que acabou por impedir que a guerra fosse conduzida de forma racional, uma vez que recursos de importância vital eram desviados das operações militares para o extermínio dos judeus. Por fim, a radicalização acaba por negar a própria nação que se encontra no cerne do fascismo, e os fanáticos preferem destruir tudo num paroxismo final a ter que admitir a derrota.

Nunca se viu uma radicalização fascista que tenha se prolongado por muito tempo. Isso até seria difícil de imaginar. Seria possível supor que mesmo Hitler, caso ele tivesse chegado a envelhecer, fosse capaz de manter a mesma intensidade até o fim? Como seriam os acertos para a sucessão de um líder fascista senescente é outro problema intrigante, embora, até hoje, apenas hipotético.[80] A forma mais normal de sucessão num regime fascista tende a cair no autoritarismo tradicional. Nesse ponto, pode haver uma liberalização progressiva, como ocorreu na Espanha posterior a Franco, ou talvez uma revolução, como em Portugal pós-Salazar. Mas uma sucessão ordeira seria um problema muito maior para o fascismo que para outras formas de governo, até mesmo o comunismo. O fascismo, em última análise, é desestabilizador. No longo prazo, portanto, ele não representou uma solução para os problemas dos conservadores ou dos liberais amedrontados.

O resultado final foi que os regimes fascistas italiano e alemão acabaram por se jogar de um precipício, em sua busca por sucessos cada vez mais impetuosos. Mussolini teve que dar o passo fatal em junho de 1940 porque, se os fascistas estivessem ausentes da vitória de Hitler sobre a França, ele teria grandes probabilidades de perder o controle sobre seu povo. Hitler nunca deixou de imaginar novas conquistas – a Índia, as Américas – até cometer suicídio em seu *bunker* de Berlim, em 30 de abril de 1945. Os fascismos que conhecemos parecem fadados à autodestruição, em sua pressa impetuosa e obsessiva de realizar a "relação privilegiada com a história" que haviam prometido a seus povos.

NOTAS

1. Adrian Lyttelton, em Kolloquien des Instituts für Zeitgeschichte, *Der italienische Faschismus: Probleme und Forschungstendenzen*. Munique: Oldenbourg, 1983, p. 59.
2. Giuseppe Bottai, "La rivoluzione permanente", em *Critica fascista*, 1º de novembro de 1926, citado em Alexander Nützenadel, "Faschismus als Revolution? Politische Sprache und revolutionärer Stil im Italien Mussolinis", em Christof Dipper, Lutz Klinkhammer e Alexander Nützenadel (orgs.), *Europäische Sozialgeschichte: Festschrift für Wolfgang Schieder*. Berlim: Duncker & Humblot, 2000, p. 37. Essas palavras lembram Trotski, porém Bottai, ex-squadrista que se tornou burocrata, explica que, no caso do fascismo, ao contrário das revoluções anteriores, "revolução permanente" significava mudança no longo prazo sob direção estatal. Jeremy Noakes faz uma elegante avaliação desse assunto no caso da Alemanha em "Nazism and Revolution", em Noel O'Sullivan (org.), *Revolutionary Theory and Political Reality*. Londres: Wheatsheaf, 1983, p. 73-100. Ver também a opinião de Arendt no Capítulo 5, p. 186.
3. A definição desse termo se encontra no Capítulo 8, p. 378-81.
4. Para uma brilhante interpretação que classifica como fascista a Espanha de Franco (pelo menos até 1945), com base em seu espírito vingativo assassino, sua busca pela pureza cultural e seu sistema econômico fechado, ver Michael

Richards, *A Time of Silence: Civil War and the Culture of Repression in Franco's Spain, 1936-1945*. Cambridge: Cambridge University Press, 1998.
5. A mais recente e mais completa biografia é Paul Preston, *Franco*. Nova York: Basic Books, 1994 (citação na p. 330). De acordo com a descrição de Preston, mais do que a da maior parte dos biógrafos, Franco estava ativamente comprometido com sua parceria com o Eixo, pelo menos até 1942.
6. Ian Kershaw, *Hitler 1936-1945: Nemesis*. Nova York: Norton, 2000, p. 330.
7. Preston, *Franco*, p. 267.
8. Stanley G. Payne, *Fascism in Spain, 1923-1977*. Madison: University of Wisconsin Press, 1999, p. 401, 451, *passim*.
9. Antonio Costa Pinto, *Salazar's Dictatorship and European Fascism*. Boulder, CO: Social Science Monographs, 1995, p. 161.
10. Antonio Costa Pinto, *The Blue Shirts: Portuguese Fascists and the New State*. Boulder, CO: Social Science Monographs, 2000.
11. Costa Pinto, *Salazar's Dictatorship*, p. 204.
12. Roland Sarti, *Fascism and the Industrial Leadership in Italy, 1919-1940: A Study in the Expansion of Private Power Under Fascism*. Berkeley: University of California Press, 1971, p. 51.
13. Ver Capítulo 4, p. 192-5.
14. Ver Capítulo 5, p. 230-2. Depois de dez anos de ostracismo político, Farinacci voltou a ter destaque durante a Guerra da Etiópia, onde se tornou notável por ter explodido sua própria mão enquanto pescava com granadas. Ele continuou mantendo afável intimidade com o Duce, sempre o instando a um maior radicalismo, até se deparar com a desaprovação da Alemanha em 1943.
15. O subtítulo do livro de Roland Sarti (nota 12 anterior) é intitulado, em tradução livre, "um estudo sobre a expansão do poder privado sob o fascismo". Uma visão geral do sindicalismo fascista é Adolfo Pepe, "Il sindacato fascista", em Angelo del Boca, Massimo Legnani e Mario D. Rossi, *Il regime fascista: Storia e storiografia*. Bari: Laterza, 1995, p. 220-43.
16. Ver Capítulo 5, p. 239-40.
17. Pio XI já havia aceitado a dissolução do problemático Partito Popolare de Dom Luigi Sturzo, em 1926. Ele negociou uma série de concordatas com ditaduras europeias, inclusive com a Alemanha nazista, em que aceitava a dissolução dos partidos católicos em troca da continuidade da Ação Católica e das escolas paroquiais.
18. Obras sobre as relações entre a Igreja e o Estado italiano são listadas no Ensaio bibliográfico.
19. Citado em Ruth Ben-Ghiat, *Fascist Modernities: Italy, 1922-1945*. Berkeley; Los Angeles: University of California Press, 2001, p. 13.

20. Ver Capítulo 6, p. 279-80, 287-94.
21. Ver Capítulo 5, p. 225-9.
22. Ver Capítulo 6, p. 294-5.
23. Schwerin von Krosigk permaneceu no cargo até o fim, ainda que sua autoridade tenha diminuído.
24. Robert Koehl, "Feudal Aspects of National Socialism", *American Political Science Review*, v. 54, p. 921-33, dez. 1960.
25. Jeremy Noakes e Geoffrey Pridham, *Nazism 1919-1945*, v. 2: *State, Economy and Society, 1933-1939: A Documentary Reader*. Exeter: University of Exeter Press, 1984, p. 231-2.
26. Ver Capítulo 5, nota 50.
27. *The Goebbels Diaries*, Louis Lochner (org.). Nova York: Doubleday, 1948, p. 314 (texto de 20 de março de 1943). Hitler se referia à questão dos judeus.
28. A. J. P. Taylor, *Origins of the Second World War*. Nova York: Atheneum, 1962, p. 210-2, 216-20, 249-50, 278.
29. Galeazzo Ciano, *Diary 1937-1943*. Nova York: Enigma, 2002, p. 25 (texto de 13 de novembro de 1937).
30. Bruno Biancini (org.), *Dizionario Mussoliniano*. Milão: Ulrico Hoepli, 1939, p. 88 (discurso ao Parlamento, 26 de maio de 1934).
31. Edward R. Tannenbaum oferece alguns exemplos em *The Fascist Experience: Italian Society and Culture, 1922-1945*. Nova York: Basic Books, 1972, p. 306, 329.
32. O principal relato, Macgregor Knox, *Mussolini Unleashed*. Cambridge: Cambridge University Press, 1982, atribui a decisão exclusivamente à belicosidade de Mussolini, embora Bosworth, *Mussolini*, discorde, argumentando que Mussolini era mais cauteloso em 1939-1940 do que a Itália liberal havia sido em 1911 e 1915, e que contou com o apoio de boa parte da opinião pública em sua decisão de ir à guerra (p. 370).
33. Robert O. Paxton, *Parades and Politics at Vichy*. Princeton: Princeton University Press, 1966, p. 75-81, 128-37, 321-43.
34. Ver Capítulo 8, p. 366-8.
35. Firmemente estabelecido há uma geração por Karl A. Schleunes, *The Twisted Road to Auschwitz*. Urbana: University of Illinois Press, 1970, e Uwe Dietrich Adam, *Judenpolitik im dritten Reich*. Düsseldorf: Droste, 1972, o desenvolvimento por etapas da política nazista antijudaica continua informando a maior parte das sínteses importantes: Saul Freidländer, *Nazi Germany and the Jews*, v. I: *The Years* of *Persecution: 1933-1939*. Nova York: HarperCollins, 1997, e Peter Longerich, *Politik der Vernichtung: Eine Gesamtdarstellung der nationalsozialistische Judenverfolgung*. Munique: Piper, 1998.

36. Hitler escolheu a versão "menos inclusiva" que lhe foi oferecida. Friedländer, *Nazi Germany and the Jews*, v. I, p. 148-9.
37. Ver Capítulo 1, p. 32-5.
38. Jeremy Noakes e Geoffrey Pridham, *Nazism: 1919-1945*, v. II: *State, Economy, and Society, 1933-1939*. Exeter: University of Exeter Press, 1984, p. 559.
39. Götz Aly, "Jewish Resettlement: Reflections on the Prehistory of the Holocaust", p. 64, e Thomas Sandkühler, "Anti-Jewish Policy and the Murder of the Jews in the District of Galicia, 1941-42", p. 109-11, em Ulrich Herbert (org.), *National Socialist Extermination Policies: Contemporary German Perspectives and Controversies*. Nova York: Fischer, 1998.
40. A "volta para casa" dos alemães étnicos do Tirol Meridional (ou Alto Adige) e de várias regiões da Europa Oriental, entre elas os Bálcãs, Bukovina, Dobrudja e Bessarábia, havia sido negociada com Mussolini e Stalin em 1939. A obra clássica é Robert L. Koehl, RKFDV: *German Resettlement and Population Policy, 1939-1945*. Cambridge, MA: Harvard University Press, 1957. Ver, também, Götz Aly, *"Final Solution": Nazi Population Policy and the Murder of the European Jews*. Trad. do alemão por Belinda Cooper e Allison Brown. Londres; Nova York: Arnold, 1999, esp. o cap. 5. Uma sinopse útil é Aly, "Jewish Resettlement", em Ulrich Herbert (org.), *Extermination Policies*, p. 53-82.
41. Aly, "Jewish Resettlement", p. 61, 69, 70, usa os termos "beco cego" e "política de dominó". A obra de referência sobre o plano de Madagascar é Magnus Brechtken, *Madagascar für die Juden: Antisemitische Idee und politische Praxis, 1885-1945*. Munique: Oldenbourg, 1997.
42. Ver as importantes obras novas reunidas em Herbert (org.), *Extermination Policies*.
43. Longerich, *Politik der Vernichtung*, p. 369-410; Christian Dieckmann, "The War and the Killing of the Lithuanian Jews", em Herbert, *Extermination Policies*, p. 231; Sandkühler, "Anti-Jewish Policy", p. 112-3.
44. A sugestão de David Irving, em *Hitler's War*. Nova York: Viking, 1977, p. 12-3, de que foi Himmler o responsável até 1943, foi desacreditada. Mais tarde, Irving tornou-se negacionista.
45. Gerald Fleming, *Hitler and the Final Solution*. Berkeley; Los Angeles: University of California Press, 1984, reuniu evidências inquestionáveis quanto a esse ponto.
46. Christopher R. Browning, "The Euphoria of Victory and the Final Solution: Summer-Fall 1941". *German Studies Review*, v. 17, p. 473-81, 1994.
47. Philippe Burrin, *Hitler and the Jews: The Genesis of the Holocaust*. Londres; Nova York: Edward Arnold, 1994.

48. Christian Gerlach, *Krieg, Emährung, Völkemord: Forschungen zur deutschen Vernichtungspolitik im Zweiten Weltkrieg*. Hamburgo: Hamburger Edition, 1998, cap. 2: "Die Wannsee Konferenz, das Schicksal der deutschen Juden, und Hitlers politische Grundsatzentscheidung alle Juden Europas zu ermorden".
49. Michael Burleigh, *Death and Deliverance: "Euthanasia" in Germany c. 1900--1945*. Cambridge: Cambridge University Press, 1994 (números na p. 160). A decisão foi tomada, na realidade, em outubro de 1939, mas foi datada 1º de setembro, dia do início da guerra. Se levarmos em conta que, mais tarde, as autoridades mataram de fome deliberadamente pessoas internadas em asilos, e que os doentes mentais e os incuráveis na Europa Oriental ocupada eram assassinados, o total chega a cerca de 200 mil em 1945.
50. Ver Helmut Krausnick e H. H. Wilhelm, *Die Truppe des Weltanschauungskrieges: Die Einsatzgruppen der Sicherheitspolizei und des SD, 1938-1942*. Stuttgart: Deutsche Verlags-Anstalt, 1981.
51. Wolfgang Benz, Hermann Graml e Hermann Weiss (orgs.), *Enzyklopädie des Nationalsozialismus*. Stuttgart: Klett-Cotta, 1997, p. 815.
52. A expressão "solução intermediária" vem de Götz Aly, "Jewish resettlement", p. 69.
53. Mathias Beer, "Die Entwicklung der Gaswagen beim Mord an den Juden", *Vierteljahrshefte für Zeitgeschichte*, v. 35, n. 3, p. 403-18, jul. 1987.
54. Os nazistas dividiram a Polônia ocupada em três partes em 1939: o terço ocidental, oficialmente renomeado Warthegau, foi incorporado ao Reich. O terço oriental foi ocupado por Stalin. A porção central restante, governada como um feudo do Partido Nazista pelo governador-geral Hans Frank, não tinha nem mesmo um nome na língua polonesa. Os nazistas se referiam a esse território pelo neologismo vagamente francês *Generalgouvernement*.
55. Alexander Dallin, *German Rule in Russia: 1941-1945: A Study of Occupation Policies*. 2. ed. rev. Boulder, CO: Westview Press, 1981 (orig. pub. 1957), ainda é essencial para a administração e a exploração do território soviético pela ss.
56. Aktion 1005 era um programa que buscava encobrir os vestígios de centros fechados de extermínio nas regiões orientais ocupadas, como em Chelmno, em setembro de 1944. A maior parte do trabalho era realizada pelos últimos detentos do campo, que eram mortos depois de completar o serviço. Entretanto, algumas vezes eram soldados alemães que faziam esse trabalho, embora se precisasse desesperadamente deles no *front* de batalha. Walter Manoschek, "The Extermination of Jews in Serbia", em Herbert, *Extermination Policies*, p. 181.

57. Exemplos aterrorizantes estão publicados em Goldhagen, *Hitler's Willing Executioners*.
58. Ian Kershaw, *Popular Opinion and Dissent in the Third Reich: Bavaria 1933-1945*. Oxford: Clarendon Press, 1983, p. 364-72, 377-8; O. D. Kulka, "The German Population and the Jews", em David Bankier (org.), *Probing the Depth of German Antisemitism*. Nova York: Berghahn, 2000, p. 276, afirma que era de "conhecimento geral".
59. Ver as páginas de Hans Buchheim sobre "dificuldades e camaradagem" em Helmut Krausnick, Hans Buchheim, Martin Broszat e Hans-Adolf Jacobsen, *Anatomy of the ss State*. Nova York: Walker, 1968, p. 334-48.
60. Discurso de 25 de outubro de 1932; palavras semelhantes aparecem no item "Fascismo" da *Enciclopédia italiana*.
61. Trechos em inglês desse discurso foram publicados em Charles F. Delzell (org.), *Mediterranean Fascism*. Nova York: Harper & Row, 1970, p. 199-200.
62. Luigi Goglia e Fabio Grassi, *Il colonialismo italiano da Adua all'impero*. Bari: Laterza, 1993, p. 221.
63. Goglia e Grassi, *Colonialismo*, p. 222, 234. Ver também Nicola Labanca, "L'Amministrazione coloniale fascista: Stato, política, e società", em Angelo del Boca et al. *Il regime fascista*, p. 352-95.
64. Os termos são de Renzo de Felice, em *Mussolini il Duce: Lo stato totalitario, 1936-1940*. Turim: Einaudi, 1981, p. 100; para as controvérsias em torno do principal biógrafo de Mussolini, ver o Ensaio bibliográfico, p. 399-400.
65. Gabriella Klein, *La Política linguistica del fascismo*. Bolonha: Il Mulino, 1986.
66. Os relatos mais recentes e convincentes são os de Michele Sarfatti: *Mussolini contro gli ebrei: Cronaca delle leggi del 1938*. Turim: Silvio Zamani Editore, 1994, e *Gli ebrei nell'Italia fascista: Vicende, identità, persecuzione*. Turim: Einaudi, 2000. Sarfatti se concentra menos na suposta influência nazista e mais nas raízes italianas e no apoio às medidas antissemitas de Mussolini do que os relatos anteriores mais influentes. Meir Michaelis, *Mussolini and the Jews*. Nova York: Oxford University Press, 1978, e Renzo de Felice, *The Jews in Fascist Italy: A History*. Nova York: Enigma Books, 2001 (ed. italiana de 1988). Sarfatti apresenta brevemente suas conclusões em "The Persecution of the Jews in Fascist Italy", em Bernard D. Cooperman e Barbara Garvin (orgs.), *The Jews of Italy: Memory and Identity*. Bethesda, MD: University Press of Maryland, 2000, p. 412-24.
67. John P. Diggins, *Mussolini and Fascism: The View from America*. Princeton: Princeton University Press, 1972, p. 40.
68. Para o racismo aberto com que foram travadas as guerras coloniais fascistas, inclusive a intenção de eliminar populações "inferiores" inteiras, ver Angelo

del Boca, "Le leggi razziali nell' impero di Mussolini", em Del Boca et al. *Il regime fascista*, p. 329-51, e as obras sobre o colonialismo italiano citadas no Ensaio bibliográfico, p. 419-20.
69. David I. Kertzer, *The Popes Against the Jews: The Vatican's Role in the Rise of Modern Anti-Semitism*. Nova York: Alfred Knopf, 2001, reúne evidências irrefutáveis retiradas de publicações do Vaticano, embora ele exagere quando inclui alguns materiais não papais.
70. O Vaticano aprovou explicitamente a discriminação contra os judeus na França de Vichy, em termos de emprego e educação. Michael R. Marrus e Robert O. Paxton, *Vichy France and the Jews*. Stanford, CA: Stanford University Press, 1995, p. 200-2.
71. Jonathan Steinberg, *All or Nothing: The Axis and the Holocaust, 1941-1943*. Londres: Routledge, 1991.
72. Ao que parece, o chefe de polícia Bocchini disse a Mussolini, em junho de 1940, que apenas os antifascistas eram a favor da guerra, porque achavam que ela poderia livrá-los do tão odiado regime. Claudio Pavone, *Una guerra civile*. Turim: Bollati Boringhieri, 1991, p. 64.
73. Ver o Ensaio bibliográfico, p. 419-21.
74. F. W. Deakin, *The Six Hundred Days of Mussolini*. Nova York: Anchor, 1966, p. 144-5. O príncipe Borghese foi condenado à prisão, em 1949, por suas ações contra a Resistência italiana; no entanto, passou apenas dez dias na cadeia. Depois da guerra, se tornou oficial do partido neofascista italiano, o Movimento Social Italiano (MSI). Para esse movimento, ver Capítulo 7.
75. Primo Levi, "The Art of Fiction, CXL", *Paris Review* 134 (primavera de 1995), p. 202.
76. Sergio Luzzatto, *Il corpo di Mussolini: Un cadavero tra imaginazione, storia, e memoria*. Turim: Einaudi, 1998.
77. As autoridades nazistas matavam qualquer um que tentasse se render, de acordo com uma política chamada "força pelo medo". Ver Antony Beevor, *Berlin: The Downfall, 1945*. Londres: Viking, 2002, p. 92-3 e 127; e Robert Gellately, *Backing Hitler*, p. 236-42.
78. Ver Capítulo 6, p. 280-1.
79. Omer Bartov mostra como as condições difíceis e as intenções genocidas da campanha russa acostumaram tanto o exército quanto a ss à brutalidade, em *Hitler's Army: Soldiers, Nazis and War in the Third Reich*. Nova York: Oxford University Press, 1991, e *The Eastern Front, 1941-1945: German Troops and the Barbarisation of Warfare*. 2. ed. Nova York: Palgrave, 2001.
80. Ver Capítulo 5, nota 43.

7

OUTRAS ÉPOCAS, OUTROS LUGARES

O FASCISMO AINDA É POSSÍVEL?

No Capítulo 2, não foi difícil localizar o marco inicial do fascismo no momento em que a democracia de massas entrava em operação plena e encontrava pela frente suas primeiras turbulências. Embora precursores possam ser identificados em datas anteriores a 1914 (discutimos alguns deles no Capítulo 2), até depois da Primeira Grande Guerra e da Revolução Bolchevique não havia ainda espaço para o fascismo. Estes só conseguiram atingir desenvolvimento pleno nos depósitos sedimentares deixados por essas duas grandes ondas históricas.

O limite posterior é mais difícil de ser identificado. O fascismo teria acabado? Haveria a possibilidade de um Quarto Reich ou algo equivalente à vista? Em termos mais modestos, existiriam condições nas quais algum tipo de neofascismo poderia vir a se tornar um agente poderoso o suficiente para exercer influência sobre as políticas de um sistema de governo? Nenhuma pergunta é mais insistente ou perturbadora num mundo que ainda sofre as dores dos ferimentos infligidos pelo fascismo entre 1922 e 1945.

Alguns estudiosos importantes afirmaram que o período fascista terminou em 1945. Em 1963, o filósofo alemão Ernst Nolte escreveu, num celebrado livro sobre o "fascismo e sua era" que, embora esse movimento ainda existisse em épocas posteriores a 1945, havia sido despojado de qualquer significado real.[1] Muitos concordaram com ele quanto a que o fascismo havia sido produto de uma crise única e particular, nascida do pessimismo cultural da década de 1890, do tumulto da primeira "nacionalização das massas",[2] das dificuldades da Primeira Grande Guerra e da incapacidade dos regimes democráticos de lidar com as consequências dessa guerra e, particularmente, com a disseminação da Revolução Bolchevique.

O maior obstáculo ao renascimento do fascismo clássico, após 1945, foi a repugnância que ele veio a inspirar. Hitler provocou náuseas quando as fotografias repulsivas da libertação dos campos de concentração foram publicadas. Mussolini inspirava chacota. Paisagens devastadas davam testemunho do fracasso de ambos. O corpo carbonizado de Hitler nas ruínas de seu *bunker* berlinense e o cadáver de Mussolini pendurado pelos tornozelos num deteriorado posto de gasolina em Milão marcaram o sórdido fim de seu carisma.[3]

Um possível renascimento do fascismo passou a enfrentar novos obstáculos após 1945: a crescente prosperidade e a globalização aparentemente irreversível da economia mundial, o triunfo do consumismo individual,[4] o declínio da disponibilidade da guerra como instrumento de política nacional para os grandes países da era nuclear, a redução da credibilidade da ameaça revolucionária. Todos esses desdobramentos do pós-guerra sugerem a muitos que o fascismo, tal como floresceu na Europa entre as duas guerras mundiais, não poderia voltar a existir depois de 1945, pelo menos não da mesma forma.[5]

O fim desse regime foi posto em dúvida na década de 1990 por uma série de acontecimentos preocupantes: a limpeza étnica nos Bálcãs; a exacerbação dos nacionalismos excludentes no Leste Europeu pós-comunista; a disseminação da violência dos *skinheads* contra os imigrantes na Grã-Bretanha, na Alemanha, na Escandinávia e na Itália; a primeira participação de um partido neofascista num governo europeu, quando, em 1994, a Alleanza Nazionale (AN), descendente direta do principal partido neofascista italiano, o Movimento Sociale Italiano (MSI), juntou-se ao primeiro governo de Silvio Berlusconi;⁶ o ingresso do Freiheitspartei (Partido da Liberdade) de Jörg Haider, com suas piscadelas de aprovação aos veteranos nazistas no governo austríaco, em 2000; a surpreendente chegada do líder da extrema direita francesa, Jean-Marie Le Pen, em segundo lugar no primeiro turno das eleições presidenciais francesas, em maio de 2002; e a ascensão meteórica de Pym Fortuyn, um recém-chegado no cenário político, hostil aos imigrantes, embora não conformista, na Holanda, naquele mesmo mês. Por fim, todo um universo de "grupelhos" fragmentados de extrema direita então proliferou, mantendo viva uma grande variedade de temas e de práticas da extrema direita.⁷

O fato de acreditarmos ou não na recorrência do fascismo depende, é claro, do que entendemos por fascismo. Os que advertem que ele está voltando tendem a apresentá-lo de forma bastante frouxa, como um racismo e um nacionalismo abertamente violentos.⁸ O autor que de maneira mais categórica anunciou a morte do fascismo em 1945 argumenta que seus elementos definidores – uma ilimitada soberania particular, o gosto pela guerra e uma sociedade baseada em exclusão violenta – simplesmente não têm lugar no complexo e interdependente mundo do pós-guerra.⁹ A posição mais comum é que, embora o fascismo ainda esteja vivo, as condições da Europa do entreguerras, que permitiram a ele fundar grandes movimentos e até mesmo tomar o poder, deixaram de existir.¹⁰

A questão é obscurecida ainda mais por rotulações polêmicas. A extrema direita europeia, de 1945 até hoje, vem sendo acusada, de modo constante e ruidoso, de estar ressuscitando o fascismo. Seus líderes negam essas acusações de forma não menos peremptória. Os movimentos e partidos do pós-guerra não são menos abrangentes que os fascismos do entreguerras, sendo capazes de reunir numa única tenda autênticos admiradores de Mussolini e de Hitler, eleitores preocupados com um único tema e os contestadores de opinião flutuante. Seus líderes se tornaram hábeis em apresentar uma face moderada ao público em geral, ao mesmo tempo que, na esfera interna, acolhem entre seus filiados pessoas que simpatizam abertamente com o fascismo, sob pretextos cifrados, tais como aceitar a própria história, restaurar o orgulho nacional ou reconhecer o valor dos combatentes de todos os lados.

A inoculação da maioria dos europeus contra esse regime em sua forma original, em razão de sua execração pública de 1945, é inerentemente temporária. Os tabus de 1945, como seria de se esperar, se dissiparam com o desaparecimento da geração que foi testemunha ocular daqueles acontecimentos. De qualquer forma, um fascismo do futuro – uma reação de emergência a alguma crise ainda não imaginada – não teria que ser uma cópia perfeita do fascismo clássico, em termos de seus signos e símbolos externos. Algum movimento futuro disposto a "abrir mão das instituições livres"[11] a fim de desempenhar as mesmas funções de mobilização de massas, tendo como meta a reunificação, a purificação e a regeneração de algum grupo prejudicado decerto daria a si próprio um outro nome e usaria símbolos novos. Isso não o tornaria menos perigoso.

Por exemplo, um novo fascismo teria que, necessariamente, demonizar algum inimigo interno ou interno, mas esse inimigo não teria que ser o povo judeu. Um fascismo estadunidense autenticamente popular seria religioso, antinegros e, a partir do 11 de setembro, também anti-islâmico. Na Europa Ocidental ele seria secular e, provavelmente, mais anti-islâmico que antissemita. Na Rússia e no Leste Europeu seria religioso, antissemita, eslavófilo e antiocidental. Os novos fascismos provavelmente dariam preferência aos trajes típicos e patrióticos de seu país de origem às suásticas e aos *fascios* estrangeiros. O moralista britânico George Orwell observou, em 1933, que um fascismo autenticamente britânico viria tranquilizadoramente vestido com as sóbrias roupas inglesas.[12] Não existe um critério indumentário para determinar o que é fascista ou não.

Os estágios com base nos quais estruturei este trabalho podem também nos ajudar a decidir se esse movimento ainda é possível. É relativamente fácil admitir que o Estágio 1 – o estágio da fundação – dos movimentos de extrema direita com algum tipo de vínculo explícito ou implícito com o fascismo continua ocorrendo de forma generalizada. Exemplos existem desde a Segunda Guerra Mundial, em todas as sociedades industriais e urbanizadas em que haja política de massas. O Estágio 2, entretanto, quando esses movimentos se tornam enraizados nos sistemas políticos como atores importantes e representantes de interesses significativos, impõe testes históricos de um grau muito maior de exigência. Esse teste, contudo, não exige que encontremos réplicas exatas da retórica, dos programas e das preferências estéticas dos primeiros movimentos fascistas da década de 1920. Os fascismos históricos foram moldados pelo espaço político no qual cresceram e pelas alianças que foram de importância essencial para sua passagem aos Estágios 2 e 3, e as novas versões terão que sofrer o mesmo tipo de influências. As "fotocópias" do fascismo clássico, a partir de 1945, sempre pareceram exóticas demais ou chocantes demais para conquistar aliados. Os *skinheads*, por exemplo, só poderiam se tornar equivalentes funcionais da SA de Hitler ou dos *squadristi* de Mussolini se conseguissem conquistar apoio, em vez de inspirar repulsa. Se elementos importantes da elite conservadora começarem a cultivá-los, ou mesmo a tolerá-los como armas a serem usadas contra algum inimigo interno, como, por exemplo, os imigrantes, estaríamos nos aproximando do Estágio 2.

Com base no que sabemos, de 1945 até hoje, se é que o Estágio 2 chegou a ser atingido, ele o foi pelo menos fora das áreas antes controladas pela União Soviética, apenas por movimentos e partidos de direita radical que se esforçaram ao máximo por se "normalizar", transformando-se em partidos de aparência moderada, distinguíveis da centro-direita apenas pelo fato de tolerarem alguns amigos desagradáveis e de ocasionalmente se permitirem um certo excesso verbal. No instável mundo novo criado pelo fim do comunismo soviético, contudo, abundam movimentos que soam muito como o fascismo. Se entendermos o renascimento de um fascismo atualizado como o surgimento de algum tipo de equivalente funcional e não de uma repetição exata, essa recorrência é de fato possível. No entanto, teríamos que entendê-la por meio de uma comparação inteligente da forma como funciona, e não de uma atenção superficial a seus símbolos exteriores.

A Europa Ocidental, de 1945 até os dias de hoje, é a região que apresenta o mais forte legado fascista.

A EUROPA OCIDENTAL DESDE 1945

Mesmo depois de o nazismo e o fascismo terem sido aviltados e desmascarados como hediondos em 1945, alguns de seus seguidores se mantiveram fiéis. Ex-nazistas e ex-fascistas impenitentes, durante toda a geração que se seguiu à Segunda Guerra Mundial, criaram movimentos-herdeiros em todos os países europeus.

A Alemanha, como é natural, foi a que despertou as maiores preocupações.[13] Pouco depois do início da ocupação aliada, uma pesquisa de opinião realizada na zona estadunidense revelou que de 15% a 18% da população continuavam leais ao nazismo. Esses números, contudo, se reduziram drasticamente em inícios da década de 1950, caindo para cerca de 3%.[14] As fileiras dos neonazistas potenciais foram aumentadas com a chegada dos mais de 10 milhões de refugiados de etnia alemã expulsos em 1945 da Europa Central para o que viria ser a República Federal da Alemanha (a Alemanha Ocidental). Nessas condições, é notável que a direita radical tenha permanecido tão fraca após a retomada da vida política na República Federal, em fins da década de 1940.

A direita radical da Alemanha Ocidental foi ainda mais enfraquecida por cisões internas. O maior partido de direita radical dos primeiros anos da República Federal, o Sozialistische Reichspartei (Partido do Reich Socialista), ou SRP, conquistou 11% do voto popular na Baixa Saxônia, um dos dez estados federados, em 1951, mas foi proibido em 1952, por ser neonazista de forma excessivamente óbvia. Seu maior rival que conseguiu sobreviver, o Deutsch Reichspartei (Partido do Reich Alemão), ou DRP, teve uma votação de apenas 1% ao longo de boa parte da década de 1950, enquanto a Alemanha prosperava sob a direção do chanceler conservador Konrad Adenauer. O único e momentâneo êxito do DRP veio nas eleições provinciais de 1959, na Renânia-Palatinado, quando ele conseguiu, por uma pequena margem e pela primeira e única vez, ultrapassar o mínimo de 5% exigidos para o ingresso num parlamento provincial [*Land*] alemão.

Quando os líderes do DRP e de outros movimentos de direita radical se uniram para formar o Nationaldemokratische Partei Deutschlands (Partido Nacional Democrático), o NPD, em 1964, essa nova formação logo foi favorecida pela reação ao radicalismo estudantil; pelo primeiro declínio sério da economia alemã, ocorrido em 1966-1967; e pela abertura de um maior espaço à direita, quando os democratas-cristãos se uniram aos sociais-democratas num governo de "grande coalizão", em 1966. Mas, embora o NPD tenha alcançado o patamar exigido de 5% em algumas eleições locais, ingressando em sete dos dez parlamentos estaduais durante os turbulentos anos de 1966-1968, nunca alcançou, numa eleição federal, esse mínimo, exigido também para a formação de um grupo parlamentar de nível nacional. Ele chegou mais próximo desse patamar em 1969, com 4,3%. Após um período de maré baixa, ocorrido ao longo de toda a década de 1970, as atividades da direita radical voltaram a crescer na década de 1980, por razões que serão discutidas mais adiante. Uma nova formação de extrema direita, o Die Republikaner (Partido dos Republicanos), em 1989, alcançou 7,5% numa eleição municipal em Berlim, mas caiu para menos de 2% nas eleições nacionais seguintes.

O Movimento Sociale Italiano teve uma existência mais significativa, como único herdeiro direto de Mussolini. Ele foi fundado em 1946 por Giorgio Almirante, que, depois de 1938, havia sido secretário editorial da revista antissemita *La difesa della razza*, e chefe de gabinete do ministro da Propaganda na República Social Italiana de Mussolini, em Salò, de 1943 a 1945. Após um fraco desempenho de 1,9% dos votos em 1948, o MSI, a partir de então, alcançou uma média de 4% a 5% nas eleições nacionais, atingindo um máximo de 8,7% em 1972, quando se beneficiou de uma fusão com os monarquistas e de uma reação ao "verão quente" de 1969. A maior parte do tempo manteve um distante quarto lugar entre os partidos italianos.

O MSI alcançou seus melhores resultados após os "sustos vermelhos": em 1972, empatou com os socialistas na disputa pelo terceiro lugar entre os partidos de nível nacional, com 2,8 milhões de votos e, em 1983, sua votação total alcançou quase o mesmo patamar, depois de os democratas-cristãos, em 1979, terem aceitado votos comunistas, numa "abertura para a esquerda" que, segundo esperavam, iria reforçar suas maiorias. O partido, entretanto, continuou politicamente isolado. Quando o governo fraco de Fernando Tambroni, em 1960, contou com votos do MSI para completar sua maioria, veteranos da resistência antifascista fizeram manifestações até Tambroni renunciar. Nos trinta anos que se seguiram, nenhum político italiano convencional ousou quebrar a quarentena do MSI.

O MSI se saiu melhor no sul, onde as lembranças das obras públicas fascistas eram positivas, e onde a população não havia passado pela Guerra Civil de 1944-1945, entre a Resistência e a República de Salò, que se limitou ao norte do país. Alessandra Mussolini, neta do *Duce*, formada em medicina, ocasionalmente artista de cinema e *pin-up* famosa de revistas pornográficas, representou Nápoles no Parlamento eleito em 1992, como deputada pelo MSI. Como candidata à prefeitura de Nápoles, em 1993, conquistou 43% dos votos. Fora do sul, o MSI teve um bom desempenho entre os jovens de sexo masculino que não encontravam lugar na sociedade e em todas as regiões com exceção do norte, onde um movimento separatista regional, o Lega Nord,[15] de Umberto Bossi, passou a ocupar o terreno da extrema direita. Gianfranco Fini, líder do MSI, alcançou 47% dos votos nas eleições para prefeito de Roma em 1993.[16]

O neofascismo saudosista não se limitou à Alemanha e à Itália. A Grã-Bretanha e a França – vitoriosas, mas esgotadas pela Segunda Guerra Mundial – sofreram a humilhação de perder seus impérios e sua posição de grandes potências. Para piorar as coisas, seus esforços finais visando ganhar tempo para seus impérios levaram-nas a aceitar imigrações maciças vindas da África, do sul da Ásia e do Caribe. Embora, nos trinta anos que se seguiram à guerra, a direita radical tenha obtido pouco sucesso eleitoral nesses países, ela conseguiu levar a público a questão racial e obter influência sobre a política nacional.

A França saiu da Segunda Guerra gravemente dividida. Os colaboradores expurgados da França de Vichy se juntaram aos anticomunistas virulentos e aos desiludidos com a fraqueza da Quarta República (1945-1958) para constituir uma clientela pronta a apoiar os movimentos nacionalistas contrários ao sistema. O principal incentivo à direita radical na França do pós-guerra veio de dezessete anos de fracassos nas guerras coloniais, primeiramente na Indochina (1945-1954) e, principalmente, na Argélia (1954-1962). À medida que a República francesa naufragava em suas tentativas de se agarrar a suas colônias, o movimento Jeune Nation (JN) pediu sua substituição por um Estado corporativista e plebiscitário, livre de elementos "sem Estado" (ou seja, os judeus) e capaz de esforços bélicos abrangentes. Nas fases posteriores da Guerra da Argélia, a JN alarmou Paris detonando explosivos plásticos nas portas dos líderes da esquerda e pichando os muros da cidade com seu símbolo da cruz celta.

Um segundo incentivo veio da amargura dos pequenos comerciantes e camponeses, que vinham perdendo terreno na modernização urbana e industrial da França da década de 1950. O proprietário de uma papelaria no sul do país, Pierre Poujade, montou, em 1955, um movimento de massas que conclamava pela redução dos impostos, pela proteção dos pequenos lojistas contra as grandes cadeias comerciais e pelo saneamento da vida pública. O poujadismo continha mais que um sopro de antiparlamentarismo e de xenofobia. Nas eleições parlamentares de janeiro de 1956, o movimento conquistou cerca de 2,5 milhões de votos (12% do total)[17] e ajudou a desestabilizar a Quarta República, que expirou, sem que ninguém a lamentasse, numa revolta dos oficiais do exército servindo na Argélia, dois anos mais tarde.

As perdas francesas na Argélia provocaram a criação de um movimento clandestino terrorista, L'Organisation de l'Armée Secrète, ou OAS, que tinha como objetivo destruir os "inimigos internos" de esquerda, que eles acusavam de apunhalar pelas costas o exército francês enquanto este defendia o império francês dos comunistas. Após a extinção da OAS, a extrema direita se reagrupou numa série de movimentos tais como o Occident e o Ordre Nouveau, que lutou nas ruas contra comunistas e estudantes.

Um milhão de colonos europeus foram retirados às pressas da Argélia e repatriados para a França – embora nem todos fossem de ascendência francesa –, além de muitos milhares de argelinos que haviam colaborado com os franceses e que tiveram que ser resgatados, entre eles as forças paramilitares (*harkis*). Os primeiros ameaçaram desencadear um poderoso movimento antidemocrático na França. Os filhos dos *harkis*, somados a imigrantes que chegaram depois, formaram o núcleo central de uma população muçulmana assentada, mas apenas parcialmente assimilada, que veio a ser o motivo do sentimento de hostilidade aos imigrantes que mais tarde foi explorado pelo mais bem-sucedido dos partidos da direita radical francesa, o Front National (FN). Formada em 1972, numa tentativa de reunir numa organização única todos os elementos da extrema direita francesa, desde os partidos organizados aos militantes de rua, começou, na década de 1980, a sair vitoriosa em eleições locais.[18]

A extrema direita britânica também mobilizou os ressentimentos contra a imigração colonial, começando ainda na década de 1950, com a White Defense League. Os veteranos do fascismo do entreguerras desempenharam papéis de destaque na liga e no National Socialist Movement (NSM), dissolvido na década de 1960 sob acusações de atividades paramilitares. Em 1967, eles foram substituídos pelo National Front (NF), uma formação ostensivamente racista e hostil aos imigrantes. A direita radical britânica era mais abertamente extremista que a maioria dos partidos do continente e, portanto, praticamente não alcançou sucesso eleitoral. Mas forçou os partidos tradicionais a levar a sério a questão dos imigrantes e restringir a entrada na Grã-Bretanha de populações de suas antigas colônias.[19]

Seria de se esperar que os fascismos saudosistas diminuíssem à medida que a geração de Hitler e Mussolini, a maior parte dela nascida na década de 1880, e a geração seguinte, na maior parte nascida na década de 1900, fossem morrendo. Inesperadamente, entretanto, movimentos e partidos de direita entraram em um período de crescimento nos anos de 1980 e 1990. Embora alguns filhos tenham levado adiante a mesma causa de seus pais,[20] novos recrutas, dando voz a novas queixas, trouxeram novo ímpeto à direita radical europeia. Algo que se assemelhava ao fascismo nem de longe estava morto na entrada do século XXI.

Uma década de transição começou por volta de 1973. Muitos partidos de extrema direita da primeira geração do pós-guerra, como o NPD alemão e o National Front, entraram em declínio na década de 1970, e o Ordre Nouveau francês foi dissolvido em 1973. No entanto, mudanças fundamentais nas esferas social, econômica e cultural estavam então em curso, exacerbadas pela crise do petróleo e pela contração econômica que teve início em 1973. Essas mudanças vinham levantando novas questões e preparando um novo público para novos movimentos e partidos de direita radical, que viriam a alcançar maior êxito nas décadas de 1980 e 1990 que os fascismos-herdeiros haviam atingido nas três décadas que se seguiram à guerra.

Uma série de mudanças na economia teve profundas consequências sociais. O declínio dos setores fabris tradicionais foi um processo longo, mas assumiu proporções de crise após o primeiro e o segundo "choques do petróleo", de 1973 e 1979. Enfrentando a competição dos tigres asiáticos, com seus custos de mão de obra inferiores, sobrecarregados com sistemas de seguridade social caros e com falta de estoques de energia, que vinha ficando cada vez mais cara, a Europa, pela primeira vez desde a década de 1930, passou a enfrentar o desemprego estrutural de longo prazo.

Aqui não se tratava de um declínio cíclico comum. No que vinha sendo chamado de "sociedade pós-industrial", os pré-requisitos para encontrar trabalho haviam mudado. Um nível maior de escolaridade era exigido nos setores de serviços, comunicação, alta tecnologia e entretenimento, que surgiram como as formas mais lucrativas de trabalho nas economias de alto custo do mercado global. Essa transformação sísmica do mercado de trabalho tendeu a produzir sociedades divididas em dois níveis: a parcela da população com maior nível de escolaridade se saiu muito bem na nova economia, ao passo que as camadas que não tinham acesso ao treinamento necessário – inclusive os antes orgulhosos artesãos e artífices industriais qualificados – pareciam fadadas a uma situação permanente de subclasse. Para piorar ainda mais as coisas, a partir da década de 1970, as comunidades tradicionais que antes davam sustentação a esses artesãos e artífices – os sindicatos, os partidos marxistas e os bairros proletários – perderam boa parte de seu poder de defendê-los e consolá-los. Alguns dos órfãos da nova economia, que, em épocas anteriores, teriam recorrido ao comunismo, voltaram-se agora para a direita radical, após o colapso da União Soviética ter desferido o golpe final no já desacreditado comunismo.[21]

O colapso da solidariedade e da segurança para grande parte da classe trabalhadora da Europa Ocidental, que teve início na década de 1970, foi agravado pela chegada de levas de imigrantes do Terceiro Mundo a essa região ao longo de todo o pós-guerra. Em tempos de fartura, os imigrantes eram bem-vindos, porque vinham assumir o trabalho sujo recusado pela força de trabalho nacional. Mas quando, pela primeira vez desde a Grande Depressão, os europeus passaram a enfrentar o desemprego estrutural, os imigrantes deixaram de ter boa acolhida.

Além do mais, a imigração para a Europa havia mudado de figura. Enquanto os imigrantes de tempos anteriores vinham do sul ou do leste da Europa, diferindo apenas ligeiramente de seus anfitriões (com a notável e significativa exceção dos judeus provenientes da Europa Oriental, nas décadas de 1880 e de 1930), os novos imigrantes vinham agora dos antigos territórios coloniais: África Setentrional e Subsaariana, Caribe, Índia, Paquistão e Turquia. E, enquanto os imigrantes de antes (com a exceção de alguns judeus) tendiam a ser rapidamente assimilados e a desaparecer na população em geral, os novos se aferravam a costumes e religiões visivelmente diferentes. Os europeus tiveram que aprender a coexistir com comunidades permanentes de africanos, indianos e islâmicos, que alardeavam suas diferenças identitárias.

A ameaça imigrante não era apenas econômica e social. Eles, com seus costumes, línguas e religiões estranhos, eram frequentemente percebidos como um fator de enfraquecimento da identidade nacional. Uma cultura jovem de escala global, em grande parte comercializada pelos estadunidenses e associada a cantores negros, fez para as tradições culturais locais o que a economia global havia feito para os setores fabris.

Os ressentimentos contra os imigrantes foram um grande achado para os movimentos radicais da Europa Ocidental a partir da década de 1970. Foram a principal força a dar impulso ao National Front. Os mais bem-sucedidos dentre esses movimentos – Front National de Jean-Marie Le Pen, na França, e Freiheitspartei de Jörg Haider, na Áustria – dedicaram-se quase que por completo a explorar o medo e a hostilidade inspirada pelos imigrantes, a lutar contra o multiculturalismo, contra uma propensão criminosa que supostamente existiria entre eles, e a propor a expulsão dos estrangeiros pobres.

O componente mais perturbador da direita radical a partir da década de 1980 foi o fenômeno *skinhead*. Jovens descontentes, desocupados e ressentidos desenvolveram um culto à ação violenta, expresso em crânios raspados, insígnias nazistas, música "oi" agressiva[22] e ataques homicidas a imigrantes – especialmente africanos e muçulmanos – e também aos gays. Embora os elementos mais tradicionais da nova direita evitassem cuidadosamente qualquer referência explícita aos símbolos e à parafernália do fascismo, os *skinheads* se deliciavam com eles. Os emblemas nazistas triunfaram até mesmo na Itália, onde precursores domésticos do fascismo, como as milícias de Salò, foram esquecidos. Na Alemanha, um surto de incêndios criminosos, espancamentos e assassinatos atingiu um máximo de 2.639 incidentes em 1992.[23] A violência diminuiu um pouco nos anos seguintes, mas, em março de 1994, a sinagoga de Lübeck foi alvo de bombas incendiárias, o mesmo acontecendo em outubro de 2000 com a sinagoga de Dresden.[24]

Os governos e os partidos convencionais não souberam lidar com os novos problemas enfrentados pela Europa Ocidental após a década de 1970. Não conseguiam dar uma solução ao desemprego, porque as medidas keynesianas de geração de empregos que haviam funcionado no *boom* de crescimento do pós-guerra agora detonavam níveis de inflação perigosos, e os governos se sentiam incapazes de recusar sua participação nos novos mercados europeus e globais, com suas poderosas pressões competitivas. O Estado, a fonte tradicional de apoio em tempos difíceis, vinha perdendo parte de sua autoridade, ou para a União Europeia ou para o mercado global, forças essas além do controle dos cidadãos europeus comuns. Os programas de seguridade social agora passavam por graves problemas, pois a receita fiscal vinha caindo justamente no momento em que crescia a necessidade de pagar benefícios a um número cada vez maior de novos desempregados. E será que o Estado do bem-estar social deveria cuidar também dos estrangeiros?[25] Um conjunto interconectado de novos inimigos vinha surgindo: a globalização, os estrangeiros, o multiculturalismo, as regulamentações ambientais, os altos impostos e os políticos incompetentes que não sabiam lidar com essas ameaças. Um crescente desapreço público pelo establishment político abriu caminho para uma mentalidade "antipolítica" que, a partir de 1989, a extrema direita soube satisfazer melhor que a extrema esquerda. Quando, após o colapso da União Soviética, a esquerda marxista perdeu credibilidade como veículo de protesto plausível, a direita radical deixou de ter rivais sérios em seu papel de porta-voz dos "perdedores" irados da nova Europa pós-industrial, globalizada e multiétnica.[26]

Essas novas oportunidades permitiram o surgimento de uma nova geração[27] de movimentos de extrema direita na Europa da década de 1980, que, em seguida, na década de 1990, "transferiram-se das margens para o centro do cenário político".[28] Front National de Jean-Marie Le Pen, foi o primeiro partido de extrema direita da Europa a encontrar a fórmula certa para as condições da época posterior a 1970. A FN alcançou 11% dos votos nas eleições municipais francesas de 1983 e nas eleições europeias de 1984, níveis que desde 1945 eram inéditos para partidos de extrema direita europeus. Sua votação cresceu ainda mais, atingindo

14,4%, nas eleições presidenciais de 1988.²⁹ E, diferentemente de alguns movimentos "flashs", que surgem e entram em declínio rapidamente, a FN manteve ou superou esses níveis na década que se seguiu.

A receita de sucesso encontrada por Le Pen foi monitorada de perto tanto pelos atemorizados democratas franceses como também por seus imitadores de outros países. A FN centrava-se intensamente na questão dos imigrantes e nas questões relacionadas, como desemprego, lei e ordem e defesa cultural. Conseguiu reunir num mesmo grupo uma grande variedade de pessoas, posicionando-se então para se transformar num grande partido de base ampla e direcionado ao protesto.³⁰ No entanto, evitou aparecer como uma ameaça direta à democracia.³¹ Ao conquistar o controle de três cidades importantes do sul da França em 1995, e outra em 1997, além de 273 cadeiras nas legislaturas regionais em 1998,³² a FN conseguiu recompensar seus militantes com cargos e forçar os partidos tradicionais a levá-la a sério. Embora houvesse pouca probabilidade de vir a conquistar a maioria no nível nacional, a FN obrigou os partidos conservadores tradicionais a adotar algumas de suas posições, a fim de manter o voto de parcelas importantes de seu eleitorado. A influência estratégica da FN se tornou tão importante em algumas localidades do sul e do leste que alguns conservadores que contavam apenas com pequenas margens de vantagem se aliaram à legenda nas eleições locais de 1995 e de 2001, como a única maneira possível de derrotar a esquerda.

Esse êxito em reunir eleitorados, gratificar ambições e forçar os partidos convencionais a entrar em alianças marcou o firme ingresso da FN no processo de enraizamento, o Estágio 2. Em dezembro de 1988, contudo, um desentendimento entre Le Pen e seu herdeiro aparente, Bruno Mégret, dividiu o movimento e fez com que sua votação caísse novamente para menos de 10%. Apesar desse retrocesso, Le Pen conseguiu tirar partido de uma forte onda de ressentimento contra os imigrantes, a criminalidade e a globalização, o que o levou a um chocante segundo lugar no primeiro turno das eleições presidenciais de abril de 2002, com 17% dos votos. No segundo turno, disputado com o presidente em exercício Jacques Chirac, entretanto, Le Pen ficou limitado a 19% dos votos, devido à onda de repulsa que despertou na maioria dos franceses.

Dois outros partidos de extrema direita – o MSI italiano e o Partido da Liberdade austríaco – souberam usar tão bem as lições ensinadas por Le Pen na década de 1990 que conseguiram participar de fato do governo nacional de seus países. O principal fator de sucesso foi o espaço livre deixado não apenas pelo descrédito em que haviam caído os partidos detentores do poder, mas também, tanto na Itália quanto na Áustria, pela inexistência de uma oposição plausível na corrente principal da política nacional.

Na Itália, os democratas-cristãos ocupavam o poder de forma ininterrupta desde 1948. Durante quarenta anos, nenhuma alternativa séria havia se apresentado ao eleitorado italiano. A cisão comunismo-socialismo havia enfraquecido a esquerda a tal ponto que todos os partidos não comunistas de oposição preferiam buscar participação na hegemonia dos democratas-cristãos a se arriscar na impossível tarefa de formar maioria alternativa.

Quando os democratas-cristãos e alguns de seus parceiros menores foram manchados por um escândalo na década de 1990, não havia maioria alternativa entre os disparatados partidos de oposição. Novas personalidades vieram a preencher esse vazio, afirmando ser "externas à política e não partidárias". A mais bem-sucedida dessas figuras foi o magnata da mídia Silvio Berlusconi, o homem mais rico da Itália, que rapidamente formou um novo partido que recebeu o nome de Forza Italia, o mesmo de uma torcida de futebol.[33] Berlusconi montou uma coalizão com dois outros movimentos externos à política tradicional: A Lega Nord separatista de Umberto Bossi e o MSI (que agora se chamava de Alleanza Nazionale, proclamando-se pós-fascista). Juntos, esses partidos ganharam a eleição parlamentar de 1994, tendo preenchido o nicho vago de alternativas plausíveis aos desacreditados democratas-cristãos. O ex-MSI, com 13% dos votos, foi premiado com cinco pastas ministeriais. Essa foi a primeira vez, desde 1945, que um partido que descendia diretamente do fascismo participou de um governo europeu. A Forza Italia de Berlusconi ganhou novamente as eleições de 2001 e, dessa vez, o dirigente da Alleanza Nazionale, Gianfranco Fini, foi vice-premier.

Uma oportunidade semelhante se abriu na Áustria, após vinte anos durante os quais os socialistas e o Österreichische Volkspartei (Partido Popular Austríaco), o ÖVP, de católicos centristas moderados, trocavam cargos e favores entre si, num acerto de divisão de poder que veio a ser conhecido como a *Proporz*. Os eleitores, fartos desse monopólio político imóvel, não tinham a quem recorrer, com exceção do Partido da Liberdade de Haider, que vinha, sob seu fotogênico líder, alcançando um brilhante sucesso ao oferecer a única opção não comunista à *Proporz*. Nas eleições de 3 de outubro de 1999, o Partido da Liberdade conquistou 27% dos votos nacionais, superado apenas pelos 33% dados aos socialistas, recebendo então 6 das 13 pastas ministeriais de um governo de coalizão com o ÖVP, formado em fevereiro de 2000.

Essa mesma mistura de sentimentos hostis aos imigrantes e de frustração com a política convencional impeliu a ascensão meteórica à proeminência política de um total desconhecido, o ostentosamente rico e explicitamente homossexual Pym Fortuyn, na Holanda, em 2002. As posições de Fortuyn eram realmente libertárias, embora seus ataques à burocracia europeia e aos imigrantes islâmicos (um *mullah* chamou-o de "pior que um porco" por ser homossexual) tendessem a alinhá-lo com a extrema direita. Depois de seu assassinato por um militante dos direitos dos animais, em 6 de maio de 2002, seu novo partido – a Chapa Pym Fortuyn – ainda conseguiu alcançar 17% dos votos, provenientes de todo o espectro político, nas eleições parlamentares realizadas uma semana depois, tendo ocupado ministérios durante três meses no governo então formado.

Por si sós, essas cruas estatísticas eleitorais pouco têm a nos dizer sobre a segunda geração dos movimentos de extrema direita europeus a partir de 1980. Temos que saber também que tipos de movimentos e partidos eram esses, e de que forma se relacionavam com as sociedades europeias nas quais operavam. Em outras palavras, temos que fazer sobre eles as perguntas suscitadas pelo Estágio 2: Algum deles veio de fato a se tornar porta-voz de interesses e de queixas importantes? Espaços significativos se tornaram disponíveis a eles no interior do sistema político? Algum deles conseguiu formar alianças e cumplicidades com os setores amedrontados da elite, alianças estas que criariam a possibilidade de virem a alcançar o Estágio 3, a fase de aproximação ao poder? Uma pergunta final determina todas as demais: Haveria alguma justificativa para que esses movimentos de segunda geração fossem chamados de fascistas, ou mesmo de neofascistas, diante da veemente negativa deles próprios? Hoje em dia, na Europa Ocidental, existe uma relação inversa entre uma aparência abertamente fascista e o sucesso nas urnas.[34] Por essa razão, os líderes dos movimentos e dos partidos de extrema direita que alcançaram algum grau de sucesso se esforçam ao máximo para se distanciar da linguagem e da imagem do fascismo.

O êxito das tentativas do MSI italiano no sentido de se "normalizar" são um exemplo eloquente dessa questão. Até a morte de Giorgio Almirante, em 1988, o MSI proclamava sua lealdade ao legado de Mussolini. O sucessor de Almirante, Gianfranco Fini, que em 1994 ainda elogiava Mussolini como o maior estadista do século,[35] passou a deslocar seu partido para o espaço centrista aberto pela derrota do governo democrata-cristão nas eleições de 1992. Em janeiro de 1994, o MSI mudou seu nome para Alleanza Nazionale (AN). A convenção de fundação da AN, realizada em 1995, proclamou que a Europa havia ingressado numa era pós-fascista, na qual a nostalgia que os membros do partido sentiam por Mussolini[36] se tornara simplesmente irrelevante. Desse modo, Fini pôde participar do governo de Berlusconi, depois de as eleições de 1994 terem posto fim a quase cinquenta anos de domínio democrata-cristão, tomando parte ainda no segundo governo de Berlusconi. Os mussolinistas obstinados seguiram Pino Rauti, um neofascista impenitente, num movimento dissidente, o MSI-Fiamma Tricolore, cisão essa que ajudou a substanciar as credenciais moderadas de Fini.

Nem todos os movimentos de extrema direita da Europa Ocidental seguiram a estratégia da normalização. O National Socialist Movement, de Colin Jordan, na Grã-Bretanha, preferindo a pureza doutrinária a um crescimento provavelmente inatingível, sequer tentou disfarçar seu fascismo explícito. O National Front, que veio mais tarde, estava entre os partidos de extrema direita mais abertamente racistas e violentamente contrários ao sistema de toda a Europa. O espaço potencial disponível a um partido de extrema direita normalizado, sempre pequeno na Grã-Bretanha, foi reduzido ainda mais em 1980, quando Margaret Thatcher liderou o Partido Conservador numa guinada à direita. Mesmo assim, após episódios de violência racial ocorridos em algumas cidades das Midlands no verão de 2001, um partido sucessor, o British National Party (Partido Nacional Britânico), o BNP, alcançou, nas eleições de maio de 2002, cerca de 20% dos votos em Oldham, conquistando também três cadeiras no conselho municipal de Burnley, duas cidades de Lancashire fortemente atingidas pela depressão econômica.

As tentações da normalização eram maiores na França, na Itália e na Áustria do que na Grã-Bretanha e na Bélgica, porque, nesses primeiros países, as chances de sucesso eram maiores. Le Pen e Haider, os líderes da extrema direita da Europa Ocidental que maior êxito alcançaram, tinham mais a ganhar que muitos outros com sua profissão de "normalidade". Além disso, a distância que os separava dessa normalidade era menor que a de Fini, por exemplo, por eles jamais terem admitido abertamente qualquer vínculo com o fascismo.

No entanto, pequenas frases que escapavam nas entrelinhas ou nos microfones de reuniões privadas, e também a linhagem de alguns de seus partidários, serviram de munição a uma imprensa sempre vigilante para acusar de criptofascismo a Le Pen, Haider e Fini. Le Pen, que sabia que suas maneiras bruscas faziam parte de seu carisma, muitas vezes fez observações que prontamente foram interpretadas como antissemitas. Foi multado por menosprezar o extermínio dos judeus por Hitler, que chamou de "um detalhe histórico" numa entrevista dada a um canal de televisão em setembro de 1987 e, novamente, num discurso proferido na Alemanha em 1996, perdeu sua elegibilidade pelo período de um ano após ter dado um tapa numa candidata, num comício eleitoral. Haider fez elogios explícitos à política de pleno emprego do nazismo (embora a nenhum outro aspecto daquele regime) e compareceu a reuniões privadas de veteranos da ss, nas quais afirmou que eles eram modelos para a juventude e que não tinham nada do que se envergonhar.

Todos esses partidos de direita radical eram refúgios para os veteranos do nazismo e do fascismo. O líder do Republikaner alemão após 1983 foi Franz Schönhuber, um ex-oficial da ss. Ele e outros de seu feitio não rejeitavam recrutas potenciais provenientes das hostes dos antigos fascistas e de seus simpatizantes, mas, simultaneamente, pretendiam ampliar sua área de influência para incluir os conservadores moderados, os primeiros apolíticos e até mesmo socialistas desiludidos. Uma vez que a antiga clientela fascista não tinha outro lugar para onde ir, ela se satisfazia com insinuações subliminares, seguidas por negações públicas protocolares. Pois, para passar ao Estágio 2 na França, na Itália ou na Áustria dos anos 1990, era necessário ter uma base firme na direita moderada (o que também valeu para a França dos anos 1930, como demonstrado pelo sucesso das táticas mais centristas de La Rocque depois de 1936).[37]

Nos programas e nas declarações desses partidos se ouvem ecos dos temas fascistas clássicos: o medo da decadência e do declínio; a afirmação da identidade nacional e cultural; a ameaça à identidade nacional e à ordem social representada pelos estrangeiros inassimiláveis; e a necessidade de uma autoridade mais forte para lidar com esses problemas. Embora alguns dos partidos da direita radical europeia tenham programas totalmente nacionalista-autoritários (tais como os "70 pontos" do Vlaams Blok belga e as "300 medidas para o renascimento francês", de 1993, de Le Pen), a maioria deles são vistos como movimentos de causa única, direcionados a mandar de volta a seus países de origem os imigrantes indesejáveis e a reprimir a delinquência desses grupos, e é só por essa razão que a maioria de seus eleitores tem seu voto.

Outros temas fascistas clássicos, entretanto, não estão presentes nas declarações programáticas dos partidos de direita radical mais bem-sucedidos na Europa do pós-guerra. O elemento cuja ausência é mais notada é o clássico ataque fascista à liberdade de mercado e ao individualismo econômico, a ser sanado pelo corporativismo e pela regulamentação dos mercados. Na Europa continental, onde a intervenção do Estado na economia é a norma, a direita radical tem, em grande parte, assumido o compromisso de reduzir essa intervenção e deixar o mercado decidir.[38]

Outra faceta dos programas do fascismo clássico ausente na direita radical da Europa do pós-guerra é o ataque fundamental às constituições democráticas e ao estado de direito. Nenhum dos partidos de extrema direita que obtiveram algum grau de sucesso na Europa propõe hoje substituir a democracia por uma ditadura de partido único. No máximo, defendem um Executivo mais forte, menor inibição das forças de manutenção da ordem e a substituição dos desgastados partidos tradicionais por um movimento nacional novo e puro. Deixam aos *skinheads* as expressões abertas da beleza da violência e do ódio racial homicida. Os partidos de direita radical que alcançaram êxito desejam evitar que o público os associe aos *skinheads*, embora alguns integrantes de ambos os grupos pertençam também a esquadrões de ação ultradireitistas e tolerem um certo grau de linguajar exaltado e de elogios à violência por parte de seus setores estudantis.[39]

Atualmente, nenhum movimento ou partido de direita radical da Europa Ocidental chega a propor guerras de expansão nacional – um objetivo definidor para Hitler e Mussolini. Aliás, na Europa do pós-guerra, os defensores de mudanças de fronteiras são, em grande parte, mais secessionistas que expansionistas, como, por exemplo, o Vlaams Blok belga e (por algum tempo) a Lega Nord separatista de Umberto Bossi, do norte da Itália. As principais exceções são os nacionalismos expansionistas dos Bálcãs, que pretendiam criar a Grande Sérvia, a Grande Croácia e a Grande Albânia.

A Bélgica bilíngue, cuja população de língua flamenga que habita o norte do país há muito se ressente de sua relativa pobreza e de sua situação subordinada, gerou o principal movimento secessionista de extrema direita da Europa Ocidental continental. Os nacionalistas flamengos já haviam colaborado com a ocupação nazista de 1940-1944. Seus integrantes remanescentes, amargurados com o forte expurgo ocorrido em 1945, estavam prontos a apoiar, no pós-guerra, um ativismo contrário ao sistema.[40] Após um período de latência, o nacionalismo flamengo voltou a irromper em militância política em 1977, após a adoção pela Bélgica de um sistema federalista (o Pacto Egmont), que não foi longe o suficiente para satisfazer as reivindicações dos separatistas. O Vlaams Blok reuniu o separatismo flamengo, os violentos sentimentos de hostilidade contra os imigrantes e a proposta de uma "antipolítica" para todos os que haviam sido alienados do establishment político. Na década de 1990, tornou-se um dos partidos de direita radical mais bem-sucedidos de toda a Europa Ocidental. Nas eleições nacionais de 1991, obteve mais de 10% do total dos votos, sendo que, em Antuérpia, a maior cidade de língua flamenga da Bélgica, essa votação atingiu 25,5%. Nas eleições locais de 1994, emergiu como o maior partido de Antuérpia, com 28% dos votos. Uma coalizão de todos os demais partidos foi a única maneira encontrada para excluí-lo do poder.[41] O Vlaams Blok se transformou no "mais ruidosamente xenófobo (se é que não explicitamente racista) dentre os principais partidos populistas de extrema direita radical da Europa Ocidental", tendo atingido um nível de truculência que ultrapassava até mesmo o do Front National [francês]".[42]

Um novo espaço se abriu para a direita radical europeia a partir da década de 1970: a revolta dos contribuintes contra o Estado do bem-estar social. O caso mais notável foram os partidos escandinavos pelo progresso, que provocaram o fim do consenso amplo sobre as vantagens dos benefícios sociais que vigoravam naquele país desde a década de 1930. Esses movimentos não exibiam qualquer vestígio de estilo ou de linguajar fascista, embora fossem o lugar onde o pequeno grupo de militantes da extrema direita escandinava mais se sentia à vontade, e onde as expressões de sentimentos hostis aos imigrantes, e até mesmo de violência contra estes, eram legitimadas. Esses partidos recrutaram também os que se opunham à integração europeia e à globalização econômica e cultural.

Embora a comparação dos programas e da retórica possa revelar alguns pontos de contato com o fascismo clássico, parcialmente disfarçados em razão da execração do fascismo e das táticas de moderação adotadas a partir da década de 1970 pela direita radical da Europa Ocidental, programas e retórica não são as únicas coisas que devem ser comparadas. Um contraste muito mais nítido surge quando comparamos as circunstâncias de hoje com as da Europa do entreguerras.[43] Com a exceção da Europa Central e do Leste Europeu pós-comunistas, a maioria dos europeus, desde 1945, vem desfrutando de paz, de prosperidade, de uma democracia operacional e de ordem interna. A democracia de massas já deixou para trás a fase de seus primeiros e vacilantes passos, como ocorria na Alemanha e na Itália em 1919. A revolução bolchevique já não representa sequer uma sombra de ameaça. A competição global e a cultura popular americanizada, que ainda são causa de inquietação para muitos europeus, parecem ser manejáveis dentro dos sistemas constitucionais vigentes, não havendo necessidade de "abrir mão das instituições livres".

Em suma, ainda que a Europa Ocidental, a partir de 1945, tenha tido "fascismos-herdeiros", e ainda que, a partir da década de 1980, uma nova geração de partidos de extrema direita, normalizados, apesar de racistas, tenha conseguido até mesmo ingressar em governos locais e nacionais na qualidade de parceiros minoritários, as circunstâncias, hoje em dia, são tão diferentes da Europa do entreguerras que não há abertura significativa para partidos abertamente filiados ao fascismo clássico.

O LESTE EUROPEU PÓS-SOVIÉTICO

Nenhum lugar do planeta produziu, em anos recentes, uma coleção mais virulenta de movimentos de direita radical que o Leste Europeu pós-soviético e os Bálcãs.

A Rússia, durante os anos do poder soviético, esteve isolada do "campo magnético" do fascismo clássico (sejam quais forem os paralelos que se queira traçar), mas, em épocas anteriores a 1914, a tradição eslavófila russa continha correntes extremamente poderosas de nacionalismo comunitário, anti-individualista, antiocidental e antiliberal. Na esteira da derrota da Rússia pelo Japão e da insurreição revolucionária que se seguiu a 1905, a União do Povo Russo (URP) se transformou no "mais forte, mais bem organizado e maior dos partidos de direita" da Rússia imperial.[44] A URP era um movimento de "todas as classes", dedicado ao revivescimento e à unificação, que queria salvar a Rússia da contaminação pelo individualismo e pela democracia ocidentais, se necessário indo contra o próprio czar e a aristocracia liberal, considerados demasiadamente cosmopolitas e brandos demais com o parlamentarismo. Suas tropas de assalto, conhecidas como Centenas Negras, mataram trezentos judeus em Odessa, em outubro de 1905,[45] e ela merece, portanto, um lugar proeminente entre os movimentos precursores que discuti no Capítulo 2.

Quando, após 1991, o experimento pós-soviético com a democracia eleitoral e a economia de mercado trouxe resultados desastrosos para a Rússia, movimentos como o Pamyat (Memória) resgataram essa rica tradição eslavófila, agora atualizada com elogios explícitos à experiência nazista. O mais bem-sucedido de uma série de partidos antiliberais, antiocidentais e antissemitas na Rússia foi o erroneamente denominado Partido Liberal Democrático (LDP), de Vladimir Zhirinovsky, fundado em fins de 1989, com um programa de renascimento e unificação nacionais sob uma autoridade forte, acrescidos de uma surpreendente proposta de reconquista dos territórios russos perdidos (inclusive o Alasca). Zhirinovsky chegou em terceiro lugar na eleição presidencial russa de junho de 1991, com mais de 6 milhões de votos, e o seu LDP se transformou no maior partido nas eleições parlamentares de dezembro de 1933, conquistando mais de 33% do total dos votos.[46] Depois de então, a estrela de Zhirinovsky empalideceu, em parte devido a seu comportamento errático e suas afirmações bizarras (somadas à revelação de que seu pai era judeu), mas principalmente porque o presidente Boris Yeltsin tomou as rédeas do país e ignorou o Parlamento. Por algum tempo, a Rússia se arrastou como uma quase-democracia, sob o governo de Yeltsin e de seu sucessor escolhido a dedo, o ex-agente da KGB Vladimir Putin. Caso o presidente russo viesse a perder credibilidade, qualquer líder de extrema direita mais competente que Zhirinovsky seria um resultado mais plausível do que algum tipo de retorno ao coletivismo marxista.

Todos os Estados sucessores do Leste Europeu, a partir de 1989, tiveram movimentos de direita radical, embora a maioria deles, felizmente, tenha permanecido fraca.[47] A democracia conturbada e as dificuldades econômicas, somadas à contestação de fronteiras e à permanência de minorias étnicas descontentes, ofereciam solo fértil a esses movimentos. No presente momento, entretanto, a perspectiva de ingresso na União Europeia é tão atraente que a maioria do Leste Europeu aceita uma democracia e uma economia de mercado imperfeitas como precondições necessárias, ao passo que a alternativa integral-nacionalista (cujos horrores ficaram claros nos antigos territórios da Iugoslávia) atrai apenas alguns setores marginais.

Foi na Iugoslávia pós-comunista que surgiu o equivalente mais próximo das políticas nazistas de extermínio já ocorrido na Europa do pós-guerra. Depois da morte de Tito, em 1980, enfrentando o problema da distribuição de uma produção econômica em declínio entre regiões que competiam entre si de maneira extremamente hostil, o Estado federal iugoslavo gradualmente perdeu sua legitimidade. A Sérvia, que em outros tempos era o membro dominante da federação, agora passou a liderar sua destruição. O presidente da Sérvia, Slobodan Milosevic, até então um apagado burocrata comunista, descobriu, em 24 de abril de 1987, ao se dirigir aos sérvios de Kosovo por ocasião do aniversário de seiscentos anos da derrota dos muçulmanos pelos sérvios na batalha de Kosovo Polje, um dia rico de significado, que ele tinha talento para incitar multidões. Os sérvios, então, eram em número muito inferior aos albaneses na região de Kosovo, e Milosevic atiçou uma exaltação frenética, jogando com o tema de um povo vitimado pedindo vingança justa. Descobriu no nacionalismo sérvio um substituto para a decrescente fé no comunismo como fonte de legitimidade e disciplina. Em fins de 1988, intensificou a centralização do controle na Sérvia, abolindo a autonomia local em duas regiões, Kosovo, com seus albaneses, e Voivodina, com seus húngaros.

As tentativas de Milosevic de aumentar o poder dos sérvios na federação iugoslava provocaram separatismo entre as demais nacionalidades. Quando a Eslovênia e a Croácia declararam independência da federação, em 1991, os distritos dominados pelos sérvios (15% da população) se separaram da Croácia com o apoio do governo federal iugoslavo (preponderantemente sérvio). A guerra na Croácia se constituiu de tentativas tanto dos sérvios quanto dos croatas de expulsar uns aos outros dos territórios controlados pelo outro grupo, usando de táticas de incêndios criminosos, assassinatos e estupros por gangues, que o Ocidente veio a chamar de "limpeza étnica" (embora as diferenças fossem mais históricas, culturais e religiosas do que propriamente étnicas).

Quando a Bósnia declarou sua independência, em 1992, suas áreas sérvias também se separaram e chamaram em seu auxílio o exército federal iugoslavo. A limpeza étnica foi ainda mais cruenta na Bósnia, que havia sido a região mais integrada da Iugoslávia, com bairros mistos e frequentes casamentos exogâmicos – entre diferentes grupos culturais e sociais. O objetivo de Milosevic era abranger as áreas sérvias da Croácia e da Bósnia numa Grande Sérvia. Fracassou. Os exércitos croatas, com apoio ocidental, expulsaram com grande brutalidade a maioria dos sérvios de Krajina, a principal região servia da Croácia. Na Bósnia, a intervenção militar da OTAN forçou Milosevic a aceitar uma barganha (o Acordo de Dayton, de novembro de 1995), segundo a qual ele permaneceria no poder na Sérvia, mas abandonaria seus compatriotas sérvios que viviam na Bósnia. Eles, por sua vez, foram apaziguados com a oferta enganosa de uma região separada dentro de um Estado federado bósnio. Quando Milosevic tentou expulsar os albaneses da província de Kosovo, em 1999, ataques aéreos da OTAN forçaram-no a bater em retirada. Seu governo terminou em setembro de 2000, após os próprios sérvios terem escolhido o candidato da oposição numa eleição federal. O novo governo sérvio acabou por entregá-lo ao Tribunal Internacional de Crimes de Guerra, em Haia.

Temos que admitir que o nacionalismo sérvio não exibia nenhum dos emblemas exteriores do fascismo, exceto a brutalidade, e que a Sérvia permitia uma competição eleitoral relativamente livre entre múltiplos partidos. O regime de Milosevic não chegou ao poder incentivado por um partido militante, para então se aliar com os poderes estabelecidos a fim de alcançar cargos de governo. Ao contrário, depois de empossado adotou o nacionalismo expansionista como um artifício destinado a consolidar um poder pessoal já existente, sendo apoiado por um público entusiástico. Nessas bases improvisadas, a Sérvia de Milosevic pôde apresentar ao mundo um espetáculo que não era visto na Europa desde 1945: uma ditadura de fato, que contava com fervoroso apoio das massas, lançando-se a matar homens, mulheres e crianças para se vingar de supostas humilhações nacionais históricas e criar um Estado-nação ampliado e etnicamente puro. Embora dar ao odioso Milosevic o epíteto de fascista não ajude em nada a explicar como seu domínio conseguiu se estabelecer e se manter, parece correto reconhecer um equivalente funcional sempre que ele apareça.

O horror desencadeado por Milosevic foi de tal ordem que o projeto da Grande Croácia, de autoria do presidente Franjo Tudjman (1991-1999), teve pouca repercussão externa. Tudjman, um oficial do exército da reserva e professor de história, construiu seu próprio regime de poder pessoal com base na não menos cruel expulsão dos sérvios da Croácia e, mais que Milosevic, conseguiu atingir alguns de seus objetivos. Embora os temas patrióticos sérvios incluíssem seu papel antinazista na Segunda Guerra Mundial, os temas patrióticos croatas incluíam a Ustaša de Ante Pavelić, a seita nacionalista e terrorista que governou o Estado-fantoche da Croácia para Hitler no período de 1941-1944, e que executou o extermínio em massa de sérvios e judeus. A recém-independente Croácia de Tudjman ressuscitou os emblemas da Ustaša e honrou a memória de um dos regimes fascistas mais sanguinários da Europa ocupada pelos nazistas.

O FASCISMO FORA DA EUROPA

Alguns observadores duvidam que o fascismo possa existir fora da Europa. Argumentam que o fascismo histórico específico exigia as precondições especificamente europeias da revolução cultural do fim de século, da intensa rivalidade entre os novos pretendentes ao status de grande potência, do nacionalismo de massas e da disputa pelo controle das novas instituições democráticas.[48] Aqueles que estabelecem uma relação mais próxima entre o fascismo e crises políticas e sociais são mais dispostos a considerar a possibilidade de um equivalente fascista numa cultura não europeia. Se nos ativermos com firmeza à posição de Gaetano Salvemini, de que fascismo significa "abrir mão das instituições livres", sendo, portanto, uma doença das democracias frágeis,[49] então, é claro, nosso campo atinge os países não europeus que algum dia funcionaram como democracias, ou que, pelo menos, tenham tentado instalar um governo representativo. O critério essencial exclui inúmeros tipos de ditaduras do Terceiro Mundo. O simples fato de ser sanguinário não basta para fazer de Idi Amin Dada, por exemplo, o cruel tirano que governou Uganda de 1971 a 1979, um fascista.

Os territórios colonizados por europeus se constituíam no ambiente mais provável para o fascismo fora da Europa, pelo menos durante o período em que este estava em ascensão na Europa. Na década de 1930, os movimentos de proteção branca da África do Sul, fortemente influenciados pelo nazismo, prosperaram entre os fazendeiros bôeres. Os mais descaradamente fascistas entre eles foram o South African Gentile National Socialist Movement, de Louis Weichardt, com sua milícia de camisas cinzentas, e os South African Fascists, de J. S. von Moltke, cujos Junior Nationalists vestiam camisas laranja. O movimento de extrema direita que maior sucesso alcançou na África do Sul de antes da guerra foi o Ossewabrandwag (Sentinelas das Carroças), ou OB, de 1939.[50] Esse movimento, para proteger seu modo de vida contra a contaminação do liberalismo britânico, adotou como emblema o folclore bôer sobre sua "grande marcha" África adentro até o Transvaal, feita em carroças cobertas, que durou de 1835 a 1837. Os trajes locais usados pelo OB e seus vínculos com a Igreja Calvinista atraíam mais a elite bôer que as imitações tomadas do fascismo europeu, embora sua simpatia para com o nazismo não fosse segredo. Até hoje se pode encontrar o símbolo do movimento, as carroças cobertas, nas encostas sul-africanas.

Após 1945, as referências ao fascismo se tornaram mais discretas na África do Sul branca, embora o apelo à unidade racial dos anglo--bôeres brancos, a fim de fazer face à maioria negra, oferecesse o que parecia ser um ambiente potencial, quase que um terreno fértil, para o fascismo. Muitos observadores esperavam que o sistema do *apartheid*, instaurado em 1948, viesse a enrijecer sob pressão, a ponto de se configurar em algo próximo ao fascismo. O desmonte desse sistema, sob a liderança inspirada de Nelson Mandela e com a aquiescência relutante dos presidentes P. W. Botha, seguindo por F. W. de Klerk, se transformou num dos finais felizes mais surpreendentes de toda a história (pelo menos, até o presente momento), para o alívio até mesmo de muitos bôeres. É claro que as coisas ainda podem vir a desandar. As aspirações frustradas da maioria negra por uma melhoria mais rápida nos padrões de vida, particularmente se acompanhadas de violência, poderiam vir a provocar o surgimento de associações brancas de caráter defensivo, prontas a "abrir mão das instituições livres" que ameaçassem não apenas seu modo de vida, mas também suas próprias vidas.

A América Latina, entre 1930 e inícios da década de 1950, chegou mais perto que qualquer outro continente que não a Europa do estabelecimento de algo próximo a regimes genuinamente fascistas. Aqui temos que pisar com cuidado, pois um alto grau de pura imitação ocorreu durante o período de ascensão do fascismo na Europa. Os ditadores locais tendiam a adotar a cenografia fascista, na moda nos anos 1930, ao mesmo tempo que copiavam soluções para a Grande Depressão tanto do New Deal de Roosevelt quanto do corporativismo de Mussolini.

A coisa mais próxima a um partido de massas fascista nativo da América Latina foi a Ação Integralista Brasileira (AIB), fundada pelo escritor Plínio Salgado, depois de retornar de uma viagem à Europa onde, ao encontrar Mussolini, "um fogo sagrado ingressou em sua existência".[51] Os integralistas se implantaram na sociedade brasileira de maneira muito mais sólida que os clubes nazistas e fascistas que se disseminaram entre os imigrantes alemães e italianos que viviam no país, e Salgado conseguiu mesclar imagens históricas brasileiras (inclusive as da cultura indígena tupi-guarani) com os aspectos mais abertamente fascistas de seu programa, tais como ditadura, nacionalismo, protecionismo, corporativismo, antissemitismo, passo de ganso, a proposta de uma Secretaria de Educação Moral e Cívica, camisas verdes e braçadeiras pretas com a letra grega *sigma* (o símbolo do integralismo), para formar um movimento de explícito caráter fascista e genuinamente nacional. O integralismo chegou ao auge em 1934, quando atingiu um quadro de 180 mil filiados, alguns deles figuras proeminentes em suas profissões, no empresariado e entre os militares.[52]

Não eram os integralistas que governavam o Brasil, entretanto, mas sim um arguto, embora nada carismático, ditador, Getúlio Vargas. Vargas se tornou presidente por meio de um golpe militar ocorrido em 1930, sendo eleito em condições mais normais em 1934. Quando seu mandato chegava ao fim, assumiu o poder total e estabeleceu o Estado Novo, cujo nome e sistema político foi copiado de Portugal. Governou como ditador até 1945, quando os militares o afastaram do poder.[53] O Estado Novo de Vargas (1937-1945) foi uma ditadura modernizadora com algumas características progressistas (ele restringiu os poderes locais da velha oligarquia e promoveu a autoridade centralizada, os serviços sociais, a educação e a industrialização). Seu protecionismo e seus cartéis autorizados pelo Estado para produtos como o café (cujos preços mundiais haviam despencado durante a Grande Depressão) se pareciam com as soluções adotadas para as dificuldades econômicas dessa época por muitos governos não necessariamente fascistas. Como Salazar, em Portugal, Vargas não governou por meio de um partido fascista. Ao contrário, ele extinguiu os integralistas e os partidos pró-nazistas e pró-fascistas, juntamente com todos os demais partidos. Vargas, um homem de baixa estatura que não gostava de discursar para o público e admitia que andar a cavalo machucava suas nádegas,[54] não conseguiu sequer associar sua imagem à do gaúcho de seu estado natal, o Rio Grande do Sul, e muito menos à de um chefe fascista.

O coronel Juan Perón combinava muito melhor com essa imagem, tanto em termos de seu carisma pessoal quanto de suas predileções políticas. Às vésperas da Segunda Guerra Mundial, era assistente do adido militar argentino em Roma e admirava a ordem, a disciplina, a unidade e o entusiasmo da Itália fascista, tais como ele os percebia. Perón, aliás, afirmava ser de ascendência italiana, como tantos outros argentinos (a Itália e a Espanha forneceram a maioria dos imigrantes europeus que chegaram à Argentina).[55]

A adoção pela Argentina do voto universal masculino, em 1912, permitiu a Hipólito Yrigoyen, um radical de índole cautelosamente reformista, governar, a partir de 1916, naquilo que parecia ser o estabelecimento de uma democracia constitucional. A nada inspirada e clientelista máquina política de Yrigoyen, entretanto, não tinha respostas para o declínio mundial dos preços agrícolas que passou a ameaçar a prosperidade argentina a partir de fins da década de 1920.[56] Em setembro de 1930, oficiais do exército direitistas destituíram Yrigoyen e extinguiram o Estado constitucional, criando uma situação que perdurou por um instável meio século, marcado principalmente por ditaduras de direita.

Inicialmente, o general José Uriburu tentou fazer frente à Grande Depressão por meio de um sistema econômico corporativista, copiado da Itália de Mussolini. O "fascismo de cima para baixo" de Uriburu, contudo, não conseguiu alcançar o apoio necessário entre os líderes militares, partidários e econômicos, dando lugar a uma série de ditaduras militar-conservadoras pontuadas por eleições fraudulentas, que os argentinos recordam como a "década infame". Quando a Segunda Guerra Mundial eclodiu, a Argentina permaneceu neutra, mas seu exército se inclinava pelos alemães, o país de origem de seus armamentos e de seu treinamento.

Quando os Estados Unidos entraram na guerra, em dezembro de 1941, submeteram a Argentina a fortes pressões no sentido de ela se juntar ao campo Aliado, como o restante da América Latina havia feito. Uma nova junta militar assumiu o poder em junho de 1943, determinada a resistir às pressões estadunidenses e a permanecer neutra. Pelo menos alguns de seus membros, entre eles o coronel Juan Perón, queriam continuar recebendo armas da Alemanha, a fim de contrabalançar as armas e as bases estadunidenses instaladas no Brasil.[57]

Um obscuro coronel da junta militar que tomou o poder em 1943, Juan Perón, pediu um cargo aparentemente de pouca importância, o de secretário do Trabalho e do Bem-Estar Social.[58] Uma vez no controle das organizações trabalhistas, Perón eliminou seus líderes socialistas, comunistas e anarcossindicalistas, fundiu os muitos sindicatos em uma única organização trabalhista patrocinada pelo Estado para cada setor da economia e incorporou a elas os trabalhadores antes não organizados. Essas medidas converteram a Confederación General del Trabajo (CGT) num feudo pessoal seu. Perón conquistou gratidão por ter melhorado as condições de trabalho e ter obtido acordos favoráveis em disputas trabalhistas. Nesse projeto, foi imensamente ajudado pela habilidade, pelo charme pessoal e pelo radicalismo anticonvencional de sua amante, Eva Duarte, uma moça do interior, filha ilegítima, que lutava para fazer carreira como atriz atuando em novelas de rádio.

Perón chegou ao poder de maneira bem diferente de Mussolini ou de Hitler, não na liderança de um partido militante que tentava mostrar que a democracia não funcionava (embora a democracia já tivesse sido sufocada), mas pela pressão das manifestações de massa de seus seguidores operários. Em outubro de 1945, os colegas de junta de Perón, alarmados com as ambições e a demagogia do jovem coronel, influenciados pela hostilidade do embaixador estadunidense em relação a ele e ofendidos por sua explícita ligação com Eva, uma mulher de classe inferior, o exoneraram do cargo e ordenaram sua prisão. Em 17 de outubro de 1945, data mais tarde comemorada como feriado nacional, centenas de milhares de trabalhadores em greve – mobilizados por Eva, segundo a lenda peronista, mas mais provavelmente por outros auxiliares seus – ocuparam o centro de Buenos Aires. No calor sufocante, alguns deles tiraram a camisa e, na frente dos cidadãos escandalizados, refrescaram-se nas águas das elegantes fontes da Plaza de Mayo.

Los descamisados tornaram-se, na lenda peronista, o equivalente aos *sans-culottes* da Revolução Francesa.[59]

Para satisfazer a multidão, que embora pacífica, era esmagadora, a junta mandou soltar o coronel e instaurou um novo governo composto basicamente de seus amigos. Perón estava a caminho de ser eleito presidente em 1946. A ditadura de Perón, a partir de então, apoiou-se tanto na CGT manipulada quanto no exército. De forma aberta e explícita, combatia a "oligarquia" que havia desdenhado Evita. Não importava que a ditadura jamais tivesse ameaçado o regime de propriedade, que se esforçasse ao máximo para apoiar a indústria no processo de substituição de importações e que a CGT de Perón tivesse se transformado mais na gerente de sua clientela de classe trabalhadora que na expressão autêntica de suas reivindicações. A base popular de Perón sempre foi mais explicitamente proletária que a de Mussolini ou de Hitler, e sua hostilidade contra as antigas famílias da Argentina sempre foi mais patente. Enquanto o fascismo e o nazismo usavam a ditadura para esmagar o movimento trabalhista independente e encolher a parcela do produto nacional que cabia aos trabalhadores, Perón aumentou a participação destes na renda nacional de 40%, em 1946, para 49%, em 1949.[60]

A ditadura de Perón foi o regime externo à Europa que com mais frequência foi chamado de fascista, principalmente nos Estados Unidos. As autoridades americanas já haviam rotulado a Argentina neutra de pró-Eixo, mesmo antes de Perón entrar em cena.[61] Com seu líder carismático, o *conductor* Perón, seu partido único peronista e sua doutrina oficial de *justicialismo* ou de "comunidade organizada", sua mania de paradas e cerimônias (muitas vezes estreladas por Eva, agora casada com Perón), sua economia corporativista, sua imprensa controlada, sua polícia repressiva, sua periódica violência contra a esquerda,[62] seu Judiciário subjugado e seus estreitos vínculos com Franco, a Argentina de fato parecia fascista à geração da Segunda Guerra, que se acostumara a dividir o mundo entre fascistas e democratas.

Em tempos mais recentes, contudo, os estudiosos vêm preferindo dar ênfase às raízes endógenas do peronismo: a tradição nacional de salvação por algum grande líder; o pavor da decadência, uma vez que as exportações agrícolas, a fonte da grande riqueza argentina, haviam perdido valor após a Primeira Grande Guerra; um "susto vermelho" de proporções monumentais, desencadeado por uma sangrenta greve geral ocorrida em janeiro de 1919 (La Semana Tragica); um nacionalismo concentrado na reconquista da independência econômica pelo combate aos investidores britânicos; o espaço político criado por uma oligarquia desgastada que tinha como base o poder cada vez menor dos barões do gado e do trigo e que se recusava a dar voz à nova classe média urbana e às classes trabalhadoras (as maiores da América do Sul); e a crença generalizada de que os políticos eram tanto incompetentes como corruptos.[63]

Semelhanças superficiais à parte, a ditadura de Perón funcionou de modo muito diferente das de Hitler e de Mussolini. Enquanto estes últimos haviam chegado ao poder em contraposição a democracias caóticas, em meio à desordem que se seguiu à implantação rápida do sufrágio amplo, Perón chegou ao poder se contrapondo a uma oligarquia conservadora de base militar, para então ampliar o direito de voto (as mulheres passaram a votar após 1947) e aumentar a participação dos cidadãos.[64] Obteve claras maiorias eleitorais em 1946 e 1951, retornando depois em 1973, nas eleições presidenciais mais limpas que a Argentina havia tido até então. Embora a ditadura de Perón usasse de intimidação policial e de controle sobre a imprensa, ela não tinha o inimigo interno/externo demonizado – judeus ou quaisquer outros –, que parece ser um ingrediente essencial do fascismo.[65] Além disso, nunca manifestou interesse em guerras expansionistas.

Por fim, Eva Perón desempenhou um papel totalmente alheio ao machismo fascista. "Evita" foi a primeira mulher de um líder latino-americano a ter participação ativa no governo. Essa mulher complexa e perspicaz sabia atuar em registros múltiplos: como uma apaixonada porta-voz de *los descamisados* contra "a oligarquia"; como organizadora do sufrágio feminino, na direção do Partido Peronista Feminino (embora jamais tenha promovido outras mulheres a posições de poder); como doadora generosa, prodigalizando favores a cada dia, de seu gabinete no Ministério do Trabalho e pela Fundação Eva Perón, cujas fontes de financiamento sempre foram um mistério; e como um glamoroso objeto de sonho que, ao que se conta, chegou a vestir 306 modelos luxuosos num período de 270 dias.[66] Embora dando a impressão de ser feminina e submissa ao ditador, era vista como o esteio firme de seu cauteloso marido. A relação que estabeleceu com as multidões de Buenos Aires era tão intensa que, após sua morte – de câncer, aos 33 anos de idade –, se transformou em objeto de cultos múltiplos. Para alguns, era uma líder revolucionária (imagem essa que foi revivida pelos peronistas de esquerda, na década de 1970); para muitos outros, uma quase santa, para quem altares foram construídos, e cujo corpo cuidadosamente embalsamado teve que ser escondido pelos regimes seguintes. Aos olhos dos argentinos de classe alta, era uma aventureira vingativa e uma manipuladora sexual. Na época de sua morte, era, provavelmente, a mulher mais poderosa do mundo.[67]

A avaliação das ditaduras latino-americanas pela ótica do fascismo é uma empreitada intelectual perigosa. Na pior das hipóteses, pode se converter num exercício de rotulação vazia. Na melhor, pode tornar mais nítida nossa imagem do fascismo clássico. Para que a comparação seja correta, temos que distinguir entre os diversos níveis de similaridades e de diferenças. As similaridades são encontradas nos mecanismos de poder, nas técnicas de propaganda e na manipulação de imagens e, ocasionalmente, em políticas específicas tomadas de empréstimo ao fascismo, tais como a organização corporativista da economia. As diferenças se tornam mais aparentes quando examinamos os ambientes sociais e políticos e a relação desses regimes com a sociedade. O bisturi pode ter sido o mesmo, mas, na América Latina, ele operava em corpos diferentes dos corpos europeus.

Tanto Vargas como Perón tomaram o poder de oligarquias, e não de democracias falidas, e ambos ampliaram a participação política.

Governavam nações que ainda não se haviam formado por completo, e tentaram integrar num Estado nacional unificado suas populações díspares e seus chefes políticos locais, bem como as facções comandadas por estes. Os ditadores do fascismo clássico, ao contrário, governavam sobre Estados-nações já estabelecidos e obcecados com as ameaças a sua unidade, energia e posição. A visão de Hitler de uma Alemanha perfeita, maculada por comunistas e judeus (que em sua mente eram idênticos), teve paralelos nos integralistas brasileiros e nos nacionalistas argentinos, que, entretanto, foram marginalizados por Vargas e Perón, cujo populismo os alarmava.[68] Nem Vargas, nem Perón se sentiram obrigados a exterminar um grupo específico. Sua polícia, embora brutal e incontrolada, punia inimigos individualmente identificados, não tendo como meta a eliminação de categorias inteiras, como fez a ss de Hitler. Um paralelo mais próximo seria as não tão sangrentas tentativas de Mussolini no sentido de criar italianos modernos dignos da romanità, embora ele fosse tão obcecado quanto Hitler pelas guerras expansionistas, projeto esse que estava completamente ausente nos casos de Vargas e Perón.

Em suma, as similaridades parecem se referir aos métodos e instrumentos tomados de empréstimo à época do apogeu do fascismo, enquanto as diferenças apontam para questões mais fundamentais de estrutura, função e relação com a sociedade. As ditaduras latino--americanas se encaixam melhor na definição de ditaduras desenvolvimentistas nacional-populistas que usavam emblemas fascistas, talvez distantemente assemelhadas à de Mussolini, mas de modo algum à de Hitler (apesar de sua simpatia pelo Eixo durante a guerra).

Uma vez estabelecido que um fascismo pleno e autêntico jamais existiu nem mesmo nos países mais avançados da América Latina das décadas de 1930 a 1950, podemos examinar de forma mais rápida outros movimentos e regimes latino-americanos que foram também associados ao fascismo. Fora algumas pequenas facções pró-Eixo no Chile e no Peru, outro exemplo importante foi o "socialismo militar" do coronel David Toro, na Bolívia, entre 1936 e 1937, e de seu sucessor,

Germán Busch, entre 1937 e 1939, com suas "legiões" de veteranos de guerra, seu sindicalismo de Estado e suas tentativas de construir um Estado-nação a partir de uma população díspar, formada por grupos indígenas e europeus, por meio de uma ditadura carismática.[69]

O Japão imperial, o mais industrializado dentre os países não ocidentais e também o que mais sofreu a influência da adoção seletiva das coisas ocidentais, foi outro regime não europeu com maior frequência chamado de fascista. Durante a Segunda Guerra Mundial, os propagandistas Aliados não hesitaram em identificar o Japão imperial com seus parceiros do Eixo. Atualmente, embora a maioria dos acadêmicos ocidentais veja o Japão imperial como distinto do fascismo, os estudiosos japoneses, e não apenas os marxistas, costumam interpretá-lo como um "fascismo de cima para baixo".[70]

O fascismo no Japão do entreguerras pode ser abordado de duas maneiras. Pode-se enfocar a influência vinda "de baixo", dos intelectuais e dos movimentos de regeneração nacional que defendiam um programa que se assemelhava de perto ao fascismo apenas para, em seguida, serem esmagados pelo regime. O outro enfoque centra-se nas ações "de cima para baixo", partindo das instituições imperiais, e pergunta se a ditadura militar expansionista estabelecida nos anos 1930 não teria se constituído numa forma particular de "fascismo de sistema imperial".[71]

No decorrer da década de 1920, o Japão dera uma série de passos em direção à democracia. Em 1926, todos os homens adultos receberam o direito de voto e, embora a Câmara Alta nomeada e o conselho privado continuassem poderosos, e embora o exército escapasse ao controle parlamentar, o gabinete, de modo geral, era presidido pelo líder do maior partido da Câmara Baixa. Dentre as opiniões que então eram ouvidas, estava a de Kita Ikki, que já foi chamado de um autêntico fascista japonês. *An Outline Plan for the Reorganization of Japan*, de 1919, (algo como *Um plano geral para a reorganização do Japão*), de autoria de Kita, defendia a imposição estatal de restrições aos industriais e aos grandes proprietários de terras, que ele via como a principal barreira à unificação e à regeneração nacionais. Segundo Kita, depois de libertado da discórdia e dos obstáculos ao progresso criados pelo capitalismo competitivo, o Japão tornar-se-ia o centro de uma nova Ásia independente do domínio ocidental.[72]

A jovem democracia japonesa não sobreviveu à crise de 1931. A Grande Depressão já havia trazido pobreza ao campo e, em setembro de 1931, os líderes militares japoneses usaram um pretexto para invadir a Manchúria. Jovens oficiais inquietos, irritados com as vãs tentativas da Câmara Baixa de limitar o expansionismo militar e, em alguns casos, influenciados pelo trabalho de Kita Ikki, fundaram sociedades secretas com nomes tais como Sakurakai (Sociedade da Flor de Cerejeira) e Ketsumeidan Jiken (Corpo do Juramento de Sangue). Usando de assassinatos e tentativas de golpe, tentaram instaurar uma ditadura sob o comando imperial, que trabalharia para a regeneração nacional por meio de um programa de controle econômico estatal, nivelamento social e expansão. Na mais ambiciosa dessas ações, esses jovens oficiais ocuparam o centro de Tóquio, em 26 de fevereiro de 1936, matando o ministro das Finanças e outras autoridades.[73]

Depois de essa insurreição ter sido debelada, houve várias execuções, entre elas, a de Kita Ikki. O próprio imperador, desse modo, pôs fim ao que foi chamado de "fascismo vindo de baixo" japonês. A partir de 1932, os gabinetes formados pelos partidos parlamentares haviam cedido lugar a governos de "unidade nacional", dominados por oficiais militares de alta patente e burocratas de primeiro escalão, e esse processo se acelerou após a repressão da rebelião de 1936. Em junho de 1937, o príncipe Konoe Fumimaro, um aristocrata que havia sido presidente da Câmara dos Pares e se opunha ao controle do governo pelos partidos políticos, tornou-se primeiro-ministro (1937-1939). Em julho de 1937, os militares japoneses provocaram um incidente na China, dando início a oito anos de guerra total no continente. O gabinete de Konoe apoiou essa escalada e mobilizou a nação para a guerra. Novamente empossado no cargo de primeiro-ministro em julho de 1940, o príncipe Konoe estabeleceu uma "Nova Ordem" interna, de caráter explicitamente totalitário, cujo objetivo era colocar o Japão na liderança do que veio a ser chamado de "Esfera de Coprosperidade do Grande Leste Asiático".

Fascistas autênticos surgiram no Japão em fins da década de 1930, na época em que os nazistas alcançavam um ofuscante êxito. A Towo Seishin-kai (Sociedade do Caminho Oriental), do camisa negra Seigo Nakano, o "Hitler japonês", conquistou 3% dos votos nas eleições de 1942. Nakano, entretanto, foi colocado sob prisão domiciliar. A Shōwa Kenkyūkai (Associação de Pesquisa) era um grupo mais acadêmico de intelectuais que se baseavam explicitamente nas fórmulas fascistas de mobilização popular e de organização econômica. Essa associação dera consultoria a Konoe, embora, na prática, o príncipe deixasse de lado as características solidaristas e anticapitalistas das propostas desses intelectuais.[74]

Em suma, o governo japonês se decidiu por um exame do cardápio fascista, adotando algumas de suas medidas de organização econômica corporativista e de controle popular, numa "revolução seletiva" implementada pela ação estatal, ao mesmo tempo que suprimia o ativismo popular desordenado dos movimento fascistas autênticos (embora derivativos).[75]

A ditadura militar expansionista que gradualmente surgiu no Japão entre 1931 e 1940 é chamada de fascista por alguns porque consistia em um governo de emergência, controlado por uma aliança entre a autoridade imperial, o grande empresariado, o primeiro escalão do serviço público e os militares, em defesa de interesses de classe ameaçados.[76] Embora não haja dúvida quanto ao fato de o Japão imperial se inspirar em modelos fascistas e compartilhar características importantes com este, a variante japonesa era imposta pelos governantes, faltando-lhe a base de um partido de massas único ou de um movimento popular. O governo, aliás, ignorava ou se opunha frontalmente aos intelectuais japoneses influenciados pelo fascismo. "Era como se o fascismo houvesse sido instaurado na Europa à custa do subjugo de Mussolini e de Hitler."[77]

O sociólogo estadunidense Barrington Moore propôs uma explicação de longo prazo para o surgimento da ditadura militar no Japão. Buscando as raízes mais remotas da ditadura e da democracia nas diferentes rotas para a transformação capitalista da agricultura, Moore notou que a Grã-Bretanha permitiu que uma aristocracia rural independente cercasse suas propriedades e expulsasse do campo a mão de obra "excessiva", que então se via "liberada" para trabalhar em suas indústrias precoces. A democracia britânica podia contar com áreas rurais estáveis e conservadoras e com uma grande classe média urbana alimentada pela ascensão social da classe trabalhadora. A Alemanha e o Japão, pelo contrário, tiveram uma industrialização rápida e tardia, ao mesmo tempo que mantinham incólume a agricultura tradicional fundada nas relações senhor de terras–camponês. A partir de então, esses países foram obrigados a manter simultaneamente sob controle os trabalhadores rebeldes, uma pequena-burguesia em dificuldades e os camponeses, usando a força ou a manipulação. Esse sistema social repleto de problemas, além do mais, criava apenas mercados muito restritos para seus próprios produtos. Tanto a Alemanha quanto o Japão enfrentavam essas dificuldades aliando a repressão interna à expansão externa, auxiliados pelos slogans e pelos rituais da ideologia de direita, que soavam radicais sem ameaçar realmente a ordem social.[78]

A essa análise de longo prazo da modernização assimétrica de autoria de Barrington Moore, poder-se-ia acrescentar as semelhanças de curto prazo entre as situações da Alemanha e do Japão do século XX: a vívida percepção da ameaça representada pela União Soviética (a Rússia vinha apresentando pretensões territoriais contrárias ao Japão desde a vitória japonesa de 1905) e a necessidade de adaptar rapidamente suas hierarquias políticas e sociais tradicionais à política de massas. O Japão imperial era ainda mais eficiente que a Alemanha no uso de métodos modernos de mobilização e propaganda, visando integrar sua população sob a autoridade tradicional.[79]

As semelhanças percebidas por Moore entre os padrões de desenvolvimento e as estruturas sociais da Alemanha e do Japão ainda não convenceram plenamente os especialistas japoneses. Não é possível demonstrar que os senhores agrários tenham desempenhado um papel importante no processo que conferiu ao Japão imperial sua mistura peculiar de expansionismo e controle social. E se as técnicas de integração do império japonês alcançaram tanto sucesso foi, principalmente, porque a sociedade japonesa era extremamente coerente, e sua estrutura familiar era poderosíssima.[80]

Por fim, o Japão imperial, embora indubitavelmente influenciado pelo fascismo europeu, e apesar também de algumas analogias estruturais com a Alemanha e a Itália serem possíveis, enfrentava problemas menos críticos que aqueles dois países europeus. Os japoneses não se defrontavam com a ameaça de uma revolução iminente e não tinham que superar nem a derrota externa, nem a desintegração nacional (embora eles temessem e se ressentissem dos obstáculos colocados pelo Ocidente a sua expansão na Ásia). Apesar de o regime imperial lançar mão de técnicas de mobilização de massas, seus líderes não enfrentavam a competição de partidos oficiais ou de movimentos de base. O império japonês do período de 1932–1945 pode ser mais bem compreendido como uma ditadura militar expansionista com um alto grau de mobilização popular patrocinada pelo Estado do que como um regime fascista.

Os regimes ditatoriais da África e da América Latina que deram sustentação aos interesses estadunidenses ou europeus (extração de recursos, privilégios em investimentos, apoio estratégico durante a Guerra Fria) e, em troca, foram apoiados por protetores ocidentais, já foram chamados de "fascismos clientes", "fascismos substitutos" ou "fascismos coloniais". Podemos pensar aqui no Chile do general Pinochet (1974–1990), ou nos protetorados ocidentais na África, como o Congo de Seko-Seso Mobutu (1965–1997). Esses Estados clientes, entretanto, por mais odiosos que tenham sido, não podem ser chamados de fascistas porque não tinham uma base de aclamação popular nem eram livres para se engajar em expansionismo territorial. Caso permitissem a mobilização da opinião pública, estariam se arriscando a vê-la se voltar contra seus patrões estrangeiros e contra eles próprios. A melhor classificação para esses regimes seria a de ditaduras ou tiranias tradicionais com apoio externo.

Nem mesmo os Estados Unidos ficaram isentos do fascismo. Na verdade, movimentos antidemocráticos e xenofóbicos floresceram na América desde o Native American Party, de 1845, e o Know Nothing Party, da década de 1950.[81] Na problemática década de 1930, movimentos derivados do fascismo alcançaram grande visibilidade nos Estados Unidos, como também em outras democracias. O evangelista protestante Gerald B. Winrod, com seus Defenders of the Christian Faith e sua Black Legion, era abertamente favorável a Hitler; William Dudley Pelley e seus camisas prateadas (as iniciais ss, de *silver shirts*, eram propositais);[82] os camisas cáqui, formados principalmente por veteranos, cujo líder, um Art J. Smith, desapareceu depois que um homem que insistia em contestá-lo durante um comício foi morto; e uma legião de outros do mesmo gênero. Os movimentos de aparência exótica ou estrangeira, contudo, conquistavam poucos seguidores. George Lincoln Rockwell, o extravagante dirigente do American Nazi Party, de 1959 até seu assassinato por um seguidor descontente em 1967,[83] passou a parecer ainda mais "não estadunidense" depois da grande guerra contra o nazismo.

Muito mais perigosos são os movimentos que empregam temas autenticamente americanos de maneira funcionalmente assemelhada ao fascismo. A Klan ressurgiu na década de 1920, incorporou um antissemitismo virulento e se espalhou para as cidades e para o Meio-Oeste estadunidense. Nos anos 1930, o padre Charles E. Coughlin reuniu uma audiência radiofônica estimada em cerca de 40 milhões em torno de uma mensagem anticomunista, anti-Wall Street, a favor da não regulamentação das doações partidárias e, após 1938, também antissemita, transmitida de sua igreja situada na periferia de Detroit. Por um curto período, em inícios de 1936, chegou a parecer que seu Union Party e seu candidato presidencial, William Lemke, um congressista da Dakota do Norte, conseguiriam derrotar Roosevelt.[84] Huey Long, governador da Louisiana e crítico mordaz da plutocracia, conquistou grande força política até ser assassinado, em 1935, mas, embora frequentemente rotulado de fascista, era, na verdade, um demagogo que dizia defender a divisão da riqueza.⁸⁵ O pregador fundamentalista Gerald L. K. Smith, que havia trabalhado tanto com Coughlin quanto com Long, após a Segunda Guerra Mundial, voltou sua mensagem mais diretamente contra a "conspiração judaico-comunista", vindo a exercer um grande impacto. Atualmente, a "política do ressentimento", com raízes numa religiosidade e num nativismo autenticamente estadunidenses, ocasionalmente leva à violência contra alguns dos mesmos "inimigos internos" antes atacados pelos nazistas, tais como os homossexuais e os defensores do direito ao aborto.⁸⁶

É óbvio que os Estados Unidos teriam que sofrer reveses de proporções catastróficas, levando a uma polarização intensa, antes de esses grupos marginais conseguirem encontrar aliados poderosos e ingressar na corrente central da vida política. Eu, de certo modo, esperava ver surgir, após 1968, um movimento de reunificação, regeneração e purificação nacional dirigido contra os hirsutos militantes do protesto contra a guerra, os radicais negros e os artistas "degenerados". Cheguei a pensar que alguns dos veteranos da Guerra do Vietnã poderiam formar grupos análogos às unidades Freikorps, da Alemanha de 1919, e aos Arditi italianos, e atacar os jovens cujas manifestações diante das escadas do Pentágono os haviam "apunhalado pelas costas". Felizmente, estava (até o momento) enganado. A partir de 11 de setembro de 2001, contudo, as liberdades civis vêm sendo restringidas em nome da guerra patriótica contra os terroristas, sob os aplausos da população.

A linguagem e os símbolos de um fascismo autenticamente estadunidense, é claro, teriam pouco ou nada a ver com os modelos europeus originais. Como sugerido por Orwell, teriam que parecer tão familiares e reasseguradores aos estadunidenses quanto a linguagem e os símbolos do fascismo original eram familiares e reasseguradores para muitos italianos e alemães. Hitler e Mussolini, afinal de contas, não tentavam parecer exóticos a seus concidadãos. Num fascismo estadunidense não haveria suásticas, mas sim estrelas, listras e cruzes cristãs. Não haveria saudações nazistas, mas sim a recitação do juramento de lealdade. Esses símbolos, em si, não contêm sequer um sopro de fascismo, é claro, mas um fascismo estadunidense os transformaria num teste obrigatório para a detecção do inimigo interno.

Agrupados em torno dessa linguagem, desses símbolos familiares e reasseguradores, no caso de um duvidoso recuo do prestígio dos Estados Unidos, os estadunidenses poderiam dar apoio a uma empreitada coerciva de regeneração, unificação e purificação nacional. Seus alvos seriam a Primeira Emenda, a separação da Igreja e do Estado (presépios nos jardins, preces nas escolas), as tentativas de impor restrições à posse de armas,[87] a profanação da bandeira, as minorias não assimiladas, a liberdade artística e comportamentos dissidentes e incomuns de todos os tipos que pudessem ser rotulados de antinacionais ou decadentes.

Henry Louis Gates Jr. detectou um "lamentável tom fascista" na afirmação feita por alguns nacionalistas afro-americanos sobre "o poder redentor do afrocentrismo" contraposto à "decadência europeia", por meio da "submissão das vontades individuais à vontade coletiva de nosso povo".[88] A classificação dos povos proposta pelo professor Leonard Jeffries, anteriormente da City University of New York, de "povos do sol" (africanos) e "povos do gelo" (europeus), bem como sua visão conspiratória de que, ao longo da história, o "povo do gelo" tentou exterminar o "povo do sol", elevam essa nota a um tom ainda mais alto. Se, a esse senso maniqueísta de vitimação for acrescentada a exaltação da violência vingativa, tanto contra o inimigo externo quanto contra os renegados internos, estaríamos bem próximos do fascismo. No entanto, um tal movimento interno a uma minoria historicamente excluída teria tão poucas chances de alcançar poder genuíno que, em última análise, qualquer comparação com um fascismo autêntico parece exagerada e pouco verossímil. Uma minoria subjugada pode empregar uma retórica semelhante à do fascismo, mas não há qualquer possibilidade de ela vir a se lançar em seu próprio programa interno de ditadura, purificação e expansionismo.

Chego agora à difícil questão: a religião pode servir como um equivalente funcional do fascismo na regeneração e união de um povo humilhado e sedento por vingança? Seria o Irã sob o Aiatolá Khomeini um regime fascista? E o que dizer sobre o fundamentalismo hindu na Índia, a Al-Qaeda entre os muçulmanos fundamentalistas e o Talibã no Afeganistão? O protestantismo fundamentalista poderia desempenhar essa mesma função para os estadunidenses? Payne afirma que o fascismo exige o espaço criado pela secularização, porque um fascismo religioso, inevitavelmente, viria a impor limites a seu líder, por meio não apenas do poder cultural do clero, mas também dos "preceitos e valores da religião tradicional".[89]

Esse argumento se aplica principalmente à Europa. Mas, ali, as condições podem ter sido peculiares. O anticlericalismo dos primeiros fascismos europeus foi uma questão de circunstâncias históricas: tanto o nacionalismo italiano quanto o alemão, tradicionalmente, eram voltados contra a Igreja Católica. Mussolini e Hitler foram formados em diferentes tradições anticlericais: no caso de Mussolini, o sindicalismo revolucionário, no de Hitler, um pangermanismo anti-Habsburgo. Essa peculiaridade histórica dos fascismos originais não significa que futuros movimentos integristas não possam vir a tomar como base a religião, e não a nação, ou usá-la como expressão da identidade nacional. Até mesmo na Europa os fascismos de base religiosa não são desconhecidos: a Falange Espanhola, o rexismo belga, o Movimento Lapua finlandês e a Legião do Arcanjo Miguel romena são bons exemplos, mesmo se excluirmos os regimes autoritários católicos da Espanha, da Áustria e de Portugal.

A religião pode ser tão poderosa quanto a nação como motor propulsor da identidade. Na verdade, em algumas culturas, a religião pode ser muito mais poderosa que a identidade nacional. Nos fundamentalismos religiosos integristas, a promoção violenta da unidade e do dinamismo da fé pode funcionar de modo muito semelhante ao da promoção violenta da unidade e do dinamismo da nação. Algumas formas extremas de judaísmo ortodoxo veem o Estado de Israel como blasfemo porque foi estabelecido antes da chegada do Messias. Aqui, o integrismo religioso substitui por completo o integrismo nacional. Os muçulmanos fundamentalistas têm pouca lealdade a seus muitos Estados islâmicos seculares, sejam eles presidencialistas ou monárquicos. Para os fundamentalistas hindus, sua religião é o foco de uma extrema dedicação, que o Estado indiano, secular e pluralista, não consegue inspirar. Nessas comunidades, um fascismo de base religiosa é concebível. Afinal, os fascismos não precisam ser idênticos quanto aos seus símbolos e sua retórica, uma vez que empregam o repertório local patriótico.

A principal objeção à tentação de chamarmos de fascistas os movimentos islâmicos fundamentalistas como a Al-Qaeda e o Talibã é que eles não são reações a democracias de funcionamento falho. Surgindo em sociedades hierárquicas e tradicionais, sua unidade, quanto à famosa distinção de Émile Durkheim, é mais mecânica do que orgânica. E, principalmente, esses movimentos não "abriram mão das instituições livres", uma vez que seus países nunca as tiveram.[90]

Se os fascismos religiosos forem possíveis, temos que tratar da potencial existência – ironia suprema – do fascismo em Israel. As reações dos israelenses à primeira e à segunda intifadas foram ambíguas. A identidade nacional israelense sempre foi fortemente associada à afirmação dos direitos humanos que, por muito tempo, foram negados aos judeus da diáspora. Essa tradição democrática forma uma barreira contra o "abrir mão das instituições livres" na luta contra o nacionalismo palestino. Entretanto, foi enfraquecida por duas ordens de fatores – o inevitável endurecimento das atitudes ante a intransigência palestina e uma mudança interna à população de Israel, em que os judeus europeus, os principais portadores das tradições democráticas, vêm perdendo a preponderância em favor dos judeus do norte da África e de outros lugares do Oriente Médio, que são indiferentes a ela. Os homens-bomba suicidas da segunda intifada, a partir de 2001, causaram a radicalização até mesmo de muitos democratas israelenses em direção à direita. Em 2002, era possível ouvir, dentro da ala direitista do Likud e de alguns dos pequenos partidos religiosos, um linguajar que se aproximava de um equivalente funcional do fascismo. O povo eleito começa a soar como uma raça superior que afirmava ter "uma missão única" em todo o mundo, que exigia seu "espaço vital", que demonizava o inimigo que obstruía a realização do destino do povo e que aceitava a necessidade do uso da força para que esses objetivos fossem atingidos.[91]

Concluindo, se aceitarmos uma interpretação do fascismo que não se limite à cultura do fim de século europeu, a possibilidade de um fascismo não europeu não é menor que a que existia na década de 1930, e talvez seja ainda maior, devido ao grande aumento no número de experiências fracassadas de implantação da democracia e de governo representativo ocorrido desde 1945.

Neste ponto, posso refinar a pergunta com a qual iniciamos este capítulo. A existência do fascismo ainda é possível? É claro que movimentos ainda no Estágio 1 podem ser encontrados em todas as grandes democracias. E, o que é ainda mais importante: esses movimento seriam capazes de atingir o Estágio 2, tornando-se enraizados e influentes? Não temos que procurar por réplicas exatas, com veteranos fascistas tirando o pó de suas suásticas. Os colecionadores de parafernália nazista e os neonazistas linha-dura são capazes de provocar violência destrutiva e polarização. Enquanto eles permanecerem excluídos das alianças com o establishment, necessárias para que ingressem na corrente central da vida política ou dividam o poder com outros partidos, continuarão sendo mais um problema policial do que uma ameaça política. São os movimentos de extrema direita que aprenderam a moderar sua linguagem, a abandonar o simbolismo do fascismo clássico e a parecer "normais" que têm uma probabilidade muito maior de virem a exercer influência.

É entendendo de que forma o fascismo do passado funcionava, e não checando as cores de suas camisas, ou procurando por ecos da retórica dos nacional-sindicalistas dissidentes de inícios do século XX, que nos tornaremos capazes de reconhecê-lo. Os bem conhecidos sinais de advertência – a propaganda de nacionalismo extremado e os crimes de ódio – são importantes, mas não bastam. Sabendo o que sabemos hoje sobre o ciclo fascista, poderemos encontrar sinais de advertência ainda mais funestos em situações de impasse político diante de uma crise, em que os conservadores ameaçados procuram por aliados brutais, dispostos a abrir mão do devido processo legal e do Estado de direito, tentando angariar o apoio das massas por meio de demagogia nacionalista e racista. Os fascistas se aproximam do poder quando os conservadores começam a tomar emprestado suas técnicas, apelar a "paixões mobilizadoras" e a tentar cooptar suas hostes.

Armados de conhecimento histórico, estaremos capacitados para distinguir as imitações desprezíveis, mas isoladas de hoje em dia, com suas cabeças raspadas e tatuagens de suásticas, dos autênticos equivalentes funcionais do fascismo, na forma de alianças maduras entre fascistas e conservadores. Se prevenidos, podemos nos tornar capazes de detectar a verdadeira ameaça, quando ela surgir.

NOTAS

1. Ernst Nolte, *Der Faschismus in seiner Epoch*. Munique: Piper, 1963, traduzido para o inglês como *Three Faces of Fascism*. Nova York: Holt, Rinehart and Winston, 1966, p. 4.
2. Ver Capítulo 3, nota 70.
3. De acordo com Ian Kershaw, *The Hitler Myth: Image and Reality in the Third Reich*. Oxford: Oxford University Press, 1987, p. 221-2, já na primavera de 1945 muitos alemães culpavam Hitler pessoalmente por seu sofrimento.
4. R. J. B. Bosworth. *The Italian Dictatorship*. Londres: Arnold, 1998, p. 28, 30, 61, 67-8, 147, 150, 159, 162, 179 e 235, enfatiza, mais do que a maioria dos autores, a incompatibilidade entre o consumismo individualista e a comunidade obrigatória do fascismo. Victoria de Grazia, *How Fascism Ruled Women*. Berkeley; Los Angeles: University of California Press, 1992, p. 10, 15, *passim*, mostra de forma convincente como a cultura comercial ajudou a subverter o ideal fascista da mulher submissamente domesticada. Ver, também, Stanley G. Payne, *A History of Fascism, 1919-1945*. Madison: University of Wisconsin Press, 1995, p. 496.
5. Payne, *History*, conclui que "o fascismo histórico específico não poderá nunca ser recriado", embora os fascistas continuem existindo, em números

reduzidos, e embora possam vir a aparecer "formas novas e parcialmente relacionadas de nacionalismo autoritário" (p. 496, 520).
6. Mirko Tremaglia, que, em 1943-1945, havia sido oficial de escalão inferior na República de Salò, de Mussolini, foi eleito presidente do Comitê de Relações Exteriores do Parlamento italiano. É verdade que alguns oficiais da República Federal da Alemanha, entre eles o chanceler Hans-Georg Kiesinger, haviam sido membros do Partido Nazista em sua juventude, mas eles não continuaram pertencendo a um partido neonazista depois da guerra, e nenhum partido neonazista chegou a participar de um governo local ou nacional na Alemanha.
7. Ver a edição especial de *Patterns of Prejudice*, v. 36, n. 3, jul. 2002, editada por Roger Griffin, sobre os *groupuscules* da direita radical.
8. Martin A. Lee, *The Beast Reawakens*. Boston: Little Brown, 1997.
9. Nolte, *Three Faces*, p. 421-3.
10. Diethelm Prowe, "'Classic' Fascism and the New Radical Right in Western Europe: Comparisons and Contrasts". *Contemporary European History*, v. 3, n. 3, 1994; Piero Ignazi, *L'estrema destra in Europa*. Bolonha: Il Mulino, 2000.
11. Ver Capítulo 7, p. 332-4, e Capítulo 8, p. 378-80.
12. *The Road to Wigan Pier*, Nova York: Berkeley Books, 1961, p. 176. Ver, também, *The Lion and the Unicorn* (1941), citado em Sonia Orwell e Ian Angus (orgs.), *The Collected Essays, Journalism, and Letters of George Orwell*, v. III: *My Country Right or Left, 1940-43*. Nova York: Harcourt Brace, 1968, p. 93.
13. A República Federal da Alemanha (Alemanha Ocidental) tornou ilegal todas as expressões abertas de nazismo, mas permitia o pluralismo partidário. Assim, partidos radicais de direita, que eram neonazistas em tudo menos no nome e no simbolismo, existiam legitimamente, além de movimentos clandestinos mais abertamente nazistas. A República Democrática Alemã (Alemanha Oriental), por outro lado, permitia a existência apenas do KDP (Partido Comunista) e do Sozialistische Einheitspartei Deutschlands (Partido da Unidade Socialista), o SED, de forma que nenhum herdeiro de direita do nazismo poderia atuar abertamente em seu território. Alegava-se que, uma vez que o nazismo era derivado do capitalismo, ele só poderia existir na Alemanha Ocidental. Ver Jeffrey Herf, *Divided Memory: The Nazi Past in the Two Germanies*. Cambridge, MA: Harvard University Press, 1997.
14. Payne, *History*, p. 500.
15. Nas eleições parlamentares de 1992, a Lega Nord recebeu quase 19% dos votos no norte (8,6% nacionalmente), aproveitando-se do ressentimento dos pequenos empresários quanto ao peso social representado pelo sul da

Itália, expresso em termos que se aproximavam do racismo. Ver Hans-Georg Betz, "Against Rome: The Lega Nord", em Hans-Georg Betz e Stefan Immerfall (orgs.), *The New Politics of the Right: Neo-Populist Parties and Movements in Established Democracies*. Nova York: St. Martin's Press, 1998, p. 45-57.

16. Tom Gallagher, "Exit from the Ghetto: The Italian Far Right in the 1990s", em Paul Hainsworth (org.), *The Politics of the Extreme Right: From the Margin to the Mainstream*. Londres: Pinter, 2000, p. 72.
17. Stanley Hoffmann, *Le mouvement Poujade*. Cahiers de la Fondation Nationale des Sciences Politiques, Paris: Armand Colin, v. 81, p. 19.
18. Além dos livros sobre a Front National listados no Ensaio bibliográfico, p. 437-9, ver Nonna Mayer, "The French National Front", em Betz e Immerfall (orgs.), *New Politics*, p. 11-25, e Paul Hainsworth, "The *Front National:* From Ascendancy to Fragmentation on the French Extreme Right", em Hainsworth (org.), *Politics of the Extreme Right*, p. 18-32.
19. Uma boa introdução é Roger Eatwell, "The BNP and the Problem of Legitimacy", em Betz e Immerfall (orgs.), *New Politics*, p. 143-55.
20. Stephan e Norbert, *My Father's Keeper: Children of Nazi Leaders*. Boston: Little, Brown, 2001.
21. Piero Ignazi, "The Silent Counter-Revolution: Hypotheses on the Emergence of Extreme Right-Wing Parties in Europe", *European Journal of Political Research*, v. 22, p. 3-34, 1992, sustenta a maior parte desses pontos.
22. John M. Cotter, "Sounds of Hate: White Power Rock and Roll and the Neo-Nazi Subculture", *Terrorism and Political Violence*, v. 11, n. 2, p. 111-40, verão de 1999. Devo essa referência a Jeffrey M. Bale, que aponta que a música "oi" não é necessariamente racista ou violenta.
23. Susann Backer, "Right-Wing Extremism in United Germany", em Hainsworth (org.), *Politics of the Extreme Right*, p. 102. Os incidentes mais chocantes foram as explosões em abrigos de refugiados, que mataram mulheres e crianças turcas: três em Moelln, próximo a Hamburgo, em novembro de 1992, e cinco em Solingen, em maio de 1993.
24. *International Herald Tribune*, 14 jun. 1994, p. 15.
25. Dar prioridade aos franceses no mercado de trabalho e excluir os estrangeiros dos benefícios são elementos importantes do programa da Front National.
26. O eclipse do inimigo comunista permitiu que alguns grupos radicais de direita, que antes se alinhavam aos Estados Unidos a contragosto por meio do anticomunismo, priorizassem uma aversão até então reprimida ao "materialismo estadunidense" e à cultura de massa globalizada. Ver Jeffrey

M. Bale, "'National Revolutionary' Groupuscules and the Resurgence of Left-Wing Fascism: The Case of France's Nouvelle Resistance", *Patterns of Prejudice*, v. 36, n. 3, p. 24-49, julho de 2002.

27. Piero Ignazi, *L'estrema destra in Europe*, p. 12, chama as duas formas de extrema direita correspondentes a essas duas gerações de "tradicional" e "pós-industrial". Pascal Perrineau usa a mesma distinção.
28. É esse o subtítulo de Hainsworth (org.), *The Politics of the Extreme Right*.
29. Paul Hainsworth, "The Front National from Ascendancy to Fragmentation on the French Extreme Right", em Hainsworth (org.), *Politics of the Extreme Right*, p. 18.
30. Pascal Perrineau, *Le Symptôme Le Pen: Radiographie des électeurs du Front National*. Paris: Fayard, 1997, identifica cinco tipos de eleitores da FN, alguns oriundos da esquerda, outros da extrema direita, muitos do conservadorismo tradicional. Ver também Nonna Mayer, *Qui vote Le Pen?* Paris: Flammarion, 1999.
31. Embora Le Pen falasse, em termos vagos, de substituir a Quinta República francesa por uma "Sexta República", sua ênfase estava em mudanças limitadas como uma polícia mais forte, proteção econômica e cultural contra a "globalização" e uma "preferência nacional", que fecharia o Estado de bem-estar social para não cidadãos. Hainsworth, "The Front National", p. 24-8.
32. Ibid, p. 20.
33. Entre muitas outras propriedades, inclusive a maior parte da mídia italiana, Berlusconi era dono do time de futebol Milan A. C.
34. Piero Ignazi e Colette Ysmal, "Extreme Right Parties in Europe: Introduction", *European Journal of Political Research*, v. 22, p. 1, 1992.
35. Tom Gallagher, "Exit from the Ghetto: The Italian Far Right in the 1990s", em Hainsworth (org.), *Politics of the Extreme Right*, p. 75.
36. Em uma pesquisa realizada entre os delegados do 17º congresso do MSI, em 1990, apenas 13% se definiam como democratas, ao passo que 50% consideravam a democracia "uma mentira"; 25% se consideravam antissemitas, e 88% afirmavam que o fascismo era sua principal referência histórica. Piero Ignazi, *Postfascisti? Dal Movimento Sociale Italiano ad Alleanza Nazionale*. Bolonha: Il Mulino, 1994, p. 88-9.
37. Ver Capítulo 3, p. 129-32.
38. Prowe, "'Classic' Fascism and the New Radical Right", p. 296. É verdade que, até 1925, Mussolini defendia a redução da intervenção econômica do Estado.
39. O jovem que atirou contra o presidente francês Jacques Chirac durante as comemorações de 14 de julho de 2002 era, ao mesmo tempo, militante de

uma gangue neonazista, a Unité Radicale, leitor de *Mein Kampf* e candidato às eleições locais pelo aparentemente mais moderado Mouvement National Républicain de Bruno Mégret, ex-herdeiro e principal rival de Le Pen. Ver *Le Monde*, 30 jul. 2002, p. 7: "Entre mouvements ultras et partis traditionnels, des frontières parfois floues."

40. Marc Swyngedouw, "The Extreme Right in Belgium: Of a Non-Existent Front National and an Omnipresent Vlaams Blok", em Betz e Immerfall (orgs.), *New Politics*, p. 60.
41. Marc Swyngedouw, "Belgium: Explaining the Relationship between Vlaams Blok and the City of Antwerp", em Betz e Immerfall (orgs.), *New Politics*, p. 59.
42. Betz, *Radical Right-Wing Populism*, p. 139.
43. Prowe, "'Classic' Fascism and the New Radical Right", p. 289-313, encontra algumas semelhanças entre os programas, porém vê profundas diferenças nas circunstâncias.
44. Hans Rogger, "Russia", em Rogger e Eugen Weber (orgs.), *The European Right*. Berkeley e Los Angeles: University of California Press, 1966, p. 491, e *Jewish Politics and Right-Wing Politics in Imperial Russia*. Berkeley; Los Angeles: University of California Press, 1986, p. 212-32.
45. Walter Laqueur, *Black Hundred*. Nova York: HarperCollins, 1993, p. 16-28.
46. Michael Cox e Peter Shearman, "After the Fall: Nationalist Extremism in Post-Communist Russia", em Hainsworth, *Politics or the Extreme Right*, p. 224-46. Stephen D. Shenfield, *Russian Fascism: Traditions, Tendencies, Movements*. Armonk, NY: M. E. Sharpe, 2001; Erwin Oberländer, "The All-Russian Fascist Party", em Walter Laqueur e George L. Mosse (orgs.), *International Fascism: 1920-1945*. Nova York: Harper, 1966, p. 158-73, trata do fascismo entre os emigrantes russos nos anos 1930.
47. Para maiores detalhes, ver os artigos em Cheles et al. *The Far Right in Western and Eastern Europe*.
48. Renzo de Felice fala dos "laços inseparáveis entre o fascismo e a crise (moral, econômica, social e política) da sociedade europeia depois da Primeira Guerra", em *Il Fascismo: Le interpretazioni dei contemporanei e degli storici*, ed. rev. Bari: Laterza, 1998, p. 544. Ver também Payne, *History*, p. 353-4.
49. Ver Capítulo 8, p. 378-81.
50. Patrick J. Furlong, *Between Crown and Swastika: The Impact of the Radical Right on the Afrikaner Nationalist Movement in the Fascist Era*. Hanover, NH: University Press of New England, 1991.
51. Robert M. Levine, *The Vargas Regime: The Critical Years, 1934-1938*. Nova York: Columbia University Press, 1970, p. 88.

52. Ibid., p. 83-5.
53. Vargas voltou ao poder pela eleição de outubro de 1950, e governou como chefe de um partido trabalhista clientelista, dizendo ser o "pai dos pobres", até 24 de agosto de 1954, quando cometeu suicídio no palácio presidencial enquanto esperava um golpe militar. Ver Robert M. Levine, *Father of the Poor? Vargas and His Era*. Cambridge: Cambridge University Press, 1998.
54. Levine, *Vargas Regime*, p. 36.
55. Para este e outros países discutidos a seguir, ver o Ensaio Bibliográfico.
56. A Argentina era a quinta ou sexta nação mais rica do mundo em 1914, por causa da exportação para a Europa de carne e trigo produzidos nas grandes propriedades dos pampas.
57. Robert D. Crassweller, *Perón and the Enigmas of Argentina*. Nova York: Norton, 1987, é especialmente esclarecedor no que se trata das pressões exercidas pelos Estados Unidos sobre a Argentina durante a Segunda Guerra Mundial. Ver, também, Arthur P. Whitaker, *The United States and Argentina*. Cambridge, MA: Harvard University Press, 1954.
58. Seu outro cargo, convencionalmente de maior poder, foi o de secretário-geral do Ministério da Guerra, de onde controlava as indicações para cargos militares. Nos dois anos seguintes, também se tornou ministro da Guerra e vice-presidente.
59. Joseph A. Page, *Perón: A Biography*. Nova York: Random House, 1983, p. 136, nota. O termo, que no início era um epíteto jocoso, foi assumido com orgulho pelos peronistas. Daniel James, *Resistance and Integration: Peronism and the Argentine Working Class*. Cambridge: Cambridge University Press, 1988, p. 31.
60. James, *Resistance and Integration*, p. 11; Frederick C. Turner e José Enrique Miguens, *Juan Perón and the Reshaping of Argentina*. Pittsburgh: University of Pittsburgh Press, 1983, p. 4.
61. Crassweller, *Perón and the Enigmas*, p. 106-9, 124.
62. Em 15 de abril de 1953, pelotões peronistas queimaram a sede do Partido Socialista e o Jockey Club, exclusivo da oligarquia. Page, *Perón*, p. 271-3. Entretanto, o regime de Perón matou muito menos pessoas do que as cerca de 7 mil assassinadas pela ditadura militar argentina, entre 1976 e 1983.
63. Um clássico do gênero é Joseph R. Barager (org.), *Why Perón Came to Power: The Background to Peronism in Argentina*. Nova York: Knopf, 1968.
64. O sociólogo Gino Germani, em *Authoritarianism, Fascism, and National Populism*. New Brunswick, NJ: Transaction Books, 1978, faz uma distinção plausível entre o "populismo nacional" de Perón e o fascismo, com base no momento da mobilização social. Perón promoveu uma "mobilização pri-

mária", um primeiro passo em direção à política de massas, ao passo que os fascismos, de acordo com Germani, eram "mobilizações secundárias", uma tentativa de redirecionar e disciplinar uma política de massas preexistente.

65. O antissemitismo existia na Argentina peronista. Os grupos nacionalistas de direita que destruíram a sede dos socialistas, em abril de 1953, gritavam "Judeus! Voltem para Moscou!". Page, *Perón*, p. 272. Também é possível encontrar proclamações antissemitas no Brasil de Vargas, porém o racismo não era ponto central da propaganda ou do apelo popular de nenhum dos dois regimes.

66. J. M. Taylor, *Eva Perón: The Myths of a Woman*. Chicago: University of Chicago Press, 1979, p. 81. Este é o mais sofisticado relato das múltiplas imagens de Evita, de Buenos Aires à Broadway.

67. Ibid., p. 34.

68. Sandra McGee Deutsch, *Las Derechas: The Extreme Right in Argentina, Brazil, and Chile*. Stanford, CA: Stanford University Press, 1999.

69. Herbert S. Klein, *Parties and Political Change in Bolivia*. Londres: Cambridge University Press, 1969, p. 235, 243-4, 372-4, e *Bolivia: The Evolution of a Multi-Ethnic Society*. 2. ed. Nova York: Oxford University Press, 1992, p. 199-216.

70. Gregory J. Kasza, "Fascism from Above? Japan's Kakushin Right in Comparative Perspective", em Stein Ugelvik Larsen (org.), *Fascism Outside Europe: The European Impulse against Domestic Conditions in the Diffusion of Global Fascism*. Boulder, CO: Social Science Monographs, 2001, p. 183-232, revê os estudos japoneses e analisa de forma lúcida a adequação do rótulo de fascista para o Japão imperial. Agradeço a Carol Gluck por essa referência.

71. Maruyama Masao, *Thought and Behavior in Modern Japanese Politics*, ed. rev., Ivan Morris (org.). Nova York: Oxford University Press, 1969, esp. cap. 2, "The Ideology and Dynamics of Japanese Fascism".

72. George M. Wilson, *Revolutionary Nationalist in Japan: Kita Ikki, 1883-1937*. Cambridge, MA: Harvard University Press, 1969.

73. Ben Ami Shillony, *Revolt in Japan: The Young Officers and the February 26, 1936, Incident*. Princeton: Princeton University Press, 1973.

74. Miles Fletcher, *The Search for a New Order: Intellectuals and Fascism in Prewar Japan*. Chapel Hill: University of North Carolina Press, 1982.

75. Kasza, "Fascism from Above?", p. 198-9, 228.

76. Herbert P. Bix, "Rethinking 'Emperor-System Fascism': Ruptures and Continuities in Modern Japanese History", *Bulletin of Concerned Asian Scholars*, v. 14, n. 2, p. 2-19, abr.-jun. 1982, reafirma essa tese, influenciada pelo marxismo, e rejeita a opinião contrária da maior parte dos estudiosos

ocidentais, que ele descarta como "pluralistas". O papel dos interesses de classe é contestado. Kasza, "Fascism from Above?", observa que as grandes associações industriais japonesas, os *zaibatsu*, "eram relutantes quanto à expansão no estrangeiro e o militarismo em território japonês (embora obtivessem lucros com ambas as coisas)" (p. 185).

77. Gavan McCormack, "Nineteen-Thirties Japan: Fascism?" em *Bulletin of Concerned Asian Scholars*, v. 14, n. 2, p. 29, abr.-jun. 1982.
78. Barrington Moore Jr., *Social Origins of Dictatorship and Democracy*. Boston: Beacon Press, 1966, p. 228-313.
79. Paul Brooker, *The Faces of Fraternalism: Nazi Germany, Fascist Italy, and Imperial Japan*. Oxford: Clarendon Press, 1991.
80. R. P. Dore e Tsutomo Ouchi, "Rural Origins of Japanese Fascism", em James William Morley (org.), *Dilemmas of Growth in Prewar Japan*. Princeton: Princeton University Press, 1971, p. 181-209, testam rigorosamente a aplicabilidade do paradigma de Barrington Moore ao Japão.
81. Para bibliografia, ver o Ensaio bibliográfico.
82. Para Pelley, ver Leo P. Ribuffo, *The Old Christian Right: The Protestant Far Right from the Great Depression to the Cold War*. Filadélfia: Temple University Press, 1983.
83. Nicholas Goodrick-Clarke, *Black Sun: Aryan Cults, Esoteric Nazism, and the Politics of Identity*. Nova York: New York University Press, 2002, p. 7-15, 37-8.
84. Alan Brinkley, *Voices of Protest: Huey Long, Father Coughlin, and the Great Depression*. Nova York: Knopf, 1982 (dados sobre a rádio, p. 83, 92). Lemke recebeu 800 mil votos.
85. Brinkley, *Voices of Protest*, p. 273-83, conclui que, embora o elo carismático entre Long e Coughlin e seu público evocasse o fascismo, seus objetivos – a liberdade individual em relação aos plutocratas, mais do que o triunfo de um *Volk* nacional – eram bem diferentes. O clássico T. Harry Williams, *Huey Long*. Nova York: Knopf, 1969, p. 760-2, nega as acusações de fascismo.
86. Alan Crawford, *Thunder on the Right: The "New Right" and the Politics of Resentment*. Nova York: Pantheon, 1980.
87. Para a importância das armas no simbolismo macho de Mussolini e Hitler, ver Capítulo 8, nota 61.
88. Henry Louis Gates Jr., "Blacklash", *The New Yorker*, 17 maio 1993, p. 44.
89. Payne, *History*, p. 16, 490, 516.
90. A ditadura iraquiana de Saddam Hussein, que alguns consideram estar "mais perto do que qualquer outro ditador desde 1945" de reproduzir o Terceiro Reich (Payne, *History*, p. 516-7), baseava-se no secular Partido

Ba'ath, e tentava reprimir o fundamentalismo xiita. Samir al-Khalil, *The Monument: Art, Vulgarity, and Responsibility in Iraq.* Berkeley; Los Angeles: University of California Press, 1991, descreve o enorme par de braços, criados a partir de moldes dos braços do próprio Saddam, que seguram espadas formando arcos triunfais sobre uma avenida de Bagdá. Ele não usa o termo *fascismo.*

91. Citações retiradas de entrevistas com o general Effi Eitam, representante do Mafdal e ministro sem pasta no governo de Ariel Sharon, *Le Monde*, Paris, 7-8 abr. 2002.

8

O QUE É O FASCISMO?

Ao início deste livro, esquivei-me à tarefa de oferecer ao leitor uma definição precisa de fascismo. Eu quis deixar de lado – para fins heurísticos, pelo menos – a tradicional, embora limitante, busca pelo famoso, mas tão difícil de definir, "mínimo fascista". Julguei mais promissor tomar exemplos históricos de êxitos e fracassos fascistas e observar seu funcionamento ao longo de todo seu ciclo de desenvolvimento. Mostrar os processos pelos quais surgiu, cresceu, chegou ao poder (ou não) e, uma vez no poder, radicalizou-se até atingir o "máximo fascista" me pareceu uma estratégia mais propícia que a procura de alguma "essência" estática e limitante.

Agora que atingimos o fim dessa jornada histórica, não podemos mais fugir da necessidade de chegar a uma definição. De outra forma, correríamos o risco de escapar do nominalismo do "bestiário" apenas para cair em outro nominalismo, o dos estágios e processos. O fascismo genérico pode desaparecer em nossos esforços de esmiuçá-lo. Mas, primeiramente, algumas outras questões têm que ser levadas em conta.

Acompanhá-lo ao longo de seus cinco estágios, em cada um dos quais opera de modo diferente, leva a uma pergunta complicada: Qual deles é o fascismo real? Para alguns autores, geralmente os mais interessados nas expressões intelectuais do fascismo, os movimentos iniciais se constituem no fascismo "puro", ao passo que os regimes fascistas são corrupções, deformadas pelas conciliações necessárias à conquista e ao exercício do poder.[1] Esses regimes, contudo, apesar de suas escolhas pragmáticas e alianças conciliatórias, tiveram mais impacto que os movimentos, por terem em mãos o poder de guerra e de morte. Uma definição que faça total justiça ao fenômeno do fascismo deve levar em conta os estágios finais, tanto quanto os iniciais.

Ao examinar esses estágios mais tardios, temos que dar aos ambientes e aos aliados do fascismo a mesma atenção dada aos próprios. Uma definição utilizável, portanto, deve também encontrar meios de não tratá-lo de forma isolada, como separado de seu ambiente e de seus cúmplices. O fascismo no poder consiste num composto, um amálgama poderoso dos ingredientes distintos, mas combináveis, do conservadorismo, do nacional-socialismo e da direita radical, unidos por inimigos em comum e pela mesma paixão pela regeneração, energização e purificação da nação, qualquer que seja o preço a ser pago em termos das instituições livres e do Estado de direito. As proporções exatas dessa mistura resultam de processos tais como escolhas, alianças, compromissos e rivalidades. O fascismo em ação se assemelha muito mais a uma rede de relações que a uma essência fixa.[2]

INTERPRETAÇÕES CONFLITANTES

Agora que já o vimos em ação ao longo da totalidade de seu ciclo, estamos mais bem-preparados para avaliar as muitas interpretações propostas desde então. As "primeiras cenas", mencionadas por mim no Capítulo 1 – imagens que retratavam os nazistas como rufiões no poder e agentes do capitalismo[3] –, nunca perderam seu fascínio. O autor teatral alemão Bertolt Brecht chegou mesmo a combiná-las em seu personagem Arturo Ui, um gângster de Chicago que chega ao poder pela venda de proteção a quitandeiros.[4]

Essas "primeiras cenas", contudo, têm falhas graves. Se o fascismo e sua agressividade não passam de ações perversas de meliantes que chegaram ao poder numa época de decadência moral, não saberíamos explicar por que razão isso veio a acontecer num determinado lugar e numa determinada época e não em outros lugares e épocas, e de que forma esses acontecimentos se relacionariam a uma história anterior. Foi difícil para liberais como Croce e Meinecke perceberem que boa parte das oportunidades abertas ao fascismo se deviam à aridez e à estreiteza do próprio liberalismo, ou que alguns liberais amedrontados o haviam ajudado a chegar ao poder. Suas versões nos deixam com explicações que se resumem ao mero acaso e às proezas individuais de delinquentes.

Ver o fascismo simplesmente como um instrumento do capitalismo nos leva a equívocos de dois tipos. A fórmula estreita e rígida que se converteu em ortodoxia na Terceira Internacional de Stalin[5] negava as raízes autônomas do fascismo e a autenticidade do fascínio que ele exercia sobre as multidões.[6] E, o que é ainda pior, ela ignorava a escolha humana, na medida em que transformava o fascismo no resultado inevitável de alguma crise insuperável de superprodução capitalista. O trabalho empírico mais minucioso mostrou que, muito pelo contrário, os verdadeiros capitalistas, mesmo quando rejeitavam a democracia, em geral preferiam os autoritários aos fascistas.[7] É bem verdade que sempre que estes últimos chegaram ao poder, os capitalistas, em sua grande maioria, se adaptavam a ele como a melhor solução não socialista então disponível. Tivemos ocasião de ver como até mesmo a IG Farben, o gigantesco conglomerado químico alemão, cuja ascensão ao nível de maior empresa europeia se deveu ao comércio global, encontrou maneiras de se adaptar à autarquia direcionada ao rearmamento e de voltar a prosperar vigorosamente.[8] As relações de acomodação, de "corpo mole" e de vantagens mútuas que ligavam a comunidade empresarial aos regimes fascistas aparecem como outra questão complexa que variou ao longo do tempo. Não há dúvida de que as vantagens mútuas de fato existiam. O capitalismo e o fascismo se tornaram aliados práticos (embora não inevitáveis e nem sempre confortáveis).

Quanto à interpretação oposta, que retrata a comunidade empresarial como vítima do fascismo,[9] ela leva demasiadamente a sério as fricções dos escalões médios, endêmicas em relações desse tipo, e também às tentativas dos empresários de se eximir de culpa, após o término da guerra. Aqui, também, precisamos de um modelo explicativo mais sutil, que abra espaço para o jogo entre o conflito e a acomodação.

Não demorou muito para que outras interpretações viessem a se juntar a essas "primeiras cenas". O caráter obviamente obsessivo de alguns fascistas clamava por psicanálise. Mussolini parecia comum demais, com sua impostação vaidosa, sua fama de mulherengo, sua minuciosidade compulsiva, sua habilidade para manobras de curto prazo e, ao final, sua incapacidade de perceber o quadro geral. Com Hitler era diferente. Seriam suas cenas de *Teppichfresser* ("comedor de tapete") encenações premeditadas ou sinais de insanidade?[10] Sua megalomania, sua hipocondria, seu narcisismo e sua índole vingativa eram contrabalançados por uma mente rápida e retentiva, pela capacidade de ser encantador quando assim o desejava, e por uma notável inteligência tática. Todas as tentativas de psicanalisá-lo[11] foram prejudicadas pela inacessibilidade do objeto, e também pela pergunta nunca respondida de por que razão, se alguns líderes fascistas eram de fato loucos, seu público os adorava, e de como eles conseguiram exercer suas funções eficazmente por tanto tempo. Seja como for, a biografia mais recente e de maior peso intelectual sobre Hitler conclui, com razão, que temos que nos ater menos às excentricidades do Führer que ao papel projetado sobre ele pelo povo alemão, papel este que desempenhou com sucesso quase que até o fim.[12]

Talvez sejam os públicos fascistas, e não seus líderes, que precisem ser psicanalisados. Já em 1933, o freudiano dissidente Wilhelm Reich concluiu que a violenta fraternidade masculina característica dos estágios iniciais do fascismo era produto de repressão sexual.[13] Essa teoria é fácil de ser contestada com a observação de que a repressão sexual, provavelmente, não era maior na Alemanha e na Itália que, digamos, na Grã-Bretanha, na geração em que esses líderes e seus seguidores atingiram a idade adulta.[14] Essa objeção também se aplica a outras explicações psico-históricas do fascismo.

As explicações do fascismo como uma espécie de psicose aparecem, numa outra forma, em filmes que exploram o fascínio lascivo pelas supostas perversões sexuais fascistas.[15] Esses grandes sucessos de bilheteria dificultam ainda mais a compreensão de que esses regimes funcionaram porque um grande número de pessoas comuns se adaptaram a eles em sua vida cotidiana.[16]

O sociólogo Talcott Parsons já em 1942 sugeria que o fascismo havia surgido do desenraizamento e das tensões provocadas por um desenvolvimento econômico e social desigual – uma versão precoce do problema fascismo/modernização. Parsons afirmava que, em países que se industrializaram de maneira rápida e tardia, como a Alemanha e a Itália, as tensões de classe eram particularmente agudas, e as soluções de acordo eram bloqueadas pelas elites pré-industriais sobreviventes.[17] Essa interpretação tem o mérito de tratar o fascismo como um sistema e como produto da história, da mesma forma que a interpretação marxista, embora sem o determinismo, a estreiteza e o frágil embasamento teórico desta última.

O filósofo Ernst Bloch, um marxista que se tornou heterodoxo por seu interesse pelo irracional e pela religião, chegou, por caminho próprio, a outra teoria de "não contemporaneidade" [*Ungleichzeitigkeit*]. Contemplando o êxito que os nazistas alcançaram com seus arcaicos e violentos "sonhos vermelhos" de sangue, solo e de um paraíso pré-capitalista, totalmente incompatíveis com aquilo que ele via como a verdadeira lealdade do partido, as grandes empresas capitalistas, Bloch entendeu que valores vestigiais ainda vicejavam muito depois de terem perdido qualquer correspondência com a realidade econômica e social. "Nem todas as pessoas existem no mesmo agora." Os marxistas ortodoxos, pensava, haviam perdido o barco por terem "barrado a alma com um cordão de isolamento".[18] O desenvolvimento desigual continua a despertar interesse como ingrediente das crises pré-fascistas,[19] mas os argumentos a seu favor são enfraquecidos pela notória economia "dual" da França, na qual um poderoso setor camponês/artesão coexistia com uma indústria moderna, sem que o fascismo tenha chegado ao poder, exceto sob a ocupação nazista.[20]

Outro enfoque sociológico afirmava que o nivelamento urbano e industrial ocorrido a partir de fins do século XIX havia produzido uma sociedade de massas atomizada, na qual os fornecedores de ódios simplistas encontravam audiências prontas, que já não eram refreadas pela tradição nem pela comunidade.[21] Hannah Arendt trabalhou nesse paradigma em sua análise de como as massas desenraizadas, desligadas de quaisquer vínculos sociais, intelectuais ou morais, e inebriadas por paixões antissemitas e imperiais, tornaram possível o surgimento de uma forma de ditadura plebiscitaria de base popular e poderes ilimitados, que não tinha precedentes na história.[22]

Os melhores trabalhos empíricos sobre a modo pelo qual o fascismo lançou raízes, contudo, dão pouco apoio a essa abordagem. A sociedade da Alemanha de Weimar, por exemplo, era ricamente estruturada, e o recrutamento nazista operava por meio da mobilização de organizações inteiras, por apelos dirigidos a interesses específicos.[23] Como se costumava dizer, "dois alemães, uma discussão; três alemães, um clube". O fato de que os clubes alemães de todas as naturezas, do canto coral aos seguros funerários, já se encontravam segregados em redes separadas de socialistas e não socialistas facilitou a exclusão dos socialistas e a encampação dos demais pelos nazistas, quando a Alemanha se tornou profundamente polarizada, em inícios da década de 1930.[24]

Uma corrente de pensamento influente vê o fascismo como uma ditadura desenvolvimentista, estabelecida com o propósito de acelerar o crescimento industrial pela poupança forçada e pela arregimentação da força de trabalho. Os proponentes dessa interpretação tinham em mente, sobretudo, o caso italiano.[25] É possível afirmar também que a Alemanha, embora já àquela época um gigante industrial, tinha a urgente necessidade de disciplinar seu povo para a imensa tarefa da reconstrução, após a derrota de 1918. Essa interpretação comete um erro grave, contudo, ao supor que o fascismo perseguia algum tipo de objetivo racional. O que Hitler queria era submeter a economia para fazê-la servir a fins políticos. Mesmo no caso de Mussolini, quando ele supervalorizou a lira em 1926, e quando, após 1935, optou pelos riscos da guerra expansionista, preterindo um desenvolvimento econômico sustentado, o prestígio contou muito mais que a racionalidade econômica. Se o fascismo italiano pretendia ser uma ditadura desenvolvimentista, ele falhou nessa meta. Embora a economia italiana tenha crescido na década de 1920, sob Mussolini, cresceu num ritmo significativamente mais rápido antes de 1914 e depois de 1945.[26] De uma forma genuinamente aberrante, a teoria do fascismo como ditadura desenvolvimentista serve para rotular de "fascistas" todos os tipos de autocracias do Terceiro Mundo, mesmo que elas não contem com um mínimo de mobilização popular e não derivem da crise de uma democracia anterior.[27]

Também foi tentador interpretar o fascismo quanto a sua composição social. O sociólogo Seymour Martin Lipset sistematizou, em 1963, a generalizada opinião de que o fascismo é uma expressão dos ressentimentos da classe média baixa. Na formulação de Lipset, ele é um "extremismo do centro", que tem como base o rancor dos antes independentes pequenos comerciantes, artesãos, camponeses e outros integrantes das "antigas" classes médias, que então se viam comprimidos entre os trabalhadores industriais e os grandes empresários, ambos mais bem organizados, e que vinham saindo como perdedores nas rápidas mudanças sociais e econômicas dessa época.[28] Pesquisas empíricas recentes, no entanto, põem em dúvida a tese de que o recrutamento fascista se localizasse numa camada social específica, mostrando a multiplicidade do apoio social dado ao fascismo e seu relativo êxito na criação de um movimento composto, abrangendo todas as classes.[29] Por ter os olhos grudados nos estágios iniciais, Lipset também não levou em conta o papel desempenhado pelo establishment na aquisição e no exercício do poder pelo fascismo.

A notória instabilidade dos quadros partidários também contribui para derrubar essa interpretação simplista de composição social. Antes de o fascismo chegar ao poder, suas listas de filiados se alteravam rapidamente, à medida que ondas sucessivas de descontentes heterogêneos reagiam à sorte e às mensagens flutuantes do partido.[30] Após a chegada ao poder, essa filiação cresceu enormemente, passando a incluir praticamente todos os que queriam tirar vantagens do sucesso fascista.[31] Tampouco devemos esquecer o problema de onde situar os muitos jovens recrutados que se encontravam então desempregados, socialmente desenraizados ou em situação que de alguma outra forma os situava "entre classes".[32] Nenhuma explicação social coerente do fascismo pode ser construída com base em material tão flutuante.

Uma multidão de observadores vê o fascismo como uma subespécie do totalitarismo. Giovanni Amendola, líder da oposição parlamentar ao fascismo e uma de suas vítimas mais notáveis (ele morreu em 1926, após ser espancado por fascistas), cunhou o adjetivo *totalitário*, em um artigo de maio de 1923 denunciando as tentativas fascistas de monopolizar os cargos públicos. Outros adversários de Mussolini não demoraram a ampliar o termo para significar uma condenação das aspirações fascistas de controle total. Como às vezes acontece com os epítetos, Mussolini assumiu este e usou-o de forma triunfal.[33]

Levando em conta a frequência com que Mussolini se jactava de seu totalitarismo, é irônico que alguns dos principais teóricos do totalitarismo do pós-guerra excluam o fascismo italiano de sua tipologia.[34] Temos que admitir que o regime de Mussolini, ansioso como era por "normalizar" suas relações com uma sociedade onde a família, a Igreja, a monarquia e o chefe político da aldeia ainda tinham um sólido poder, não conseguia atingir esse controle total. Mesmo assim, o fascismo arregimentou italianos de maneira mais firme que qualquer regime anterior ou posterior.[35] Mas nenhum deles, nem mesmo o de Hitler ou de Stalin, conseguiu controlar totalmente a privacidade e a autonomia individual ou dos grupos.[36]

Os teóricos do totalitarismo da década de 1950 acreditavam que Hitler e Stalin eram os que se encaixavam de maneira mais exata em seu modelo. Tanto a Alemanha nazista quanto a Rússia soviética, segundo os critérios desenvolvidos em 1956 por Carl J. Friedrich e Zbigniew K. Brzezinski, eram governadas por partidos únicos, empregavam uma ideologia oficial, usavam um controle policial terrorista e tinham o monopólio do poder sobre todos os meios de comunicação, sobre as forças armadas e sobre a organização econômica.[37] Durante os rebeldes anos 1960, uma nova geração acusou os teóricos do totalitarismo de estarem servindo aos interesses da Guerra Fria, transferindo o antinazismo patriótico da Segunda Guerra Mundial para o novo inimigo comunista.[38]

Embora o uso acadêmico do termo totalitarismo tenha declinado por algum tempo nos Estados Unidos, o paradigma totalitário continuou importante para os estudiosos europeus (particularmente na Alemanha Ocidental), que queriam afirmar, em contraposição aos marxistas, que o mais importante sobre Hitler havia sido a destruição da liberdade, e não sua relação com o capitalismo.[39] Em fins do século XX, após a queda da União Soviética ter suscitado a intensificação dos estudos sobre suas mazelas e sobre a cegueira de muitos intelectuais ocidentais, que se recusavam a admiti-las, o modelo totalitário voltou à moda, juntamente com o seu corolário de que o nazismo e o comunismo representavam um mesmo mal.[40]

A interpretação totalitária do fascismo, portanto, foi tão acaloradamente politizada quanto a do marxismo.[41] Mesmo assim, deve ser debatida em termos de seus próprios méritos, e não com base em sua arregimentação por um campo político ou por outro. Ela se propõe a estudar o nazismo (e também o stalinismo) enfocando a aspiração de ambos ao controle total e os instrumentos usados por eles nas tentativas de colocar em prática esse controle. Não resta dúvida de que os mecanismos de controle nazistas e comunistas tinham muitos pontos de semelhança. Esperar por batidas à porta no meio da madrugada e apodrecer num campo de concentração devem ter parecido muito semelhantes às vítimas de ambos os sistemas (com a exceção dos judeus e ciganos, é claro).[42] Em ambos os regimes, a lei estava subordinada aos imperativos mais "altos" da raça ou da classe. Concentrar o foco nas técnicas de controle, contudo, pode fazer com que diferenças importantes sejam obscurecidas.

Embora, para as vítimas, não houvesse muita diferença entre morrer de tifo, de subnutrição, de exaustão ou num interrogatório brutal num dos campos de Stalin na Sibéria, ou, digamos, na pedreira de Mauthausen, de Hitler, o regime de Stalin diferia profundamente do de Hitler em termos de dinâmica social e também de seus objetivos. Stalin governava uma sociedade civil que havia sido radicalmente simplificada pela Revolução Bolchevique e, portanto, não tinha que se preocupar com concentrações autônomas de poder herdado, fosse este de natureza social ou econômica. Hitler (de maneira totalmente diferente de Stalin) chegou ao poder contando com o assentimento e até mesmo com o auxílio das elites tradicionais e governou em associação eficaz, embora tensa com elas. Na Alemanha nazista, o partido competia pelo poder com a burocracia estatal, com os proprietários industriais e agrários, com as igrejas e outras elites tradicionais. A teoria totalitária é cega para essa característica fundamental do sistema de governo nazista, tendendo assim a reforçar as afirmativas posteriores das elites de que Hitler havia tentado destruí-las (como, de fato, o cataclismo final da guerra perdida o fez).

O hitlerismo e o stalinismo também diferiam profundamente em termos de seus objetivos últimos declarados – para um, a supremacia da raça-mestra; para o outro, a igualdade universal, embora as notórias e bárbaras perversões de Stalin tendessem a fazer com que seu regime convergisse com o de Hitler, em termos dos instrumentos homicidas utilizados por ele. Colocando seu foco na autoridade central, o paradigma totalitário ignora o furor assassino que fervia a partir das bases do fascismo.

Ver tanto a Hitler quanto a Stalin como totalitários e tratá-los da mesma forma leva a um exercício de julgamento moral comparativo: qual dos dois monstros foi mais monstruoso?[43] Seriam as duas formas stalinistas de assassinato em massa – experimentos econômicos temerários e perseguição paranoica de "inimigos" – moralmente equivalentes às tentativas de Hitler de purificar a nação pelo extermínio dos clinicamente e geneticamente impuros?[44]

O argumento mais forte a favor dessa equação do terror de Stalin com o de Hitler é a grande fome de 1931, que, ao que se conta, afetou principalmente os ucranianos, consistindo, portanto, em genocídio. Essa fome, embora resultando de negligência criminosa, afetou os russos de forma igualmente grave.⁴⁵ Os adversários notavam diferenças fundamentais. Stalin matava de maneira totalmente arbitrária a todos que sua mente paranoica decidisse ver como "inimigos de classe" (condição essa passível de mudança), de modo que atingia, basicamente, os homens adultos da população. Hitler, ao contrário, matava "inimigos raciais", uma condição irremediável que condena até mesmo recém-nascidos. Ele queria exterminar povos inteiros, incluindo suas sepulturas e seus artefatos culturais. Este livro reconhece que ambas as formas de terror são repugnantes, mas condena com maior vigor o extermínio biologicamente racista do nazismo, porque este não admitia possibilidade de salvação, nem mesmo para mulheres e crianças.⁴⁶

Uma crítica mais pragmática do modelo totalitário se queixa de que sua imagem de um mecanismo eficiente e de alcance total nos impede de perceber a natureza caótica do poder de Hitler, que reduziu o governo a feudos pessoais, incapazes de discutir alternativas políticas e escolher entre elas de forma racional.⁴⁷ Mussolini, embora assumindo pessoalmente vários ministérios, mas incapaz de impor prioridades organizadas em qualquer um deles, não obteve melhores resultados. A imagem totalitária pode evocar de forma poderosa os sonhos e as aspirações dos ditadores, mas, na verdade, prejudica o exame da questão de importância mais vital, ou seja, com que eficiência os regimes fascistas conseguiam se encaixar nas sociedades, em parte submissas e em parte recalcitrantes, governadas por eles.

O conceito mais antigo de religião política, que data da Revolução Francesa, logo veio a ser aplicado ao fascismo, e também ao comunismo, e não apenas por seus inimigos.⁴⁸ No nível de uma analogia ampla, ele é útil por apontar a maneira pela qual o fascismo, de maneira semelhante à religião, mobilizava os fiéis em torno de ritos e palavras sagradas, estimulava-os até o ponto do fervor abnegado e pregava uma verdade que não admitia dissidência. Examinado com mais cuidado,⁴⁹ o conceito de religião política abrange uma série de questões de natureza diversa. A mais direta delas trata dos muitos elementos que o fascismo toma emprestado da cultura religiosa da sociedade na qual tenta penetrar. Esse tema, com seu foco em mecanismos, nos diz mais sobre os estágios do enraizamento e do exercício do poder do que sobre a tomada de fato desse poder.

Outro elemento do conceito de religião política é o argumento funcional mais complexo de que o fascismo vem preencher o vazio criado pela secularização da sociedade e da moral.[50] Se o objetivo dessa abordagem é o de ajudar a explicar por que razão o fascismo teve êxito em alguns países cristãos e não em outros, ela exige que acreditemos que a "crise ontológica" de inícios do século XX era mais severa na Alemanha e na Itália que na França e na Grã-Bretanha, tese que talvez seja difícil provar.

Isso também sugere que as religiões estabelecidas e o fascismo sejam adversários irreconciliáveis – um terceiro elemento do conceito de religião política. Na Alemanha e na Itália, contudo, as religiões e o regime se relacionavam de forma tão complexa que não excluía a cooperação, unindo forças contra o comunismo, ao mesmo tempo que competiam pelo mesmo território. Enquanto, no caso da Itália, essa situação levou a um *modus vivendi*; no caso nazista, ela veio a gerar um "mimetismo destrutivo da cristandade".[51] No extremo oposto, o fascismo conseguiu produzir algo semelhante a um substituto cristão não autorizado nos casos romeno, croata e belga, e também um substituto islâmico, caso aceitemos como fascistas alguns dos movimentos extraeuropeus examinados por mim no Capítulo 7.

Os próprios líderes fascistas, como vimos no Capítulo 1, chamavam seus movimentos de ideologias, e muitos de seus intérpretes acreditaram neles. É usual ver o fascismo definido por meio das ideias comuns extraídas de seus diversos programas partidários, em analogia com os outros "ismos". Esse método funciona melhor para os outros "ismos", fundados numa época em que a política era conduzida por uma elite culta. Tentei sugerir, anteriormente, que a relação do fascismo com as ideias é diferente da dos demais "ismos" do século XIX, e que suas posições intelectuais (não as referentes a paixões mobilizadoras como o ódio racial, é claro) costumavam ser abandonadas ou assumidas de acordo com a necessidade tática do momento. Todos os "ismos" fizeram o mesmo, mas apenas o fascismo tinha tal desprezo pela razão e pelo intelecto que jamais se dava ao trabalho de sequer justificar essas alterações.[52]

Atualmente, os estudos culturais vêm substituindo a história intelectual como estratégia preferida na elucidação da atração e da eficácia do fascismo.[53] Já à época da Segunda Guerra Mundial, o etnógrafo estadunidense Gregory Bateson empregou "o tipo de análise que o antropólogo emprega à mitologia de um povo primitivo ou moderno" para discriminar os temas e as técnicas do filme de propaganda nazista *Hitler Youth Quex*. Bateson acreditava que "esse filme [...] tem que nos dizer algo sobre a psicologia de seus realizadores, e talvez mais do que eles pretendiam revelar".[54] A partir da década de 1970, e cada vez mais, nos dias de hoje, decodificar a cultura das sociedades fascistas por um olhar antropológico ou etnográfico entrou na moda como estratégia intelectual. Essa decodificação mostra de que forma os movimentos e regimes fascistas se apresentavam ao público. O grande problema com os estudos culturais da imaginária e da retórica fascista é que eles, com frequência, não perguntam até que ponto ia sua influência. Essa regra tem exceções importantes, como o estudo de autoria de Luisa Passerini sobre a memória popular do fascismo na cidade italiana de Turim, na década de 1980.[55] De modo geral, contudo, o estudo da cultura fascista, em si, não consegue explicar de que forma os fascistas adquiriram o poder de controlar a cultura, nem o grau de profundidade da penetração na consciência popular, em competição com os valores religiosos, familiares e comunitários preexistentes, por um lado, e com a cultura popular comercial, por outro.

De qualquer modo, a cultura difere tão profundamente de um ambiente nacional para outro, e de um período para outro, que é difícil encontrar um programa cultural comum a todos os movimentos fascistas, ou a todos os estágios do fascismo. A restauração machista de um patriarcado ameaçado, por exemplo, chega perto de ser um valor fascista universal, mas Mussolini defendeu o sufrágio feminino em seu primeiro programa, e Hitler não mencionou questões de gênero em seus 25 Pontos. Uma vez que Mussolini apreciava a arte de vanguarda, pelo menos até a década de 1930, ao passo que Hitler preferia a arte convencional de tipo "cartão-postal", é pouco provável que possamos identificar um estilo ou uma estética fascista únicos e imutáveis, que se apliquem a todos os casos nacionais.[56]

Um problema dos estudos culturais do fascismo que é mencionado com menor frequência provém de sua incapacidade de traçar comparações. As comparações são essenciais e revelam que alguns países que contavam com um poderoso preparo cultural (a França, por exemplo) só se tornaram fascistas por meio de conquista (nos casos em que isso aconteceu). O efeito da propaganda também tem que ser comparado com o da mídia comercial, que era nitidamente maior, mesmo nos países fascistas. É bem provável que Hollywood, Beale Street e Madison Avenue tenham criado mais problemas para os sonhos fascistas de controle cultural que a totalidade das oposições liberal e socialista tomadas em conjunto.[57] O destino desses sonhos ficou claro num dia de 1937, quando Vittorio, o filho mais velho de Mussolini, deu a Romano, seu irmão mais novo, uma fotografia de Duke Ellington, que, mais tarde, já no pós-guerra, acabou levando o garoto a uma carreira de pianista de jazz – bastante bom, por sinal.[58]

No final das contas, nenhuma interpretação do fascismo parece ter conseguido satisfazer a todos de forma conclusiva.

FRONTEIRAS

Não conseguiremos entender bem o fascismo se não traçarmos fronteiras claras entre ele e outras formas superficialmente assemelhadas. Essa é uma tarefa difícil, porque o fascismo foi amplamente imitado, principalmente na década de 1930, quando a Alemanha e a Itália pareciam ter mais sucesso que as democracias. Características tomadas do fascismo surgiram em lugares distantes de suas raízes europeias, como na Bolívia e na China.[59]

A mais simples dessas fronteiras separa o fascismo da tirania clássica. O socialista moderado exilado Gaetano Salvemini, tendo abandonado sua cátedra de professor de história em Florença, se mudado para Londres e em seguida para Harvard por não suportar ter que ensinar sem dizer o que pensava, apontou a diferença essencial quando se perguntou "por que os italianos sentiram necessidade de se livrar de suas instituições livres" no exato momento em que deveriam se orgulhar delas, "podendo dar um passo adiante em direção a uma democracia mais avançada".[60] O fascismo, na opinião de Salvemini, significava deixar de lado a democracia e o devido processo legal na vida pública, ao som da aclamação vinda das ruas. É um fenômeno das democracias fracassadas, e o que trouxe de novo foi que, em vez de simplesmente reduzir os cidadãos ao silêncio, como a tirania clássica fazia desde datas remotas, encontrou uma técnica para canalizar suas paixões para a construção de uma unidade doméstica compulsória em torno de projetos de limpeza interna e de expansão externa. Não devemos usar o termo fascismo para as ditaduras pré-democráticas. Por mais cruéis que elas sejam, falta-lhes a manipulação do entusiasmo das massas e a energia demoníaca do fascismo, que vão lado a lado com a missão de "abandonar as instituições livres" em nome da unidade, da pureza e da força nacionais.

É fácil confundir o fascismo com as ditaduras militares, pois ambos os líderes fascistas militarizaram suas sociedades e colocaram as guerras de conquista como meta central. Armas de fogo[61] e uniformes eram fetiches para eles. Nos anos 1930, todas as milícias eram uniformizadas (na verdade, as milícias socialistas também o eram, naquela época de camisas coloridas),[62] e sempre foi objetivo dos fascistas transformar as sociedades em fraternidades armadas. Hitler, recém-empossado como chanceler da Alemanha, cometeu o erro de se vestir à paisana, trajando casaco impermeável e chapéu civis quando foi a Veneza, em 14 de junho de 1934, encontrar-se com o já veterano Mussolini, "resplandecente em uniforme e adaga".[63] A partir de então, o Führer sempre compareceu uniformizado a cerimônias públicas – às vezes, vestindo um sobretudo marrom e, mais tarde, com frequência, um dólmã simples.

No entanto, embora todos os fascismos sejam militaristas, nem todas as ditaduras militares são fascistas. A maioria das ditaduras militares atua como simples tirania, sem ousar desencadear a excitação popular do fascismo. As ditaduras militares são muito mais comuns que o fascismo, pois não têm um vínculo obrigatório com uma democracia fracassada, e são tão antigas quanto os guerreiros.

A fronteira que separa o fascismo do autoritarismo é mais sutil, embora seja da maior importância compreender essa distinção.[64] Já empreguei esse termo, ou o termo similar ditadura tradicional, quando discuti a Espanha, Portugal, a Áustria e a França de Vichy. Essa distinção era particularmente difícil de ser traçada na década de 1930, época em que regimes que na verdade eram autoritários assumiam alguns elementos da cenografia dos regimes fascistas bem-sucedidos. Embora seja comum que os regimes autoritários desrespeitem as liberdades civis e sejam capazes de brutalidade homicida, não compartilham da ânsia fascista de reduzir a zero a esfera privada. Aceitam domínios de espaço privado, mal definidos, embora reais, para "grupos intermediários", como as pessoas de renome do país, os cartéis e as associações econômicas, os corpos de oficiais, as famílias e as igrejas. Esses grupos, e não um partido único oficial, são as principais agências de controle social nos regimes autoritários. Os autoritários preferem deixar suas populações desmobilizadas e passivas, ao passo que os fascistas querem engajar e excitar o público.[65] Os autoritários querem um Estado forte, mas limitado. Hesitam em intervir na economia, coisa que os fascistas estão sempre prontos a fazer, ou em criar programas de bem-estar social. Aferram-se ao *status quo*, sem pretender proclamar um novo caminho.[66]

Não há dúvida de que o general Francisco Franco, por exemplo, que liderou o exército espanhol na revolta contra a república espanhola, em julho de 1936, e se tornou ditador da Espanha em 1939, tomou emprestado de seu aliado Mussolini alguns aspectos do regime deste. Ele chamava a si próprio de o *caudillo* (líder) e converteu a Falange fascista em partido único. Durante a Segunda Guerra Mundial e a partir de então, os Aliados sempre trataram Franco como aliado do

Eixo. Essa impressão foi intensificada pela brutalidade da repressão franquista, que pode ter matado até 200 mil pessoas entre 1939 e 1945, e também pelas tentativas do regime de suspender todos os contatos culturais e econômicos com o mundo exterior.[67] Em abril de 1945, oficiais espanhóis compareceram a uma cerimônia fúnebre pública em homenagem a Hitler. Um mês mais tarde, entretanto, o *caudillo* explicou a seus seguidores que "seria necessário recolher algumas das bandeiras [da Falange]".[68]

A partir de então, a Espanha de Franco,[69] sempre mais católica que fascista, erigiu sua autoridade sobre pilares tradicionais como a Igreja, os grandes proprietários de terras e o exército, conferindo a eles, mais que ao Estado ou à cada vez mais debilitada Falange, o controle da sociedade. O Estado franquista intervinha pouco na economia e pouco tentava regulamentar a vida cotidiana das pessoas, contanto que elas se mantivessem passivas.

O Estado Novo de Portugal[70] diferia do fascismo ainda mais profundamente que a Espanha de Franco. Salazar, era, de fato, o ditador de Portugal, mas preferia um público passivo e um Estado limitado, de modo que o poder social permanecia nas mãos da Igreja, do exército e dos grandes proprietários de terras. Em julho de 1934, o Dr. Salazar suprimiu um movimento fascista português endógeno, o nacional-sindicalismo, acusando-o de "levar a juventude à exaltação, de cultuar a força pela chamada ação direta, de adotar o princípio da superioridade do poder político estatal na vida política, de propensão a organizar as massas sob um líder político", o que é uma definição bastante razoável do fascismo.[71]

Na França de Vichy, o regime que veio a substituir a república parlamentar após a derrota de 1940[72] certamente não era fascista ao início, pois não tinha nem partido único nem organizações paralelas. Um sistema de governo no qual o tradicionalmente seleto serviço público francês administrava o Estado, conferindo papéis de maior relevo aos militares, à Igreja, aos técnicos especializados e às elites econômicas e sociais estabelecidas se enquadra claramente na categoria de autoritário. Após a invasão alemã da União Soviética, em junho de 1941, ter colocado o Parti Communiste Français em franca oposição ao regime, obrigando a ocupação alemã a se tornar muito mais severa a fim de dar sustentação à guerra total, Vichy, com sua política de colaboração com a Alemanha nazista, passou a enfrentar um antagonismo crescente. As organizações paralelas surgiram na luta contra a Resistência: a Milice, ou polícia paralela; "varas especiais" nos tribunais para julgamentos rápidos dos dissidentes, a Commissarial général aux questions juives ("polícia para assuntos judeus"). Mesmo que alguns fascistas de Paris tenham recebido cargos importantes nos últimos dias do regime de Vichy, como vimos no Capítulo 4, eles serviram como indivíduos, e não como chefes de um partido único oficial.

O QUE É O FASCISMO?

Chegou o momento de dar ao fascismo uma definição precisa e utilizável, embora saibamos que uma definição não consiga descrever seu objeto de forma melhor que uma fotografia instantânea descreve uma pessoa.

O fascismo tem que ser definido como uma forma de comportamento político marcada por uma preocupação obsessiva com a decadência e a humilhação da comunidade, vista como vítima, e por cultos compensatórios da unidade, da energia e da pureza, nas quais um partido de base popular formado por militantes nacionalistas engajados, operando em cooperação desconfortável, mas eficaz, com as elites tradicionais, repudia as liberdades democráticas e passa a perseguir objetivos de limpeza étnica e expansão externa por meio de uma violência redentora e sem estar submetido a restrições éticas ou legais de qualquer natureza.

É claro que o comportamento político pressupõe escolhas, e as escolhas – como meus críticos se apressam a afirmar – nos trazem de volta às ideias fundamentais. Hitler e Mussolini, desprezando o "materialismo" do socialismo e do liberalismo, afirmavam insistentemente que as ideias eram de importância central em seus movimentos. Não é verdade, retrucavam muitos antifascistas, que se recusavam a conferir a eles tamanha dignidade. "A ideologia nacional-socialista muda constantemente", observou Franz Neumann. "Ela possui algumas crenças mágicas – adoração do líder, supremacia da raça-mestra – que, entretanto, não são formuladas numa série de pronunciamentos dogmáticos e categóricos."[73] Quanto a esse particular, este livro tende a concordar com a posição de Neumann e, no Capítulo 1, examinei de modo razoavelmente longo a peculiar relação do fascismo com sua ideologia que, ao mesmo tempo que era proclamada como de importância central, era incessantemente modificada ou violada, conforme a conveniência do momento.[74] No entanto, eles sabiam o que queriam. Não se pode banir as ideias do estudo do fascismo, embora seja possível situá-las de forma precisa no contexto da totalidade dos fatores que influenciam esse complexo fenômeno. Podemos, portanto, evitar ambos os extremos: o fascismo não consistia nem da aplicação direta de seu programa, nem de oportunismo desmedido.

Creio que a melhor maneira de deduzir as ideias subjacentes às ações fascistas é a partir dessas próprias ações, uma vez que algumas delas permanecem não manifestas e implícitas na linguagem pública dos fascistas. Muitas delas pertencem mais ao domínio dos sentimentos viscerais que ao das proposições racionais. No Capítulo 2, chamei-as de "paixões mobilizadoras":

- Um senso de crise catastrófica, além do alcance das soluções tradicionais;
- A primazia do grupo, perante o qual todos têm deveres superiores a qualquer direito, sejam eles individuais ou universais, e a subordinação do indivíduo a esses deveres;
- A crença de que o próprio grupo é vítima, sentimento esse que justifica qualquer ação, sem limites jurídicos ou morais, contra seus inimigos, tanto internos quanto externos;

- O pavor à decadência do grupo sob a influência corrosiva do liberalismo individualista, dos conflitos de classe e das influências estrangeiras;
- A necessidade de uma integração mais estreita no interior de uma comunidade mais pura, por consentimento, se possível, ou pela violência excludente, se necessário;
- A necessidade da autoridade de chefes naturais (sempre de sexo masculino), culminando num comandante nacional, o único capaz de encarnar o destino histórico do grupo;
- A superioridade dos instintos do líder sobre a razão abstrata e universal;
- A beleza da violência e a eficácia da vontade, sempre que voltadas para o êxito do grupo;
- O direito do povo eleito de dominar os demais, sem restrições provenientes de qualquer tipo de lei humana ou divina, direito esse que é decidido por meio do critério único das proezas do grupo no interior de uma luta darwiniana.

O fascismo, segundo essa definição, ainda é visível nos dias de hoje, como também o são os comportamentos coerentes com esses sentimentos. O fascismo, no Estágio 1, existe em todos os países democráticos, sem excluir os Estados Unidos. "O abandono das liberdades democráticas", especialmente as liberdades dos grupos impopulares, é uma tentação recorrente para os cidadãos das democracias ocidentais, incluindo alguns estadunidenses. Sabemos, após rastrear sua trajetória, que, para se tornar enraizado, o fascismo não necessita de uma "marcha" de dimensões espetaculares sobre alguma capital. Ao que tudo indica, decisões anódinas de tolerar o tratamento ilegal dos inimigos nacionais são o bastante. Algo muito próximo ao fascismo clássico alcançou o Estágio 2 em algumas poucas sociedades que passavam por crises profundas. No entanto, não é inevitável que progrida além desse ponto. O avanço em direção ao poder depende, em parte, da severidade da crise, mas também, em grande medida, de decisões humanas, especialmente as decisões que partem dos detentores do poder econômico, social e político. Não é fácil determinar as reações corretas ao avanço fascista, uma vez que seu ciclo não tende a se replicar de maneira cega. No entanto, nossas chances de reagir de forma sensata serão muito maiores se compreendermos de que forma ele veio a alcançar êxito no passado.

NOTAS

1. Por exemplo, Zeev Sternhell, *Neither Left nor Right: Fascist Ideology in France*. Berkeley e Los Angeles: University of California Press, 1986, p. 270.
2. Wolfgang Schieder caracteriza o partido fascista dos primeiros anos como "um amontoado indefinido de grupos de poder centrados em indivíduos brigando pelo poder", em "Der Strukturwandel der faschistischen Partei italiens in der phase der Herrschaftsstabilisierung", em Schieder (org.), *Der Faschismus als soziale Bewegung*. Hamburgo: Hoffman und Campe, 1976, p. 71.
3. Ver Capítulo 1, p. 21-3.
4. Bertolt Brecht. *The Resistable Rise of Arturo Ui*. Londres: Methuen, 2002, (orig. pub. em 1941).
5. Ver Capítulo 1, p. 22-4.
6. Alguns marxistas cuidadosos evitaram tais dogmatismos, entre eles, os italianos Antonio Gramsci, com suas reflexões acerca das condições e dos limites da hegemonia cultural do fascismo, e Palmiro Togliatti, *Lectures on Fascism*. Nova York: International Publishers, 1976 (orig. pub. em 1935), que reconhece a autenticidade de seu apelo popular nas p. 5-7, 120, ainda que ambos tenham visto o fascismo como um fenômeno especificamente de classe, mais do que a maioria dos comentadores contemporâneos. Entre os alemães, havia o filósofo Ernst Bloch (p. 209). Depois de 1968, os marxistas ocidentais mais jovens assumiram posição mais crítica perante a linha stalinista. Por exemplo, Nikos Poulantzas, *Fascism and Dictatorship*. Londres: Verso, 1979 (orig. pub. na França em 1970).
7. Ver Capítulo 3, p. 125-9; Capítulo 4, p. 195-6; e Capítulo 5, p. 248-51.
8. Ver Capítulo 5, p. 251-2.

9. Carl J. Friedrich e Zbigniew Brzezinski, *Totalitarian Dictatorship and Autocracy*. Nova York: Praeger, 1965, p. 238, afirmam que a Alemanha nazista "deixa de ser capitalista" quando o medo entra no lugar da confiança. A "incompatibilidade fundamental" entre capitalismo e fascismo (Alan Milward, citado com aprovação por Payne, *A History of Fascism*, p. 190) talvez possa se aplicar ao paroxismo apocalíptico final do nazismo, mas não é bem adequado ao funcionamento dos regimes fascistas em épocas mais normais.
10. Ernst von Weizsäcker, oficial de alto escalão do Ministério das Relações Exteriores da Alemanha, lembra de ter visto Hitler tratar o embaixador britânico Neville Henderson com uma furiosa "tirada", em 23 de agosto de 1939, para depois bater em sua própria coxa e rir, assim que a porta se fechou atrás do embaixador: "Chamberlain não sobreviverá a essa conversa. Seu gabinete cairá esta noite." Alan Bullock, *Hitler: A Study in Tyranny*. Londres: Odhams, 1952, p. 484. Kershaw, *Hitler 1889-1936: Hubris*. Nova York: Norton, 1998, p. 281, concorda que cenas como essa eram "produzidas com frequência". Diz-se que Richard Nixon queria que os vietnamitas do norte pensassem que ele era louco.
11. Ver exemplos no Ensaio bibliográfico, p. 394-5.
12. Kershaw, *Hitler: Hubris*, p. xxvi, *passim*.
13. Wilhelm Reich, *The Mass Psychology of Fascism*, Mary Higgins e Chester M. Raphael (orgs.). Nova York: Farrar, Straus, Giroux, 1978 (orig. pub. em 1933).
14. Ver o Ensaio bibliográfico, p. 399-400, para exemplos.
15. Por exemplo, Luchino Visconti, *Os deuses malditos*. Para Pasolini, ver David Forgacs, "Days of Sodom: The Fascist-Perversion Equation in Films of the 1960s and 1970s", em R. J. B. Bosworth e Patrizia Dogliani (orgs.), *Italian Fascism: History, Memory, and Representation*. Nova York: St. Martin's Press, 1999, p. 195-215. Em um registro um tanto diferente, Saul Friedländer critica o tratamento da brutalidade nazista como espetáculo em *Reflections of Nazism: An Essay on Kitsch and Death*. Nova York: Harper, 1984.
16. Robert Jay Lifton, *The Nazi Doctors: Medical Killing and the Psychology of Genocide*. Nova York: Basic Books, 1986, investiga a inacreditável capacidade dos médicos envolvidos no processo de seleção em Auschwitz de isolar suas vidas familiares normais de seus repugnantes deveres diários.
17. Talcott Parsons, "Democracy and Social Structure in Pre-Nazi Germany", em Parsons, *Essays in Sociological Theory*, ed. rev. Glencoe, IL: Free Press, 1954, p. 104-23 (orig. pub. em 1942). Para uma visão geral, ver Stephen P. Turner, *Sociology Responds to Fascism*. Londres: Routledge, 1992.
18. Ernst Bloch, *Heritage of Our Times*. Trad. Neville e Stephan Plaice. Cambridge: Polity Press, 1991, parte II, "Non-Contemporaneity and Intoxication", p. 37--185 (citações nas p. 53, 57, 97).

19. A teoria do desenvolvimento desigual e da sobrevivência das elites pré-industriais foi reafirmada de maneira poderosa por Jürgen Kocka, "Ursachen des Nationalsozialismus", *Aus Politik und Zeitgeschichte*. Beilage zur Wochenzeitung *Das Parlament*, 21, p. 3-15, jun. 1980. Ver a resposta de Geoff Eley, "What Produces Fascism: Preindustrial Traditions or a Crisis of the Capitalist State?" *Politics and History*, v. 12, p. 53-82, 1983.
20. Ver a discussão no Capítulo 3, p. 128-36.
21. A declaração clássica é William Kornhauser, *The Politics of Mass Society*. Glencoe, IL: Free Press, 1959. Um precursor foi Peter Drucker, em *The End of Economic Man: A Study of the New Totalitarianism*. Londres: John Day, 1939, p. 53: "A sociedade deixa de ser uma comunidade de indivíduos reunidos por um propósito em comum e se torna um tumulto caótico de mônadas isoladas sem finalidade." Essa abordagem foi refutada de maneira convincente por Bernt Hagtvet, "The Theory of Mass Society and the Collapse of the Weimar Republic: A Re-Examination", em Stein U. Larsen, Bernt Hagtvet e Jan Petter Myklebust (orgs.), *Who Were the Fascists: Social Roots of European Fascism*. Oslo: Universitetsforlaget, 1980, p. 66-117.
22. Hannah Arendt, *The Origins of Totalitarianism*, ed. rev. Nova York: Meridian Books, 1958, esp. p. 305-40 sobre "as massas" e "a turba".
23. Horst Gies mostra como os nazistas penetraram e se utilizaram das organizações agrárias existentes, em "The NSDAP and Agrarian Organizations in the Final Phase of the Weimar Republic", em Henry Ashby Turner Jr., *Nazism and the Third Reich*. Nova York: Quadrangle, 1972, p. 45-88. De especial relevância aqui são os estudos de Rudy Koshar, citados no Ensaio bibliográfico, p. 397-9, sobre como os nazistas assumiram o controle de uma rica teia de associações "apolíticas" em cidades alemãs.
24. William Sheridan Allen, *The Nazi Seizure of Power: The Experience of a Single Town, 1922-1945*, ed. rev. Nova York: Franklin Watts, 1984, p. 17. Allen é especialmente revelador no que se trata dos mundos paralelos das organizações socialistas e não socialistas, e de como os nazistas exploraram essa polaridade. Ver p. 15ff, 55, 298.
25. Ver Capítulo 1, nota 48.
26. Jon S. Cohen, "Was Italian Fascism a Developmental Dictatorship?" *Economic History Review*, 2ª série, v. 41, p. 1, p. 95-113, fev. 1988; Rolf Petri, *Von der Autarkie zum Wirtschaftswunder: Wirtschaftspolitik und industrielle Wandel in Italien, 1935-1963*. Tübingen: Max Niemeyer, 2001, concorda que a economia de guerra do fascismo foi um "desastre", mas acha impossível dizer se o crescimento da Itália como sociedade industrial nos anos 1960 foi retardado ou acelerado pelo estágio autárquico fascista.

27. Por exemplo, Anthony J. Joes, *Fascism in the Contemporary World: Ideology, Evolution, and Resurgence*. Boulder, CO: Westview Press, 1978; A. James Gregor, *The Fascist Persuasion in Radical Politics*. Princeton: Princeton University Press, 1974.
28. Seymour Martin Lipset, *Political Man*. Garden City, NY: Doubleday, 1963, cap. 5, "Fascism-Left, Right, and Center". Arno Mayer, "The Lower Middle Class as Historical Problem", *Journal of Modern History*, v. 75, n. 3, p. 409-36, out. de 1975, leva a sério as questões de classe, mas examina essa categoria de forma crítica.
29. Para obras estatísticas sobre o caso alemão, atualmente bastante sofisticadas, ver o Ensaio bibliográfico, p. 401-4. Os dados italianos, muito mais duvidosos, são estudados por Jens Petersen, "Ellettorato e base sociale del fascismo negli anni venti", *Studi storici*, n. 3, p. 627-69, 1975. William Brustein, "The 'Red Menace' and the Rise of Italian Fascism", *American Sociological Review*, v. 56, p. 652-64, out. 1991, aplica a teoria da escolha racional à eleição de 1921, e descobre que os eleitores fascistas escolheram aquele partido não apenas por medo do socialismo, mas porque preferiam a defesa da propriedade privada feita pelos fascistas.
30. Hans Mommsen, em "Zur Verschränkung traditioneller und faschistischer Führungsgruppen in Deutschland beim Ubergang von der Bewegung zur Systemphase", em Mommsen, *Der Nationalsozialismus und die Deutsche Gesellschaft: Ausgewählte Aufsätze*, Lutz Niethammer e Bernd Weisbrod (orgs.). Reinbeck bei Hamburg: Rowohlt, 1991, p. 47, afirma que, antes de setembro de 1930, apenas cerca de 40% dos eleitores do partido eram relativamente permanentes.
31. Philippe C. Schmitter contrasta os movimentos que "sugam" os insatisfeitos de uma grande variedade de fontes com os regimes que atraem "oportunistas" em seu penetrante artigo "The Social Origins, Economic Bases, and Political Imperatives of Authoritarian Rule in Portugal", em Stein U. Larsen et al. *Who Were the Fascists*, p. 437.
32. Mathilde Jamin, *Zwischen den Klassen: Zur Sozialstruktur der SA-Führerschaft*. Wuppertal: P. Hammer, 1984; Detlev Peukert, *The Weimar Republic: The Crisis of Classical Modernity*, p. 238, 255; Christoph Schmidt, "Zu den motiven 'alter Kämpfer' in der NSDAP", em Detlev Peukert e Jürgen Reulecke (orgs.), *Die Reihe fast geschlossen: Beiträge zur Geschichte des Alltags unterm Nationalsozialismus*. Wuppertal: Peter Hammer, 1981.
33. Jens Petersen explorou em profundidade as origens do termo em várias obras, das quais a mais recente é "Die Geschichte des Totalitarismusbegriffs in Italien", em Hans Meier (org.), *"Totalitarismus" und "Politische Religionen"*:

Konzepte des Diktaturvergleichs. Paderborn: Ferdinand Schöningh, 1996, p. 15-36. Em inglés, ver Abbott Gleason, *Totalitarianism: The Inner History of the Cold War*. Nova York: Oxford University Press, 1995, p. 4-16.
34. Por exemplo, Arendt, *Origins*, p. 257-9, 308.
35. Dante L. Germino, *The Italian Fascist Party in Power: A Study in Totalitarian Rule*. Minneapolis: University of Minnesota Press, 1959, e Emilio Gentile, *La via italiana al totalitarismo: Il partito e lo stato nel regime fascista*. Roma: La Nuova Italia Scientifica, 1995, são os que afirmam com mais força a natureza autenticamente totalitária do regime fascista na Itália.
36. Edward N. Peterson, *The Limits of Hitler's Power*. Princeton: Princeton University Press, 1969. Para uma abordagem sobre a União Soviética que se recusa a reduzir tudo a impulsos vindos de cima, ver Sheila Fitzpatrick, *Everyday Stalinism*. Nova York: Oxford University Press, 1999, e *Stalin's Peasants*. Nova York: Oxford University Press, 1994.
37. Friedrich e Brzezinski, *Totalitarian Dictatorship*, p. 22.
38. Benjamin R. Barber, "The Conceptual Foundations of Totalitarianism", em Carl J. Friedrich, Michael Curtis e Benjamin R. Barber, *Totalitarianism in Perspective: Three Views*. Nova York: Praeger, 1969.
39. Karl Dietrich Bracher, por exemplo, preferia o conceito de totalitarismo ao de fascismo, porque acreditava que esse último obscurecia a diferença entre os sistemas políticos ditatoriais e democráticos, que, para os marxistas, eram apenas formas alternadas de "hegemonia burguesa". Ver Bracher. *Zeitgeschlichtliche Kontroversen: Um Faschismus, Totalitarismus, Demokratie* Munique: R. Piper, 1976, caps. 1 e 2, *Schlüsselwörter in der Geschichte: Mit einer Betrachtung zum Totalitarismusproblem*. Düsseldorf: Droste, 1978, p. 33ff, *Zeit der Ideologien: Eine Geschichte politischen Denkens im 20. Jahrhundert*. Stuttgart: Deutsche Verlags-Anstalt, 1982, p. 122ff, 155ff. Um exemplo da posição oposta, vindo da Alemanha Ocidental, é Reinhard Kühnl, *Formen bürgerlicher Herrschaft*. Reinbeck bei Hamburg: Rowohlt, 1971.
40. É esse o modelo que informa a brilhante acusação de Michael Burleigh sobre a violência do nazismo, em *The Third Reich*. Nova York: Hill and Wang, 2000. Martin Malia, *Russia under Western Eyes*. Cambridge, MA: Harvard University Press, 1999, p. 331, descarta o fascismo como categoria.
41. Gleason, *Totalitarianism*, faz uma lúcida recapitulação de todo o debate.
42. Margaretta Buber-Neumann experimentou ambos, e escreveu um clássico livro de memórias sobre isso: *Under Two Dictators*. Nova York: Doubleday, 1949. É claro que, aqui, falamos de campos de concentração como Dachau, e não de campos de extermínio como Auschwitz.

43. Stéphane Courtois et al. *The Black Book of Communism*. Trad. do francês por Jonathan Murphy e Mark Kramer. Cambridge, MA: Harvard University Press, 1999, p. 15, argumenta que Stalin foi responsável por um número de mortes quatro vezes maior do que as ocasionadas por Hitler, apesar de negar a pretensão de estabelecer uma "hierarquia de crueldade" a partir de um "sistema comparativo macabro".
44. Além dos judeus, estavam entre os candidatos para a eliminação os eslavos, os ciganos, as pessoas com transtornos mentais ou doentes crônicas e as testemunhas de Jeová. Muitos incluem os homossexuais nessa lista, mas, embora o regime nazista tenha vigorosamente feito cumprir o Artigo 175 do código penal alemão, e tenha prendido milhares de homossexuais, ele não os executava de maneira sistemática. O próprio Hitler, apesar de ter justificado o assassinato de Ernst Röhm, em junho de 1934, como uma ação contra a homossexualidade, tinha, em tempos mais remotos, se recusado a censurar o notório estilo de vida de Röhm. Kershaw, *Hitler: Hubris*, p. 348.
45. Até mesmo o *Black Book*, p. 168, revê com ceticismo as acusações de genocídio apresentadas por alguns historiadores ucranianos.
46. Alan Bullock se recusa a igualar os dois tipos de assassinatos em *Hitler and Stalin: Parallel Lives*. Londres: HarperCollins, 1991: "Não houve em lugar nenhum uma contraparte [soviética] do Holocausto, em que o assassinato em massa se tornava não um instrumento, mas um fim em si mesmo." (p. 974).
47. Hans Mommsen critica nesses termos as teorias do totalitarismo, de forma ácida em "The Concept of Totalitarianism versus the Comparative Theory of Fascism", em E. A. Menze (org.), *Totalitarianism Reconsidered*. Port Washington, NY: Kennikat Press, 1981, p. 146-66, e em tom mais sereno em "Leistungen und Grenzen des Totalitarismus-Theorems: Die Anwendung auf die nationalsozialistische Diktatur", em Meier (org.), *"Totalitarismus" und "Politische Religionen"*, p. 291-300. A mudança reflete a forma como se acalmaram os conflitos acadêmicos na Alemanha, depois das tensões extremas dos anos 1970.
48. O próprio Hitler falava, já em 1926, de "nossa religião". Philippe Burrin, "Political Religion: The Relevance of a Concept", *History and Memory*, v. 9, n. 1 e 2, p. 333, outono de 1997.
49. Burrin, "Political Religion", oferece, de longe, a análise mais completa e bem pensada. Emilio Gentile, "Fascism as a Political Religion", *Journal of Contemporary History*, p. 190, n. 25, p. 321-52, e Michael Burleigh, *The Third Reich*, p. 5, 9-14 e 252-5, defendem o conceito (Burleigh cita muitas obras sobre esse assunto na p. 816, n. 22). Ver também Meier, *"Totalitarismus"*.

50. Burleigh, *The Third Reich*, p. 255, escreve que o nazismo "cravou uma sonda em um profundo reservatório de angústia existencial, oferecendo salvação para uma crise ontológica".
51. Burrin, "Political Religion", p. 338.
52. Ver Capítulo 1, p. 33-40.
53. Para Roger Griffin, "The Reclamation of Fascist Culture", *European History Quarterly*, p. 31, n. 4, p. 609-20, out. 2001, essa é a "chave" para a compreensão do fascismo. Para alguns dos muitos estudos sobre a cultura fascista, ver o Ensaio bibliográfico, p. 416-8.
54. Bateson citado em Eric Rentschler, "Emotional Engineering: Hitler Youth Quex", em *Modernism/Modernity*, v. 2, p. 3, p. 31, set. 1995.
55. Luisa Passerini, *Fascism in Popular Memory: The Cultural Experience of the Turin Working Class*. Cambridge: Cambridge University Press, 1987.
56. Susan Sontag fez uma interessante tentativa de extrair os elementos de uma estética fascista a partir da obra de Leni Riefenstahl: "Fascinating Fascism", em Sontag, *Under the Sign of Saturn*. Nova York: Farrar, Straus and Giroux, 1980, porém essa mistura de heroísmo viril, ruralismo e anti-intelectualismo pode ser mais bem aplicada à Alemanha.
57. R. J. B. Bosworth é um dos raros autores a defender esse ponto. Ver *The Italian Dictatorship: Problems and Perspectives in the Interpretation of Mussolini and Fascism*. Londres: Arnold, 1998, p. 159, 162, 179.
58. Murray Kempton, "Mussolini in Concert", *New York Review of Books*, v. 30, p. 6, p. 33-5, 24 abr. 1983. Para a incapacidade do nazismo de erradicar o jazz da Alemanha, ver Michael H. Kater, *Different Drummers: Jazz in the Culture of Nazi Germany*. Nova York: Oxford University Press, 1992.
59. Para a Bolívia, ver Capítulo 7, nota 69. Para a China, ver Payne, *History*, p. 337-8; Marcia H. Chang, *The Chinese Blue Shirt Society: Fascism and Developmental Nationalism*. Berkeley e Los Angeles: University of California Press, 1985, e Fred Wakeman Jr., "A Revisionist View of the Nanjing Decade: Confucian Fascism", *China Quarterly*, v. 150, p. 395-430, jun. 1997. Wakeman não considera os camisas azuis autenticamente fascistas. Agradeço a ele pelos conselhos sobre este ponto.
60. Palestras de Gaetano Salvemini em Harvard, publicadas em *Opera de Gaetano Salvemini*, v. VI, *Scritti sul fascismo*, v. I, p. 343.
61. Para as armas como "objeto de amor" dos militantes fascistas, ver Emilio Gentile, *Storia del partito*, p. 498. "Enquanto eu tiver uma caneta em minha mão e um revólver em meu bolso", disse Mussolini depois de romper com os socialistas em 1914, "não temo a ninguém". No início dos anos 1920, ele mantinha um revólver e duas granadas em sua escrivaninha. Nos anos 1930,

o revólver havia migrado para uma gaveta da escrivaninha de seu luxuoso gabinete no Palazzo Venezia. Pierre Milza, *Mussolini*. Paris: Fayard, 1999, p. 183, 232, 252, 442. Hitler preferia chicotes para cachorros (Kershaw, *Hitler*, v. I, p. 188), mas em 23 de abril de 1942 disse a seus convidados durante o almoço que "o porte de armas contribui para o orgulho e a postura de um homem" (*Hitler's Table Talk*. Trad. Norman Cameron e R. H. Stevens. Londres: Weidenfeld and Nicolson, 1953, p. 435).

62. As camisas coloridas vêm da esquerda, provavelmente dos "Mil" de Garibaldi, os voluntários de camisas vermelhas que conquistaram a Sicília e Nápoles em defesa de uma Itália liberal e unida, em 1860. O título Duce também vinha de Garibaldi.

63. Alan Bullock, *Hitler: A Study in Tyranny*, ed. rev. Londres: Harper & Row, 1962, p. 297.

64. Juan J. Linz fez a clássica análise do autoritarismo como forma distinta de regime: "An Authoritarian Regime: Spain", em Erik Allardt e Stein Rokkan (orgs.), *Mass Politics: Studies in Political Sociology*. Nova York: Free Press, 1970, p. 251-83; "From Falange to Movimiento-Organización: The Spanish Single Party and the Franco Regime, 1936-1968", em Samuel P. Huntington e Clement Moore (orgs.), *Authoritarian Politics in Modern Societies: The Dynamics of Established One-Party Systems*. Nova York: Basic Books, 1970, e "Totalitarian and Authoritarian Regimes", em Fred I. Greenstein e Nelson W. Polsby, *Handbook of Political Science*. Reading, MA: Addison-Wesley, 1975, v. III, esp. p. 264-350.

65. Aqui a fronteira entre autoritarismo e fascismo se torna indistinta, pois, na prática, nenhum dos dois consegue o que quer. Diante de um público exaltado, tanto os autoritários quanto os fascistas podem tentar criar uma "solidariedade orgânica" durkheimiana. Ver Paul Brooker, *The Faces of Fraternalism: Nazi Germany, Fascist Italy, and Imperial Japan*. Oxford: Clarendon, 1991. Até mesmo os fascistas podem não ser capazes de conseguir mais do que um consentimento "frágil" e "superficial". Victoria de Grazia, *The Culture of Consent: Mass Organization of Leisure in Fascist Italy*. Cambridge: Cambridge University Press, 1981, p. 20, e cap. 8, "The Limits of Consent". O estudo mais meticuloso da opinião pública alemã sob o nazismo, "Bavaria program", de Martin Broszat, concluiu que a população estava insatisfeita, porém atomizada, fragmentada e passiva. Ver Ian Kershaw, *Popular Opinion and Dissent in the Third Reich*. Oxford: Clarendon, 1983, p. 110, 277, 286, 389.

66. Ver a interessante comparação de Javier Tusell Gomez, "Franchismo et fascismo", em Angelo del Boca et al. *Il regime fascista*, p. 57-92.

67. Michael Richards, *A Time of Silence: Civil War and the Culture of Repression in Franco's Spain, 1936-1945*. Cambridge: Cambridge University Press, 1998, mostra como a autarquia econômica e cultural se encaixa com a repressão interna. O número estimado de mortos aparece na p. 30. Paul Preston, *Franco*. Nova York: Basic Books, 1994, faz sua acusação de fascismo de maneira diferente, enfatizando as íntimas relações de Franco com o Eixo, pelo menos até 1942.
68. O estudo indispensável sobre a Falange é Stanley G. Payne, *Fascism in Spain, 1923-1977*. Madison: University of Wisconsin Press, 1999 (citação na p. 401).
69. Ver Capítulo 6, p. 270-2.
70. Ver Capítulo 6, p. 271-2.
71. Citado em Stanley Payne, *History*, p. 315. Gregory J. Kasza, "Fascism from Above? Japan's *Kakushin* Right in Comparative Perspective," em Stein Ugelvik Larsen, *Fascism Outside Europe* (Boulder, CO: Social Science Monographs, 2001), p. 223-32, a partir do exemplo japonês, propõe uma categoria distinta de regimes de partido único que eliminam os movimentos fascistas ao mesmo tempo que adotam seus recursos, como os movimentos de juventude e a economia corporativista, ficando assim entre o conservadorismo tradicional e o fascismo. Seus exemplos são Japão, Portugal, Polônia em 1939, Estônia e Lituânia. Também seria possível acrescentar o Brasil de Vargas.
72. Ver p. 365-9 deste Capítulo.
73. Franz Neumann, *Behemoth: The Structure and Practice of National Socialism, 1933-1944*. 2. ed. Nova York: Oxford University Press, 1944, p. 39. O ceticismo acerca da ideologia fascista não se limita à esquerda. Ver a famosa denúncia do ex-presidente nazista do Senado de Danzig, Hermann Rauschning, *Revolution of Nihilism*. Nova York: Alliance/Longman's Green, 1939. Ver, também, os comentários de Hannah Arendt citados no Capítulo 2, p. 76.
74. Ver Capítulo 1, p. 33-40.

ENSAIO BIBLIOGRÁFICO

O fascismo provocou um maremoto de tinta. Renzo de Felice incluiu 12.208 livros e artigos numa bibliografia dedicada, em sua maior parte, ao fascismo italiano.[1] A quantidade de publicações sobre Hitler e o nazismo é ainda maior. Há ainda uma lista substancial de obras em outros países, além de numerosos estudos sobre o fascismo em geral. Obviamente, é impossível para um intelectual sozinho, por mais diligente que seja, ter domínio sobre toda a literatura tratando de todos os fascismos. Sendo assim, este capítulo bibliográfico é necessariamente seletivo. Tudo o que posso fazer aqui é apresentar uma seleção pessoal de obras que me foram especialmente úteis: por marcar os pontos de transição, por definir interpretações importantes ou por cobrir aspectos essenciais com autoridade intelectual. Muitos deles contêm bibliografias detalhadas para uma leitura mais especializada. Não pretendo ser completo.

I. OBRAS GERAIS

A história narrativa mais reconhecidamente confiável tratando de todos os movimentos e regimes fascistas é a prodigiosamente erudita obra de Stanley G. Payne, *A History of Fascism, 1914-1945*. Madison: University of Wisconsin Press, 1995, embora ela descreva melhor do que explique.

Les fascismes, de Pierre Milza. Paris: Imprimerie Nationale, 1985, é também bem-informada e abrangente. A mais influente das tentativas recentes de definir o fascismo vem de Roger Griffin, *The Nature of Fascism*, Londres: Routledge, 1994; e *International Fascism: Theories, Causes, and the New Consensus*. Londres: Arnold, 1998, embora me pareça mais provável que sua insistência em reduzir o fascismo a uma frase incisiva iniba mais do que estimule a análise da forma de como este funcionava e de com quem ele operava.

Pequenas introduções existem em grande número. *Fascismo: uma breve introdução*, de Kevin Passmore. São Paulo: Dialética, 2022, é muito curta, porém vibrante. Três das mais recentes pequenas introduções tomam direções profundamente contrastantes. Mark Neocleous, *Fascism*. Minneapolis: University of Minnesota Press, 1997, adota uma abordagem típica dos estudos culturais, na qual o fascismo reflete o lado obscuro da modernidade e do capitalismo e é conduzido não por interesses, mas por imagens de guerra, da natureza e da nação. Philip Morgan, *Fascism in Europe, 1919-1945*. Londres: Routledge, 2003, apresenta uma cuidadosa e aprofundada narrativa histórica. Ele para em 1945, mas Roger Eatwell, *Fascism: A History*. Londres: Penguin, 1996, dedica metade de seu limitado espaço ao período do pós-guerra.

Uma excelente introdução à ascensão do nazismo é a de Anthony J. Nicholls, *Weimar and the Rise of Hitler*. 4. ed. Nova York: St. Martin's Press, 2000. Conan Fischer, *The Rise of the Nazis*. 2. ed. Manchester: Manchester University Press, 2002, analisa a grande atração exercida pelo partido.

A introdução clássica à Itália de Mussolini está em Alexander de Grand, *Italian Fascism: Its Origins and Development*. 3. ed. Lincoln: University of Nebraska Press, 2000. Outras introduções úteis incluem Philip Morgan, *Italian Fascism 1919-1945*. Basingstoke: Macmillan, 1995; John Whittam, *Fascist Italy*. Manchester: Manchester University Press, 1995; e Pierre Milza, *Le fascisme italien, 1919-1945*. Paris: Seuil, 1997.

Diversos países são discutidos de maneira estimulante em Stein U. Larsen, Bernt Hagtvet, Jan P. Myklebust (orgs.), *Who Were the*

Fascists: Social Roots of European Fascism. Oslo: Universitetsforlaget, 1980. Dentre as obras coletivas mais antigas que mantiveram seu valor constam Walter Laqueur (org.), *Fascism: A Reader's Guide*. Berkeley e Los Angeles: University of California Press, 1976; Hans Rogger e Eugen Weber (orgs.), *The European Right: A Historical Profile*. Berkeley e Los Angeles: University of California Press, 1966; e dois volumes editados por Stuart J. Woolf, *Fascism in Europe*. Londres; Nova York: Methuen, 1981, e *The Nature of Fascism*. Nova York: Random House, 1968.

Jeremy Noakes e Geoffrey Pridham, *Nazism 1919-45: A Documentary Reader*, ed. rev., 4 v. Exeter: University of Exeter Press, 1995-1998, oferece uma coleção excepcional de documentos, acompanhados por comentários esclarecedores. Documentos sobre o fascismo italiano estão reunidos em Charles F. Delzell (org.), *Mediterranean Fascism, 1919-1945*. Nova York: Harper, 1970; Adrian Lyttelton (org.), *Italian Fascisms: From Pareto to Gentile*, Nova York: Harper, 1975; John Pollard, *The Fascist Experience in Italy*. Londres: Routledge, 1998; e Jeffrey Schnapp, *A Primer of Italian Fascism*. Lincoln: University of Nebraska Press, 2000. O volume de Delzell contém também alguns documentos sobre a Espanha de Franco e o Portugal de Salazar. Ver, também, Hugh Thomas (org.), *Selected Writings of José Antonio Primo de Rivera*. Londres: Jonathan Cape, 1972. Eugen Weber (org.), *Varieties of Fascism*. Melbourne, FL: Krieger, 1982, inclui uma amostragem interessante de textos fascistas provenientes de todos os países já mencionados, além da Grã-Bretanha, Noruega, Bélgica, Hungria e Romênia, selecionados de forma a ilustrar a tese de Weber, que trata da natureza revolucionária do fascismo.

II. INTERPRETAÇÕES DO FASCISMO

Renzo de Felice faz críticas a muitas abordagens gerais em *Interpretations of Fascism*. Cambridge, MA: Harvard University Press, 1977. Ele concluiu que cada regime era único, e que nenhuma interpretação geral funciona. Pierre Ayçoberry, *The Nazi Question*. Nova York: Pantheon,

1981, e Wolfgang Wippermann, *Faschismustheorien*. 7. ed. Darmstadt: Primus/NNO, 1997, discutem várias interpretações e seus problemas. Ver também Ernst Nolte (org.), *Theorien über den Faschismus*. 6. ed. Colônia; Berlim: Kiepenheuer and Witsch, 1984.

Carl J. Friedrich e Zbigniew Brzezinski, *Totalitarian Dictatorship and Autocracy*. 2. ed. Nova York: Praeger, 1966, continua sendo a análise mais substancial sobre o conceito de totalitarismo. Abbott Gleason, *Totalitarianism: The Inner History of the Cold War*. Nova York: Oxford University Press, 1995, analisa de forma extremamente competente o longo debate sobre a questão. O conceito é atacado e defendido em Carl J. Friedrich, Benjamin R. Barber e Michael Curtis, *Totalitarianism in Perspective: Three Views*. Nova York: Praeger, 1969.

A melhor definição de autoritarismo, e também a melhor delimitação de suas fronteiras com o fascismo, foi traçada por Juan J. Linz, "Totalitarian and Authoritarian Regimes", em Fred Greenstein e Nelson Polsby (orgs.), *Handbook of Political Science*, v. 3: *Macropolitical Theory*. Reading, MA: Addison-Wesley, 1975, p. 175–411, republicado e atualizado em Linz, *Totalitarian and Authoritarian Regimes*. Boulder, CO: Lynne Rienner, 2000.

III. BIOGRAFIAS

A biografia de Hitler de maior destaque atualmente é Ian Kershaw, *Hitler: uma biografia*. São Paulo: Companhia das Letras, 2010. Kershaw associa o ditador à sociedade que o imaginou, e que "trabalhou em direção" a seu líder sem precisar ser forçada a isso. Entre as muitas biografias mais antigas, Alan Bullock, *Hitler: A Study in Tyranny*, ed. rev. Nova York: Harper, 1962, inter-relaciona de maneira inteligente o homem e suas circunstâncias. Joachim C. Fest, *Hitler*. Nova York: Harcourt, Brace, Jovanovitch, 1974, apresenta vívidos detalhes.

Brigitte Hamann, *Hitler's Vienna: A Dictator's Apprenticeship*. Nova York: Oxford University Press, 1999, é o mais completo relato da juventude de Hitler. Harold J. Gordon, *Hitler and the Beer Hall Putsch*. Princeton: Princeton University Press, 1972, examina esse primeiro passo crucial na carreira de Hitler. A tentação de psicanalisar Hitler foi irresistível. Um dos primeiros exemplos, Walter C. Langer, *A mente de Adolf Hitler: o relatório secreto que investigou a psique do líder da Alemanha nazista*. São Paulo: Leya, 2018, foi preparado para os formuladores das políticas estadunidenses ainda durante a Segunda Guerra Mundial. Os anos 1970 trouxeram Robert G. L. Waite, *The Psychopathic God*. Nova York: Basic Books, 1977, e Rudolf Binion, *Hitler Among the Germans*. Nova York, Oxford, Amsterdã: Elsevier, 1976. O estudo mais recente, Fredrick C. Redlich, M.D., *Hitler: Diagnosis of a Destructive Prophet*. Nova York: Oxford University Press, 1998, é mais cauteloso. Ao julgar que uma psicanálise de Hitler seria de "pouco valor" devido à escassez de evidências (p. xiv), o Dr. Redlich analisa o histórico médico de Hitler e traça um perfil psicológico.

Eberhard Jäckel insiste, em *Hitler's World View: A Blueprint for Power*. Cambridge, MA: Harvard University Press, 1981, que Hitler tinha um programa, apesar dos inevitáveis ajustes oportunistas. Henry A. Turner Jr. demonstra que seu darwinismo social se aplicava à economia e à sociedade, bem como às relações internacionais, em "Hitlers Einstellung zu Wirtschaft und Gesellschaft", *Geschichte und Gesellschaft*, v. 2, n. 1, p. 89–117, 1976.

A mais completa biografia de Mussolini em inglês, atualmente, é R. J. B. Bosworth, *Mussolini: a biografia definitiva*. Rio de Janeiro: Globo Livros, 2023. Ela apresenta o Duce como um oportunista inteligente, porém sem conteúdo. Pierre Milza, *Mussolini*. Rio de Janeiro: Nova Fronteira, 2011, é bem-informada, equilibrada e ponderada. Denis Mack Smith, *Mussolini*. Nova York: Knopf, 1982, é condescendente e pouco densa no que se trata do contexto mais amplo. Também em inglês, Jasper Ridley, *Mussolini*. Londres: Constable, 1995, é uma biografia curta, fluente e razoavelmente precisa, escrita por um não especialista. Alessandro Campi, *Mussolini*. Bolonha: Il Mulino, 2001, é uma avaliação breve, mas bastante sugestiva. Um relato ainda valioso dos primeiros anos de Mussolini é Gaudens Megaro, *Mussolini in the Making*. Boston: Houghton Mifflin, 1938. Luisa Passerini, *Mussolini imaginario: Storia di une biografa, 1915-1939*. Bari: Laterza, 1991, fornece uma visão fascinante da forma como Mussolini foi apresentado aos italianos, embora essas imagens fossem mais resultado de seu poder do que explicação para tal poder.

A biografia de referência é a desigual e idiossincrática, porém exaustivamente documentada, obra de Renzo de Felice, *Mussolini*, 7 v. Turim: Einaudi, 1965-1997, que não estava inteiramente completa à época da morte do autor, em 1996.[2] A extensa obra de De Felice, bem como a flutuação de suas opiniões são analisadas de maneira útil por Borden W. Painter Jr., "Renzo de Felice and the Historiography of Italian Fascism", *American Historical Review*. v. 95, n. 2, p. 391-405, abr. 1990; por Emilio Gentile (aluno de De Felice) em "Fascism in Italian Historiography: In Search of an Individual Historical Identity", *Journal of Contemporary History*, v. 21, p. 179-208, 1986; e de maneira mais crítica por MacGregor Knox em "In the Duce's Defense", *Times* (Londres) *Literary Supplement*, p. 3-4, 26 fev. 1999.

IV. CRIAÇÃO E ENRAIZAMENTO DOS MOVIMENTOS

Uma ponderada reflexão sobre o início do fascismo é Roberto Vivarelli, "Interpretations of the Origins of Fascism", *Journal of Modern History*, v. 63, n. l, p. 29-43, mar. 1991.

A atitude dominante, quando se trata do surgimento do fascismo, foi sempre a de buscar traçar sua linhagem ideológica. Obras importantes seguindo essa tendência, na Itália, incluem Emilio Gentile, *Le origini dell'ideologia fascista: 1918-1925*. Bari: Laterza, 1982, e Zeev Sternhell, com Mario Sznajder e Maia Asheri, *Nascimento da ideologia fascista*, Bertrand: Lisboa, 1995. Os estudos mais influentes sobre as raízes intelectuais e culturais do nazismo são George L. Mosse, *The Crisis of German Ideology*. Nova York: Howard Fertig, 1998 (orig. pub. em 1964), e Fritz R. Stern, *The Politics of Cultural Despair*. Berkeley; Los Angeles: University of California Press, 1974 (orig. pub. em 1961).

No entanto, para compreender o rumo posteriormente tomado pelo fascismo e seus seguidores, é necessário observar também o ambiente político e social, e se perguntar como o fascismo veio a representar determinados interesses específicos e a conquistar aliados importantes. As diferenças regionais também foram importantes. O relato mais sofisticado e aprofundado sobre a forma de como o fascismo estabeleceu seu poder numa localidade italiana é Paul Corner, *Fascism in Ferrara*. Oxford: Oxford University Press, 1976. Outros bons estudos sobre o enraizamento do fascismo na escala local incluem Frank M. Snowden, *Violence and Great Estates in the South of Italy: Apulia 1900-1922*. Cambridge: Cambridge University Press, 1986; e *The Fascist Revolution in Tuscany, 1919-1922*. Cambridge: Cambridge University Press, 1989; Anthony L. Cardoza, *Agrarian Elites and Italian Fascism: The Province of Bologna, 1901-1926*. Princeton: Princeton University Press, 1982; Francis Jay Demers, *Le origini del fascismo a Cremona*. Bari: Laterza, 1979; A. Roveri, *Le origini del fascismo a Ferrara, 1915-1925*. Milão: Feltrinelli, 1971; Simona Colarizi, *Dopoguerra e fascismo in Puglia*. Bari: Laterza, 1971; e Alice Kelikian, *Town and Country under Fascism: The Transformation of Brescia, 1915-1926*. Oxford: Oxford University Press, 1985. Jonathan Steinberg, "Fascism in the Italian South", em David Forgacs (org.), *Rethinking Italian Fascism*. Londres: Lawrence e Wishart, 1986, p. 83-109, esclarece de que forma específica o fascismo conseguiu penetrar no clientelismo do *mezzogiorno*.

Sobre o enraizamento do nazismo em localidades específicas, o leitor não deve perder a atraente narrativa de William Sheridan Allen, *The Nazi Seizure of Power: The Experience of a Single German Town*, ed. rev. Nova York: Franklin Watts, 1984. Rudy Koshar escreveu uma importante obra sobre "o processo por meio do qual a estrutura intermediária foi tomada pelos nazistas". Ver seu "From *Stammtisch* to Party: Nazi Joiners and the Contradictions of Grassroots Fascism in Weimar Germany", *Journal of Modern History*, v. 59, n. 1, p. 1-24, mar.

1987, e seus estudos locais: "Two Nazisms: The Social Context of Nazi Mobilization in Marburg and Tübingen", *Social History*, v. 7, n. 1, jan. 1982, e *Social Life, Local Politics, and Nazism: Marburg, 1880-1935*. Chapel Hill: University of North Carolina Press, 1986. Ver também Anthony McElligott, *Contested City: Municipal Politics and the Rise of Nazism in Altona, 1917-1937*. Ann Arbor: University of Michigan Press, 1998.

O nazismo em alguns estados alemães em particular é o tema das importantes obras de Jeremy Noakes, *The Nazi Party in Lower Saxony*. Londres: Oxford University Press, 1971; Geoffrey Pridham, *Hitler's Rise to Power: The Nazi Movement in Bavaria, 1923-1933*. Londres: Hart-Davis MacGibbon, 1973; Johnpeter Horst Grill, *The Nazi Movement in Baden, 1920-1945*. Chapel Hill: University of North Carolina Press, 1983; e Rudolph Heberle, *From Democracy to Nazism*. Nova York: Grosset and Dunlap, 1970 (sobre Schleswig-Holstein).

Conan Fischer evoca a violenta e ideologicamente contraditória subcultura da SA em *Stormtroopers*. Londres: George Allen and Unwin, 1983. O mais completo estudo atualmente disponível é Peter Longerich, *Die braune Bataillone: Geschichte der SA*. Munique: C. H. Beck, 1989.

Precondições: Jürgen Kocka acreditava que a permanência de poderosas elites pré-industriais era a precondição mais importante para o crescimento do fascismo. Ver seu "Ursachen des Nationalsozialismus", *Aus Politik und Zeitgeschichte*. Beilage zur Wochenzeitung *Das Parlament*, p. 3-15, 21 jun. 1980. Geoff Eley respondeu com um argumento que favorecia as crises capitalistas como principal precondição, em "What Produces Fascism: Preindustrial Traditions or a Crisis of the Capitalist State?", *Politics and Society*, v. 12, n. 2, p. 53-82, 1983. Gregory M. Luebbert propôs em *Liberalism, Fascism or Social Democracy: Social Class and the Political Origins of Regimes in Interwar Europe*. Oxford: Oxford University Press, 1991, que a variável mais importante é a formação de coalizões políticas: o liberalismo prevaleceu em sistemas políticos nos quais os setores trabalhistas aceitavam melhorias graduais, e onde tanto os trabalhadores quanto os agricultores familiares [*family farmers*] apoiavam os reformistas liberais, ao passo que o fascismo encontrou terreno fértil nos locais onde o setor trabalhista era militante, e onde, sob condições de crise, os liberais urbanos e os agricultores familiares amedrontados buscavam reforços. Os cientistas políticos Gisèle de Meur e Dirk Berg-Schlosser estabeleceram um sistema de análise de múltiplas variáveis políticas, econômicas e sociais para demonstrar os locais onde o surgimento do fascismo era provável em "Conditions of Authoritarianism, Fascism, and Democracy in Interwar Europe", em *Comparative Political Studies*, v. 29, n. 4, p. 423-68, ago. 1996. Eles apontam as dificuldades encontradas ao se comparar um grande número de variáveis para um número relativamente pequeno de casos; sua abordagem necessariamente deixa de fora as escolhas individuais dos líderes.

Assim como Luebbert, Barrington Moore Jr., *As origens sociais da ditadura e da democracia: senhores e camponeses na construção do mundo moderno*. Lisboa: Edições 70, 2010, coloca a economia agrícola no centro de sua análise, embora assuma uma perspectiva de longo prazo sobre os diversos caminhos pelos quais a agricultura veio a se encontrar com o capitalismo na Grã-Bretanha, na Alemanha e no Japão.

Esses estudos sobre as precondições para a implantação do fascismo enfatizam forças e queixas sociais e econômicas. William Brustein, *The Logic of Evil: The Social Origins of the Nazi Party, 1925-33*. New Haven: Yale University Press, 1996, a partir de estatísticas de filiação (problemáticas), chega à conclusão (controversa) de que os primeiros membros do partido se filiaram por acharem que racionalmente o programa social dos nazistas traria a eles benefícios diretos, mais do que em função de paixões ou ódios.

Outros autores ressaltaram o apelo do fascismo a sentimentos irracionais. O apelo de uma fraternidade masculina é elaboradamente ilustrado para o caso nazista por Klaus Theweleit em *Male Fantasies*. Minneapolis: University of Minnesota Press, 1987-1989, ainda que fantasias semelhantes possam ter existido em países que não aderiram ao fascismo. Sobre a Itália, ver Barbara Spackman, *Fascist Virilities: Rhetoric, Ideology, and Social Fantasy in Italy*. Minneapolis: University of Minnesota Press, 1997. Entre as guerras, os sociólogos da Escola de Frankfurt acreditavam que tanto Freud quanto Marx eram úteis para explicar o fascismo, interesse que produziu Theodor Adorno et al., *The Authoritarian Personality*. Nova York: Norton, 1982 (orig. pub. em 1950). [Em 2019 a Editora Unesp produziu *Estudos sobre a personalidade autoritária*, resultado de uma seleção de textos da obra original.] Erich Fromm, *Escape from Freedom*. Nova York: Holt, Rinehart and Winston, 1941, expressa o influente argumento de que a liberdade moderna é tão assustadora que muitas pessoas buscam conforto na submissão. Peter Loewenburg, "Psycho-historical Origins of the Nazi Youth Cohort", *American Historical Review*, v. 76, p. 1457–502, 1971, com maior sucesso do que a maior parte dos psico-historiadores, baseia seu argumento num contexto histórico específico para demonstrar como toda uma geração de crianças alemãs foi preparada para o nazismo pelo "Inverno dos Nabos", de 1917, e também pela ausência dos pais, ainda que as crianças de todos os países beligerantes tenham sofrido com esta última condição. O problema de todas as explicações psicológicas é que é muito difícil provar que as experiências emocionais dos italianos e dos alemães tenham sido marcantemente diferentes das dos franceses, por exemplo.

Os veteranos foram um elemento vital na primeira etapa do recrutamento fascista (embora muitos filiados fossem mais jovens). O estudo mais rico sobre os veteranos de qualquer país europeu e sobre o papel desempenhado por eles posteriormente a 1918 é Antoine Prost, *Les Anciens combattants et la société française*. Paris: Presses de la Fondation Nationale des Sciences Politiques, 1977. Sobre a Alemanha, pode-se consultar os relatos mais estritamente políticos de Volker R. Berghahn, *Der Stahlhelm*. Düsseldorf: Droste, 1966; Karl Rohe, *Das Reichsbanner Schwarz Rot Gold*. Düsseldorf: Droste, 1966; e, sobre a esquerda, Kurt G. P. Schuster, *Der Rote Frontkämpferbund*. Düsseldorf: Droste, 1975. Graham Wootton examina as táticas dos veteranos britânicos em *The Politics of Influence*. Cambridge, MA: Harvard University Press, 1963. O relato tradicional sobre os veteranos italianos, G. Sabatucci, *I combattenti del primo dopoguerra*. Bari: Laterza, 1974, cobre apenas os anos do pós-guerra imediato.

V. A CONQUISTA DO PODER

A mais penetrante análise da chegada de Mussolini ao poder, em qualquer língua, é Adrian Lyttelton, *The Seizure of Power*. 2. ed. Princeton: Princeton University Press, 1987. A bem-informada e atraente obra de Angelo Tasca, *The Rise of Italian Fascism: 1918-1922*. Nova York: Howard Fertig, 1966, escrita por um ex-socialista exilado e publicada pela primeira vez na França, em 1938, ainda merece ser lida.

O estudo mais abalizado disponível em inglês sobre as contingências, incertezas e escolhas envolvidas nos últimos passos da chegada de Hitler ao poder é Henry Ashby Turner Jr., *Hitler's Thirty Days to Power*. Reading, MA: Addison-Wesley, 1996. O mais aprofundado dos exames históricos de longo prazo é Karl Dietrich Bracher, Gerhard Schulz e Wolfgang Sauer, *Die nationalsozialistische Machtergreifung: Studien zur Errichtung des totalitären Herrschaftssystems in Deutschland, 1933-34*, 3 v. Colônia; Opladen: Westdeutscher Verlag, 1960-1962. Gerhard Schulz estuda detalhadamente a evolução dos sistemas constitucionais e políticos durante a crise final em *Zwischen Demokratie und Diktatur*, v. III: *Von Brüning zu Hitler: Der Wandel des politischen systems in Deutschland 1930-33*. Berlim; Nova York: De Gruyter, 1992. Os artigos em Peter D. Stachura (org.), *The Nazi Machtergreifung*. Londres; Boston: Allen Unwin, 1983, ainda são úteis no que diz respeito às reações de diferentes grupos sociais. Peter Fritzsche, *Germans into Nazis*. Cambridge, MA: Harvard University Press, 1998, oferece um relato vibrante do entusiasmo popular.

Uma precondição essencial para a tomada do poder pelos fascistas é o espaço deixado aberto pelo fracasso da democracia, assunto muitas vezes negligenciado porque muitos supõem que o líder fascista fez tudo sozinho. Um raro e valioso estudo é Juan J. Linz e Alfred Stepan (org.), *The Breakdown of Democratic Regimes: Europe*. Baltimore: Johns Hopkins University Press, 1978; o artigo sobre a Itália, de Paolo Farneti, é especialmente útil. Os ponderados ensaios incluídos em Dirk Berg-Schlosse e Jeremy Mitchell (orgs.), *Conditions of Democracy in Europe, 1919-1939*. Nova York: St. Martin's Press, 2000, também são importantes.

Sobre o fracasso da República de Weimar, a obra clássica é Karl Dietrich Bracher, *Die Auflösung der Weimarer Republik*. Villingen: Ring-Verlag, 1960. Hans Mommsen, *The Rise and Fall of Weimar Germany*. Chapel Hill: University of North Carolina Press, 1996; e Detlev Peukert, *The Weimar Republic: The Crisis of Classical Modernity*. Trad. Richard Deveson. Nova York: Hill and Wang, 1993, são ricos e sugestivos, ao passo que Eberhard Kolb, *The Weimar Republic*. Londres, Boston: Unwin Hyman, 1988, envelheceu bastante. Larry Eugene Jones, *German Liberalism and the Dissolution of the Weimar Party System*. Chapel Hill: University of North Carolina Press, 1988, é o relato mais ponderado sobre o colapso do centro político de Weimar. Dois excelentes artigos sobre a forma como um outro grupo decisivo – os agricultores – se voltou para o nazismo são Horst Gies, "The NSDAP and Agrarian Organizations in the Final Phase of the Weimar Republic", em Henry Ashby Turner Jr. (org.), *Nazism and the Third Reich*. Nova York: Franklin Watts, 1972; e Zdenek Zofka, "Between Bauernbund and National Socialism: The Political Orientation of the Peasants in the Final Phases of the Weimar Republic", em Thomas Childers (org.), *The Formation of the Nazi Constituency*. Londres: Croom Helm, 1986. Esta última obra é útil do início ao fim.

O êxito eleitoral importava mais para Hitler do que para Mussolini. Richard Hamilton, *Who Voted for Hitler*. Princeton: Princeton University Press, 1982, provou pela primeira vez que a base de apoio eleitoral de Hitler incluía muitos eleitores da classe alta, bem como da classe média baixa. Desde então, estudos auxiliados por computadores sobre o eleitorado nazista solidificaram nossos conhecimentos sobre a forma como o Partido Nazista conseguiu votos em todas as classes, embora não tanto entre os segmentos da população bem ancorados numa outra comunidade, como os católicos ou os marxistas. Ao que parece, a classe importava menos que a cultura. Ver Thomas Childers, *The Nazi Voter*. Chapel Hill: University of North Carolina Press, 1983, bem como seu volume editado já mencionado, *The Formation of the Nazi Constituency*, e Jürgen Falter, *Hitlers Wäighler*. Munique: Beck, 1991. Dick Geary, "Who Voted for the Nazis", *History Today*, v. 48, p. 10, p. 8–14, out. de 1998, resume de forma breve essas descobertas.

Estudos recentes sobre a filiação partidária, diferentemente dos estudos sobre o seu eleitorado, desmentiram a interpretação do fascismo como movimento da classe média baixa, e ampliaram em muito o papel da classe trabalhadora, especialmente se acrescentarmos a SA (que tinha muitos integrantes que não eram membros do partido). Obras de importância nesta área incluem Detlef Mühlberger, *Hitler's Followers*. Londres: Routledge, 1991; e Conan Fischer (org.), *The Rise of National Socialism and the Working Class*. Providence, RI: Berghahn, 1996. A melhor obra no que se refere à Itália, campo de estudo bem mais reduzido, é Jens Petersen, "Elettorato e base sociale del fascismo negli anni venti", *Studi storici*, v. 3, p. 627–69, 1975. Ver em inglês o artigo de Marco Revelli sobre a Itália em Detlef Mühlberger (org.), *The Social Basis of European Fascist Movements*. Londres: Croom Helm, 1987.

Análises sociais de grande utilidade sobre os quadros e o eleitorado dos partidos, em relação a uma série de países, podem ser encontradas em Larsen et al., *Who Were the Fascists*, e Mühlberger, *Social Basis*, anteriormente citados. Os estudos sobre a composição social dos movimentos fascistas devem fazer distinção entre os diferentes estágios, pois, ao longo do seu desenvolvimento, a filiação dos movimentos sofreu flutuações, e os partidos já no poder se beneficiaram do fato de que as filiações passaram a ser moda.

Emilio Gentile, *Storia del Partito Fascista 1919–1922: Movimento e Militia*. Bari: Laterza, 1989, é o primeiro estudo sério do partido de

Mussolini. Gentile leva adiante sua contribuição em *Fascismo e antifascismo: I partiti italiani fra le due guerre*. Florença: Le Monier, 2000, obra que também analisa os partidos fascistas e antifascistas.

O Partido Nazista foi mais intensamente estudado. A obra mais recente é Michael Kater, *The Nazi Party: A Social Profile of Members and Leaders, 1919–45*. Oxford: Blackwell, 1983, ao passo que Dietrich Orlow, *History of the Nazi Party*, 2 v. Pittsburgh: University of Pittsburgh Press, 1969–1973, é mais útil no que se refere às estruturas institucionais do que ao tratar da filiação partidária.

A complexa questão das fontes do dinheiro dos nazistas foi colocada em terreno sólido na obra de Henry Ashby Turner Jr., que mostra, em *German Big Business and the Rise of Hitler*. Nova York: Oxford University Press, 1985, com base em exaustivos estudos dos arquivos empresariais, que os industriais alemães contribuíram com todos os partidos não marxistas, que eles desconfiavam de Hitler e lhe ofereceram um apoio limitado, e que teriam preferido Von Papen como chanceler. Os nazistas nunca dependeram muito dos contribuintes ricos, pois conseguiam levantar grandes quantias em comícios e por meio de pequenas contribuições. O financiamento do fascismo italiano, menos estudado, só pode ser analisado pela justaposição de trechos da biografia de De Felice e de outras. William A. Renzi, "Mussolini's Sources of Financial Support 1914–1915", *History*, v. 56, n. 187, p. 186–206, jun. 1971, esclarece de forma definitiva quem pagou pelo novo jornal pró-guerra de Mussolini, em 1915.

VI. O EXERCÍCIO DO PODER

Ian Kershaw, *The Nazi Dictatorship: Problems and Perspectives of Interpretation*. 4. ed. Londres: Arnold, 2000, é um útil e ponderado exame das diversas interpretações do nazismo no poder. Uma obra paralela sobre a Itália fascista, esclarecedora a despeito de sua tendência à polêmica petulante, é R. J. B. Bosworth, *The Italian Dictatorship*:

Problems and Perspectives in Interpreting Mussolini and Fascism. Londres: Arnold, 1998. Bosworth faz fortes críticas a De Felice, a seu pupilo Emilio Gentile e aos estudos culturais em geral. Um breve resumo do regime de Hitler, recentemente publicado, é Jost Dülffer, *Nazi Germany: Faith and Annihilation, 1933-1945*. Londres: Arnold, 1996.

Houve uma época em que parecia natural ver as sociedades fascistas como emanações homogêneas da vontade do ditador. Hoje em dia, os intelectuais percebem que a forma como a vontade do ditador se entrelaçava com a sociedade é uma questão muito mais complexa e problemática do que se supunha: será que o projeto fascista foi imposto à força, foi aplicado por meio do poder de convencimento da propaganda ou foi negociado com elementos poderosos da sociedade em torno de interesses convergentes?

Os primeiros estudos sobre o regime nazista enfatizavam o controle ditatorial partindo de cima: por exemplo, Karl Dietrich Bracher, *The German Dictatorship*. Nova York: Praeger, 1970. Ver, de Bracher, o mais breve "The Stages of Totalitarian Integration", em Hajo Holborn (org.), *Republic to Reich: The Making of the Nazi Revolution*. Nova York: Pantheon, 1972.

Mais recentemente, a ênfase foi deslocada para a complexidade do regime nazista, dentro do qual muitos elementos do governo constitucional tradicional e da sociedade civil conservadora coexistiam com o domínio extravagante do partido, e no qual Hitler servia de árbitro entre as agências que competiam entre si e cujas funções eram superpostas. As primeiras obras a tratar dessa complexidade foram Ernst Fraenkel, *The Dual State*. Nova York: Oxford University Press, 1941, com sua distinção, ainda produtiva, entre os estados "normativo" e "prerrogativo" dentro do sistema nazista, e Franz Neumann, *Behemoth*. Nova York: Oxford University Press, 1942. Mais recentemente, Martin Broszat, *The Hitler State*. Londres; Nova York: Longman, 1981; e Hans Mommsen em muitas obras, das quais uma amostragem foi publicada em inglês como *From Weimar to Auschwitz*. Oxford: Oxford University Press, 1991, produziram um conceito mais sofisticado sobre a complexa divisão do poder entre os conservadores e os nazistas, denominando-a de poliocracia. A mais completa coletânea dos escritos de Hans Mommsen é *Der Nationalsozialismus und die deutsche Gesellschaft: Ausgewählte Aufsätze*, Lutz Niethammer e Bernd Weisbrod (orgs.). Reinbeck bei Hamburg: Rowohlt, 1991. Um breve estudo recente sobre o regime nazista, elaborado a partir dessa perspectiva, é Norbert Frei, *National Socialist Rule in Germany: The Führer State, 1933-1945*. Oxford: Blackwell, 1993; 2. ed. alemã, 2001. Pierre Ayçoberry revisita essas questões em *Social History of the Third Reich*. Nova York: New Press, 2000.

De forma semelhante, o estudo sobre a Itália de Mussolini, durante muito tempo, foi dominado por De Felice, que enfatizava o domínio pessoal e as aspirações totalitárias, auxiliadas pela passividade e pelo "consenso" popular. Seu discípulo Emilio Gentile defende, em *La via italiana al totalitarismo: Il partito e lo Stato nel regime fascista*. Roma: La Nuova Italia Scientifica, 1995, que, nos anos 1930, o regime avançou fortemente nessa direção. Embora admita que o experimento totalitário tenha sido incompleto, ele se interessa menos pelo problema de como o projeto fascista foi alterado e subvertido no processo de sua integração à sociedade italiana.

Massimo Legnani vinha desenvolvendo uma análise policrática da Itália fascista à época de sua morte precoce. Seus artigos foram coletados postumamente em Legnani, *L'Italia dal fascismo alla Repubblica: Sistema de potere e alleanze sociali*. Roma: Carocci, 2000, e sua abordagem foi retomada por A. de Bernardi, *Une dittatura moderna: Il fascismo come problema storico*. Milão: Bruno Mondadori, 2001 – até mesmo a palavra *policrático* aparece (p. 222). Ver também Philippe Burrin, "Politique et société: Les structures du pouvoir dans l'Italie fasciste et l'Allemagne nazie", *Annales: Économies, sociétés, civilisations*, v. 43, n. 3, jun. 1988.

Várias coletâneas de artigos esclarecedores deram uma ênfase muito correta à forma complexa e seletiva pela qual o fascismo foi integrado à sociedade italiana por meio das tentativas de Mussolini de "normalizar" as relações com os poderes sociais preexistentes, ou (com menos sucesso) de dominá-los. No que se refere à Itália, uma obra excepcional é a Angelo del Boca, Massimo Legnani e Mario G. Rossi (orgs.), *Il Regime Fascista: Storia e storiografia*. Bari: Laterza, 1995. Ver, em inglês, Roland Sarti (org.), *The Ax Within: Fascism in Action*. Nova York: Franklin Watts, 1974. Alberto Aquarone e Maurizio Vernassa, *Il regime fascista*, nova ed. Bolonha: Il Mulino, 1974; e Guido Quazza (org.), *Fascismo e società italiana*. Turim: Einaudi, 1973, o último deles, consistindo numa série de bem-informados ensaios escritos por marxistas de mente aberta, ainda são interessantes. Edward R. Tannenbaum, *The Fascist Experience: Italian Society and Culture, 1922-1945*. Nova York: Basic Books, 1972, embora obsoleto, não tem equivalente em inglês no que se trata da vida sob a ditadura.

A rica obra de Salvatore Lupo, *Il fascismo: La política in un regime totalitário*. Roma: Donzelli, 2000, oferece outra visão inovadora sobre a complexidade do regime, com suas variações regionais, suas rivalidades pessoais e os desdobramentos de sua radicalização, sendo particularmente esclarecedor no que se refere às peculiaridades do fascismo no sul. Patrizia Dogliani, *L'Italia Fascista, 1922-1940*. Milão: Sansoni, 1999, fornece uma estimulante e nova avaliação da forma como o regime se desenvolveu até sua entrada na Segunda Guerra Mundial, contando com uma bibliografia bastante completa. Jens Petersen e Wolfgang Schieder, *Faschismus und Gesellschaft in Italien: Staat, Wirtschaft, Kultur*. Colônia: S. H. Verlag, 1998, contém artigos de interesse. Ver, também, um estimulante debate entre esses mesmos intelectuais e alguns outros em Kolloquien des Instituts für Zeitgeschichte, *Der italienische Faschismus: Probleme und Forschungstendenzen*. Munique: Oldenbourg, 1983.

A colaboração voluntária dos cidadãos com os regimes fascistas e a natureza seletiva do terror desses regimes, que não ameaçava a maior parte dos cidadãos comuns, é assunto de uma nova e importante linha de pesquisa, particularmente no que se refere à Alemanha nazista. A denúncia, a forma mais comum de cooperação dos cidadãos com os regimes fascistas, possibilitava o controle social com um número surpreendentemente baixo de policiais. Ver Robert Gellately, *The Gestapo and German Society: Enforcing Racial Policy, 1933-1945*. Nova York: Oxford University

Press, 1990, e *Apoiando Hitler*. Rio de Janeiro: Record, 2011. Uma síntese do mais alto nível sobre a Alemanha é Eric A. Johnson, *Nazi Terror: The Gestapo, Jews, and Ordinary Germans*. Nova York: Basic Books, 1999. Entre os trabalhos inovadores publicados em data recente sobre o sistema repressivo italiano encontra-se a altamente detalhada obra de Mimmo Franzinelli, *I tentacoli dell'OVRA*. Turim: Bollati Boringhieri, 1999; Romano Canosa, *I servizi segreti del Duce: I persecutore e le vittimi*. Milão: Mondadori, 2000. Paul Corner oferece um oportuno lembrete sobre o lado mais cruel do regime de Mussolini em "Italian Fascism: Whatever Happened to Dictatorship?", *Journal of Modern History*, v. 74, p. 325-51, jun. 2002.

A educação e as organizações de juventude estavam no cerne do programa fascista de controle social. Para a Itália, ver George L. Williams, *Fascist Thought and Totalitarianism in Italy's Secondary Schools: Theory and Practice, 1922-1943*. Nova York: Peter Lang, 1994; Mario Isnenghi, *L'educazione dell'italiano: Il fascismo e l'organizzazione della cultura*. Bolonha: L. Capelli, 1979; Jürgen Charnitsky, *Die Schulpolitik des faschistischen Regimes in Italien (1922-1943)*. Tübingen: Max Niemeyer, 1994; e "Unterricht und Erziehung im faschistischen Italien: Von der Reform Gentile zur Carta della Scuola", em Jens Petersen e Wolfgang Schieder (orgs.), *Faschismus und Gesellschaft in Italien*, anteriormente mencionado, p. 109-32. Doug Thompson, *State and Control in Fascist Italy: Culture and Conformity, 1925-1943*. Manchester: Manchester University Press, 1991, enfatiza o aspecto da coerção.

As análises mais completas da educação sob o nazismo são Michael Grüttner, *Studenten im dritten Reich*. Paderborn: Ferdinand Schöningh, 1995, e Geoffrey G. Giles, *Students and National Socialism in Germany*. Princeton: Princeton University Press, 1985. Ver também Barbara Schneider, *Die höhere Schule im Nationalsozialismus*. Colônia: Böhlau, 2000, e seções relevantes da obra de Peukert, mencionada logo a seguir.

As tentativas fascistas de mobilizar a juventude são tratadas por Tracy Koon, *Believe, Obey, Fight: Political Socialization of Youth in Fascist Italy*. Chapel Hill: University of North Carolina Press, 1989.

Detlev Peukert revela seu fracasso em fascinantes capítulos sobre os "Edelweiss Pirates", entusiastas do *swing*, e outros grupos de jovens não conformistas na Alemanha nazista em *Inside Nazi Germany: Conformity, Opposition, and Racism in Everyday Life*. New Haven: Yale University Press, 1987.

Tom Buchanan e Martin Conway (orgs.), *Political Catholicism in Europe, 1918-1965*. Oxford: Clarendon, 1996, é um bom ponto de partida para as reações da Igreja Católica ao fascismo e ao comunismo (considerado a grande ameaça). Ver, também, os artigos mais especializados em Richard J. Wolff e Jörg K. Hoensch, *Catholics, the State, and the European Radical Right*. Boulder, CO: Social Science Monographs, 1987. As obras clássicas para a Itália são Arturo Carlo Jemolo, *Church and State in Italy, 1850-1960*. Trad. D. Moore. Oxford: Blackwell, 1960; e Daniel A. Binchy, *Church and State in Fascist Italy*. Oxford: Oxford University Press, 1941. Atualmente, elas podem ser complementadas por John F. Pollard, *The Vatican and Italian Fascism, 1929-1932*. Cambridge: Cambridge University Press, 1985; e Peter Kent, *The Pope and the Duce*. Londres: Macmillan, 1981.

Sobre a tão importante burocracia, a obra clássica é Hans Mommsen, *Beamtentum im dritten Reich*. Stuttgart: Deutsche Verlags-Anstalt, 1966. A melhor obra em inglês é Jane Caplan, *Government without Administration: State and Civil Service in Weimar and Nazi Germany*. Oxford: Clarendon Press, 1988. Uma excelente introdução ao funcionalismo público italiano sob o fascismo é Guido Melis, "La burocrazia", em Angelo del Boca et al., *Il regime fascista*, p. 244-76. Mariuccia Salvati, *Il regime e gli impiegati: La nazionalizzazione piccolo-borghese nel ventennio fascista*. Bari: Laterza, 1992, contextualiza o assunto na história social da Itália moderna.

Gordon Craig, *The Politics of the Prussian Army, 1640-1945*. Oxford: Clarendon, 1955, é a obra clássica sobre as relações entre civis e militares na Alemanha. A obra mais recente é Klaus-Jürgen Müller, *Army, Politics and Society in Germany, 1933-1945*. Manchester: University of Manchester Press, 1987. O maior especialista sobre o exército italiano é Giorgio Rochat, em muitas obras, incluindo *Breve storia dell'esercito italiano*. Turim, Einaudi, 1978.

No fim do século XX e início do século XXI, uma linha de pesquisa especialmente produtiva explorou as formas pelas quais os regimes fascistas estabeleceram vínculos com grupos profissionais e outros interesses organizados. A participação direta da profissão médica nos projetos nazistas de purificação vem atraindo atenção especial: Robert N. Proctor, *Racial Hygiene: Medicine under the Nazis*. Cambridge, MA: Harvard University Press, 1988; Michael Kater, *Doctors Under Hitler*. Chapel Hill: University of North Carolina Press, 1989; e Robert J. Lifton, *The Nazi Doctors*. Nova York: Basic Books, 1986. As profissões jurídicas, igualmente importantes, foram menos estudadas. A obra mais influente no que se refere à Alemanha é Lothar Gruchmann, *Justiz im dritten Reich: Anpassung und Unterwerfung der Ära Gürtner*. Munique: Oldenbourg, 1988. Em inglês, ver o não tão completo Ingo Müller, *Hitler's Justice*. Cambridge, MA: Harvard University Press, 1991; e seções de Robert Gellately, *Backing Hitler*. Oxford: Oxford University Press, 2001. A maior autoridade sobre o Judiciário italiano é Guido Neppi Modono, que assume uma visão cética quanto à independência desse poder mesmo antes do fascismo em *Sciopero, potere politico e magistratura (1870-1922)*. Bari: Laterza, 1969, e aborda o Judiciário sob o fascismo mais diretamente nos volumes de Del Boca e Quazza, anteriormente mencionados.

A relação entre os interesses empresariais e o regime nazista foi tema de várias monografias exemplares. Peter Hayes mostra, em *Industry and Ideology: IG Farben in the Nazi Era*. Cambridge: Cambridge University Press, 1987, como o gigantesco consórcio químico, que teria preferido a continuidade do regime de livre-comércio – dentro do qual ele havia se convertido no maior conglomerado empresarial da Europa na década de 1920 –, adaptou-se à autarquia nazista e lucrou enormemente com isso, motivado mais por uma estrita ética do sucesso empresarial e por um olhar voltado para as oportunidades do que por entusiasmo ideológico pelo nazismo. A Daimler-Benz era mais entusiástica, de acordo com Bernard P. Bellon, *Mercedes in Peace and War: German Automobile Workers, 1903-1945*. Nova York: Columbia University Press, 1990. As tentativas bastante bem-sucedidas das empresas de seguros de manter algum grau de independência são tratadas de forma competente por Gerald D. Feldman, *Allianz and the German Insurance Business, 1933-1945*. Cambridge: Cambridge University Press, 2001.

As vencedoras manobras dos líderes empresariais italianos visando assumir a administração do sistema econômico corporativista de Mussolini e preservar uma área de "poder privado" dentro do fascismo são exploradas por Roland Sarti, *Fascism and the Industrial Leadership in Italy, 1919-1940: A Study in the Expansion of Private Power under Fascism*. Berkeley e Los Angeles: University of California Press, 1971. Sarti defende que os industriais conseguiram quase tudo o que queriam. Conclusões semelhantes, com bases mais profundas na história italiana anterior, são encontradas em F. H. Adler, *Italian Industrialists from Liberalism to Fascism: The Political Development of the Industrial Bourgeoisie*. Cambridge: Cambridge University Press, 1995. Entre os intelectuais italianos, Piero Melograni, *Gli industriali e Mussolini: Rapporti fra Confindustria e fascismo dal 1919 al 1929*. Milão: Longanesi, 1972, foi criticado por dar ênfase excessiva aos conflitos entre os industriais, supostamente *laissez-faire*, e o fascismo. Franco Castronovo, *Potere economico et fascismo*. Milão: Bompiani, 1974, salienta as vantagens proporcionadas pelas empresas durante o regime fascista. Ver, também, seu artigo "Il potere economico e fascismo", em Guido Quazza (org.), *Fascismo e società italiano*. Turim: Einaudi, 1973, p. 45-88, e sua importante biografia sobre o presidente da Fiat, Agnelli. Rolf Petri, "Wirtschaftliche Führungskräfte und Regime: Interessen, Wertvorstellungen und Erinnerungsprozesse zwischen Konsens und Krise", em Jens Petersen e Wolfgang Schieder (orgs.), *Faschismus und Gesellschaft in Italien: Staat, Wirtschaft, Kultur*. Colônia: SH-Verlag, 1998, p. 199-223, analisa as bases gerais da cooperação dos líderes empresariais com o regime, a despeito de alguma divergência de interesses e valores até a primavera de 1943, quando a derrota se tornou evidente.

A melhor introdução geral às relações entre fascistas e conservadores é Martin Blinkhorn (org.), *Fascists and Conservatives: The Radical Right and the Establishment in Twentieth Century Europe*. Londres: Unwin Hyman, 1990, a que podemos acrescentar Jeremy Noakes, "Fascism and High Society", em Michael Burleigh (org.), *Confronting the Nazi Past: New Debates on Modern German History*. Nova York: St. Martin's Press, 1996.

Vera Zamagni, *The Economic History of Italy, 1860-1990*. Oxford: Clarendon, 1993, tem um excelente capítulo sinóptico sobre a Itália fascista.

Sobre as relações entre os regimes nazista e fascista e os trabalhadores, a obra mais importante é Jane Caplan (org.), *Nazism, Fascism and the Working Class: Essays by Tim Mason*. Cambridge: Cambridge University Press, 1995, p. 131-211. Também de Mason, o mais profundo entre os especialistas em questões trabalhistas sob o regime nazista, temos *Arbeiterklasse und Volksgemeinschaft: Dokumente und Materialen zu deutscher Arbeiterpolitik, 1936-1939*. Berlim: Freier Universität, 1975. Alf Lüdtke sugere um motivo para o apoio de alguns trabalhadores a Hitler em "Working Class and Volksgemeinschaft", em Christian Leitz, *The Third Reich: The Essential Readings*. Oxford: Blackwell, 1999; e em "What Happened to the 'Fiery Red Glow'?" em Lüdtke (org.), *History of Everyday Life*. Princeton: Princeton University Press, 1995, p. 198-251. Ulrich Herbert examina as relações entre os trabalhadores alemães e o trabalho escravo estrangeiro, e a consequente satisfação das reivindicações dos primeiros, em *Hitler's Foreign Workers: Enforced Foreign Labor under the Third Reich*. Cambridge: Cambridge University Press, 1997, e outras obras. O padrão de vida, inclusive o das mulheres, é examinado por Richard J. Overy, "Guns or Butter: Living Standards, Finance and Labour in Germany, 1939-1942", em Overy, *War and the Economy in the Third Reich*. Oxford: Clarendon Press, 1994.

Sobre o caso italiano, ver Tobias Abse, "Italian Workers and Italian Fascism", em Richard Bessel (org.), *Fascist Italy and Nazi Germany*. Cambridge: Cambridge University Press, 1996, p. 40-60, e os artigos coletados em Giulio Sapelli (org.), *La classe operaia durante il fascismo*. Annali Feltrinelli, v. 20. Milão: Feltrinelli, 1981.

A política de gênero do regime nazista é tema de vasta literatura. Entre as obras básicas incluem-se Jill Stephenson, *Women in Nazi Germany*. Nova York: Longman's, 2001; Renata Bridenthal, Atina Grossmann e Marion Kaplan (orgs.), *When Biology Became Destiny: Women in Weimar and Nazi Germany*. Nova York: Monthly Review Press, 1984; Claudia Koontz, *Mothers in the Fatherland: Women, the Family and Nazi Politics*. Nova York: St. Martin's Press, 1987; Ute Frevert, *Women in German History: From Bourgeoise Emancipation to Sexual Liberation*. Oxford: Oxford University Press, 1989; Tim Mason, "Women in Germany, 1925-1940", *History Workshop*, v. 1, n. 1 e 2, 1976; Rita Thalmann, *Femmes et fascisme*. Paris: Tierce, 1987; Gisela Bock, "Nazi Gender Policies and Women's History", em Georges Duby e Michelle Perrot (orgs.), *A History of Women: Toward a Cultural Identity in the Twentieth Century*. Cambridge, MA: Harvard University Press, 1994, p. 146-77; Helen Boak, "Women in Weimar Germany: The 'Frauenfrage' and the Female Vote", em Richard Bessel e E. J. Feuchtwanger (orgs.), *Social Change and Political Development in the Weimar Republic*. Londres: Croom Helm, 1981; Gabriele Czarnowski, "The Value of Marriage for Volksgemeinschaft: Policies towards Women and Marriage under National Socialism", em Richard Bessel (org.), *Fascist Italy and Nazi Germany*, p. 61-77. Sobre o recrutamento de mulheres trabalhadoras no último período do regime, ver o artigo de Richard Overy anteriormente citado. Michael Burleigh e Wolfgang Wippermann, *The Racial State: Germany, 1933-1945*. Cambridge: Cambridge University Press, 1991, incluem, de maneira inovadora, um capítulo sobre os homens, além das mulheres.

A obra indispensável sobre as mulheres na Itália fascista é Victoria de Grazia, *How Fascism Ruled Women*. Berkeley e Los Angeles: University of California Press, 1992, da qual uma versão concisa foi publicada em Duby e Perrot (orgs.), *A History of Women*, anteriormente citado. Perry R. Wilson, "Women in Fascist Italy", em Richard Bessel (org.), *Fascist*

Italy and Nazi Germany, p. 78-93, e os artigos de Luisa Passerini e Chiara Saraceno em Angelo del Boca et al. (orgs.), *Il Regime Fascista*, consistem em levantamentos atualizados. E ainda é possível consultar os primeiros artigos de Lesley Caldwell, "Reproducers of the Nation: Women and the Family in Fascist Party", em David Forgacs, *Rethinking Fascist Italy*. Londres: Lawrence and Wishart, 1986; e Alexander de Grand, "Women Under Italian Fascism", *Historical Journal*, v. 19, n. 4, p. 947-68, dez. 1976. Paul Corner, "Women in Fascist Italy: Changing Family Roles in the Transition from an Agricultural to an Industrial Society", *European Studies Quarterly*, v. 23, p. 51-68, 1993, contextualiza a questão em uma perspectiva de longo prazo. Luisa Passerini, *Fascism in Popular Memory: The Cultural Experience of the Turin Working Class*. Cambridge: Cambridge University Press, 1987, utiliza-se da história oral para reconstruir a vida cotidiana das mulheres em Turim sob o fascismo. Perry R. Wilson, *The Clockwork Factory Women and Work in Fascist Italy*. Oxford: Clarendon Press, 1993, oferece uma visão fascinante das satisfações e queixas das mulheres em uma fábrica fascista exemplar.

O fascismo já foi chamado, em tom provocador, de "ideologia de meninos",[3] embora algumas mulheres o tenham apoiado entusiasticamente e dele tenham recebido assistência, ainda que de maneira seletiva e aviltantemente paternalista. Richard Evans estudou o voto feminino em "German Women and the Triumph of Hitler", *Journal of Modern History*, março de 1976 (suplemento). Um debate especialmente inflamado sobre se as mulheres alemãs eram vítimas ou colaboradoras do nazismo é revisitado por Atina Grossmann, "Feminist Debates about Women and National Socialism", em *Gender and History*, v. 3, n. 3, p. 350-8, outono 1991, e Adelheid von Saldern, "Women: Victims or Perpetrators?", em David F. Crew (org.), *Nazism and German Society, 1933-1945*. Londres: Routledge, 1994, republicado em Christian Leitz, *The Third Reich: The Essential Readings*, anteriormente citado.

Os camponeses e pequenos agricultores, importantes dentre os primeiros partidários do fascismo e do nazismo, nem sempre foram beneficiados pela maneira como esses partidos exerceram o poder. Sobre a política agrária nazista, ver J. E. Farquharson, *The Plough and the Swastika*. Berkeley e Los Angeles: University of California Press, 1976, resumido em Farquharson, "The Agrarian Policy of National Socialist Germany", em Robert G. Moeller (org.), *Peasants and Lords in Modern Germany: Recent Studies in Agricultural History*. Boston: Allen and Unwin, 1986, p. 233-59; e Anna Bramwell, *Blood and Soil: Richard Walther Darré and Hitler's "Green Party"*. Abbotsbrook: Kensal, 1985.

O importante papel dos conflitos agrários nos tempos iniciais do fascismo é objeto de muitos dos estudos de casos anteriormente listados. O caso italiano é analisado em Mario Bernabei, "La base de masse del fascismo agraria", *Storia contemporanea*, v. 6, n. 1, p. 123-53, 1975, e Dahlia Sabina Elazar, "Agrarian Relations and Class Hegemony: A Comparative Analysis of Landlord, Social and Political Power in Italy, 1861-1970", em *British Journal of Sociology*, v. 47, p. 232-54, jun. 1996. A política agrária da Itália fascista é discutida por Paul Corner, "Fascist Agrarian Policy and the Italian Economy in the Interwar Years", em John A. Davis (org.), *Gramsci and Italy's Passive Revolution*. Londres: Croom Helm, 1979, e é examinado de maneira aprofundada em Alexander Nützenadel, *Landwirtschaft, Staat, und Autarkie: Agrarpolitik in faschistischen Italien*. Tübingen: Max Niemayer Verlag, 1997.

Algumas das obras mais sugestivas sobre o funcionamento dos regimes fascistas se baseiam em comparações entre a Alemanha nazista e a Itália fascista. A tendência mais comum é tratar esse assunto por meio de pares de artigos, e não de uma comparação geral. Apesar disso, há artigos de alta qualidade em Richard Bessel (org.), *Fascist Italy and Nazi Germany: Comparisons and Contrasts*. Cambridge: Cambridge University Press, 1996; e Wolfgang Schieder (org.), *Faschismus als sozialer Bewegung: Deutschland und Italien im Vergleich*. Hamburgo: Hoffman and Campe, 1976. Outros artigos de alta qualidade tentam comparar a Alemanha nazista e a Rússia stalinista, em Ian Kershaw e Moshe Lewin (orgs.), *Stalinism and Nazism: Dictatorships in Comparison*. Cambridge:

Cambridge University Press, 1997; e Henri Rousso (org.), *Stalinisme et nazisme: Histoire et mémoire comparées*. Bruxelas: Complexe, 1999. Comparações gerais autênticas entre a Alemanha nazista e a Itália fascista são encontradas na sucinta obra de Alexander J. de Grand, *Fascist Italy and Nazi Germany: The "Fascist" Style of Rule*. Londres: Routledge, 1995; e num artigo muito interessante, Carlo Levy, "Fascism, Nazism, and Conservatism: Issues for Comparativists", *Contemporary European History*, v. 8, 1999.

Artigos de valor duradouro sobre o funcionamento do regime nazista foram reunidos em Peter D. Stachura (org.), *The Shaping of the Nazi State*. Londres: Croom Helm, 197); Jeremy Noakes (org.), *Government, Party and People in Nazi Germany*. Exeter: University of Exeter Press, 1980; Thomas Childers e Jane Caplan (orgs.), *Reevaluating the Third Reich*. Nova York: Holmes and Meier, 1993; David Crew (org.), *Nazism and German Society*. Londres: Routledge, 1994; Michael Burleigh (org.), *Confronting the Nazi Past* (anteriormente citado); e Christian Leitz (org.), *The Third Reich: The Essential Readings* (também já citado).

Os estudos sobre a opinião pública realizados nos anos 1980 enfatizavam o alto índice de aceitação social tanto da ditadura alemã quanto da italiana, a despeito de uma quantidade surpreendente de queixas que, na maior parte das vezes, poupavam os líderes carismáticos. Ver Ian Kershaw, *"The Hitler Myth": Image and Reality in the Third Reich*. Nova York: Oxford University Press, 1987; e *Popular Opinion and Political Dissent in the Third Reich, Bavaria 1933-1945*, Nova York: Oxford University Press, 1983, parte de um exame cuidadoso da Bavária sob o Terceiro Reich, organizado por Martin Broszat. Sobre a Itália, o relato mais completo é Simona Colarizi, *L'opinione degli italiani sotto il regime, 1929-1943*. Bari: Laterza, 1991. As obras já citadas a respeito da colaboração voluntária de cidadãos, como as de Robert Gellately sobre as denúncias na Alemanha, são relevantes neste particular.

Alastair Hamilton examina, para o leitor comum, o apoio de alguns intelectuais a Hitler e a Mussolini em *The Appeal of Fascism: A Study of Intellectuals and Fascism, 1919-1945*. Londres: Anthony

Blond, 1971. O melhor ponto de partida para uma história geral das ideias políticas na Itália é Norberto Bobbio, *Ideological Profile of Twentieth Century Italy*. Princeton: Princeton University Press, 1995. As obras básicas em italiano sobre os intelectuais sob o fascismo são Luisa Mangoni, *L'interventismo della cultura: Intellettuali e riviste del fascismo*. Bari: Laterza, 1974; Gabriele Turi, *Il fascismo e il consenso degli intellettuali*. Bolonha: Il Mulino, 1980; e Michel Ostenc, *Intellectuels italiens et fascisme (1915-1929)*. Paris: Payot, 1983. A coleção de ensaios de Mario Isnenghi, *L'Italia del Fascio*. Florença: Giunti, 1996, inclui seu famoso ensaio sobre "intelectuais militantes e intelectuais burocráticos". Algumas estimulantes avaliações breves são Norberto Bobbio, "La cultura e il fascismo", em Guido Quazza (org.), *Fascismo e società italiana*. Turim: Einaudi, 1973, p. 211-46, e Gabriele Turi, "Fascismo e cultura ieri e oggi", em Angelo del Boca et al. (orgs.), *Il regime fascista*. Uma vibrante introdução a Marinetti é James Joll, *Three Intellectuals in Politics*. Nova York: Pantheon, 1960.

Atualmente, há um imenso e crescente volume de obras dedicadas à desconstrução do sentido intrínseco dos projetos culturais e dos rituais dos regimes fascistas. Alguns exemplos desse gênero que alcançam êxito na tentativa de relacionar a cultura às instituições e à sociedade incluem Emilio Gentile, *The Sacralization of Politics in Fascist Italy*. Cambridge: Cambridge University Press, 1996; Simonetta Falasca--Zamponi, *Fascist Spectacle: The Aesthetics of Power in Mussolini's Italy*. Berkeley and Los Angeles: University of California Press, 1997, Ruth Ben-Ghiat, *Fascist Modernities*. Berkeley; Los Angeles: University of California Press, 2001; Marla Stone, *The Patron State*. Princeton: Princeton University Press, 1998; uma edição especial sobre "a estética do fascismo" do *The Journal of Contemporary History*, v. 3, n. 12, abr. 1996; duas edições especiais sobre "fascismo e cultura" de *Modernism/Modernity*, v. 2, n. 3, set. 1995 e v. 3, n. 1, jan. 1996; e Richard J. Golsan (org.), *Fascism, Aesthetics and Culture*. Hanover, NH: University Press of New England, 1992. Às vezes, obras desse gênero parecem ver a decodificação do ritual e da arte fascistas como um fim em si. David D.

Roberts analisa com alguma aspereza uma ampla gama de estudos culturais sobre o fascismo em "How Not to Think About Fascist Ideology, Intellectual Antecedents, and Historical Meaning", *Journal of Contemporary History*, v. 35, n. 2, abr. 2000, p. 185-211. Roger Griffin faz o mesmo de forma positiva em "The Reclamation of Fascist Culture", *European History Quarterly*, v. 31, n. 4, p. 609-20, out. 2001.

Bons guias recentemente publicados sobre a política cultural nazista são Alan E. Steinweis, *Ideology and Economy in Nazi Germany: The Reich Chambers of Music, Theater, and the Visual Arts*. Chapel Hill: University of North Carolina Press, 1993, e *National Socialist Cultural Policy*. Nova York: St. Martin's Press, 1995.

Alan Cassels, *Mussolini's Early Diplomacy*. Princeton: Princeton University Press, 1970, ainda é valioso, ao passo que H. James Burgwyn, *Italian Foreign Policy in the Interwar Period, 1918-1949*. Westport, CT: Praeger, 1997 oferece uma visão mais ampla e bastante útil. Um magistral relato sobre a política externa do Terceiro Reich é Gerhard Weinberg, *The Foreign Policy of Hitler's Germany*, 2 v. Chicago: University of Chicago Press, 1970, 1980.

VII. RADICALIZAÇÃO

A maior parte das obras sobre a radicalização fascista diz respeito à Alemanha nazista, é claro. Muitos intelectuais vêm discutindo se o ímpeto alemão em direção à guerra, à expansão e à purificação racial foi imposto por Hitler ou se ele germinou no sistema de governo fascista. A teoria da "radicalização cumulativa", proposta por Hans Mommsen, aparece, entre outras publicações, em "Cumulative Radicalization and Progressive Self-Destruction as Structural Elements of the Nazi Dictatorship", em Ian Kershaw e Moshe Lewin (orgs.), *Stalinism and Nazism: Dictatorships in Comparison*. Cambridge: Cambridge University Press, 1997, p. 75-87.

O fascismo italiano era mais sanguinário que o nazismo antes de chegar ao poder; mas a preferência de Mussolini por governar por meio do Estado e não do partido "normalizou" o regime a partir de 1929. Sobre esse processo, ver Lyttleton, *Seizure*, e Schieder, *Der Faschismus als sozialer Bewegung*, anteriormente citados. No entanto, a retórica e a autoimagem do fascismo italiano continuaram sendo "revolucionárias" (no sentido nacionalista e antissocialista atribuído à palavra pelos fascistas), e uma radicalização autêntica ficou patente na expansão imperial italiana. Ver o capítulo muito interessante intitulado "A radicalização do regime", em Pierre Milza, *Mussolini*. Rio de Janeiro: Nova Fronteira, 2011. Em suas campanhas coloniais, Mussolini deu certos passos que Hitler nunca ousou dar. Por exemplo, usou gás tóxico na Líbia e na Etiópia. Angelo del Boca, *I gas di Mussolini: Il fascismo e il guerra d'Etiopia*. Roma: Editore Riuniti, 1996. A administração colonial italiana era abertamente racista. Ver Angelo del Boca, "Le leggi razziali nell'impero di Mussolini" em Del Boca, et al., *Il regime fascista*, p. 329-51. A guerra na Etiópia também ajudou a incentivar a radicalização dentro da própria Itália, nos anos 1930.

As melhores obras sobre o império colonial de Mussolini são: Claudio Segrè, *The Fourth Shore: The Italian Colonization of Libya*. Chicago: University of Chicago Press, 1974; Angelo del Boca, *The Ethiopian War, 1935-1941*.Chicago: University of Chicago Press, 1969, e, do mesmo autor, entre várias obras sobre o império italiano, *Le guerre coloniale del fascismo*. Bari: Laterza, 1991. Denis Mack Smith, em *Mussolini's Roman Empire*. Nova York: Viking, 1976, faz o império parecer um capricho pessoal do Duce. Luigi Goglia e Fabio Grassi, *Il colonialismo italiano da Adua all'impero*. Bari: Laterza, 1993, nos fazem lembrar que já antes do fascismo o império era uma aspiração dos nacionalistas italianos.

A guerra teve papel vital na radicalização. Ela não foi acidental, mas sim parte integrante da receita fascista para a regeneração nacional. Porém, enquanto os bem-sucedidos esforços bélicos alemães abriram caminho para a vitória do radicalismo no leste e para a Solução Final, as derrotas italianas fizeram desmoronar a legitimidade do fascismo.

Atualmente, o relato mais competente sobre a guerra da Alemanha é Wilhelm Deist et al., *Germany in the Second World War*. Oxford:

Clarendon Press, 1990, planejado para ser publicado em dez volumes. Norman Rich oferece um abrangente relato da forma como a ideologia nazista foi aplicada por meio da conquista em *Germany's War Aims*, v. I: *Ideology, the Nazi State and the Course of Expansion*. Nova York: Norton, 1973, e v. II: *The Establishment of the New Order*. Nova York: Norton, 1974. A coleção de artigos de Gerhard Weinberg, *Germany, Hitler, and World War* II. Cambridge: Cambridge University Press, 1995, é muitas vezes esclarecedora.

A principal autoridade em língua inglesa sobre a guerra da Itália é MacGregor Knox, que a atribui ao furor expansionista de Mussolini. Ver seu *Mussolini Unleashed, 1939-1941*. Cambridge: Cambridge University Press, 2000, e um estudo comparativo muito interessante, *Common Destiny: Dictatorship, Foreign Policy and War in Fascist Italy and Nazi Germany*. Cambridge: Cambridge University Press, 2000. Relatos mais breves são encontrados em MacGregor Knox, "Conquest, Foreign and Domestic, in Fascist Italy and Nazi Germany", *Journal of Modern History*, v. 56, p. 1-57, 1984, e "Expansionist Zeal, Fighting Power, and Staying Power in Fascist Italy and Nazi Germany", em Richard Bessel (org.), *Fascist Italy and Nazi Germany: Comparisons and Contrasts*. Cambridge: Cambridge University Press, 1996, p. 113-33. Aristotle A. Kallis, *Fascist Ideology: Territory and Expansionism in Italy and Germany, 1922-1945*. Londres: Routledge, 2000, se pergunta por que a expansão territorial foi a "saída" para os regimes em crise. John F. Coverdale, *Italian Intervention in the Spanish Civil War*. Princeton: Princeton University Press, 1975, ainda é valioso.

A obra mais competente sobre a República Social Italiana de Salò é, atualmente, Lutz Klinkhammer, *L'occupazione tedesca in Italia 1943--1945*. Turim: Bollati-Boringhieri, 1993, também publicada em alemão como *Zwischen Bündnis und Besatzung: Das nationalsozialistiche Deutschland und die Republik von Salò 1943-1945*. Tübingen: M. Niemeyer, 1993. Em inglês, a obra clássica é o poderoso livro de F. W. Deakin *The Six Hundred Days of Mussolini*. Nova York: Harper & Row, 1966, edição revisada da parte III de seu profundo estudo sobre a totalidade da relação Alemanha-Itália durante a Segunda Guerra Mundial, *The Brutal*

Friendship: Mussolini, Hitler, and the Fall of Italian Fascism. Nova York: Harper & Row, 1962, revisado em 1966.

O ponto central da radicalização interna foi o impulso visando à limpeza: em primeiro lugar, a eliminação dos doentes mentais (que começou na Alemanha à época do início da guerra), em seguida o extermínio dos étnica e racialmente impuros e dos socialmente marginalizados. Para uma visão geral, ver Michael Burleigh e Wolfgang Wippermann, *The Racial State 1933-1945*. Cambridge: Cambridge University Press, 1992. Robert Gellately e Nathan Stoltzfus (orgs.), *Social Outsiders in Nazi Germany*. Princeton: Princeton University Press, 2001, tratam de vários tipos de alvos. Quanto aos homossexuais em especial, ver Harry Osterhuis, "Medicine, Male Bonding, and Homosexuality in Nazi Germany", *Journal of Contemporary History*, v. 32, n. 2, abr. 1997, p. 187-205; Günter Grau (org.), *Hidden Holocaust? Gay and Lesbian Persecution in Germany, 1933-1945*. Londres: Cassell, 1995, e Burkhard Jellonek e Rüdiger Lautmann (orgs.), *Nationalsozialistische Terror gegen Homosexuelle: Verdrängt und Ungesühnt*. Paderborn: Ferdinand Schöningh, 2002.

O programa nazista que visava matar ou esterilizar os doentes mentais e outros tipos de pessoas "incapacitadas", ignorado por muito tempo, aparece agora como o elemento central da expressão nazista do fascismo, consistindo numa das diferenças decisivas entre a Alemanha e a Itália. A esterilização não era, de forma alguma, monopólio dos nazistas. Nesse sentido, a Suécia, a Grã-Bretanha e os Estados Unidos chegaram mais perto do nazismo que a Itália. Para uma visão geral, ver Maria Sophia Quine, *Population Politics in 20th Century Europe*. Londres: Routledge, 1996. O caso sueco é tratado em Carl Levy, "Fascism, National Socialism, and Conservatives in Europe, 1914-1945: Issues for Comparativists", *Contemporary European History*, v. 8, n. 1, 1999, p. 120, nota 106. Gisela Bock, *Zwangsterilisation im Dritten Reich: Studien zur Rassenpolitik und Frauenpolitik*. Opladen: Westdeutscher Verlag, 1986, considera o antinatalismo nazista um precursor do extermínio racial.

O outro lado da moeda, do culto nazista à boa forma física, foi o impulso em direção à limpeza médica, assunto intensamente estudado nos dias de hoje. Ver Michael Burleigh, *Death and Deliverance: Euthanasia in*

Germany, c. 1900-1945. Cambridge: Cambridge University Press, 1995; seu "Between Enthusiasm, Compliance, and Protest: The Churches, Eugenics, and the Nazi Euthanasia Program", *Contemporary European History*, v. 3, n. 3, nov. 1994, p. 253-63, trata das reações à eutanásia. O lado sombrio da ciência no interior da política nazista é examinado em Detlev J. K. Peukert, "The Genesis of the 'Final Solution' from the Spirit of Science", em Thomas Childers e Jane Caplan (orgs.), *Reevaluating the Third Reich*. Nova York: Holmes and Meier, 1993, p. 234-52. Entre as monografias acadêmicas recentes incluem-se Hans-Walter Schmuhl, *Rassenhygiene, Nationalsozialismus, Euthanasie: Von der Verhütung zur Vernichtung "lebensunwerten Lebens" 1890-1945*. Göttingen: Vendenhoech e Ruprecht, 1987; Götz Aly, Angelika Ebbinghaus, Matthias Hamann, Friedemann Pfäflin e Gerd Preissler, *Aussonderung und Tod: Die klinische Hinrichtung der Unbrauchbaren*. Berlim: Rotbuch, 1985; Götz Aly, *Cleansing the Fatherland: Nazi Medicine and Racial Hygiene*. Baltimore: Johns Hopkins University Press, 1994; e Benno Müller-Hill, *Ciência assassina: Como cientistas alemães contribuíram para a eliminação de judeus, ciganos e outras minorias durante o nazismo*. Rio de Janeiro: Xenon, 1993. Henry Friedländer, *The Origins of Nazi Genocide: From Euthanasia to the Final Solution*. Chapell Hill: University of North Carolina Press, 1995, examina as ligações entre matar doentes mentais e matar judeus.

Entre as obras que tratam de como os intelectuais, inclusive os não fascistas, alistaram-se em projetos fascistas incluem-se Michael Burleigh, *Germany Turns Eastward: A Study of Osforschung in the Third Reich*. Cambridge: Cambridge University Press, 1988; e Götz Aly e Suzanne Heim, *Vordenker der Vernichtung: Auschwitz und die deutschen Planefur eine neue europäische Ordnung*. Hamburgo: Hoffman und Campe, 1991.

A Itália fascista estava mais interessada em incentivar a natalidade do que em limpeza racial, mas os fascistas desenvolveram um conceito cultural-histórico de raça (*la razza*) e de linhagem (*la stirpe*) que acabava funcionando da mesma forma que a raça biológica no *apartheid* de fato estabelecido na África Oriental italiana. Ver David G. Horn,

Social Bodies: Science, Reproduction, and Italian Modernity. Princeton: Princeton University Press, 1994; Carl Ipsen, *Dictating Demography: The Problem of Population in Fascist Italy* Cambridge: Cambridge: Cambridge University Press, 1996; e o artigo do próprio Angelo del Boca em seu *Il regime fascista*. Ver, também, Aaron Gillette, *Racial Theories in Fascist Italy*. Londres: Routledge, 2002.

O melhor ponto de partida para a imensa literatura sobre o assassinato dos judeus é a magistral e recém-publicada síntese de Saul Friedländer, *Nazi Germany and the Jews*, v. I: *The Years of Persecution, 1933-1939*. Londres: Weidenfeld & Nicolson, 1997. Peter Longerich, *Politik der Vernichtung: Eine Gesamtdarstellung der nationalsozialistiche Judenverfolgung*. Munique: C. H. Beck, 1998, é um relato recente e bastante informativo. Christopher R. Browning produziu a mais convincente das obras atuais em língua inglesa sobre como o Holocausto foi posto em prática: *Ordinary Germans: Police Batallion 101 and the Final Solution*. Nova York: HarperCollins, 1992, *The Path to Genocide: Essays on Launching the Final Solution*. Cambridge: Cambridge University Press, 1992, *Nazi Policy: Jewish Workers, German Killers*. Cambridge: Cambridge University Press, 2000, e *Origins of the Final Solution – The Evolution of Nazi Jewish Policy, September 1939-March 1942*. Lincoln, NE: University of Nebraska, 2004. Exemplos da altíssima qualidade da pesquisa alemã atual sobre o Holocausto são Ulrich Herbert (org.), *National Socialist Extermination Policy: Contemporary German Perspectives and Controversies*. Nova York: Berghahn, 2000. A recém-descoberta importância do projeto nazista mais amplo de redesenhar o mapa étnico da Europa Oriental está refletida ali, e também em Götz Aly, *Final Solution: Nazi Population Policy and the Murder of the European Jews*. Nova York: Oxford University Press, 1999. O conhecimento atual sobre os campos nazistas se encontra resumido em Ulrich Herbert, Karin Orth e Christoph Dieckmann, *Die nationalsozialistische Konzentrationslager: Entwicklung und Struktur*, 2 v. Göttingen: Wallstein, 1998.

A literatura sobre a legislação racial italiana de 1938 foi discutida no Capítulo 6, nota 66, p. 302.

VIII. O FASCISMO EM OUTROS LUGARES

Fascismo europeu: Sobre o fascismo europeu fora da Alemanha e da Itália, um bom ponto de partida são as excelentes coletâneas de artigos mencionadas nos parágrafos iniciais deste ensaio, entre elas as obras de Stein U. Larsen et al., Stuart Woolf e Hans Rogger/Eugen Weber. Encontramos pequenos resumos sobre o fascismo em vários países e uma extensa bibliografia em Enzo Collotti, *Fascismo, Fascismos*. Lisboa: Caminho, 1989. O breve ensaio comparativo de Wolfgang Wippermann, *Europäische Faschismus im Vergleich*. Frankfurt-am-Main: Suhrkamp, 1983, é muito esclarecedor.

Seguem-se as obras sobre países europeus específicos:

Áustria: A obra de maior autoridade no que se refere aos precursores é John W. Boyer, *Political Radicalism in Late Imperial Austria*. Chicago: University of Chicago Press, 1981. Ver, também, Andrew G. Whiteside, *The Socialism of Fools: Von Schönerer and Austrian Pan-Germanism*. Berkeley e Los Angeles: University of California Press, 1975. Sobre os nazistas austríacos, ver Bruce E. Pauley, *Hitler and the Forgotten Nazis*. Chapel Hill: University of North Carolina Press, 1981; Peter Black, *Ernst Kaltenbrunner: Ideological Soldier in the Third Reich*. Princeton: Princeton University Press, 1984; e Francis L. Carsten, *Fascist Movements in Austria: From Schönerer to Hitler*. Los Angeles: Sage, 1977. Lucian O. Meysels, *Der Austrofaschismus: Das Ende der ersten Republik und ihr letzter Kanzler*. Viena: Amalthea, 1992, trata de Kurt Schuschnigg.

Bálcãs: Andres Kasekamp, *The Radical Right in Interwar Estonia*. Nova York: St. Martin's Press, 2000.

Bélgica: Sobre o período anterior a 1940, ver Jean-Michel Étienne, *Le Mouvement Rexiste jusqu'en 1940*, Cahiers de la Fondation Nationale des Sciences Politiques, n. 16S. Paris: Armand Colin, 1968; Martin Conway, "Building the Christian City: Catholics and Politics in Inter-

-War Francophone Belgium", *Past and Present*, v. 128, ago. 1990; o artigo de Danièle Wallef em Larsen et al., *Who Were the Fascists*; e William Brustein, "The Political Geography of Belgian Fascism: The Case of Rexism", *American Sociological Review*, v. 53, p. 69-80, fev. 1988). Para o período após 1940, ver Martin Conway, *Collaboration in Belgium: Léon Degrelle and the Rexist Movement 1940-1944*. New Haven: Yale University Press, 1993, obra que deve ser lida lado a lado com o estudo de John Gillingham sobre os colaboradores mais pragmáticos da esfera empresarial, *Belgian Business in the Nazi New Order*. Ghent: Jan Dondt Foundation, 1977.

Croácia: Yeshayahu Jelinek, "Clergy and Fascism: The Hlinka Party in Slovakia and the Croatian Ustasha Movement", em Larsen et al., *Who Were the Fascists*, p. 367-78.

Escandinávia: Ulf Lindström, *Fascism in Scandinavia*. Estocolmo: Almquist and Wiksell International, 1985. Marvin Rintala, *Three Generations: The Extreme Right Wing in Finnish Politics*. Bloomington: Indiana University Press, 1962, explora o Lapua Jiike (Movimento de Lapua) e seu sucessor após 1932, o Isänmaallinen Kansanliike (Movimento Patriótico do Povo), o IKL. Lena Berggren, "Swedish Fascism: Why Bother?", *Journal of Contemporary History*, v. 37, p. 3, p. 395-417, jul. 2002, é uma crítica vigorosa da literatura existente.

Eslováquia: O artigo de Jelinek citado em "Croácia"; e Jörg K. Hoensch, "Slovakia: One God, One People, One Party", em Richard J. Wolff e Jörg K. Hoensch (orgs.), *Catholics, the State, and the Radical Right, 1919-1945*. Boulder, CO: Social Science Monographs, 1987, p. 158-81.

Espanha: Shlomo Ben-Ami, *Fascism from Above: The Dictatorship of Primo de Rivera in Spain, 1923-1930*. Oxford: Clarendon Press, 1984, e Carolyn P. Boyd, *Praetorian Politics in Liberal Spain*. Chapel Hill: University of North Carolina Press, 1979, tratam da "ditadura" dos anos 1920. Sobre a Falange, ver *Selected Writings of José Antonio*

Primo de Rivera, Hugh Thomas (org.). Londres: Jonathan Cape, 1972; Stanley Payne, *Fascism in Spain, 1923-1977*. Madison, WI: University of Wisconsin Press, 1999; Sheelagh M. Ellwood, *Spanish Fascism in the Franco Era: Falange Española de las* JONS, *1936-76*. St. Martin's Press, 1988; Paul Preston, *The Politics of Revenge: Fascism and the Military in 20th Century Spain*. Londres: Routledge, 1995, compara a Espanha com a Alemanha e a Itália, concluindo que a primeira era fascista. Paul Preston escreveu a mais completa e mais recente biografia de Franco, de natureza fortemente crítica. O argumento de que o regime de Franco era fascista é defendido de forma poderosa por Michael Richards, *A Time of Silence: Civil War and the Culture of Repression in Franco-Spain, 1936-1945*. Cambridge: Cambridge University Press, 1998, pelo menos no período até 1945.

Europa Oriental: Peter F. Sugar, *Native Fascism in the Successor States, 1918-1945*. Santa Barbara, CA: ABC-Clio, 1971, é mais descritivo do que analítico.

França: O relato mais competente em língua francesa é Pierre Milza, *Fascisme français: Passé et présent*. Paris: Flammarion, 1987. Em inglês, ver Michel Winock, *Nationalism, Anti-Semitism, and Fascism in France*. Trad. do francês por Jane Marie Todd. Stanford, CA: Stanford University Press, 1998, e dois volumes narrativos de Robert Soucy: *French Fascism: The First Wave, 1924-1933*. New Haven: Yale University Press, 1986, e *French Fascism: The Second Wave, 1933-1939*. New Haven: Yale University Press, 1995. Milza, "L'Ultra-Droite dans les années Trente", em Michel Winock (org.), *Histoire de l'extrême droite en France*. Paris: Seuil, 1993, p. 157-90, e Philippe Burrin, "Le fascisme", em Jean-François Sirinelli (org.), *Histoire des droites en France*. Paris: Gallimard, 1992, v. 1, p. 603-52, trazem ensaios estimulantes. A altamente sugestiva obra de Klaus Jürgen Müller "Die französische Rechte und der Faschismus in Frankreich 1924-32", em *Industrielle Gesellschaft und politisches System*. Bonn: Verlag Neue Gesellschaft, 1978, p. 413-30, rejeita a lista usual de "sintomas" e analisa o desenvolvimento da direita francesa ao longo do tempo, para mostrar que os conservadores não precisavam do fascismo.

Por fim, foi publicada uma biografia de Charles Maurras, de autoria de Bruno Goyet. *Charles Maurras*. Paris: Fondation Nationale des Sciences Politiques, 2000. O leitor de língua inglesa pode obter grande riqueza de detalhes e julgamentos perspicazes sobre seu movimento em Eugen Weber, *Action Française: Royalism and Reaction in Twentieth Century France*. Stanford: Stanford University Press, 1962. Um relato mais breve, porém útil, é Edward Tannenbaum, *Action Française: Die-hard Reactionaries in Third Republic France*. Nova York: Wiley, 1962. Victor Nguyen, *Aux origins de l'Action française: Intelligence et politique à l'aube du xxe siècle*. Paris: Fayard, 1991, é completo.

Georges Valois atraiu mais atenção que a maior parte dos militantes de extrema direita franceses, talvez devido à sua genuína ambiguidade entre direita e esquerda. Ver Allen Douglas, *From Fascism to Libertarian Communism: Georges Valois against the French Republic*. Berkeley; Los Angeles: University of California Press, 1992; Yves Guchet, "Georges Valois ou l'illusion fasciste", *Revue française de science politique*, v. 15, p. 111-44, 1965, e *Georges Valois: L'Action française, le faisceau, la République syndicale*. Paris: L'Harmattan, 2001; Jules Levey, "Georges Valois and the Faisceau", *French Historical Studies*, v. 8, p. 279-304, 1973; e Zeev Sternhell, "Anatomie d'un mouvement fasciste en France: Le Faisceau de Georges Valois", *Revue française de science politique*, v. 26, p. 5-40, 1976.

Duas monografias regionais exemplares são Kevin Passmore, *From Liberalism to Fascism: The Right in a French Province, 1928-1939*. Cambridge: Cambridge University Press, 1997, sobre a região de Lyon, e Samuel Huston Goodfellow, *Between the Swastika and the Cross of Lorraine: Fascisms in Interwar Alsace*. DeKalb: Northern Illinois University Press, 1999.

O ponto alto do fascismo na França, anteriormente a 1940, foi o ataque à Câmara dos Deputados, em 6 de fevereiro de 1934, que muitos observadores (principalmente Trotski em *Whither France*. Nova York: Pioneer, 1936) veem como o começo de uma marcha sobre Paris fascista. O relato mais bem informado é o de Serge Bernstein, *Le 6 février 1934*. Paris: Gallimard, 1974. Em inglês, o artigo ilustrado de Geoffrey Warner em *History Today* (junho de 1958) é evocativo; ver também Max Beloff, "The Sixth of February", em James Joll (org.), *The Decline of the Third Republic, St. Antony's Papers*, n. 5. Londres: Chatto and Windus, 1959.

A força do fascismo na França do período do entreguerras foi tema de um importante debate. A obra clássica de René Rémond *The Right Wing in France*. Filadélfia: University of Pennsylvania Press, 1969 (versão mais recente apenas em francês: *Les Droites en France*. Paris: Aubier Montaigne, 1982), argumenta que o fascismo foi uma importação estrangeira sem grande impacto na França. Mais recentemente, essa visão foi defendida por Serge Bernstein em "La France allergique au fascisme", em *Vingtième siècle: revue d'histoire*, v. 2, p. 84-94, abr. 1984, uma resposta a Sternhell.

Segundo Soucy (ver anteriormente), entretanto, o fascismo era altamente desenvolvido na França. Zeev Sternhell é quem faz a maior defesa da importância da França na história do fascismo: segundo ele, foi na França que o fascismo recebeu suas primeiras e mais puras expressões intelectuais. Ver *La droite révolutionnaire, 1885-1914:Les origines françaises du fascisme*. Paris: Editions du Seuil, 1978; *Maurice Barrès et le nationalisme français*. Bruxelas: Editions Complexe, 1985; e *Neither Right nor Left: Fascist Ideology in France*. Berkeley e Los Angeles: University of California Press, 1986.

A tempestade de críticas provocada pelas afirmações de Sternhell em *Neither Right nor Left* de que a França da década de 1930 era "impregnada"[4] de fascismo, afirmação essa que ele sustenta localizando no campo fascista um amplo espectro de autores nacionalistas e conservadores, é analisada em Antonio Costa Pinto, "Fascist Ideology Revisited: Zeev Sternhell and His Critics", *European History Quarterly*, v. 4, 1986. Philippe Burrin chega a uma análise sutil de "impregnation différentielle" em "La France dans le champ magnétique des fascismes", *Le Débat*, v. 32, p. 52-72, nov. 1984.

A questão crucial era se o maior dos movimentos de militância nacionalistas do entreguerras, a Cruz de Fogo do coronel François de La Rocque, que se transformou, após sua dissolução pelo governo, em junho de 1936, no Parti Social Français, de tendência mais moderada, era fascista ou não. Na defesa da resposta afirmativa, tanto no caso da liga quanto do partido, encontramos Soucy e Sternhell (ver anteriormente) e William D. Irvine, "Fascism in France and the Strange Case of the Croix de Feu", *Journal of Modern History*, v. 63, p. 271-95, 1991. Kevin Passmore, "Boy Scoutism for Grown-ups? Paramilitarism in the Croix de Feu and the Parti Social Français", *French Historical Studies*, v. 19, p. 527-57, 1995, de forma bastante sensata, vê a liga como fascista (mais em termos comportamentais do que ideológicos), mas não o partido. Serge Bernstein retrata a posição ambígua do PSF de La Rocque como um conflito entre seus virulentos militantes e seu líder mais cauteloso ("La ligue", em Jean-François Sirinelli, *Histoire des droites en France*. Paris: Gallimard, 1992, v. II, p. 100). Jacques Nobécourt, *Le Colonel de La Rocque, 1885-1946, ou les pièges du nationalisme chrétien*. Paris: Fayard, 1996, uma biografia completa e que deixa patente a simpatia do autor, retrata La Rocque como um conservador vítima de acusações falsas e de rivalidades pessoais, que deve ser visto, de forma mais precisa, como um predecessor da Quinta República do presidente Charles de Gaulle. É claro que o fato em si de o PSF ter recorrido às urnas de modo algum faz dele um partido não fascista, uma vez que as eleições foram de importância essencial para os nazistas e fascistas nos estágios de seu estabelecimento e de sua chegada ao poder. Para os anos da ocupação, ver Sean Kennedy, "Accompanying the Marshal: La Rocque and the Parti Social Français under Vichy", *French History*, v. 15, n. 2, p. 186-213, 2001.

A discussão mais esclarecedora sobre os demais líderes fascistas franceses é Philippe Burrin, *La dérive fasciste: Doriot, Déat, Bergery: 1933-1945*. Paris: Seuil, 1986. Pode-se encontrar mais detalhes sobre

Doriot e seu papel na francesa Légion des Volontaires Contre le Bolshevisme em Jean-Paul Brunet, *Jacques Doriot du communisme au fascisme*. Paris: Balland, 1986, e em Dieter Wolf, *Die Doriot Bewegung*. Stuttgart: Deutsche Verlags-Anstalt, 1967, também traduzido para o francês.

Se a França de Vichy deve ser considerada fascista ou autoritária é a questão de que tratam Robert O. Paxton, *Vichy France: Old Guard and New Order*, ed. rev. Nova York: Columbia University Press, 2001, p. 251-7; Julian Jackson, *France: the Dark Years, 1940-44*. Oxford: Oxford University Press, 2001, p. 144, 157-61, 213-4, 261; Michèle Cointet, *Vichy et le fascisme: Les hommes, les structures, et les pouvoirs*. Bruxelas: Editions Complexe,

Uma avaliação interessante das tentativas de propaganda de Vichy como um experimento fascista fracassado é Denis Peschanski, "Vichy au singulier, Vichy au pluriel: Une tentative avortée d'encadrement de la société (1941-1942)", *Annales: Économies, sociétés, civilisations*, v. 43, p. 639-62,

Pode-se perguntar, com Philippe Burrin (*La derive fasciste*, p. 414), se um fascismo autêntico é compatível com a ocupação estrangeira.

Grã-Bretanha: O relato de maior importância é Richard Thurlow, *Fascism in Britain, 1918-1985*, ed. rev. Oxford: Blackwell, 1998. Thomas Linehan, *British Fascism 1918-1939: Parties, Ideology, Culture*. Manchester: Manchester University Press, 2000, apresenta material adicional sobre as atitudes. Sobre o principal movimento, Thomas Linehan, *East London for Mosley: The British Union of Fascists in East London and Southwest Essex, 1933-1940*. Londres: Frank Cass, 1996, é esclarecedor. Kenneth Lunn e Richard Thurlow (orgs.), *British Fascism: Essays on the Radical Right in Interwar Britain*. Londres: Croom Helm, 1980, ainda é útil. O magistral *Oswald Mosley*, ed., rev., de Robert Skidelsky. Londres: Macmillan, 1990 (orig. pub. em 1975) foi enfático o bastante para ofender a alguns. Richard Thurlow, "The Failure of Fascism", em Andrew Thorpe (org.), *The Failure of Political Extremism in Interwar Britain*. University of Exeter Studies in History, n. 21, 1989, vale pela lucidez das várias interpretações.

Grécia: Jon V. Kofas, *Authoritarianism in Greece: The Metaxas Regime*. Nova York: Columbia University Press, 1983.

Hungria: As leituras básicas em inglês são C. A. Macartney, *October Fjfteenth: A History of Modern Hungary, 1929-1945*, 2 v. Edimburgo: Edinburgh University Press, 1956-57; e o lúcido ensaio de Istvan Deák, "Hungary", em Rogger e Weber, *The European Right*, anteriormente citado, p. 364-407. A obra mais completa sobre a Cruz Flechada é Margit Szöllösi-Janze, *Die Pfeilkreuzlerbewegung in Ungarn: Historischer Kontext, Entwicklung und Herrschaft*. Munique: Oldenbourg, 1989. Ver em inglês Miklós Lackó, *Arrow Cross Men, National Socialists*. Budapeste: Studia Historica Academiae Scientiarum Hungaricae, n. 61, 1969; e os dois artigos sobre a Hungria em Larsen et al., *Who Were the Fascists*: Lackó, "The Social Roots of Hungarian Fascism: The Arrow Cross", e György Ránki, "The Fascist Vote in Budapest in 1939". Nicholas M. Nagy-Talavera, *The Green Shirts and the Others: A History of Fascism in Hungary and Romania*. 2. ed. Portland, OR: Center for Romanian Studies, 2001, é uma narrativa vibrante.

Irlanda: Maurice Manning, *The Blueshirts*. Toronto: University of Toronto Press, 1971. Para o interesse passageiro do poeta William Butler Yeats pelo fascismo, ver Elizabeth Cullingford, *Yeats, Ireland, and Fascism*. Nova York: New York University Press, 1981; e Gratton Fryer, *William Butler Yeats and the Anti-Democratic Tradition*. Totowa, NJ: Barnes and Noble, 1981.

Noruega: Oddvar K. Hoidal, *Quisling: A Study in Treason*. Oslo: Norwegian University Press, 1989, é a biografia mais detalhada, mas Hans Fredrick Dahl, *Quisling: A Study in Treachery*. Cambridge: Cambridge University Press, 1999, acrescentou alguns arquivos pessoais. Os estudos mais aprofundados disponíveis em inglês sobre a Nasjonal Samling, de Quisling, são os capítulos de Larsen, Myklebust e Hagtvet em Larsen et al., *Who Were the Fascists*, p. 595-650.

Polônia: Edward D. Wynot, *Polish Politics in Transition: The Camp of National Unity and the Struggle for Power, 1935-1939*. Atenas, GA: University of Georgia Press, 1974.

Portugal: Discussões estimulantes sobre as condições especiais de Portugal podem ser encontradas em A. H. Oliveira Marques, "Revolution and Counter-Revolution in Portugal: Problems of Portuguese History, 1900-1930", em Manfred Kossok (org.), *Studien über die Revolution*. Berlim: Akademie Verlag, 1969); Herminio Martins, "Portugal", em Stuart J. Woolf (org.), *European Fascism*. Nova York: Random House, 1968, p. 302-36; e Phillip Schmitter, "The Social Origins, Economic Bases and Political Imperatives of Authoritarian Rule in Portugal", em Larsen et al., *Who Were the Fascists*. Sobre a ditadura de Salazar e o fascismo português, ver Antonio Costa Pinto, *Salazar's Dictatorship and European Fascism*. Boulder, CO: Social Science Monographs, 1995, e *The Blue Shirts: Portuguese Fascists and the New State*. Boulder, CO: Social Science Monographs, 2000.

Romênia: A discussão mais interessante sobre a Legião do Arcanjo Miguel em inglês é Eugen Weber, "The Men of the Archangel", *Journal of Contemporary History*, v. 1, n. 1, p. 101-26, abr. 1966, também publicado em Walter Laqueur e George L. Mosse (org.), *International Fascism*. Nova York: Harper, 1966. Weber vê a legião como verdadeiramente revolucionária, uma vez que introduziu a mobilização política popular na Romênia, onde o socialismo mal existia e os partidos burgueses dominavam por meio da oligarquia. No entanto, a Legião despertou a solidariedade dos camponeses por meio do patriotismo, da religião e do antissemitismo, da rejeição dos valores aos direitos do cidadão individual e do Estado de direito, tão caros à esquerda ocidental. O relato mais aprofundado, atualmente, é Armin Heinen, *Die Legion "Erzengel Michael" in Rumanien*. Munique: Oldenbourg, 1986.

Entre os relatos dos conflitos entre fascistas e autoritários na Romênia inclui-se a breve análise contida em Stephen Fischer-Galati, *Twentieth*

Century Rumania. Nova York: Columbia University Press, 1974, p. 46-69; o mais analítico Keith Hitchens, *Rumania, 1866-1947*. Oxford: Oxford University Press, 1994, p. 416-25, 451-71; a narrativa dramática de Nicholas M. Nagy-Talavera, *The Green Shirts and the Others* (listado em Hungria), e o artigo essencial de Eugen Weber: "Romania", em Rogger e Weber, *The European Right*. Berkeley e Los Angeles: University of California Press, 1965, p. 501-74, publicado pela primeira vez no *Journal of Contemporary History*, v. 1, n. 1, 1966.

Tchecoslováquia: David D. Kelly, *The Czech Fascist Movement, 1922--1942*. Boulder, CO: Eastern European Monographs, 1995.

O fascismo fora da Europa: Para uma discussão cética da aplicabilidade (ou não) do conceito de fascismo fora da Europa, ver Payne, *History*, cap. 10 e p. 512-7. Stein U. Larsen adota uma abordagem mais liberal em sua abrangente contribuição a Larsen (org.), *Fascism Outside Europe: The European Impulse Against Domestic Conditions in the Diffusion of Global Fascism*. Boulder, CO: Social Science Monographs, 2001, que traz também muito material sobre a Ásia.

África do Sul: Patrick J. Furlong, *Between Crown and Swastika: The Impact of the Radical Right on the Afrikaner Nationalist Movement in the Fascist Era*. Hanover, NH: University Press of New England, 1991; e Jeff J. Guy, "Fascism, Nazism, Nationalism and the Foundation of Apartheid Ideology", em Larsen (org.), *Fascism Outside Europe*, p. 427-66.

América Latina: Sandra McGee Deutsch, *Las Derechas* (citado para a Argentina) oferece uma excelente visão geral da extrema direita na Argentina, no Brasil e no Chile. As obras essenciais sobre a Bolívia são Herbert Klein, *Parties and Political Change in Bolivia*. Cambridge: Cambridge University Press, 1969; e *Bolivia: The Evolution of a Multi-Ethnic Society*. 2. ed. Nova York: Oxford University Press, 1992, p. 199-216.

Para um ponto de vista brasileiro, ver Hélgio Trindade, "La Question du fascisme en Amérique Latine", *Revue française de Science Politique*, v. 33, n. 2, p. 281-312, abr. 1983.

Argentina: A direita argentina foi recentemente estudada em Sandra McGee Deutsch e Ronald H. Dolkart (orgs.), *The Argentine Right: Its History and Intellectual Origins, 1910 to the Present*. Wilmington, DE: Scholarly Resources, 1993, e em Deutsch, *Las Derechas: The Extreme Right in Argentina, Brazil, and Chile*. Stanford, CA: Stanford University Press, 1999. David Rock, *Authoritarian Argentina: The Nationalist Movement, Its History, and Its Impact*. Berkeley e Los Angeles: University of California Press, 1993, acredita que os nacionalistas argentinos são mais reacionários que fascistas. Rock explora o "fracasso do primeiro experimento (argentino) de democracia popular", p. 273, em *Politics in Argentina, 1890-1930: The Rise and Fall of Radicalism*. Cambridge: Cambridge University Press, 1975. Carlos H. Waisman, *Reversal of Development in Argentina: Postwar Counterrevolutionary Policies and Their Structural Consequences*. Princeton: Princeton University Press, 1987, é um estimulante ensaio que culpa as decisões tomadas pelas elites, entre 1930 e 1945, em termos de escolhas econômicas e políticas, pelo empobrecimento da Argentina. Daniel James oferece um estimulante relato da relação ambígua entre o movimento trabalhista e Perón em *Resistance and Integration: Peronism and the Argentine Working Class*. Cambridge: Cambridge University Press, 1988. Gino Germani, *Authoritarianism, Fascism and National Populism*. New Brunswick, NJ: Transaction, 1978, vê o peronismo como um caso de crise gerada dentro de uma oligarquia pela "mobilização primária" das massas de novos participantes na vida política. Robert D. Crassweller, *Perón and the Enigmas of Argentina*. Nova York: Norton, 1987, é uma narrativa espirituosa, que dá muita atenção às reações dos Estados Unidos ante Perón. Frederick C. Turner e José Enrique Miguens coletam uma útil série de artigos em *Juan Perón and the Shaping of Argentina*. Pittsburgh: University of Pittsburgh Press, 1983. Joseph R. Barager (org.), *Why Perón*

Came to Power. Nova York: Knopf, 1968, é uma tentativa clássica de localizar o peronismo dentro da história argentina. Uma das mais sugestivas dentre as muitas obras sobre Eva Perón é J. M. Taylor, *Eva Perón: The Myths of a Woman*. Chicago: University of Chicago Press, 1979.

Brasil: A melhor introdução é Thomas E. Skidmore, *Brazil: Five Centuries of Change*. Nova York: Oxford University Press, 1999; e *Politics in Brazil, 1930-1964: An Experiment in Democracy*. Nova York: Oxford University Press, 1967. O estudo mais detalhado sobre Vargas e os integralistas são a obra alemã citada para a Argentina e Robert M. Levine, *The Vargas Regime: The Critical Years, 1934-1938*. Nova York: Columbia University Press, 1970. Levine analisa essas questões de forma mais breve em *Father of the Poor?: Vargas and His Era*. Cambridge: Cambridge University Press, 1998. Hélgio Trindade, "Fascism and Authoritarianism in Brazil under Vargas (1930-1945)", em Larsen (org.), *Fascism Outside Europe*, p. 469-528, trata do integralismo.

China: Fred Wakeman Jr., "A Revisionist View of the Nanjing Decade: Confucian Fascism", *China Quarterly*, v. 150, p. 395-430, junho de 1997, diz que os camisas azuis (1927-1937) não eram fascistas. Ver Marcia H. Chang, *The Chinese Blue Shirt Society: Fascism and Developmental Nationalism*. Berkeley; Los Angeles: University of California Press, 1985. William C. Kirby, "Images and Realities of Chinese Fascism", em Larsen (org.), *Fascism Outside Europe*, p. 233-68, é mais abrangente.

Estados Unidos: Seymour Martin Lipset e Earl Rabb apresentam um bem-informado bestiário de grupos da extrema direita americana em *The Politics of Unreason: Right-Wing Extremism in America, 1790--1970*. Nova York: Harper & Row, 1970. Alan Brinkley faz um elegante exame de alguns desses grupos em *Voices of Protest: Huey Long, Father Coughlin, and the Great Depression*. Nova York: Knopf, 1982, e discute a adequação do rótulo fascista nas p. 269-83. Nancy McLean, *Behind the Mask of Chivalry: The Making of the Second Ku Klux Klan*. Nova

York: Oxford University Press, 1994 explora as correspondências entre a Klan do início do século XX e o fascismo, nas p. 179-88. Leo Ribuffo, *The Old Christian Right: The Protestant Far Right from the Great Depression to the Cold War*. Filadélfia: Temple University Press, 1983, oferece o mais completo relato sobre os camisas prateadas de William Dudley Pelley, sobre Gerald L. K. Smith e outros fascistas domésticos. Donald I. Warren, "Depression-Era Fascism and Nazism in the United States and Canada: Threat to Democracy or Theater of the Absurd?", em Larsen (org.), *Fascism Outside Europe*, p. 635-701, faz um levantamento geral dos anos do entreguerras, ao passo que Michael Cox e Martin Durham, "The Politics of Anger: The Extreme Right in the United States", em Paul Hainsworth (org.), *The Politics of the Extreme Right*. Londres: Pinter, 2000, p. 287-311, atualizam a discussão para o periodo pós-guerra. O caso de El Salvador, como exemplo de apoio estadunidense a algo muito próximo do fascismo num país estrangeiro, é discutido por Thomas Sheehan, "Friendly Fascism: Business as Usual in America's Backyard", em Richard J. Golsan (org.), *Fascism's Return*. Lincoln: University of Nebraska Press, 1998, p. 260-300.

Japão: Uma análise abalizada da questão do fascismo no Japão é Gregory J. Kasza, "Fascism from Above? Japan's *Kakushin* Right in Comparative Perspective", em Larsen (org.), *Fascism Outside Europe*, p. 183-232. Maruyama Masao, *Thought and Behavior in Modern Japanese Politics*. Nova York: Oxford University Press, 1963, é a narrativa clássica sobre o "fascismo ao estilo do imperador". William M. Fletcher, *The Search for a New Order: Intellectuals and Fascism in Prewar Japan*. Chapel Hill: University of North Carolina Press, 1982 é uma fonte básica em inglês sobre os intelectuais que foram influenciados pelo fascismo. Peter Duus e Daniel I. Okimoto, "Fascism and the History of Prewar Japan: The Failure of a Concept", *Journal of Asian Studies*, v. 39, p. 1, p. 65-76, nov. 1979; George Macklin Wilson, "A New Look at the Problem of Japanese Fascism", *Comparative Studies in Society and History*, p. 401-12, 1968; e Tetsuo Furuya, "Naissance et développement de fascisme japonais",

Revue d'histoire de la 2è guerre mondiale, v. 86, p. 1-16, abr. 1972, duvidam que os movimentos que colocavam suas esperanças de mudança no exército e no imperador possam ser chamados de fascistas. Paul Brooker, *The Faces of Fraternalism: Nazi Germany, Fascist Italy, and Imperial Japan*. Oxford: Clarendon Press, 1991, defende que o Japão foi o mais eficaz dos três países na mobilização de apoio das massas ao nacionalismo militante de base tradicionalista.

IX. MOVIMENTOS FASCISTAS OU NEOFASCISTAS A PARTIR DE 1945

Um artigo especialmente esclarecedor, que pode ser um bom ponto de partida, é Diethelm Prowe, "'Classic' Fascism and the New Radical Right in Western Europe: Comparisons and Contrasts", *Contemporary European History*, v. 3, n. 3, p. 289-313, 1994. Ver, também, a resenha de Roger Karapin, "Radical Right and Neo-Fascist Parties in Western Europe", *Comparative Politics*, v. 30, n. 2, p. 213-34, jan. 1998, que faz um levantamento das obras acadêmicas recentes.

Descrições recentes de grande utilidade sobre uma ampla gama desses movimentos incluem Paul Hainsworth (org.), *The Extreme Right in Europe and the USA*. Nova York: St. Martin's Press, 1992, e *The Politics of the Extreme Right: From the Margin to the Mainstream*. Londres: Pinter, 2000; Peter H. Merkl e Leonard Weinberg (orgs.), *Encounters with the Contemporary Radical Right*. Boulder, CO: Westview Press, 1993; Jeffrey Kaplan e Leonard Weinberg, *The Emergence of a Euro-American Radical Right*. New Brunswick, NJ: Rutgers University Press, 1998; Luciano Cheles, Ronnie Ferguson e Michalina Vaughan (orgs.), *The Far Right in Western and Eastern Europe*. Londres: Longman, 1995; Hans-Georg Betz, *Radical Right-Wing Populism in Western Europe*. Basingstoke: Macmillan, 1994; Hans-Georg Betz e Stefan Immerfall (orgs.), *The New Politics of the Right: Neo-Populist Parties and Movements in Established Democracies*. Nova York: St.

Martin's Press, 1998; e Herbert Kitschelt, em colaboração com Andrew J. McGann, *The Radical Right in Western Europe: A Comparative Analysis*. Ann Arbor: University of Michigan Press, 1995; Sabrina P. Ramet (org.), *The Radical Right in Central and Eastern Europe since 1989*. University Park, PA: Pennsylvania State University Press, 1999. Entre obras em outras línguas, Piero Ignazi, *L'estrema destra in Europa: Da Le Pen a Haider*. 2. ed. Bolonha: Il Mulino, 2000, é especialmente ponderado e bem-informado, ainda que, a despeito de seu título, trate apenas da Europa Ocidental.

Sobre países específicos, pode-se começar com artigos nacionais incluídos nas obras citadas imediatamente acima. Sobre a Itália, as obras mais competentes, atualmente, são Franco Ferraresi, "The Radical Right in Postwar Italy", *Politics and Society*, v. 16, p. 71-119, mar. 1988; e *Threat to Democracy: The Radical Right in Italy after the War*. Princeton: Princeton University Press, 1996, uma revisão da edição de 1984; e Piero Ignazi, *Il polo escluso: Profilo del Movimento Sociale Italiano*. 2. ed. Bolonha: Il Mulino, 1998.

Sobre a Alemanha, Rand C. Lewis, *A Nazi Legacy: Right-Wing Extremism in Postwar Germany*. Nova York: Praeger, 1991, traz um breve levantamento. Além dos bons artigos sobre a Alemanha contidos nas obras coletivas citadas anteriormente, ver Richard Stöss, *Politics Against Democracy: Right-Wing Extremism in West Germany*. Oxford, NY: Berg, 1991; Uwe Backes e Patrick Moreau, *Die Extreme Rechte in Deutschland*. Munique: Akademischer Verlag, 1993; e Patrick Moreau, *Les héritiers du IIIè Reich: L'extreme droite allemande de 1945 à nos jours*. Paris: Seuil, 1994.

Stephen Shenfield, *Russian Fascism: Tradition, Tendencies, and Movements*. Armonk, NY: M. E. Sharpe, 2001 avalia a extrema direita após 1989 na Rússia.

O mais informado dos levantamentos históricos sobre os muitos grupos fascistas e neofascistas franceses a partir de 1945 é Pierre Milza, *Fascisme français: Passé et present*. Paris: Flammarion, 1987. Joseph Algazy, *La tentation neo-fasciste en France*. Paris: Fayard, 1984, trata do primeiro período de forma aprofundada. Estudos recentes e de grande competência sobre os eleitores da Front National são Pascal Perrineau, *Le symptome Le Pen: Radiographie des électeurs du Front National*. Paris: Fayard, 1997, e Nonna Mayer, *Ces français qui votent Le Pen*. Paris: Flammarion, 1999. Entre os estudos em língua inglesa incluem-se Jonathan Marcus, *The National Front and French Politics*. Londres: Macmillan, 1995, e Harvey G. Simmons, *The French National Front*. Boulder, CO: Westview, 1996.

O neofascismo na Áustria foi examinado recentemente em Ruth Wodak e Anton Pelinka, *The Haider Phenomenon in Austria*. New Brunswick, NJ: Transaction, 2002.

NOTAS

1. Renzo de Felice, *Bibliografia orientativa del fascismo*, Roma: Bonacci, 1991. Cerca de duzentos dos itens dizem respeito ao fascismo em geral e à história da Segunda Guerra Mundial.
2. O volume final, ainda incompleto, foi publicado postumamente por seus alunos.
3. R. J. B. Bosworth, *The Italian Dictatorship*. Londres: Arnold, 1998, p. 7.
4. Raoul Girardet, simpatizante da extrema direita, mas escrupulosamente neutro em seu elegante trabalho, usou impunemente o termo "impregnação" quase que da mesma maneira em seu "Notes sur l'esprit d'um fascisme français", *Revue française de science politique* 5, p. 529-46, jul.-set. 1955.

POSFÁCIO

COMPREENDER PARA RESISTIR

Rubens R. R. Casara*

Anatomia, por definição, é o estudo tanto da organização estrutural de algo, incluindo o sistema e os órgãos que o constituem, quanto do funcionamento, da aparência e da posição dos elementos que o compõe. Quem se arrisca nos caminhos da anatomia busca compreender, macro e microscopicamente, a constituição e o desenvolvimento de um determinado objeto. Não por acaso, a etimologia do significante "anatomia" aponta para a ação de "cortar em partes" na busca por conhecimento (*ana* = através de; *tome* = cortes). E é justamente a isso que se propõe Robert Owen Paxton nesta obra que o leitor tem em mãos.

O objetivo declarado pelo autor é o de apresentar um conceito de fascismo "em movimento" que se afaste das abstrações generalizantes, estéreis, e das simplificações excessivas, a partir do procedimento de "cortar" seu objeto em tantas partes quanto forem necessárias para revelar e analisar os fragmentos constitutivos do fenômeno até então negligenciados. Nessa trajetória, Paxton trata das ações concretas, das justificativas e das etapas dos movimentos e dos partidos fascistas no contexto em que estavam inseridos.

---

* Rubens R. R. Casara é juiz de direito do Tribunal de Justiça do Rio de Janeiro e tem estudos de pós-doutorado em Ciência Política, além de ser doutor em Direito, mestre em Ciências Penais e autor publicado pela Editora Civilização Brasileira.

O autor apresenta, em linguagem clara e precisa, um estudo do fascismo a partir de uma interessante pesquisa comparativa dos processos de tomada de poder e das ações dos regimes fascistas, sem recair na tentação de recorrer a explicações mecanicistas e estereotipadas ou de buscar uma "essência" fascista. Ao desenvolver a concepção por etapas em direção ao exercício do poder, Paxton fez deste livro um instrumental decisivo à compreensão do dinamismo fascista, que produziu horror e admiração no século XX. Ao lado de autores como George L. Mosse, Zeev Sternhell e Emilio Gentile, Robert O. Paxton, com este *A anatomia do fascismo*, insere-se entre os historiadores e cientistas sociais que promoveram uma significativa renovação na historiografia e compreensão do fascismo.

Vale mencionar que a pesquisa que levou a este livro foi desenvolvida em uma quadra histórica marcada pela queda do muro de Berlim e a correlata previsão de que a hipótese comunista e a esperança de uma revolução proletária tinham chegado inapelavelmente ao fim. Vivia-se, então, um momento de convicção de que não havia opção viável ao capitalismo. Talvez isso explique a tendência do autor em negar a relação entre o fascismo e o modo de acumulação capitalista. Hoje, porém, parece ser indiscutível que o fascismo se apresentou como uma opção ao comunismo e à tradição iluminista que passaram a representar obstáculos aos interesses dos detentores do poder econômico.

Nas últimas décadas, o crescimento do pensamento autoritário, a naturalização da violência política e a adesão popular a novos radicalismos de direita (o fenômeno dos neofascismos[1]) renovam e reforçam a importância da leitura da obra de Paxton. A compreensão da história do fascismo (e do nazismo[2]), das suas pré-condições às diversas etapas em direção ao poder, são fundamentais para que ações políticas informadas possam ser formuladas e sirvam de óbice à ascensão de personalidades autoritárias, bem como às ações, à ideologia e às visões de mundo (neo)fascistas.

Se os governos fascistas de Mussolini e Hitler foram respostas políticas a situações históricas concretas e, portanto, fenômenos irrepetíveis e exclusivos do período em que surgiram e chegaram ao poder,[3] por outro lado, a lógica de acumulação do capitalismo (que tende ao infinito) pode voltar a exigir novos regimes de extrema repressão e violência, inclusive com feições tipicamente fascistas. *A anatomia do fascismo* nos ajuda a entender que, diante da ameaça fascista, de pouco adiantam apelos sentimentais à ideia de humanidade ou afirmações simplistas ou estereotipadas, tais como a de que os fascistas são loucos (sobre o tema, Adorno já advertia que tratar fascistas como "burros ou loucos" não passa de um "consolo pequeno-burguês" e "quietista") ou de que a ilimitação fascista é o destino necessário do capitalismo. Paxton nos mostra também que o fascismo não é um fenômeno inevitável. A política pode e deve ser o antídoto contra o fascismo – e contra os neofascismos que surgem em meio à hegemonia da racionalidade neoliberal. Impedir o retorno de movimentos fascistas, ou seja, da "organização terrorista das contradições do capitalismo",[4] depende, portanto, da resistência possível (e, portanto, construída através da política) em um contexto no qual os valores democráticos sejam prestigiados.

Se a ilimitação (e a destruição dos limites democráticos atende ao mecanismo de valorização do valor) aproxima os registros normativos do neoliberalismo[5] aos dos neofascismos, a política pode resgatar a esfera do inegociável (verdade, liberdade, dignidade da pessoa etc.) e pôr fim ao vale-tudo da busca por lucro, prestígio e outras vantagens pessoais. Não por acaso, este livro denuncia a "radical instrumentalização da verdade adotada pelos fascistas", pois a mentira é apresentada como condição de possibilidade dos novos fascismos.[6]

Os últimos anos ajudaram a confirmar o potencial eleitoral e destrutivo dos novos radicalismos de direita, dentre os quais se destacam movimentos e partidos neofascistas. Essa ameaça à democracia só é possível porque "os pressupostos sociais do fascismo ainda perduram",[7] com destaque para a concentração de capital (que só aumentou desde a derrota militar do nazifascismo de Hitler e Mussolini), a perda de status de parte da população e uma espécie de ficção de nacionalismo (presente em slogans de campanha como "Brasil acima de tudo").

No Brasil, o interesse pelo estudo do fascismo cresceu substancialmente após o sucesso popular e eleitoral de Jair Bolsonaro e do movimento bolsonarista. Chamou a atenção o apoio de amplos setores da sociedade brasileira a um projeto político autoritário, antiesquerda, com um líder carismático que, além de fazer declarações racistas, sexistas e homofóbicas, também se afirma "nacionalista" (apesar da posição subalterna em relação ao governo estadunidense de Donald Trump). A concepção das etapas dos movimentos fascistas até o exercício do poder, desenvolvida neste livro, pode ser aplicada ao fenômeno do bolsonarismo.

O bolsonarismo nasce como o monstro Behemoth. Franz Neumann, ao analisar o período compreendido entre os anos de 1933 e 1944, acabou por comparar o Terceiro Reich ao monstro da mitologia judaica, também presente nos escritos de Thomas Hobbes: um ser caótico, sem limites e amorfo.[8] A tese defendida por Neumann era a de que o regime nazista expressava uma ideologia consistente e objetivos bem definidos (a busca por poder), mas não possuía uma estrutura coerente. Isso porque os diferentes grupos de poder (os partidos, os atores estatais conservadores, os setores mais reacionários da sociedade alemã, os militares, os donos de terra e as corporações econômicas), que, unidos, incentivaram o enfraquecimento do apoio popular às forças políticas de esquerda e a correlata ascensão fascista, apresentavam várias contradições. Em especial, cada um desses grupos continuou a conspirar contra os demais em favor de seus próprios interesses – já que pretendiam crescer sem ceder espaço, poder ou status. Como o leitor pode perceber, nada muito diferente do contexto político brasileiro que permitiu o crescimento do bolsonarismo.

Primeiro, houve a ruptura das "regras do jogo democrático", gesto necessário para obter êxito em um processo de impeachment, esse sem a existência de crime de responsabilidade, golpe de Estado, portanto, contra a presidente Dilma Rousseff, em 2016. Depois, em 2018, para impedir a candidatura de Lula da Silva à eleição presidencial, então favorito nas pesquisas de opinião, se deu um processo criminal eivado de vícios e conduzido por um juiz parcial — que, pouco depois, acabou por se tornar ministro da Justiça do governo Bolsonaro. Esse quadro pode ser apontado como a pré-condição para a ascensão do bolsonarismo, por ora, o mais importante e vitorioso movimento da extrema direita brasileira.

Condicionados por valores neoliberais e conservadores, diversos agentes com diferentes ideologias e interesses formaram uma união grotesca, caótica, tendencialmente sem limites, e operaram a fim de impedir a continuidade das políticas sociais-democratas do Partido dos Trabalhadores (PT). Como todo projeto que visa à destruição política de inimigos e a dominação econômica de um país, foi necessário produzir uma nova realidade, uma nova trama envolvendo o simbólico e o imaginário, com a introdução de ideias e valores que, posteriormente, levariam à eleição do militar reformado Jair Bolsonaro. Rompeu-se, na esfera pública, o compromisso com a racionalidade e a verdade. A mentira e o preconceito explícito invadiram a arena pública. As políticas de redução das desigualdades foram ressignificadas como gastos desnecessários ou ações que colocavam em risco a liberdade e a propriedade dos brasileiros. Investiu-se na mistificação. Celebrou-se a ditadura militar-empresarial instaurada em 1964. Reavivou-se o medo do comunismo.

O bolsonarismo surge, em uma primeira etapa, como um movimento popular dos setores mais reacionários da vida política brasileira (racistas, machistas, homofóbicos, militares saudosistas da ditadura, pastores neopentecostais etc.) contra o projeto de esquerda que foi posto em prática por mais de uma década sob a condução do Partido dos Trabalhadores. O movimento torna-se politicamente relevante, porém, apenas ao conseguir a inédita união entre partidos políticos de orientação neoliberal, militares, setores do sistema de justiça, agentes da segurança pública, empresas de comunicação de massa, corporações internacionais, católicos conservadores, evangélicos neopentecostais, ideólogos da extrema direita estadunidense e grupos econômicos interessados tanto na redução de garantias trabalhistas quanto na privatização das empresas públicas. Além disso, atingiu parcela significativa da classe média, incomodada com a perda de privilégios econômico-culturais, e pessoas brancas das classes populares que acreditavam estar perdendo, em razão das políticas afirmativas adotadas pelo governo do PT, o privilégio que o racismo lhes assegurava.

Ao chegar ao poder, Jair Bolsonaro rompeu com alguns desses grupos de interesse que apoiaram a sua candidatura e cooptou novos cúmplices, com destaque para os setores fisiológicos do Congresso Nacional. No exercício do poder, o governo Bolsonaro buscou a um só tempo dar respostas materiais e simbólicas aos interesses econômicos de seus principais apoiadores e aos ódios e ressentimentos presentes na sociedade brasileira; adotou medidas populistas e declarações calculadas para agradar a um público autoritário, sexista, homofóbico e anticomunista.

A partir de cálculos de interesse, vários agentes públicos, empresários, jornalistas, juristas, ideólogos e intelectuais aderiram ao bolsonarismo e foram, pouco a pouco, moldando uma visão de mundo em que as fronteiras éticas, jurídicas e civilizacionais do exercício do poder passaram a ser percebidas como obstáculos a serem suplantados. Para a realização dos interesses pessoais e do projeto autoritário encarnado na figura de Bolsonaro, tornou-se imprescindível afastar valores morais, jurídicos, religiosos e éticos presentes na sociedade e que impediam (ou, pelo menos, diminuíam) a exteriorização de atos violentos, preconceituosos e flagrantemente egoístas.

A visão de mundo difundida por agitadores bolsonaristas fez do *egoísmo*, da *ignorância* e da *violência* virtudes enquanto a solidariedade e o diálogo passaram a ser apresentados como fraquezas em meio à disputa concorrencial. Esse novo modo de ver e atuar no mundo permitiu refundar as relações sociais, o registro normativo e a interpretação dos fatos, bem como relativizar a verdade, de maneira muito próxima do que fizeram os fascistas italianos conduzidos por Mussolini e os nazistas de Hitler.

A gestão do medo, inclusive do medo de perder privilégios, como ocorreu na Itália e na Alemanha nas décadas de 1930 e 1940, facilitou a transformação de pessoas comuns em defensores da barbárie. O ódio virou mercadoria nas redes sociais e nas ruas, enquanto ações foram empreendidas para apagar qualquer sinal de solidariedade de classe e de respeito às diferenças. Buscou-se reduzir o outro, o "esquerdista", à imagem do concorrente ou do inimigo a ser destruído. A ode à ignorância e às armas substituiu a vontade de saber e de democracia. O governo Bolsonaro caracterizou-se, portanto, por adotar um modelo neoliberal ultra-autoritário que, em sua fase madura, instaurou um "vale-tudo" na busca por lucros, vantagens pessoais e políticas e tem o mesmo registro normativo que o fascismo estudado por Paxton: a ilimitação.

A atual incapacidade de as organizações de trabalhadores, sindicatos, movimentos sociais e partidos de esquerda apresentarem alternativas à ilimitação neoliberal permite concluir que as crises inerentes ao capitalismo, cada vez mais avassaladoras, tendem a levar a humanidade a um quadro de violência e destruição semelhante ao que se viu na Itália de Mussolini e na Alemanha de Hitler. A perspectiva de novos dias de barbárie, promovidos pelo ideário da extrema direita, promete acabar não só com o sonho do fim das opressões, como também com as conquistas do iluminismo. Compreender o fascismo, suas características e etapas torna-se fundamental para informar a resistência ao caos que se avizinha.

O leitor pode começar com este importante livro que tem em mãos.

SUGESTÕES DE LEITURA

Desde a primeira edição de *A anatomia do fascismo* muitas pesquisas foram realizadas e diversos livros sobre o tema foram publicados no Brasil. Sem qualquer pretensão de apresentar um rol exaustivo dessas produções, mas com o objetivo de atualizar minimamente o amplo ensaio bibliográfico-crítico formulado por Paxton, sugere-se a leitura, em primeiro lugar, dos autores brasileiros que se dedicaram ao tema, tais como: Leandro Konder, *Introdução ao fascismo*. São Paulo: Expressão Popular, 2009; Alysson Mascaro, *Crítica do fascismo*. São Paulo: Boitempo, 2022; Gilberto Bercovivi, *Constituição e Estado de exceção permanente*. Rio de Janeiro: Azougue, 2012; Theotonio Santos, *Socialismo ou fascismo: o novo caráter da dependência e o dilema latino-americano*. Florianópolis: Insular Livros, 2020; Rudá Ricci, *Fascismo brasileiro: e o Brasil gerou o seu ovo da serpente*. São Paulo: Kotter, 2022; Samantha Viz Quadrat e Denise Rollemberg (orgs.), *História e memória das ditaduras do século XX*. Rio de Janeiro: FGV, 2015; Marly Vianna, "Fascismo e antifascismo ontem e hoje". *Revista Perseu: história, memória e política*. n. 16. P. 83-97. setembro de 2018, disponível em: <www.revistaperseu.fpabramo.org.br/index.php/revista-perseu/article/view/285>; Marcio Sotelo Felippe, "Sobre o fascismo". *A terra é redonda*, 2022, disponível em: <www.aterraeredonda.com.br/sobre-o-fascismo>; Armando Boito Jr., "O lugar do conceito de fascismo na teoria marxista do Estado". *Crítica Marxista*, n. 53, 2021, p. 11–32, e "Por que caracterizar o bolsonarismo como neofascismo". *Crítica Marxista*, n. 50, 2020, p. 111–119; Luiz Bernardo Pericás e Antonio Carlos Mazzeo (orgs.), *Neofascismo, autocracia e bonapartismo no Brasil*. São Paulo: Instituto Caio Prado Jr., 2022.

Vale lembrar também dos trabalhos que buscam identificar o fascista em potencial, bem como analisar os sintomas fascistas na sociedade brasileira, como, por exemplo: Douglas Garcia Alves Júnior (org.), *A personalidade autoritária: ontem e hoje*. São Paulo: Cult Editora, 2022. Nesse campo merece destaque a obra de Marcia Tiburi, uma das pioneiras em identificar o crescimento do pensamento autoritário da sociedade brasileira na última década: *Como conversar com um fascista: reflexões sobre o cotidiano autoritário brasileiro*. Rio de Janeiro: Record, 2015 e *Como derrotar o turbotecnomachonazifascismo*. Rio de Janeiro: Record, 2020. No campo da ficção, escrevi junto de Tiburi a peça de teatro *Um fascista no divã*. São Paulo: Nós, 2021.

Sobre o integralismo brasileiro, o movimento mais próximo do fascismo antes do surgimento do bolsonarismo: José Chasin, *O integralismo de Plínio Salgado: forma da regressividade no capitalismo hipertardio*. São Paulo: LECH, 1978; Antonio Arnoni Prado, *1922: itinerário de uma falsa vanguarda: os dissidentes, a Semana e o Integralismo*.

São Paulo: Brasiliense, 1983; Hélgio Trindade, *Integralismo: o fascínio brasileiro na década de 1930*. São Leopoldo: Unisinos, 2016; Leandro Pereira Gonçalves e Odilon Caldeira Neto, *O fascismo em camisas verdes*. Rio de Janeiro: FGV, 2020; Pedro Doria, *Fascismo à brasileira: como o integralismo, maior movimento de extrema direita da história do país, se formou e o que ele ilumina sobre o bolsonarismo*. São Paulo: Planeta, 2020. Já sobre o fascismo na zona de colonização italiana do Rio Grande do Sul (a Serra Gaúcha): Loraine Slomp Giron, *As sombras do Littorio: o fascismo no Rio Grande do Sul*. Caxias do Sul: Educs, 2017. Há, ainda, grande produção bibliográfica sobre Getúlio Vargas, com destaque para a trilogia: Lira Neto, *Getúlio 1 (1882-1930)*, *Getúlio 2 (1930-1945)* e *Getúlio 3 (1945-1954)*. São Paulo: Companhia das Letras, 2014. Sobre o antissemitismo durante o governo Vargas: Maria Luiza Tucci Carneiro, *O antissemitismo na era Vargas - 1930-1945*. São Paulo: Brasiliense, 1988.

Sobre o autoritarismo brasileiro, vale conferir: Lilia Moritz Schwarcz, *Sobre o autoritarismo brasileiro*. São Paulo: Companhia das Letras, 2019; Marilena Chaui, *Manifestações ideológicas do autoritarismo brasileiro*. São Paulo: Autêntica, 2013; Evaldo Vieira, *Autoritarismo e corporativismo no Brasil*. São Paulo: Unesp, 2010; Simon Schwartzman, *Bases do autoritarismo brasileiro*. Campinas: Editora da Unicamp, 2015.

Em relação ao bolsonarismo, tive a oportunidade de escrever o seguinte ensaio: *Bolsonaro: o mito e o sintoma*. São Paulo: Contracorrente, 2020. Várias obras foram produzidas sobre Bolsonaro e o bolsonarismo nos últimos anos, dentre as quais destacam-se: Leonardo Avritzer, Fábio Kerche e Marjore Marona (orgs.), *Governo Bolsonaro: retrocesso democrático e degradação política*. São Paulo: Autêntica, 2021; Jessé Souza, *A elite do atraso: da escravidão a Bolsonaro*. São Paulo: Estação Brasil, 2019; Consuelo Dieguez, *O ovo da serpente: nova direita e bolsonarismo*. São Paulo: Companhia das Letras, 2022; Jairo Nicolau, *O Brasil dobrou à direita: uma radiografia da eleição de Bolsonaro*. Rio de Janeiro: Zahar, 2020; Marcos Nobre, *Limites da democracia: de junho de 2013 ao governo Bolsonaro*. São Paulo: Todavia, 2022; Rodrigo Nunes, *Do transe* à vertigem: ensaios sobre bolsonarismo e um mundo em transição. São Paulo: Ubu, 2022; Guilherme Amado, *Sem máscara: o governo Bolsonaro e a aposta pelo caos*. São Paulo: Companhia das Letras, 2022; João Cezar de Castro Rocha. *Guerra cultural e retórica do ódio: crônicas de um Brasil pós-político*. Rio de Janeiro: Caminhos, 2021; Rosana Pinheiro Machado e Adriano Freixo, *Brasil em transe: bolsonarismo, nova direita e desdemocratização*. São Paulo: Oficina Raquel, 2019; Christian Lynch e Paulo Henrique Cassimiro, *O populismo reacionário: ascensão e legado do bolsonarismo*. São Paulo: Contracorrente, 2022; Esther Solano (org.), *O ódio como política: a reinvenção das direitas no Brasil*. São Paulo: Boitempo, 2018 e *Brasil em Colapso*. São Paulo: Unifesp, 2019.

Entre os autores estrangeiros publicados no Brasil após a publicação da primeira edição de *A anatomia do fascismo*, vale mencionar: Jason Stanley, *Como funciona o fascismo: a política do "nós" e "eles"*. Porto Alegre: L&PM, 2018; Frederico Finchelstein, *Uma breve história das mentiras fascistas*. São Paulo: Vestígio, 2020; Giuliano da Empoli, *Os engenheiros do caos*. São Paulo: Vestígio, 2020; Joe Mulhall, *Tambores à distância: viagem ao centro da extrema direita mundial*. São Paulo: Leya, 2022; Michael Parenti, *Os camisas negras e a esquerda radical*. São Paulo: Autonomia Literária, 2022; Mark Bray, *Antifa: o manual antifascista*. São Paulo: Autonomia Literária, 2019; Johann Chapoutot, *A revolução cultural nazista*. Rio de Janeiro: Da Vinci Livros, 2022; e, sobre a relação íntima entre o neoliberalismo e o nazismo: *Livres para obedecer*. Rio de Janeiro: Da Vinci Livros, 2023.

No campo da ficção, merecem menção, ainda: Antonio Scurati, *M, o filho do século*. São Paulo: Intrínseca, 2020; e Éric Vuillard. *A ordem do dia*. São Paulo: Tusquets, 2019.

Por fim, sugere-se, ainda, a leitura de Enzo Traverso, *The Origins of Nazi Violence*. Nova York: New Press, 2003; Falasca Zamponi, *Fascist Spectacle*. California: University of California Press, 2000; Geoff Eley, *Nazism as Fascism*. Inglaterra: Routledge, 2013; Ruth Ben Ghiat, *Fascist Modernities*. California: University of California Press, 2004; Antonio Costa Pinto, *The Nature of Fascismo Revisited*. Nova York: East European Monographs, 2012; Richard Wolin, *The Seduction of Unreason*. Nova Jersey: Princeton University Press, 2006; Franco "Bifo" Berardi, *Come si cura il nazi*. Verona: Ombre Corte, 2009; Andrea Mammone, *Transnational Neo-Fascism*. Nova York: Bloomsbury Academic, 2018; Sandra McGee, *Las derechas*. California: Stanford University Press, 1999.; Furio Jesi, *Cultura di destra*. Milan: Garzanti, 1979; Paul Corner, *Mussolini in Myth and Memory*. Reino Unido: Oxford University Press, 2022; e Johann Chapoutot, *La Loi du sang: penser et agir en nazi*. Paris: Gallimard, 2014. e *Comprendre le nazisme*. Paris: Tallandier, 2020.

NOTAS

1. Movimentos com características fascistas posteriores à derrota nazifascista.
2. Robert O. Paxton admite que o nazismo é uma espécie do gênero "fascismos". Essa tese, no entanto, não é pacífica. Autores como Johann Chapoutot consideram que as particularidades do nazismo impedem que seja redutível a uma terminologia globalizante como seriam os "fascismos". Ver Johann Chapoutot, *Comprendre le nazisme*. Paris: Tallandier, 2020.
3. Nesse sentido, ver Emilio Gentile, *Fascismo: Storia e interpretazione*. Roma: Laterza, 2005.
4. Herbert Marcuse, *Counterrevolution and Revolt*. Boston: Boston Press, 1972, p. 28.
5. Por neoliberalismo entende-se uma racionalidade que se tornou hegemônica a partir da década de 1980: um modo de governar Estados e pessoas; um determinado modo de ver e atuar no mundo que trata tudo e todos como objetos negociáveis/descartáveis em razão de cálculos de interesse que visam, exclusivamente, ao lucro ou à obtenção de vantagens pessoais.
6. Nesse sentido, ver Frederico Finchelstein, *Uma breve história das mentiras fascistas*. São Paulo: Vestígio, 2020.
7. Theodor W. Adorno, *Aspectos do novo radicalismo de direita*. São Paulo: Editora Unesp, 2020, p. 45.
8. Franz Neumann, *Behemoth: The Structure and Practice of National Socialism*. Chicago: Ivan R. Dee, 2009.

ÍNDICE ONOMÁSTICO

A

Almirante, Giorgio, 311, 322
Amendola, Giovanni, 262, 368
Amin Dada, Idi, 332
Antonescu, Ion, 177, 196, 199, 209
Aquarone, Alberto, 47, 214, 253, 407
Arendt, Hannah, 36, 48, 76, 103, 186, 209, 256, 278, 295, 366, 383, 389

B

Balbo, Italo, 66, 120, 164, 217, 273
Barrès, Maurice, 69, 90, 106, 428
Bateson, Gregory, 373, 387
Benjamin, Walter, 36
Bergson, Henri, 71
Berlin, Isaiah, 54, 75, 103
Berlusconi, Silvio, 307, 320
Bianchi, Michele, 164
Bismarck, Otto von, 82
Bloch, Ernst, 365, 381, 382
Bloch, Marc, 40
Blomberg, Werner von, 227
Blum, Léon, 130, 135
Bocchini, Arturo, 233, 270
Bonomi, Ivanoe, 165
Borghese, príncipe Junio Valerio 293, 303
Bormann, Martin, 95
Bossi, Umberto, 312, 320, 325
Bottai, Giuseppe, 297
Boulanger, Georges, 87, 88
Bracher, Karl Dietrich, 102, 207, 214, 253, 258, 385, 401, 402, 405
Brasillach, Robert, 109, 150, 161
Brecht, Bertolt, 362, 381
Broszat, Martin, 54, 206, 214, 253, 255, 256, 257, 259, 302, 388, 405, 416
Brüning, Heinrich, 130, 171
Brzezinski, Zbigniew K., 218, 255, 368

453

Bullock, Alan, 175, 382, 386, 388, 394
Busch, Germán, 341
Bush, George W., 41

C

Carlyle, Thomas, 72, 102
Carol, rei da Romênia, 177
Chabod, Federico, 188, 209
Chamberlain, Houston Stewart, 98, 100
Chamberlain, Neville, 275
Chartier, Roger, 38, 55
Chirac, Jacques, 320, 355
Christian x, rei da Dinamarca, 188
Churchill, Winston, 223, 292
Ciano, Galeazzo, 276, 299
Clausen, Fritz, 198
Codreanu, Corneliu, 40, 177
Coughlin, padre Charles E., 346, 347
Croce, Benedetto, 23, 77, 241, 242, 363
Currières de Castelnau, Noël, 130

D

Daladier, Edouard, 133
D'Annunzio, Gabriele, 101, 116, 156
Darré, Walther Richard, 50, 415
Daudet, Léon, 113
De Ambris, Alceste, 117, 251

De Bono, Emilio, 164
De Gaulle, Charles, 155, 223, 429
De Stefani, Alberto, 193, 269, 273
De Vecchi, Cesare Maria, 164
Déat, Marcel, 155, 198
Degrelle, Léon, 136, 199, 211, 425
Del Boca, Angelo, 290, 407, 409, 417, 419
Dollfuss, Engelbert, 178, 202
Dorgères, Henry, 134, 135, 136
Doriot, Jacques, 131, 158, 199, 211, 429
Drexler, Anton, 62
Dumini, Amerigo, 95
Durkheim, Émile, 72, 246, 350

E

Ebert, Friedrich, 186
Eichmann, Adolf, 280
Einstein, Albert, 242
Eliot, T. S., 52
Engels, Friedrich, 17, 45
Epp, Freiherr [Franz Xaver] Ritter von, 99

F

Facta, Luigi, 165, 166, 167
Farinacci, Roberto, 120, 230, 232, 270, 273, 298
Feder, Gottfried, 127
Federzoni, Luigi, 270
Fermi, Enrico, 290

Fini, Gianfranco, 312, 321, 322
Finzi, Aldo, 26
Fortuyn, Pym, 307, 321
Fraenkel, Ernst, 216, 217, 405
Franco, Francisco, 113, 139, 146, 196, 202, 266, 267, 277, 295, 296, 337, 376, 377, 393, 425-6
Frank, Hans, 281, 301
Frank, Leo, 140
Freud, Sigmund, 71, 400
Freycinet, Charles de, 87
Freyer, Hans, 242, 262
Friedrich, Carl J., 218, 368, 394
Fritsch, Werner von, 227
Funk, Walter, 210
Furtwängler, Wilhelm, 243, 263

G

Galton, Francis, 71
Gambetta, Léon, 86, 94
Garibaldi, Giuseppe, 388
Gates, Henry Louis, Jr, 348
Gentile, Emilio, 215, 396, 403, 405, 406, 417
Gentile, Giovanni, 36, 95, 109, 210, 241,
George, Stefan, 69, 77
Germani, Gino, 357, 434
Gini, Corrado, 242, 262
Giolitti, Giovanni, 66, 117, 119, 123, 153, 165, 166, 180, 182, 183
Giulietti, Giuseppe, 93

Gobetti, Piero, 262,
Goebbels, Joseph, 32, 74, 95, 275, 280
Goering, Hermann, 95, 207, 210, 227, 251, 280
Goldhagen, Daniel, 283
Gömbös, Gyula, 59
Gramsci, Antonio, 381
Graziani, Rodolfo, 289
Griffin, Roger, 42, 392, 418
Gründgens, Gustav, 249

H

Haffner, Sebastian, 210, 238, 261
Haider, Jörg, 307, 317, 321, 323, 324
Hayes, Peter, 119, 241, 242, 380
Hedilla, Manuel, 267
Heidegger, Martin, 242
Heines, Edmund, 94
Heisenberg, Werner, 242
Heydrich, Reinhard, 282
Himmler, Heinrich, 94, 95, 221, 233, 270, 281, 282
Hindenburg, Oskar von, 175
Hindenburg, Paul von, 171, 172, 173, 175, 176, 190, 191, 217, 227
Hitler, Adolf, 15, 23, 30, 32, 34, 37, 40, 41, 60, 62, 69, 77, 93-5, 113, 114, 125-8, 131, 133, 138, 139, 150, 152, 169, 172-7, 179-87, 189-93, 196-200, 202, 203, 205, 206, 214, 216, 217, 218, 220,

222-33, 236, 240, 241, 243, 247, 249, 251, 266, 272-7, 279, 281--3, 287, 290-2, 295-7, 306, 307, 309, 314, 323, 325, 331, 336-8, 340, 343, 346, 347, 349, 364, 366, 368, 369, 370, 371, 374, 375, 377, 378, 391, 394, 395, 401, 402, 404, 405, 412, 416, 418, 419, 442, 443, 446, 447
Hlinka, padre Andreas, 199
Horthy, Miklós, 59, 136, 199
Hugenberg, Alfred, 180, 181, 191
Hussein, Saddam, 359

I

Ikki, Kita, 341, 342

J

Jeffries, Leonard, 348
Jordan, Colin, 323
Jung, Edgar, 227
Jünger, Ernst, 101, 152

K

Kahr, Gustav von, 169, 193
Károlyi, conde Michael, 58, 59
Kerensky, Alexander, 203
Kérillis, Henri de, 143
Kessler, Harry, 56
Khomeini, Aiatolá, 349
Kipling, Rudyard, 72

Kirdorf, Emil, 126
Klemperer, Victor, 210
Konoe Fumimaro, príncipe, 342
Kornilov, Lavr Georgyevich, 147, 202, 203
Kun, Béla, 58, 59

L

La Rocque, François de, 113, 131, 429
Lanz von Liebenfels, Jörg, 98
Lawrence, D. H., 79, 103
Le Bon, Gustave, 69, 70
Le Pen, Jean-Marie, 307, 317, 318--20, 323
Le Roy Ladurie, Jacques, 135
Lemke, William, 346, 359
Lênin, V. I., 37, 58, 67, 70, 84
Levi, Carlo, 260, 262
Levi, Primo, 293, 303
Lewis, Wyndham, 52, 79, 103
Ley, Robert, 247
Lipset, Seymour Martin, 107, 367, 384, 435
List, Guido von, 98
Long, Huey, 346, 359, 435
Ludendorff, Erich, 169
Lueger, Karl, 60, 89
Lyttelton, Adrian, 46, 108, 155, 208, 210, 212, 223, 259, 297, 393, 401

M

Maistre, Joseph de, 75, 103
Mann, Thomas, 23, 47, 242
Marinetti, Filippo Tomaso, 21, 22, 78, 79, 116, 152, 417
Marx, Karl, 17, 18, 35, 37, 69, 185, 400
Mason, Tim, 237, 238, 412, 413
Matteotti, Giacomo, 194, 232, 236, 269, 273
Maurras, Charles, 88, 89, 113, 158, 426
Mazzini, Giuseppe, 46, 71
Mégret, Bruno, 319, 356
Meinecke, Friedrich, 23, 47
Meitner, Lise, 242
Mendel, Gregor, 74
Mengele, Josef, 234
Michels, Roberto, 73, 75
Miglioli, Guido, 163
Milosevic, Slobodan, 203, 329
Mobutu, Seko-Seso, 345
Moltke, Helmut von, 228
Moltke, J. S. von, 332
Mommsen, Hans, 214, 225, 402, 405, 406, 409, 418
Montanelli, Indro, 271
Morès, marquês de, 90
Mori, Cesari, 209
Mosca, Gaetano, 73, 75, 77
Mosley, sir Oswald, 96, 138, 139, 201, 430
Mosse, George L., 80, 158
Mussert, Anton, 155, 197
Mussolini, Alessandra, 312
Mussolini, Benito, 15, 16, 19-24, 26, 28, 30, 34, 36, 37, 40, 41, 57, 59, 63, 66, 69, 70, 74, 77, 85, 93, 95, 97, 112-4, 116-8, 120-4, 130-4, 138, 139, 150, 152, 153, 163-9, 173, 174, 176, 179-87, 189, 193-6, 202, 203, 206, 214, 215, 217, 220-4, 229, 230-2, 238-42, 249, 250, 266, 268, 269-77, 287, 288, 290-5, 297, 306, 307, 309, 311, 312, 314, 322, 325, 333-8, 340, 343, 347, 349, 364, 366-8, 371, 373-6, 378, 392, 395, 396, 401, 402, 404, 406, 408, 411, 416, 418-20, 442, 443, 446, 447, 451
Mussolini, Edda, 241
Mussolini, Rachele Guidi, 239
Mussolini, Romano, 374
Mussolini, Vittorio, 374

N

Nakano, Seigo, 343
Napoleão III, imperador da França, 82, 104, 160
Neumann, Franz, 214, 379, 405, 444
Neurath, Konstantin von, 228, 273
Niekisch, Ernst, 77

Nietzsche, Friedrich, 69, 70, 76, 100, 101,
Nolte, Ernst, 100, 106, 158, 161, 305, 352, 394

O

O'Duffy, Eoin, 139
Orwell, George, 308, 353

P

Papen, Franz von, 172, 173, 174, 175, 179, 180, 181, 183, 192, 206, 225, 227, 258, 404
Pareto, Vilfredo, 70, 73, 75, 393
Parsons, Talcott, 51, 365
Pasolini, Pier Paolo, 382
Passerini, Luisa, 373, 387, 396, 414
Pasteur, Louis, 74
Pavelić, Ante, 199, 331
Pelley, William Dudley, 346, 359, 436
Perón, Eva Duarte, 336, 339, 359, 435
Perón, Juan, 335, 336, 357, 434
Petacci, Clara, 294
Pétain, Philippe, 26, 158, 198, 277
Petersen, Jens, 208, 214, 253, 256, 257, 260, 384, 403, 407, 408, 411
Pinochet, Augusto, 345
Pio XI, papa, 239, 271, 290
Planck, Max, 242
Poujade, Pierre, 313, 354

Pound, Ezra, 52, 79
Preto, Francisco Rolão, 268
Prezzolini, Giuseppe, 22, 77
Primo de Rivera, José Antonio, 96, 97, 109, 113, 146, 393, 425-6
Putin, Vladimir, 329

Q

Quisling, Vidkun, 138, 155, 197, 200, 431

R

Rauschning, Hermann, 390
Rauti, Pino, 322
Reagan, Ronald, 41
Reich, Wilhelm, 364, 382
Ribbentrop, Joachim von, 152, 221, 228, 258
Ricci, Renato, 108
Riefenstahl, Leni, 387
Rocco, Alfredo, 260
Rockwell, George Lincoln, 346
Röhm, Ernst, 62, 94, 99, 192, 386
Roosevelt, Theodore, 72, 141
Rosenberg, Alfred, 197, 221, 259
Rosselli, irmãos, 262, 273
Rossoni, Edmondo, 186, 230, 251, 270, 271
Rothermere, lorde, 138
Rousseau, Jean-Jacques, 72, 102, 263

S

Sabiani, Simon, 158
Salandra, Antonio, 166, 167, 183, 211
Salazar, António de Oliveira, 196, 267, 268, 277, 298, 334, 337, 393, 432
Salgado, Plínio, 333, 451
Salvemini, Gaetano, 214, 332, 375
Sarfatti, Margherita, 26
Scavenius, Erik, 198
Schieder, Wolfgang, 182, 214, 407, 408, 411, 415, 419
Schleicher, Kurt von, 129, 173, 175, 183, 192, 206
Schmitt, Carl, 242, 262
Schmitt, Kurt, 251
Schönerer, Georg von, 60, 69, 89, 99, 105, 424
Schönhuber, Franz, 324
Schröder, Kurt von, 181
Schuschnigg, Kurt, 178, 424
Schwerin von Krosigk, Lutz Graf, 273
Seyss-Inquart, Arthur, 197
Sima, Horia, 177, 199
Skorzeny, Otto, 292
Smith, Art J., 346
Smith, Gerald L. K., 347, 436
Sontag, Susan, 387
Sorel, Georges, 18, 45, 69, 70, 100, 101
Spann, Othmar, 77
Speer, Albert, 30, 52, 225, 258
Spengler, Oswald, 73, 77
Stalin, Joseph, 24, 37, 214, 223, 294, 300, 301, 363, 368, 370, 371, 386
Starace, Achille, 289
Stauffenberg, Klaus Schenk von, 77
Stein, Gertrude, 52
Stennes, Walter, 183, 230
Sternhell, Zeev, 76, 77, 130, 131, 155, 158, 381, 396, 427, 428
Stöcker, Adolf, 89
Strasser, Gregor, 127, 128, 157, 175, 192, 230, 251
Strasser, Otto, 127, 251
Stresemann, Gustav, 94
Sturzo, Dom Luigi, 298
Szálasi, Ferenc, 113, 136, 199, 200

T

Taittinger, Pierre, 460
Tambroni, Fernando, 312
Taylor, A. J. P., 275, 299
Terboven, Joseph, 197
Thatcher, Margaret, 41, 323
Thyssen, Fritz, 126,
Tiso, padre Josef, 199
Tito (Josip Broz), 329
Tocqueville, Alexis de, 18, 35, 45
Togliatti, Palmiro, 381
Tönnies, Ferdinand, 73

Toro, David, 340
Toscanini, Arturo, 95, 109
Trotski, Leon, 147, 161
Tudjman, Franjo, 331
Turati, Augusto, 270
Turati, Filippo, 166

U

Uriburu, José, 335

V

Valois, Georges, 89, 90, 106, 129, 426, 427
Van der Lubbe, Marinus, 190
Vargas, Getúlio, 196, 334, 339, 340, 435, 451
Vecchi, Ferruccio, 22
Vittorio Emanuele III, rei da Itália, 167, 176, 217, 288
Visconti, Luchino, 382

Vivarelli, Roberto, 189, 209, 396
Volpe, Gioacchino, 242

W

Wagener, Otto, 48, 157, 250, 264
Wagner, Richard, 69
Weichardt, Louis, 332
Wilhelmina, rainha da Holanda, 197
Wilson, Woodrow, 66
Winrod, Gerald B., 346

Y

Yeats, W. B., 52, 139, 431
Yeltsin, Boris, 328, 329
Yrigoyen, Hipólito, 335

Z

Zhirinovsky, Vladimir, 328, 329

Este livro foi composto na tipografia Minion Pro,
em corpo 11,5/15,5, e impresso em
papel off-white no Sistema Cameron da
Divisão Gráfica da Distribuidora Record.